ISBN 978-7-5197-3288-2
9 787519 732882 >
定价：75.00元

2018年卷 · 总第五卷

China School of Rule of Law Practice

CHINA
中国法治实践学派

钱弘道　主编

法律出版社
LAW PRESS · CHINA

本书系

国家2011计划·司法文明协同创新中心

教育部重大攻关项目“中国法治政府建设指标体系研究”

国家社科基金重点项目“司法透明指数研究”

系列成果

《中国法治实践学派》编委会

《中国法治实践学派》
顾问和学术委员会

卷首语
作为一种治理方式的法治

钱弘道

在中国全面深化改革这新一轮改革中，法治被作为一种基本的治理方式，成为治理体系和治理能力现代化的关键。"控制公权""保护私权"已成为学界对法治的一种普遍理解，"良法""善治"已成为中国共产党领导中国人民奋斗的目标。这既表明改革开放以来中国社会发生了重大转型，也表明中国领导者努力改变中国的勃勃雄心。在中国的法治话语体系里，我们可以归纳出一个最大公约数的法治诠释：法治是一种以善治为目标、以有效控制公权和保护私权的良法为前提的基本治理方式。在这个法治定义中，有三个关键词：治理方式、良法、善治。法治是良法之治，法治是控权之治，法治是保护权利之治。中国法治实践学派的基本工作就是围绕控制公权和保护私权这个核心内容，研究影响中国社会重大变迁的一系列法治实践活动，推动实现善治目标，并形成立足中国实践的法治理论体系。

法治是一种治理方式

如果我们过滤掉所有法治的内涵，最后剩下来的是"一种治理方式"。法治是一种理念，更是一种实践。法治的理念维度是通过对法治的抽象而形成的普遍共相，体现法治内在要求的一系列观念、信念、理想和价值。法治的实践维度在于，它是一种基本治理方式。作为一种治理方式，法治必须是具体的、活生生的。大到国家政策、法律的制定，小到一个普通案件，甚至一个人生活中的言行举止，我们都可以从中找到法治的逻辑以及其他一切与法治相关的内容。

1997 年中共十五大第一次把"依法治国"确立为党领导人民治理国家的"基本方略"。2012 年十八大提出"全面推进依法治国"，强调法治是治国理政的“基本方式”。“基本方略”是指总揽全局的方针、策略；“基本方式”是“基本方略”的具体展开，是指基本的方法、样式。法治和德治都是当今中国治理的方式。到了基层社会，加上一个“自治”，就成为十九大确定的“自治、法治、德治”这样一个中国基层治理的基本方式。“自治、法治、德治”也成为“枫桥经验”的主要创新内容。“枫桥经验”自20世纪60年代毛泽东批示推广开始，一直被官方和学界视为中国特色的基层化解矛盾的方法。时至今日，“枫桥经验”被赋予时代内涵，被视为中国基层治理的典型样本，被称为新时代“枫桥经验”。

法治以善治为目标

“善”和“善治”从来都代表一种理想主义的境界。离开了“善”，人类的思想就没有了灵魂；离开“善治”，人类的治理就失去了目标。中国智者讲“善”，西方智者也讲“善”，宗教同样也讲“善”，没有例外。

在中国老子那里，统摄一切的概念是“道”。“道”是什么？老子说“道”太玄了，解释不清楚，故借“水”说话。如果要在世界上找一个事物来描写“道”，最适合的应该是水，水“几于道”。《老子》第八章说：

> “上善若水，水善利万物而不争，处众人之所恶，故几于道。居善地，心善渊，与善仁，言善信，政善治，事善能，动善时。夫唯不争，故无尤。”

如果要在世界上找一样东西来描写“善”，那么这样东西就是水。如果一个政府能像水一样“洗涤群秽，平准高下”，那便是一种理想的“善治”境界。在古希腊的柏拉图那里，居于金字塔顶端的是“善”的理念。城邦的最高追求乃是真实的理念世界，是“至善”。这就是柏拉图的“善治”或“理想国”。柏拉图用“善之子”——太阳来比喻“善”，比喻“善”的理念。人是由于太阳的光线照耀才使眼睛产生视觉能力，看到可见世界中的个别事物；没有太阳，眼睛看到的就是一片黑暗。太阳不仅使看见的对象能被看见，并且还使他们产生、成长和得到营养。因此，太阳就是“善”或者是“善”的儿子，就好比老子以水喻“道”。柏拉图认为，善本身不是实在，而是在地位和能力上都高于实在的东西：

> “这个给予知识的对象以真理，给予知识的主体以认识能

力的东西，就是善的理念。它乃是知识和认识中的真理的原因。真理和知识都是美的，但善的理念比这两者更美。正如我们可以把光和视觉看成好像太阳而不就是太阳一样，我们可以把真理和知识看成好像善，但是却不能把它们看成就是善。”

善治是任何政治制度的终极目的。根据柏拉图、老子以及其他思想家的理解，善是至高无上的，是比民主、法治、自由更具统摄性的概念。善是产生正义、民主、法治、自由等一切美好追求的源泉，善是这些价值的总汇。由此，善治也是一个更具普遍性的概念。相比之下，民主和法治要比善治具体得多。民主和法治就是具体到看得见摸得着的善治。如果一定要对善治下一个定义，那么我宁愿汲取老子、柏拉图、亚里士多德的思想，在“道”和“善”理念的指导下，把善治放在更广泛的意义上来理解：

善治是以人类的福祉为目标、以民主和法治等为具体方式的治理过程和状态。

善治具有抽象的“美感”，法治具有具体的“骨感”，法治就是具体的善治实践。我们把法治界定为以善治为目标，实际上体现了一种理想主义。中国法治实践学派是一种理想主义和实践主义的结合。善治目标可以体现理想主义情怀。作为学者，离开人类福祉的至善境界，就缺少学术谋划的理性源泉，就缺少智慧的指引，就缺少格局和胸怀，就缺少理想主义情怀。

法治以有效控制公权、保护私权的良法为前提

“法律是治国之重器，良法是善治之前提。”没有良法，善治根本不存在。从亚里士多德提出“大家所服从的法律又应该本身是制定得良好的法律”至今，良法作为法治前提，颠扑不破。问题是，什么是良法？

一是“控制公权”。真正的良法就需要展现其对权力的控制力。不

能控制权力的法治不是真正意义上的法治。我们今天说把权力关在“笼子”里,就是在“控制”意义上防止权力这只“野兽”离开笼子伤人吃人。“笼子”就是法律,就是制度。

> 我这里用“控制”,而不是“限制”。权力有时候的确就像野兽,会伤人吃人。权力体现的兽性,同时也表现了人作为动物的兽性。马克思说:“人类源于动物界这一事实决定着人类永远也摆脱不了兽性。”亚里士多德说,让一个人实行统治,无异于在政治中加入了“兽性”。法律就是用强力控制政府官员滥用权力时体现的兽性。“限制”(restrict)过于温和,“控制”(control)更能反映法律的强制性,更能体现良法对权力的控制力量。法治是一个系统工程,实质上是一个社会控制系统,目标是实现平安和谐社会,要害在于对权力的控制。

二是“保护私权”。今天,法学家在权利问题上达成了广泛共识,用公权和私权这样一组相对应的范畴来界定法治也被大多数法学家认同。关于权利问题,自然法学派、利益法学派、社会法学派以及其他学派都在理论层面上进行了长期、深入的讨论。中国法治实践学派注重观察中国实践中发生的权利受到侵犯的客观事实,设计出可能的保护制度,重构包括权利保护在内的法治理论。仅仅在理论上抽象地讨论权利概念、内涵及其价值没有太大的现实意义,更重要的是如何解决在法治中国的实践场域里每天发生的权利受到侵犯和如何保护权利的难题。这正是中国法治实践学派注重问题导向的特征表现。

三是控制和保护“有效”。关于法律是否有效,已经不仅是理想主义层面上的价值讨论了,而必须回到“形而下”,回到实践中去讨论。法律究竟是否有效,必须通过法律的实施、具体的实践、科学的评估来回答。理念的法治和实践的法治毕竟不能混淆,就像康德把快乐分为“冥想的快乐”和“实践的快乐”一样,理念的法治表现为理性的观念,实践的法治表现为具体的行动。理念的法治如果仅仅停留在观念中,就谈不上是否有效;而实践中的法治就必定存在是否有效的问题。法治的效果不是思维上的妄想,而是实践中公权控制和私权保护的客观水平,是法治的受众可以感知的,是第三方可以评估的。法治评估必定产生于实践中的法治,而不会产生于停留在理念中的法治。由此可见,法治评估的产生是必然的。法治评估活动在中国的兴起,正是法治中国实践发展的一个逻辑必然。我在中国推动法治评估,正是因应了这种源于实践的逻辑必然性。法治评估应该贯穿法治实践的全部过程,应该贯穿法治实践的各个环节。中国法治实践学派特别关注法律控制公权和保护私权是否有效,特别关注中国法治理论的实践效果,特别关注理论是否能够指导中国法治实践。

中国法治实践学派体现了一种实践主义精神

从时间节点上看,虽然中国法治实践学派概念缘起于法治评估的实践活动,但从更大的视野来看,中国法治实践学派产生于改革开放以来中国伟大的法治实践。中国法治实践之所以伟大,是因为中国力图从根本意义上改变传统治理方式,是因为中国不想屈尊西方,不想全部搬用西方的治理方式。如何设计中国法治规划,如何步步推进中国法治实践,如何通过实践创新法治理论,这就成为转型期中国社会面临的巨大难题。这个难题是出给所有中国人的,法律人更是义不容辞。这就是为何中国法治实践学派的产生不是偶然而是必然的原因。

中国法治实践学派的一个鲜明特征是强调践行,把理想主义的情怀变成具体行动,这可以被称为中国法治实践学派的实践主义精神。中国法治实践学派重视"应然的",但更强调"实然的",更强调把"观念的法治"变成"实践的法治",把"法治理想"变成"法治现实"。中国法治实践学派不是口头说教、纸上谈兵,而是着眼于在中国每天发生的具体法治实践,并且直接参与法治实践,成为推进中国法治实践发展的重要力量。

我把中国法治实践学派这个学术群体的成长比喻为一个人的修行。一个人修行,仅仅知道一套修行理论远远不够,而是必须每天修行实践,才能从中把握真正有效的修行方法,才能取得良好的修行效果。中国法治实践学派的成长是一种更大的修为。一个人修行,口头上天天讲修行大道理不行,必须培养定力,那就要练习庄子说的"座忘",就要修佛教所说的"戒、定、慧"三无漏学,否则一辈子纸上谈兵,只是懂得一点修行知识而已。一个法学家也是一样,一方面要在理论上有自己的学养,有自己的正见,有自己的学术理想;另一方面要把自己的学术理想变成奉献社会的行动,把"冥想的快乐"变成"实践的快乐",这就是传承王阳明的"知行合一"精神。中国法学界纸上谈兵的人太多了,这与法治中国的伟大实践形成了鲜明的反差。法治中国的伟大实践只能靠中国人自己的智慧和力量,这样的重担落在当代中国法学界和实务界的法律人身上。中国法治实践学派应中国法治之运而生,是时代的产物。它是一面旗帜,映照着具有共识的法学家的情怀和作为,映照着中国法治实践的进程,映照着中国对世界法治文明的贡献。

2019 年 2 月 9 日

于得一书庐

目录

Contents

随笔短论

学术论文

随笔短论

法学研究要脚踏实地符合国情*

张文显

中国法学会副会长，浙江大学文科资深教授，吉林大学资深教授。

记者：在推进全面依法治国新征程中，法治理论研究将发挥怎样的作用？

张文显：在新时代全面依法治国的新征程中，中国特色社会主义法治理论必将发挥越来越重要的作用。

一是对法治战略发挥学理支撑作用。法治理论全面阐述了法治的本质、法治的普遍规律以及社会主义法治的本质特征、内在要求、价值功能等重大问题，是我们党处理法治问题的基本立场。

二是对强化法治定力发挥理论导向。中国特色社会主义法治理论深刻揭示了政治文明发展必然选择法治的客观规律性，阐明“要实现经济发展、政治清明、文化昌盛、社会公正、生态良好，必须更好发挥法治引领和规范作用”。

三是对深化法治实践发挥科学论证作用。面对社会矛盾和问题交织叠加，全面依法治国任务依然繁重。深化法治实践需要通过不断深入的调查研究，做出科学论证，提出有效对策。

四是为建构中国特色法学体系提供理论基础。加快建构中国特色法学体系，提升中国法治话语权和影响力，造就一大批德法兼修的高素质法治人才是全面依法治国的迫切需要，法学体系的“中国特色”如何定位、如何体现

* 本文原载《人民日报》2018 年 5 月 2 日，第 17 版。2017 年 5 月 3 日，习近平总书记在中国政法大学考察时强调，没有正确的法治理论引领，就不可能有正确的法治实践。近日，记者就如何进一步加强改进法学理论研究采访了中国法学会副会长张文显。

等都需要法学研究提供基础性、前瞻性、战略性的理论架构。

记者:法学研究与司法实践如何形成良性互动?

张文显:一方面,法学研究人员应深入实践、贴近实务,探知社会矛盾纠纷、违法犯罪的新规律新特征,提出更加清晰的研究成果;另一方面,法官、检察官、律师等要强化理论意识和理论思维,善于从法学研究的最新成果中获取办理疑难复杂案件的法理依据,提高运用法律思维、法治思维和法理思维定分止争、化解矛盾、定罪判刑的能力和水平。

对法学研究而言,面向实践、面向实际的关键是要把握国情。要加大法治改革力度和法治发展进度,增强法律权威,强化法律实施,不断提升法治的现代化水平,提高法治满足人民需要的能力。

记者:法学研究中如何平衡坚持传统与吸收借鉴的关系?

张文显:第一,必须坚持从中国实际出发,与全面推进依法治国、推进国家治理体系和治理能力现代化相适应,既不能罔顾国情、超越阶段,也不能因循守旧、墨守成规。

第二,要提高中国文化自信,我国古代法制蕴含着丰富的智慧和资源,中华法系在世界几大法系中独树一帜。要注意研究我国古代法制传统和成败得失,挖掘和传承中华法律文化精华,汲取营养、择善而用,推动传统法制文明创造性转化和发展。

第三,要推进中国法学进一步扩大开放,促进法治文明的互鉴。我们应在立足实践、尊重国情的前提下,全面梳理、认真鉴别、合理吸收外国法治文明,包括其法学理论和法治思想。

第四,在法治文明互鉴过程中必然遇到民族性、本土化与世界融通性、国际化问题。只要我们坚持中国立场、为我所用,善于在比较、对照、批判、吸收、升华的基础上发展,就能使民族性更加符合当代中国和当今世界的发展要求。

中国法治实践学派的时代机遇*

钱弘道

浙江大学光华法学院教授、博士生导师，中国法治研究院院长。

中国特色社会主义已经进入了“新时代”，如果说新时代是从2012年十八大起算，那么中国法治实践学派是与新时代同步的。2012年，中国法治实践学派的提出，既是对2012年以前中国法治实践和理论的总结，也是对未来中国法治实践和理论发展的预判。十八大以后的一系列事件表明，新时代为中国法治实践学派创造了千载难逢的新机遇，为中国法治实践学派提出了一系列时代命题。

中国法治实践学派是时代的产物

中国改革波澜壮阔，客观上已经并且正在影响世界历史进程。中国的经济实力、科技实力、国防实力、综合国力进入世界前列，已经成为世界上地域最广阔、内容最深刻、最具代表性的改革实验场域。改革必然要求我们提出符合时代需要的理论。毫无疑问，改革孕育了中国法治实践学派；中国法治实践学派是改革的必然产物。如果说十八大以前的改革开放为中国法治实践学派的问世奠定了基础，那么十八大以后的全面深化改革则为中国法治实践学派创造了更广阔的舞台。在十八大以前更早的时间，中国法治实践学派提出的条件尚不成熟；再过十年、二十年或者在更远的将来，我们也许会错失提出中国法治实践学派的最佳时机。

社会重大变革与重大理论的产生互为因果。自然法学派代表人物卢梭

---

* 本文原载《中国社会科学报》2018年1月17日。

之所以会提出社会契约论和人民主权学说,正是基于 18 世纪法国封建专制制度日益腐朽、封建统治陷入全面危机、资本主义发展、欧洲启蒙运动出现高潮这样一个时代背景。功利主义法学派代表人物边沁之所以提出功利主义学说,则又是基于 18 世纪英国工业革命、英国贵族和资产阶级在议会与王权相抗衡、英格兰刑法成为被批判对象这样一个时代背景。马克思主义的产生是基于 19 世纪英、法、德等国已经或正在实现产业革命、无产阶级已经由自在阶级开始向自为阶级转变、资本主义矛盾激化和工人运动发展这样一个时代背景。中国法治实践学派的提出是基于中国从计划经济走向市场经济、从人治走向法治、全面深化改革、全面依法治国这样一个民族伟大复兴的时代背景。

十八大以来的五年,一大批法学家坚持实践法治观和实效法治观,知行合一,以实践为师,在破解时代命题的过程中表现十分突出。无论是参与立法,还是推动严格执法、公正司法、全民守法;无论是理论创新,还是推动个案公正,中国法治实践学派都是中国学术界最活跃、最能体现时代风貌的群体之一。十八大以来的五年,中共中央统筹推进"五位一体"总体布局,协调推进"四个全面"发展战略,提出了一系列新理念新思想新战略,出台了一系列重大方针政策,推出了一系列重大举措,推进了一系列重要工作,中国改革开放和社会主义现代化建设取得了令人瞩目的成就。无论是新理念新思想新战略,还是重大方针政策、重大举措,都离不开法治主题和法治保障。

中国法治实践学派将发挥更大作用

中国法治实践学派方兴未艾。在今后的中国改革舞台上,中国法治实践学派的作用将越来越重要。十九大后,中国法治实践学派的群体力量将更加强大。围绕十九大提出的战略任务,围绕中华民族伟大复兴的宏伟蓝图,中国法治实践学派将担负起更加重大的责任,任务将更加艰巨。十九大报告是中国共产党在新时代的行动纲领。在新时代,中国社会的主要矛盾已经发生了变化,转化为人民日益增长的美好生活需要和不平衡不充分的发展之间的矛盾,人民对民主、法治、公平、正义、安全、环境等方面的需求日益增长,民主法治建设必须更加坚定有力地大踏步前进。

坚持全面依法治国是十九大报告所明确的在新时代坚持和发展中国特色社会主义的基本方略之一。中国的法治实践将更加深化,法治中国理论创新将更加迫切。中央全面依法治国领导小组即将成立,这是深化依法治国的重大举措。中央全面依法治国领导小组将统筹依法治国决策,组织全国法治力量,配置法治资源,协调推进法治国家、法治政府、法治社会一体建设,实现法治中国高质量高效率发展。

全面推进依法治国的总目标是建设中国特色社会主义法治体系,建设社会主义法治国家。围绕这个总目标,如何坚定不移走中国特色社会主义法治道路,如何坚持依法治国、依法执政、依法行政共同推进,如何坚持法治国家、法治政府、法治社会一体建设,如何坚持依法治国和以德治国相结合,如何实现依法治国和依规治党有机统一,如何深化司法体制改革,如何提高全民族法治素养和道德素质,中国法治实践学派都有责任做出科学回答。新时代要求中国法治实践学派走进实践,要求中国法治实践学派以发展中国特色社会主义法治理论为己任,要求中国法治实践学派在深化法治实践中做出更加重大的贡献。

《中共中央关于全面推进依法治国若干重大问题的决定》指出:“全面推进依法治国是一个系统工程,是国家治理领域的一场广泛而深刻的革命。”十九大报告再次强调:“全面依法治国是国家治理领域的一场深刻革命。”对中国法治实践学派来说,法治革命既是难得的机遇,也是巨大的挑战。历史一再证明,真正有力量的是思想,真正引领时代的是思想,真正不朽的是思想。法治革命时代产生的最宝贵财富就是法治思想。中国法治实践学派的时代使命就是要创造法治新理论,创造法治新思想。

法治中国的路径*

季卫东

上海交通大学凯原法学院院长、教授。

很高兴有这样一个机会在“法治与改革国际高端论坛”与大家交流,今天我分享的主题是“法治中国的路径”。我主要从社会这个角度来考虑在中国建构法治秩序的问题,这也是本次论坛的其中一个主题——如何实现法治社会。当我们考虑这个问题时,在中国的语境中有三个关键词是特别重要的。第一个是“关系社会”,大家都很熟悉,即中国社会非常强调人情,强调人与人之间特殊的关系,因此社会具有网络结构的特征。那么在这样的社会中人与人之间投桃报李的互惠行为就具有非常重要的意义。第二个关键词是“多元社会”,这与中国的市场化、现代化是密切相关的,在多元社会中人们的利益、价值诉求都会呈现出多层多样的特征,同时互相之间又存在有机联系。第三个关键词是“风险社会”,随着现代化程度的提高,社会的风险性也在提高。现代中国风险社会与过去中国传统社会中的网络互动所造成的风险,与多元化过程中带来的风险,与全球化环境中形成的风险重叠交叉在一起,使它成为中国当前社会的一个非常重要的特征。

在这样的一个关系社会、多元社会、风险社会中推行法治,我们要采取什么样的方法呢?我认为,至少两个因素是必须加以考虑的。一是人们为什么要使用法律,也就是说法律动员的问题;二是法律能不能在社会中产生实际的效力,也就说法律实效的问题。我们今天要实现法治社会的目标,那么中国传统的治理方式具有什么样的特点呢?与前面所讲的三个关键词相对应,有三个字是非常重要的,这已经有中国的历史学家指出过,即报、包、

---

* 本文原载《浙江大学法学新青年》2017 年 11 月 11 日。

保。报是报答的报,强调的是一种互酬性。包是承包的包,通过强调承包责任制的方式来使多元化社会的治理能够有效实施。最后一个是保证的保,人与人之间特殊的保证。通过这样的方式来防范社会的风险,这是中国传统的治理方式。现在这三个字在今天的法治情况下会有什么样的变化,这是我们必须面对的问题。下面我对这三个层次的问题进行分析,最后来谈在中国推行法治关键性的因素。

第一,我们来看关系社会,关系社会最重要的特点是个人与社会结构之间互动,是社会的结构具有网络化的特点,纵横交错的网络当中存在人与人之间的相互作用。德国著名的社会学家埃利亚斯(Norbert Elias)专门分析过个人通过相互作用形成网络,达成人与人之间关系的均衡,最后形成组织和秩序的机制,这个机制对我们理解中国的社会秩序具有非常重要的参考意义。

我们过去想象的中国社会是一个等级社会,是一个官僚国家,官僚自上而下对中国进行控制。这是大家通常所想象的一个状况,但是实际上不是这样的。由于中国具有关系社会的特征,存在人与人之间平面的互动,这就使官僚国家的控制方式发生变化造成扭曲,使法律规范很难直接对基层人的行为产生效力。因为人与人之间的互动会达成均衡,达成共识,影响人们的关系。这样的情况下我们看到中国采取的方式是间接管制,借助社会的自组织机制。

还有一个特点法国哲学家于连(François Jullien)专门分析过,中国传统的哲学中有一个非常重要的概念是“势”,这个势是无形的,是氛围,从西方现代政治学的角度很难理解,但在中国的传统治理中具有非常重要的意义,如果要把它转化成现代语言,我们只能说像欧洲北部斯堪的纳维亚的执法方式,即运动式的执法,就是“势”的一种典型的表现。考察这种关系社会的特点会发现,最重要的是平面的互动关系会影响到法律的效力和政府的控制。

第二,多元社会。中国在市场化改革之后,社会的多元性越来越强,这是大家都可以想象的。但在这个过程中,多元化会和关系社会的网络结构发生联系,网络互动也会形成类似多元社会的多层多样性。在关系社会基础上出现的多元社会往往表现为分节化、小圈子化、小集团化。关于这个问题德国社会学家齐美尔(Georg Simmel)做过很好的分析,即小集团内部的行为规则和秩序。这样的状况在多元的环境下会更加严重,这时会造成整合上的困难。用德国当代社会学家托依布纳(Gunther Teubner)的话表述,是治理的三重困境(regulatory trilemma),其表现的就是社会和国家相互无视,这种情况在中国也曾经出现过。第二个是在强调法治时强调得过分了就会使社会发生崩溃,即法治压倒社会。第三个是当过度强调社会的时候,社会反过来压倒法治,造成法律系统的崩溃。这就是社会治理的三重困境。

中国的关系社会多元化的过程中非常容易出现这样治理上的三重困境。它最显著的特征就表现为网络结构多元化过程中,结构洞(structual holes)的大量形成。这时会使秩序的形成非常困难,我们需要有一种力量在不同结构洞之间发挥桥梁连接的作用。这个连接的机制是什么呢?在目前的中国社会情况下就是中国共产党的组织,所以中国共产党实际上是在把各种结构洞连接起来,在衔接整合方面发挥非常重大的作用。

在这样的背景下我们可以看到,中国的关系社会和多元社会中的可预测性不是像马克斯·韦伯想象的那样基于形式理性,或者基于形式理性的法治。那么中国社会的可预测性是怎么获得的呢?它是一种框架式的可预测性。存在一个稳定的、明确的总体框架,一个坚固的权力结构,如果长期存在的话就会形成一种确定性和可预测性。这种可预测性对于中国的关系社会和多元社会是具有非常重要意义的。但是,这样一种框架式可预测性在细节上会有漏洞,有赖于国家权力来弥补。

第三,风险社会。关系社会的网络互动可能带来更多的风险,也可能使风险不断累积。一般而言,中国社会的风险既有传统的人际互动关系和网络混沌所造成的不确定性风险,也有多元化社会所带来的不确定性、流动性的风险,还有在全球化背景下形成的风险。

那么这个时候中国靠什么方式来控制、预防、分散这种风险呢?第一点是责任制,前面我讲的中国传统社会的承包责任制一直是中国防控风险的重要手段,当今中国的行政改革、司法改革始终是在强调责任制的因素。第二点是技术手段,特别是互联网信息技术、人工智能、大数据,为甄别风险、防控风险提供了非常重要的手段。第三点就是决策的参与程序,它可以在一定程度上防止对问题认识片面化,从而预防风险、分散风险和转移风险。

那么在这个网络社会的风险防控过程中最重要的是什么呢?是沟通,人与人之间的沟通。在关系社会中,人与人之间存在复杂的互动,这种互动就是一种沟通行为,这也意味着当中国在新的条件下考虑风险防控之际一定要注意人与人的互动和沟通。但是,在互联网时代,形成了一个完全不同的话语空间或者舆论环境。互联网的围观结构使所有的互动都可能被放大,在传播中产生巨大的涟漪或者连锁反应。这时风险沟通如果处理不当,就有可能造成风险进一步扩大。针对这种情况,中国应该采取什么对策、可以形成什么样的机制呢?我们看到十九大政治报告提出的一个主要对策是坚持党的领导、人民当家做主以及依法治国的有机统一。

这种“三合一”结构难道就是中国的新治理方式吗？可能有些朋友会产生这样的疑问。在这里，我想请大家注意一下法兰西斯·福山（Francis Fukuyama）关于各国政治秩序比较分析的三元素，他的理论框架我觉得还是比较有意思的。福山指出在世界政治秩序发展的过程中有三个因素是至关重要的：其一，国家权力的有效性，实际上是指国家能力。其二，法治。其三，问责，特别是民主问责。他认为中国的优势是存在有效权力，但是缺乏法治和民主问责的传统。从这个角度来考察当代中国治理的“三合一”结构，三个方面的有机统一恰好使中国既有的优势与应该增强的部分以盆栽的形式组合在一起，形成了一个非常有趣又有用的过渡期调节装置。当改革动力强的时候，我们可以看到法治的因素、民主的因素会进一步提升；但当权力的效率、政府的能力有所削弱时，又会强调党的领导；反过来，如果权力太集中、太强大以至于被滥用，又会强调法治和民主以及问责。总之，党的领导、人民当家做主、依法治国这三者之间的有机统一其实构成了非常精巧的调节装置，是过渡期防控风险的操作器。

前面我们讲了在三种社会形态下如何进行治理，以此为背景推行法治确实有一些需要我们认真考虑和解决的特殊问题。我个人的意见是，在中国推行法治最关键的是要对行政权与司法权的关系进行重新组合，在这个过程中我们首先要让老百姓愿意积极使用法律，也就是说法律动员的体系是非常重要的。

如果要促进社会、促使公民个人积极运用法律，有哪些因素是我们必须要考虑的呢？第一点是要有充分的诱因，要让大家愿意使用法律，让大家通过运用法律能真正实现自己的合法权利，要让大家在动员法律上尝到甜头。第二点是如果各种规范、各种解纷手段都特别丰富多样，超过了合理限度时，对法律的需求会下降，这是有社会学研究证明的。在一定条件下，过分强调法律规范的多元性和解决纠纷的多元性是会妨碍法治推行的。这样做尽管可能有利于应对社会的复杂性，但它另一方面会加强法律制度本身的复杂性，使治理困境频繁出现。

在这个过程中法律的实际效力主要体现在司法权和法院。我记得张文显教授曾经说过，如果没有法院的权威，就不可能有法治的权威。在市场化改革过程中，当我们的管理方式从事先的行政审批转向事中和事后的监管时，法院肯定变得越来越重要，司法救济势必变得越来越重要，这也是中央深化改革小组成立以来反复讨论和决定司法体制改革问题的一个非常重要的原因。

在中国考虑司法公信力,有四个因素必须纳入视野之中。一是司法公正,二是司法权威,三是司法效率,四是司法便民。我们知道在现代国家治理体系中,在西欧现代法治模式中,司法公正主要靠司法独立担保。中国的司法公正靠什么保证?我们可以看到,司法责任制变成非常重要的因素。在现代发达国家,司法权威是以法治信仰、法官威信为前提的,但在中国也不具备这样的条件。在中国要树立司法权威的话,关键在于提高司法者的素质和专业能力。例如,历史上主要是通过科举制度、官员选优制度来确立和维持官僚阶层的权威性。在中国现阶段,似乎司法员额制是遴选优秀司法者、树立司法权威的主要方式。至于司法效率和司法便民,中国已经采取了很多有效的措施,其中一个非常重要的方面就是利用新型的信息技术,实现司法的智能化、便捷化。因此,司法责任制、司法员额制、司法智能化就成为近些年来中国司法改革的最主要的目标。

中国从秦代以来就特别强调官员在法律推行中的重要作用,所谓"法无二解""以吏为师",就是这条思路的经典表述。但是,这样做会造成酷吏横行的问题,权力容易被滥用,法治的制度成本也不断攀升。如果我们换一个思路,从当事人的角度来看,就会使对违法行为的监督无所不在。当事人有非常强烈的动机运用法律手段来维护自己的合法权利,而且他还会承担由此产生的制度成本。所以无论从哪一个角度来看,推行法治的最基本驱动装置不应该是官员,而应该是当事人,不应该是自上而下,而应该是自下而上。法治驱动装置下沉也是与中国传统的关系社会中存在网络互动的状况是相吻合的。

中国过去有一个口号叫作司法的群众路线,它与专业化、职业化的司法是相对立的。但是,我想如果从前面所讲的当事人在法治推行和法律实施过程中发挥积极作用的思路出发的话,我们不妨提出另外一个口号,推行新型的司法群众路线。这种新型的司法群众路线不是反对专业化,恰恰相反,是以专业化为前提的,只是强调法律的动员装置、法律程序的启动开关应该交到当事人手里,让当事人自愿通过律师来推动法律的实施。在这个意义上也可以说,律师对司法公正可以发挥专业化的监督作用。这就是我所理解的新型司法群众路线,我认为只有这样中国才能实现法治社会、法治中国的构想。这就是我个人的意见,如果有不对的地方请大家批评指正。

建设新时代中国特色社会主义法治体系*

付子堂

西南政法大学校长、党委副书记，重庆市人大法制委员会副主任委员；法学教授、法理学博士生导师。

党的十八届四中全会通过的《关于全面推进依法治国若干重大问题的决定》提出，全面推进依法治国要形成五个体系。党的十九大总结了过去五年的工作和历史性变革，提出习近平新时代中国特色社会主义思想，明确新时代中国共产党的历史使命。进入了新时代，中国特色社会主义法治体系的五大子体系将承担新的任务。

一是完备的法律规范体系。在具体表述上，党的十八届四中全会提出要推进科学立法、民主立法。在此基础上，十九大报告又新增了依法立法这一新的要求。特别要注意的是，2017 年 11 月 20 日召开的十九届中央全面深化改革领导小组第一次全体会议强调，要根据立法法的有关规定，紧紧围绕提高立法质量这个关键，更好发挥立法在表达、平衡、调整社会利益方面的重要作用，努力使每一项立法都符合宪法精神，反映人民意志，得到人民拥护。依法立法是立法必须坚持的基本原则之一。首先要依宪立法；其次要贯彻党的方针政策，使党的主张和人民意志通过法定程序统一起来；最后要规范立法，促进立法内在协调。

二是高效的法治实施体系。包括加强宪法实施，推进合宪性审查工作，维护宪法权威，推进依法行政，严格规范公正文明执法，加大普法力度，建设社会主义法治文化，树立宪法法律至上、法律面前人人平等的法律理念。关

* 本文原载《学习时报》2017 年 12 月 22 日，第 001 版。

于这个问题,前几年提的社会主义法治理念的五句话,已经发展为“宪法法律至上和法律面前人人平等”两句话。而尤其要注意,深化司法体制改革,是建设高效的法治实施体系的核心和重要依托。党的十八大以来,司法体制改革一直就是法治中国建设的重点,甚至被认为是依法治国的突破点。司法改革一直是国家最高层面关注的改革重点。据统计,党的十八届三中全会至十九大之间,习近平总书记先后主持召开了38次中央全面深化改革领导小组会议,其中28次涉及司法体制改革议题,至少审议通过了50个司法体制改革文件。11月20日,习近平总书记又主持召开了十九届中央全面深化改革领导小组第一次全体会议。可以说,司法体制改革已全面展开,各方面都取得了巨大成就,但司法制度本身乃是一个整体,司法体制改革最终的效果要取决于各项改革之间的“综合配套”。基于此,十九大报告特别强调深化司法体制“综合配套改革”。

三是严密的法治监督体系。法治监督体系的重心是加强对公权力的监督。行政权力具有管理事务领域宽、自由裁量权大等特点,法治监督的重点之一就是规范和约束行政权力。党的十八届四中全会《决定》对于行政权力监督列举了监督种类,即“加强党内监督、人大监督、民主监督、行政监督、司法监督、审计监督、社会监督、舆论监督制度建设,努力形成科学有效的权力运行制约和监督体系,增强监督合力和实效”。十九大报告进一步明确了监督的实质内涵,提出了有效的权力监督网络,即“强化自上而下的组织监督,改进自下而上的民主监督,发挥同级相互监督作用,加强对党员领导干部的日常管理监督。深化政治巡视,坚持发现问题、形成震慑不动摇,建立巡视巡察上下联动的监督网”。这样,进一步疏通了监督的制度渠道,强化了监督的实效。为了确保国家监察全覆盖落到实处,十九大报告要求深化监察体制改革,成立监察委员会,制定国家监察法,实现对所有行使公权力的公职人员监察全覆盖。“国家监察委员会就是中国特色的国家反腐败机构,国家监察法就是反腐败国家立法。”

四是有力的法治保障体系。十九大报告特别强调:“党政军民学,东西南北中,党是领导一切的。”“党是最高政治领导力量。”党的领导是中国特色社会主义最本质的特征,是社会主义法治最根本的保证。尤其是党的十九大提出成立中央全面依法治国领导小组,以此来加强党对法治建设的统一领导。这是十九大报告的一大亮点,也是党中央深化依法治国实践最根本的举措。中央全面依法治国领导小组是对未来全面依法治国最大的组织保障。新时代在法治建设的各个方面、各个环节,都要以中央全面依法治国领导小组的顶层设计为依据。

五是完善的党内法规制度体系。十八届四中全会将“形成完善的党内法规体系”确定为全面推进依法治国总目标的重要内容，强调“党内法规既是管党治党的重要依据，也是建设社会主义法治国家的有力保障”。党的十九大报告指出：“增强依法执政本领，加快形成覆盖党的领导和党的建设各方面的党内法规制度体系，加强和改善对国家政权机关的领导。”十九大修订了《中国共产党章程》，加上十八大以来对一系列党内重要法规诸如《关于新形势下党内政治生活的若干准则》《中国共产党党内监督条例》《中国共产党问责条例》《中国共产党廉洁自律准则》《中国共产党纪律处分条例》等的制定完善，使党的政治建设、思想建设、组织建设、作风建设、纪律建设和反腐败斗争在制度层面得以进一步落实。依规治党、用法治的思维推进全面从严治党所取得的伟大成就，让我们进一步坚信：“办好中国的事情，关键在党，关键在党要管党、从严治党。”新时代要求从党内法规的制定、备案、解释、执行等方面，进一步加强党内法规制度建设；要求从理论和实践层面理顺党内法规和国家法律的关系；同时，对党内法规在从严治党、管党方面的效用进行评估，为修改完善党内法规提供依据。

三维法治观*

——中国法治建设的主体

张志铭

教育部"长江学者奖励计划"特聘教授，中国人民大学教授、博士生导师，法学院教授委员会主席、基础法学教研中心主任，华东师范大学法学院（名誉）院长。

我基本的看法是，中国的法治建设，甚至任何国家的法治建设，都涉及一个主体建构的问题。这里面隐含着一个最基本的话题，就是任何国家的法治建设都有一个基本的主体，涉及法治建设不同维度上的考虑，我认为法治建设是有不同维度的。

这里提出第一个看法：中国的法治建设应该是一种三维建构，即应该有三个维度，或者说，我再标新立异一下，顺着大胆的智慧社会的这样一个观点，我想中国的法治建设应该是三维法治。什么叫三维法治？法治建设及其基本的主体构造上一定涉及国家、社会、个体，大家知道，讲现代法治建构，我们已经很明确地将它表达为国家和社会的二元建构，法治就是在二元建构的基础上达成的一种法治化的制度状态。我们讲中国的法治建设，到目前为止，实际上学术界的一个主导思路就是要迈向二元结构，这种二元结构对应的，在我看来就是一元的国家主义的法治建构。我有一个课题，叫"国家主义法律观研究"。中国到目前为止的法治，无论从观念、制度、实践上，都可称为一种国家中心主义，是国家一统、国家一元的国家主义。再进一步表达法律和国家之间的关系，法律是经由国家产生，为了国家的目的，依托国家来实现。所以，国家主义这种特色是非常明显的。

---

* 本文系笔者在第六届社会建设与法治中国论坛（2018 年 5 月 20 日 · 河北经贸大学图书馆报告厅）上的发言。

我们讲法治建设与国家治理，讲治理能力和治理水平的现代化，这与国家建设是关联起来的。我们很自然地就形成了这样的观点：我们的法治建设要从一元建构向二元建构迈进。在我看来，在这个地方恰恰需要有所停留。这当然也是宣传我们这几年的这个时段里面，不断地在立足于中国特色和中国国情来思考我们的治理和法治建设的问题。我提出中国的法治建设，可能不是从国家的一元建构到国家和社会的二元建构，而是应该从国家的一元建构到国家、社会、个体的三元建构。这里面社会的政治形态应该是这样的：国家统治、社会自治、个体自主。一定是在这样一个格局里面形成一种社会秩序和社会法治的基本构造。

这样一种观点显然是要做一点说明和论证的，但今天时间很短，无法详细展开。我的第二个观点是：社会建设非常重要，法治建设必须要有社会的维度。

这个观点，即社会建设对于中国的法治建设来讲是至关重要的，这个说理比较简单，因为社会相对于国家显然是一个更加蔓延、更加包容的概念。社会的概念可以看作一个共同体的观念，是一个人群结合意义上的概念。我讲一个例子，我们常讲人类社会，但是很难讲人类国家这样的概念，在这个意义上，国家与社会概念相比，社会是更加包容、更加蔓延、更加普遍的概念，而国家是一个更加收敛的概念。具体来讲，国家是什么？我们经常讲政治国家，我们可能经常会发现，国家经常锁定到政府的概念，从理论上讲，国家肯定不仅仅是政府，国家这个词我们可以讲是一个民族、土地、政府，而我想社会跟国家比较而言，社会显然是一个土壤。在这里可以得出一系列结论，如社会是国家的土壤、社会治理是国家治理的基础社会法治是滋养国家法治的土壤。可以得出一系列的命题观点，这些东西对我们法治建设具有相当的指引性。针对我们现在的问题可能还有相当的针对性。如果往深处想，可能还有相当的尖锐性，我们进行法治建设，社会建设社会法治是至关重要的。

但是讲到这里，我觉得还不够，我很想讲出第三个观念：社会建设一定要聚焦于个体，或者聚焦于个体的自主。为什么这么讲？在西方的现代化和法治进程中，主要是国家社会的二元结构，但我的分析发现，在西方的社会与个体之间，有一个自然的融洽和融合。这个社会的生存是随着个体的自发而形成社会的空间，个体自由自主的概念内生于社会自治的概念之中。我们讲二元建构，但在中国，原来单纯讲国家既没有社会也没有个体，现在讲国家、讲社会建设同样发现还是个体缺位。我们原来觉得国家压迫，现在可能是更多社会压迫。在事实的层面上，我们可以做一些更加丰富的描述和刻画,可以分析出来,我们现在非常普遍地存在社会化国家的问题,发现很多组织机构原来是国家机构,随着国家的收敛,把它放在社会上,但是它还是在行使国家的策略,还是以国家管理者的做派在做事,组织里的成员、组织所涉及的社会分子,没有制度自由。

另外,中国到目前为止,所有的社会组织都是要经过国家认可,甚至是许可的,没有国家的许可,不可能形成组织,即使形成组织也必须挂靠到国家单位,这也使我们尽管存在各种各样的社会组织,包括很多经济组织,但是都打上了深深的国家烙印,在这个意义上,社会组织也是模仿国家的方式管理和运作,这同样构成非常深刻的伤害和压迫。在中国讲社会建设,里面一定要有一个核心和关键,就是我们的社会建设是不是能够同时让个体自主自由的意识有足够发展和发育的空间,这对中国当下和现代社会治理而言是一个至关重要的问题。在中国,我们的法治建设所依托的主体建构是国家、社会和个体三元建构,如果不是这样,我觉得中国的法治建设是不可能取得实质性进展的,中国的社会建设也会是一个空洞的说法。

当然,我们的社会建设和法治中国论坛肯定一直是有实质性意义的,而且我也深切地认为一定是这样的,所以也跟我们各位发起人共勉。谢谢大家!

法治社会的风险管控与社会正义*

王泽鉴

台湾地区"司法院"大法官。

尊敬的主席、邹书记、胡大法官、王书记、各位贵宾：

浙江大学为推动法治与改革举办国际高端论坛，我有幸三次参加学习，深感荣幸。

2015 年第一次高端论坛主题是公法，以司法改革为重点，研讨如何加强建立具有独立性与中立性，能为人民所信赖、为人民服务的司法制度。第二次论坛主题在私法，重点在于民法典的制定。《民法总则》于今年的 3 月 15 日通过，并于 10 月 1 日起实施，将推动中华人民共和国成立以来第一部民法典的制定。民法总则具有三个特色：第一是扩大民事责任、民事主体；第二是建立私权体系；第三是补全债法。

值得特别提出的是，《民法总则》第 109 条规定，自然人的人身自由、人格尊严受法律保护。这个规定来自《宪法》第 37 条和第 38 条，使民法体现了宪法的理念，在某种意义上可以说是宪法的私法化，有助于建构维护个人自由平等的私法秩序。民法典的制定体现宪法的价值体系，保护民事权利主体的合法权益，调整民事关系，维护社会经济秩序，适应中国特色社会主义发展的要求。

本年度论坛的主题是社会法，今天有来自世界各国的著名学者就社会法与法治建设的五个主题提出了很多重要的论文，我读后受益良多。

今天我想提出两个问题就教于各位，第一个是如何在法治、社会和法律安全方面来建构我们的社会风险管制制度。现代社会已经是一个风险社

---

* 本文为王泽鉴老师在法治与改革国际高端论坛（2017）上的致辞，原载《中国法律评论》2017 年 11 月 11 日。

会,是一个充满各种危害的生活环境和社会结构。这与科技发展、企业竞争,与社会政治变迁具有密切的关系,必须结合国家与社会的力量依法从事有效率的风险经营管理,预防风险于先,善处其后,这是社会法治建设的重要课题。国家的任务在于维护社会发展,保障人民的安全,由警察国家转变为法治国家、社会福利国家。现代社会的人民享有安全保障的基本权利,国家负有义务,在宪法的体系及法秩序统一性的原则下整合行政法、刑法、民法各部门法律共同协力,有效率地保障人民权益、社会安全,并使人民在遭受损害时能够获得合理必要的救济。

行政法最适于防管风险,其可采取各种管理、评估、防救、防治的规范机制,在一个法治的社会,以行政法作为手段的风险管制,必须遵循几个重要原则,包括预防原则、合理性原则、责任承担原则、自主自律原则、时效性及永续经营原则,以及法律保留原则和比例原则。

关于社会风险的控制,刑法也扮演重要的角色和功能,最近常被讨论的问题是为了防范恐怖暴力行为,如何在维护人权和社会安全之间平衡,采取必要的制裁或防范的措施。

在民法方面,社会安全体制的建立是在于如何建立一个由侵权行为法、无过失补偿与社会保障组成的有效率的损害救济体系。

关于法治国家与社会法的发展,另一个值得关注的问题是社会正义,其主要的内容是如何处理社会变迁、体制改革所产生的公平正义问题,例如社会财富的合理分配、弱势人群的保障、少子化及高龄者的看护照顾、退休年金改革、全民医疗健保体制的完善等。这些问题都是社会法与法治建设的重要研究课题。

浙江大学第三次法治改革国际高端论坛所研讨的主题,具有重大深远的意义。独立、公正、能为人民信赖的司法是法治的根本,民法典的制定将建设一个以人为本、以人的尊严为基础的私法秩序,社会法的建构将有助于促进建设一个防范社会风险、实践社会正义的法治社会。司法改革、民法典的制定、社会安全体制的完善,将对建设一个自由、民主、富强、和平、和谐的法治社会做出积极重大的贡献。

最后,预祝大会顺利进行,谢谢大家!

以区域法治发展推动当代中国法治改革*

公丕祥

江苏省第十二届人大常委会副主任，南京师范大学教授、博士生导师。

改革开放以来，中国经济增长震惊世界。不少研究者在解释这一“奇迹”时，认为地方政府的相互竞争在促进经济增长方面发挥了重要作用。在中国的法治国情条件下，以地方政府架构推动区域法治，为法治改革提供了思路。地方政府努力推动区域发展的制度创新，旨在有效提供法治意义上的区域制度公共产品，促进生产要素正向流动，形成区域竞争优势，提升区域发展核心竞争力，为区域法治发展提供了强大动力。

寻求区域法治发展的动力，应重视区域社会内部自然生长起来的或渐次演进的内生性制度变革的因素或条件，从区域社会主体的自主性活动中找寻突破口。要进一步激发区域社会主体的能动性与创造热忱，使其成为引领和推动区域法治成长与发展的坚韧持久的内生性动力源泉，让源自区域社会的创造性活力迸发出强劲的法治改革能量。

自1997年9月中共十五大提出依法治国、建设社会主义法治国家的重大战略决策以后，江苏、浙江等地率先推出法治区域建设纲要，全国各个区域法治创建活动如火如荼，广泛推进，充分展示了区域法治发展前景。区域或地方先行先试逐步走向全国的法治改革措施，由中央批准后加以实施，有的改革试点还得到最高国家权力机关经过法定程序的授权，带有明显的顶层设计特点。由于改革试点场域都是省以下的广阔地域空间，来自区域的具体实际且生动鲜活的法治实践及其试点经验，不仅是原先的顶层设计方

* 本文原载《新华日报》2018年10月30日。

案的基层验证,更是顶层设计方案的有益补充或进一步完善,越发显示了区域法治的内生性制度创新资源的价值意义。这些区域性的法治改革试点实践,无疑为当代中国的法治区域建设与发展注入了新的生机与动力,并且为建设法治中国提供了可贵的区域经验与样本。

党的十八大以来,以习近平同志为核心的党中央高瞻远瞩,总揽全局,着眼于正在进行的“具有许多新的历史特点的伟大斗争”,从坚持和发展中国特色社会主义、确保党和国家长治久安的战略高度,提出了推进“四个全面”战略布局这一在新的历史条件下中国治国理政的总方略,对全面推进依法治国、加快实现社会主义法治国家做出了战略谋划和扎实推进,取得了重大进展。十八届三中全会深入总结了法治区域建设的成功经验,在部署推进法治中国建设重点任务时强调,要“建立科学的法治建设指标体系和考核标准”。十八届四中全会决定进一步提出,要“深入开展多层次多形式法治创建活动,深化基层组织和部门、行业依法治理”;强调要“健全党领导依法治国的制度和工作机制”“加强对全面推进依法治国统一领导、统一部署、统筹协调”“党政主要负责人要履行推进法治建设第一责任人职责”。2016 年 12 月,中共中央办公厅、国务院办公厅出台《党政主要负责人履行推进法治建设第一责任人职责的规定》,要求党政主要负责人应当切实履行依法治国重要组织者、推动者和实践者的职责,把本地区各项工作纳入法治化轨道,并且对领导干部这个“关键少数”推进法治建设实绩的考核制度做出具体规定。党的十九大做出了“中国特色社会主义进入新时代”的重大政治论断,对新时代加快法治中国建设做出了战略安排,从而开启了全面依法治国、实现当代中国法治现代化进程的新时代。在这一新的时代条件下,区域法治发展面临着全新的现实境况与历史机遇,也蕴含着强大动能。中国正处于国家治理体系的深刻变革过程之中,这一变革有力地推动了法治发展及其现代化,进而改变着区域法治生活领域的基本面貌,导引着区域法治发展的成长趋向。

新时代的中国区域法治建设与发展是一项开创性的法治事业,是全面推进法治中国建设、实现当代中国法治现代化进程的必然要求。一方面,地方政府竞争正处于深刻的转型过程之中,在全面依法治国的背景下,地方政府竞争的法治性因素明显增强,建设法治区域、优化区域法治环境已经或正在成为要素流动性转化为区域竞争优势的不可或缺的制度性条件。法治化的地方政府竞争对区域发展的制度创新之需求更加迫切,加之地方党政主要负责人履行推进法治建设第一责任人的职责明显强化,让法治成为区域发展核心竞争力的重要标志这一时代命题,愈加具有重大的法治现实穿透力。另一方面,当代中国经济发展进入新常态,经济社会发展总体环境发生了重大变化。打造质量效率型的区域发展方式,加快调整存量、优化增量并举的区域经济结构调整,促进创新驱动的区域发展动力转换,都离不开法治的引领和推动,因而对建设法治区域的需求愈益提升。尤其是"紧紧围绕使市场在资源配置中起决定性作用深化经济体制改革"这一重大改革任务的提出与实施,对加快建设法治经济提出了更高的要求。

把区域发展纳入法治化轨道,有利于深入推进区域市场化改革,依据市场规则、市场价格、市场资源配置区域资源,实现生产要素流动性,以期实现区域资源配置和要素流动性的效益最大化与效率最优化,减少政府对区域资源的行政性的直接配置,从而更加卓有成效地构建区域竞争优势。妥当地运用好政府这只"看得见的手"对于区域发展的调控作用,从而最大限度地开启市场的活力,最大限度地释放区域社会主体的自主性、能动性和创造活力,从而着力营造生产要素正向流动、区域发展核心竞争力迸发的法治环境,为区域法治的内生性制度变革因素的创造性生成提供条件。

从行动层面来看,区域法治建设应从三个方面发力。

首先,深化区域法治创建活动。法治区域的形成与发展,可以把区域法治创建活动提升到一个新的层面,丰富区域法治创建载体,整合相关区域法治资源,围绕涉及区域社会主体切身利益、事关区域法治建设全局的实际问题,加大组织推动力度,探索建立科学的区域法治建设指标体系和区域法治创建活动考核标准,建立健全统一协调的区域法治创建工作机制,形成区域法治创建活动的有机活力,不断提高区域法治创建活动的实际效果。

其次,优化区域发展法治环境。建设法治区域,要把维护社会正义、增进人民福祉作为根本的出发点和落脚点,着力优化区域发展的法治环境,为区域经济社会平衡且充分的发展提供坚实的法治保障。一是要在优化区域立法发展环境方面下功夫,进一步完善党委领导、人大主导、政府依托、各方参与的立法工作格局,恪守"不抵触、有特色、可操作"的地方立法工作原则,坚持依法行使地方立法权,健全科学民主立法的制度机制,加强地方立法能力建设。二是要在优化区域行政法治环境方面下功夫。全面提高区域依法行政水平,把区域政府治理的各项措施落到实处,使之成为提升区域发展核心竞争力的坚实行政法治基础。三是要在优化区域司法环境方面下功夫。以进一步深化司法体制改革为动力,把促进司法公正、维护社会公平正义作为司法工作的生命线,强化司法公开,推进司法民主,加强司法管理,严格司法监督,改进司法作风,规范司法行为,努力从实体上、程序上全面实现有效率的司法公正,从而不断提升区域司法工作的社会公信力,为打造区域发展竞争优势提供有力的司法保障。

最后,塑造区域法治生活方式。建设法治区域,重要的是要使法治成为区域社会主体日常生活过程的有机要素,深深地融入区域社会主体日常生活过程之中,而不是与日常生活相疏离。让法治成为理性化的生活方式,社会主体不仅享有自由,而且履行责任,积极展示日常生活中的区域社会主体的有关法治的知识,提升社会主体对法治生活的态度,进而把握社会与个人的活动准则和前进方向。

新时代的中国区域法治发展,要把握区域法治发展战略走向,科学估定区域法治发展的历史方位,审慎地确立区域法治发展进程的战略目标与路径选择,自觉秉持以人民为中心的法治发展准则,深刻认识建设法治区域的环境条件,确证区域社会主体在建设法治区域中的主体地位,通过切实解决区域法治发展不平衡、不充分的问题,借以有效满足区域社会主体不断增长的法治需求,维护和实现区域社会主体的发展权益,使区域社会主体有更多的法治获得感,努力实现平衡且充分的区域法治发展。

中国法治倡导“以实践为师”*

——读《中国法治实践学派》

丁国强

西南政法大学特聘教授。

当前，法治已经成我们党、国家和全社会的自觉实践和积极行动。钱弘道主编《中国法治实践学派》（2016年卷）把实践作为法哲学立场，鲜明提出“以实践为师”，积极投入全面依法治国实践。法治实践是法治思想、法治战略、法治体系不断展开的过程。当代中国的法治实践呼唤法治实践哲学的崛起，尽快实现法治理论的新突破。

实践逻辑是法学学问的生命

实践性是马克思主义的本质属性。法治是治国理政的基本方式，也是治国理政的基本实践。建设法治国家依赖于强有力的法治实践。法治不能仅仅停留在观念上，必须落实到解决现实问题的实践和行动中。法治中国建设是具有重大历史意义的政治实践，既是解决现实问题的迫切需要，也是回应时代要求的主动选择。法治实践是法治精神、法治意识、法治理念的现实化，是法治全面、高效实施的行动化。长期的法治实践为解决中国问题、探索中国道路积累了成功经验，也提供了历史教训。《中国法治实践学派》（2016年卷）卷首语指出：“中国法治实践学派的一个关键词是‘实践’。中国法治实践学派倡导‘以实践为师’。”这显示了营造经世致用学术风气的努力。明清之际顾炎武主张学问须有益于国事，指出：“凡文之不关乎六经之旨、当世之务者，一切不为。”实践逻辑是法学学问的生命。对法治中国实

---

* 本文原载《北京日报》2017年8月21日。

践做出创造性回应,考验着法学家学术能力,也检验着法学家的学术责任。

法律是历史事件和历史经验的结晶。中国古代政治家十分注重发挥法律在国家治理中的作用,中国古代社会不仅有丰富的法律思想,也有丰富的法律实践活动。张晋藩说:“中国是法制文明发达的古国,其历史不仅悠久,而且从未中断,无论系统性、完整性、典型性均为世界其他文明古国所少有。著名的兴于汉、盛于唐的中华法系,影响了中国和周边国家达千余年之久,遗留下丰厚的法文化资源和宝贵的治国理政的经验。”中华人民共和国成立后特别是改革开放以来,依法治国取得历史性成就。也要看到,法治不仅是顶层设计和战略层面的事情,也需要在国家治理、法治实施和司法改革等方面做大量扎实细致的工作。

法治是治国理政的重大课题,推进法治实践,需要法学界紧紧围绕社会主义法治建设重大理论和实践问题,从中国国情、中国需要出发,发展符合中国实际、具有中国特色、体现社会发展规律和法治建设规律的社会主义法治理论,为全面依法治国实践提供理论指导和学理支撑。

法治实践不是少数人的行动,而是整个社会的共识和行动

全面依法治国是一场富有历史意义的伟大实践。在法治的普遍性和特殊性的统一中探寻中国的法治道路,是充满艰巨性和复杂性的法治实践。“四个全面”战略布局构筑了改革与法治双轮驱动的格局,推动了改革共识与法治价值、改革引领与法治保障的有机融合,用法治思维和法治方式推进改革,把改革主张转换成法律规范,将改革行动转化为法治实践。可以说,全面依法治国是领导方式、动员手段、治理体制的一场革命,也是法治观念、法治哲学、法治理论的革命。

法治实践不是少数人的行动,而是整个社会的共识和行动。孙笑侠认为:“历史上,法治有虚有实,有深有浅,有真有假。但法治梦想能否成真,关键在于它是否成为真实需求,成为刚性需求。只有当法治成为社会和民众的真实需求与刚性需求时,才会有自身的动力。”实践观念是理性认识回到实践活动的中间环节。法治实践学派的重要使命就是努力把实践观念、实践逻辑贯穿到法治活动中,推动法治实践观念的外在化和现实化。法治实践能力说到底就是维护公平正义、保障人民权益、加强权力制约的能力。

法治是强国之路的基石。钱弘道认为:“法治竞争既是制度的竞争,也是思想、文化的竞争。在法治竞争和博弈中,中国应当采取主动战略。”法治创造力是在调节社会关系、平衡社会利益、规范社会行为中形成的解决社会矛盾和问题的能力,是塑造国家形象的重要软实力,中国特色社会主义法治

理论不仅是法治实践的重要指引，而且也担负着赢得世界法治话语权的重要任务。

法学家要在实践中获取实现秩序和公平的智识，探索中国特色社会主义法治规律

勇于实践、勇于改革是全面依法治国的鲜明特点。法治实践学派主张，法学是一门实践科学，实践性构成了法学的学术品格。法学家要深入观察社会生活，于实践中获取实现秩序和公平的智识，探索中国特色社会主义法治规律。法学注定不是纯粹书斋里的学问。中国国情是法治实践的出发点。中国法治实践学派注重运用实践、实证的方法研究法治问题，努力从法治评估、法治指数等实践研究中准确把握中国法治国情，从田野实验、思想实践和地方法治实验中拓展观察中国法治现实的深度，获取思考法治发展的视角和灵感，提升法学的实践功能，在推进国家治理体系和治理能力现代化进程中做出法学学术的独特贡献。

从实践到实践智慧的提升，以及由实践智慧所展开的法哲学诠释，是生成中国法治实践学派自主性理论的关键所在，也是构建中国特色社会主义法治话语、发出法治的中国声音的关键所在。法治理论的问题在于批判现实、改变世界。中国法治实践学派具有鲜明的批判色彩，他们反对法治空想主义、法治教条主义，主张在实践中思考法治问题，把握法治规律。苏力直截了当地说：“我更偏好实用主义，注重经世致用，现象知识源自生活，反感本本主义。”实践是法学学术的重要导向，中国法治实践学派关注、解读和思考中国法治实践的努力对于推动法治中国建设实践与推进哲学社会科学研究创新都有积极意义。

深究作为法学基石范畴的“实践”*

杜维超

南京师范大学中国法治现代化研究院研究员。

中国特色、中国风格、中国气派的法学流派，是构建中国法学话语体系的重要动力。近年来，一批法学家致力于推动“中国法治实践学派”这一法学流派的形成，引发学界关注。

将法治实践作为法学话语构建的基本语境

张文显教授曾撰文对该学派的理论合法性进行了讨论。他提出，学派的最终形成尚需一个独特的基石范畴，以作为其理论构建之底座。钱弘道教授主编的《中国法治实践学派》丛书则全景式地展现了“中国法治实践学派”这一群体的学术成果。通过对这些成果的观察可知，“实践”就是其理论构建的基石范畴，这一核心表征产生自法治中国建设独特的话语情境、社会结构及方法论特征。

法学具体形态之构建服务于其所讨论的问题。法学研究大致可分为内部视角和外部视角。前者论域为法律体系的内部融贯及法律规范在司法中的具体适用，采取规范性进路，崇尚法律的确定性，以现行法秩序为其论说的起点，从而形成了法教义学派；后者论域为法律体系与外部社会结构的交互作用，对现行法秩序采取“向前看”的态度，从而形成了社科法学派。

当前中国处于剧烈的转型期，中国特色社会主义法治体系也处于发展期。“厚”的法治价值层面超出了法律适用的视界，而“薄”的法治形式层面

---

* 本文原载《中国社会科学报》2017 年 8 月 29 日。

也变动不居，这都使法教义学无力为动态性的法治实践场景提供理论供给；同时，社科法学研究虽然涉及法治的实质层面，但社科法学派作为一个松散的“方法共同体”，并无统一的研究指向，这种碎片化的研究亦无法与中国法治实践完全嵌合。法治中国建设实践是中国法学语境的统摄性概念，亦是一个连续性和变易性相统一的历史性进程，需要一种统合式的研究样态，中国法治实践学派就形成于对此语境的回应。它要在“总结实践效果”和“设计实践路径”之间“往返流转”，形成一种“规范”与“经验”之间的“递推过程”(recursive process)，这就使其区别于其他法学流派，成为一个基于“问题”而非“方法”的学派。

以实践作为法学知识生产的主要路径

在法治中国建设的语境下，试图用单一理论解释复杂多变的动态法治系统风险极大。而且，法治概念本身无法摆脱价值判断，不同法治理想型的对立使理论面临陷入“明希豪森困境”(当代德国法哲学家汉斯·阿尔伯特认为，任何科学的命题都可能会遇到“为什么”的无穷追问，直至无穷地递归，或者在相互支持的论点之间循环论证，或者以某个“教义”或“信条”终结追问。阿尔伯特将其概括为“明希豪森困境”)的风险；而法治建设作为一个连续性的历史任务，也无法放弃阶段性的前瞻设计，彻底的去理论化态度同样是不可取的。

中国法治实践学派倡导一种实验主义的知识产生路径，在法治建设的理论设计阶段，采取一种“未完全理论化”(桑斯坦语)的态度，仅设定一个包含若干基本准则的“框架性目标”(framework goal)。该目标是可解释的和非终局性的，其细节可以根据实践中的反馈进行修正，从而形成了一个以实践为中心、调和理论与效果的法学知识生产路径。

以实践形塑法学与社会结构的关系形态

法律系统是社会系统的子系统，其相对分立但仍服务于社会职能。法学知识群体对“法学—社会结构”关系的态度有两种常见类型——批判理性型和工具理性型。前者是曼海姆所描述的“漂浮”(free - floating)型知识群体，其游离于既有社会价值和秩序，自视为某种价值真理的看护者，认为对社会结构做出价值评判是法学的主要任务；后者则是萨义德所描述的“冷漠”型知识群体，其退缩在狭窄的专业领域，追求对既有社会结构做出客观还原式描述，认为法学应避免价值判断。

虽然价值论证及技术工具在法学研究中都不可或缺，但上述两种倾向都会使法学知识群体相对于社会结构处于疏离的不在场状态。治理主体多元化是当代社会发展趋势,以此为背景,托尼·本尼特等学者提出了"实践型"知识分子的概念。他们认为,知识分子应当实现批判理性与有机功能的结合,以建设性的姿态参与社会治理。同样,在法治中国建设的场域中,建设性而非解构性的法学知识供给具有重要意义。中国法治实践学派不仅是法治实践的观察者或评判者,而且力争成为法治实践的主体,在特定价值目标下实际参与法治具体事业。实践打通了法学知识与社会系统的壁垒,形成了法学家群体与公共权力的良性互动关系。

法学流派应当生成自本土实践的需求,而不应成为"那些'不在场的在场'的外国法学理论通过其中国代理人的学术演练"(尤陈俊语)。中国法治实践学派在中国法治实践中形成了独特的学术体系和话语体系,将成为法治中国知识根基的构建者之一。

学术论文

- 新思想引领法治新征程
  ——习近平新时代中国特色社会主义思想对依法治国和法治建设的指导意义
- 开启新时代中国特色社会主义法治新征程
- 全面推进依法治国的任务措施和要处理好的几个关系
- 中国特色社会主义新时代法治建设的实践行动纲领
  ——中国共产党十九大报告的法学解读
- 实践哲学视域下的法哲学研究:一个反思性评述
- 法治是一种"规则细化的生活"
- 健全公共权力制约监督体系
- 人工智能时代提出的法学新课题
- 中国法律规范体系与立法评估效果
- 我国法治政府建设地区差异的定量分析
- 当代中国法治共识的形成及法治再启蒙

新思想引领法治新征程[*]

——习近平新时代中国特色社会主义思想对依法治国和法治建设的指导意义

张文显

中国法学会副会长，浙江大学文科资深教授。

党的十八大以来，以习近平同志为核心的党中央，以全新的视野深化对共产党执政规律、社会主义建设规律、人类社会发展规律的认识，进行艰辛理论探索，创立了习近平新时代中国特色社会主义思想。习近平总书记在十九大报告中用八个“明确”精辟概括和深刻阐述了新时代中国特色社会主义思想的精髓，每一个“明确”都理论和实践相结合、言简意赅地回答了新时代坚持和发展什么样的中国特色社会主义、怎样坚持和发展中国特色社会主义的重大问题，求真务实地回应了人民对党的创新理论期盼。八个“明确”中的每一项都与法治有紧密的逻辑关联，都对依法治国和法治建设有重大而深远的指导意义。本文试就八个“明确”对依法治国和法治建设的指导意义逐一进行分析和阐释。

一、坚持和发展中国特色社会主义总任务思想的指导意义

习近平总书记指出，“明确坚持和发展中国特色社会主义，总任务是实现社会主义现代化和中华民族伟大复兴，在全面建成小康社会的基础上，分两步走在21世纪中叶建成富强民主文明和谐美丽的社会主义现代化强国”。这个“明确”对谋划全面依法治国、建设社会主义现代化法治强国的

* 本文原载《法学研究》2017年第6期。

长远目标、阶段性目标及其重大任务,无疑具有战略性意义。从现在到 21 世纪中叶,中国社会主义现代化大体分为"一个时段、两大阶段",法治建设和法治现代化贯穿其中。

一个时段,即从十九大到 2020 年,是全面建成小康社会决胜期。党的十八大向全党全国人民发出了全面建成小康社会的动员令。十八大以及十八届三中全会、四中全会、五中全会、六中全会不断明晰和丰富全面建成小康社会的目标和各项要求,其中就包括"法治小康"目标和任务。全面建成小康社会,在法治领域就是要达到依法治国基本方略全面落实,中国特色社会主义法律体系更加完善,法治政府基本建成,司法公信力明显提高,人权得到切实保障,产权得到有效保护,国家各项工作法治化。

在实现"法治小康"的基础上,根据十九大的战略安排,法治建设的目标和任务同步纳入两个阶段规划之中。在第一个阶段,即从 2020 年到 2035 年,在全面建成小康社会的基础上,基本实现社会主义现代化。到那时,社会主义民主法治基本现代化的面貌是,"人民平等参与、平等发展权利得到充分保障,法治国家、法治政府、法治社会基本建成,各方面制度更加完善,国家治理体系和治理能力现代化基本实现","现代社会治理格局基本形成,社会充满活力又和谐有序"。第二个阶段,即从 2035 年到 21 世纪中叶,在基本实现现代化的基础上,把我国建成富强民主文明和谐美丽的社会主义现代化强国。到那时,我国物质文明、政治文明、精神文明、社会文明、生态文明将全面提升,实现国家治理体系和治理能力现代化。

"一个现代化国家必然是法治国家",一个现代化强国必然是法治强国,一个现代化的国家必然是法治现代化的国家。根据这三个命题和"法治强则国家强"的历史与理论逻辑,现代化强国必然包括法治强盛在内。习近平总书记多次引用"国无常强,无常弱。奉法者强,则国强;奉法者弱,则国弱"的法家经典名句,用来教育党和人民走奉法强国之路。建设社会主义现代化强国既需要法治保驾护航,也有力地推动着法治强国建设。现代化法治强国的主要标志是,法治成为国家与社会的核心价值,成为国家治理和社会治理的根本方式,成为支撑国家兴旺发达的强大力量;全社会尊重法治、信仰法治、坚守法治;宪法具有极大权威,法律具有普遍的实效,任何个人和组织都自觉地在宪法和法律的范围内活动;人权和公民权利得到切实尊重和保障,国家公权力受到有效约束和监督;在国际关系和全球治理中,我国拥有大国强国的话语权、决策权和规则制定权。

中华民族的伟大复兴,自然包括中华法治文明的复兴。习近平总书记指出,"我国古代法制蕴含着十分丰富的智慧和资源,中华法系在世界几大法系中独树一帜。要注意研究我国古代法制传统和成败得失，挖掘和传承中华法律文化精华，汲取营养、择善而用”。在中华民族伟大复兴的历史进程中，中国特色社会主义法治的现代化发展必将重燃法学法律界对中华民族世世代代形成和积累的优秀传统法律文化的热情，涤荡法学领域的历史虚无主义思潮，以时代精神激活中华优秀传统法律文化的生命力，推进中华优秀传统法律文化创造性转化和创新性发展，推进法治的时代精神与民族精神融汇，使源远流长的中华传统法律文化发扬光大，使中华法治文明跟上新时代，跟进中华民族伟大复兴的坚定步伐，并重新彰显其无穷魅力和影响力。

就全面建成社会主义现代化强国新时代的“一个时段、两个阶段”而言，未来三四年十分关键，它必将是我们党和国家发展历史上一个十分特殊的历史时段。2018 年是改革开放 40 周年，2019 年是中华人民共和国成立 70 周年，2020 年是全面建成小康社会之年，2021 年是中国共产党建党 100 周年。一个又一个重要的时间节点，两个一百年的历史交汇，推动着我们踏上法治建设新征程，深化依法治国实践、加快法治中国建设，为建设社会主义现代化法治强国奠定坚实基础。

二、新时代社会主要矛盾思想的指导意义

习近平总书记指出，“明确新时代我国社会主要矛盾是人民日益增长的美好生活需要和不平衡不充分的发展之间的矛盾，必须坚持以人民为中心的发展思想，不断促进人的全面发展、全体人民共同富裕”。这个“明确”是建立在科学把握我国社会发展规律，精准预测未来发展趋势，并反复进行科学论证的基础上做出的重大政治论断。这个论断对我国新时代法治建设具有根本性、决定性指导意义。习近平总书记指出：“中国特色社会主义进入新时代，我国社会主要矛盾已经转化为人民日益增长的美好生活需要和不平衡不充分的发展之间的矛盾。”我国总体上已经实现小康，不久将全面建成小康社会，人民美好生活需要日益广泛，不仅对物质文化生活提出了更高要求，而且在民主、法治、公平、正义、安全、环境等方面的要求日益增长。同时应当看到，人民美好生活需要的增量部分几乎都是民主法治或与民主法治直接关联。“我国社会主要矛盾的变化是关系全局的历史性变化，对党和国家工作提出了许多新要求。我们要在继续推动发展的基础上，着力解决好发展不平衡不充分问题，大力提升发展质量和效益，更好满足人民在经济、政治、文化、社会、生态等方面日益增长的需要，更好推动人的全面发展、社会全面进步。”社会主要矛盾的转化经历了从量变到质变的过程，这个过

程已经反映在法治领域并引起法治工作方针的调整,从“有法可依、有法必依、执法必严、违法必究”到“科学立法、严格执法、公正司法、全民守法”,从形成中国特色社会主义法律体系到建设中国特色社会主义法治体系,从建设法治国家到建设法治中国,实质都是新社会矛盾在上层建筑中的反映和调整。

当前,新时代社会主要矛盾的变化,凸显出人民日益增长的对民主法治的需求、对法治品质的要求、对公平正义的期待、对安全保障的法律依赖与法律优质产品供给不足、立法不优、执法不严、司法不公、监督不力、权力制约失衡、权利保护缺位、法治发展不平衡之间的矛盾。在这种情况下,要加大法治改革力度和法治发展进度,推动法治“供给侧结构性改革”,坚持科学立法、民主立法、依法立法,提高立法质量,产出更多良法,修订或废止依然存在的“劣法”“闲法”“恶法”,增强法律权威,强化法律实施,不断提升法治的现代化水平,提高法治满足人民需要的能力。

面对法治领域的供需矛盾和人民对民主法治的美好向往,法治建设必须更加强调“以人民为中心”“以人民为主体”,以满足人民对美好生活的向往为己任。这是中国特色社会主义法治的根本价值所在,也是中国特色社会主义法治发展的强大力量所在。

党的十八大以来,习近平总书记始终把人民放在心中最高的位置,强调把体现人民利益、反映人民愿望、维护人民权益、增进人民福祉作为治国理政的根本宗旨。十八届四中全会通过的《中共中央关于全面依法治国若干重大问题的决定》把“以人民为主体”作为中国特色社会主义法治的基本原则。习近平总书记在十九大报告中,把“坚持以人民为中心”作为新时代坚持和发展中国特色社会主义的基本方略之一,强调“人民是历史的创造者,是决定党和国家前途命运的根本力量。必须坚持人民主体地位,坚持立党为公、执政为民,践行全心全意为人民服务的根本宗旨,把党的群众路线贯彻到治国理政全部活动之中,把人民对美好生活的向往作为奋斗目标,依靠人民创造历史伟业”。这些论述为厉行法治、依法治国、建设法治中国,设定了最高价值标准和根本原则。

在法治建设中,“以人民为中心”“以人民为主体”,坚持法治的人民中心地位和人民主体价值,首先必须坚持法治为了人民、依靠人民、造福人民、保护人民,把实现好、维护好、发展好最广大人民根本利益作为法治建设的根本目的,把体现人民利益、反映人民意愿、维护人民权益、增进人民福祉、促进人的全面发展作为法治建设的出发点和落脚点,落实到依法治国全过程、各领域。其次,必须加强人民当家做主的制度建设,保证人民在党的领导下，依照法律规定，通过各种途径和形式管理国家事务，管理经济和文化事业，管理社会事务；保证人民依法享有广泛的权利和自由，维护社会公平正义，保障人民平等参与、平等发展权利；以法治来激励和保护人民的积极性、主动性、创造性，增强社会发展活力，确保人民安居乐业、社会安定有序。再次，必须在依法治国全过程各领域坚持以人民为中心的工作导向，恪守以民为本、立法为民理念，使每一项立法都贯彻社会主义核心价值观、符合宪法精神、反映人民意志、得到人民拥护；坚持执法为民、司法为民、普法为民，并依靠人民推进严格执法、公正司法和惠民普法。最后，要弘扬人民权益靠法律保障、法律权威靠人民维护的社会主义法治精神，使法律为人民所掌握、所遵守、所运用，不断增强全社会尊法学法守法用法护法的自觉意识和行动。

三、中国特色社会主义总体布局和战略布局思想的指导意义

习近平总书记指出，“明确中国特色社会主义事业总体布局是‘五位一体’、战略布局是‘四个全面’，强调坚定道路自信、理论自信、制度自信、文化自信”。这个“明确”把法治建设和依法治国纳入中国特色社会主义事业总体布局和战略布局之中，要求我们在总体布局和战略布局的视野中充分认识到“全面依法治国是中国特色社会主义的本质要求和重要保障”，法治建设要与经济建设、政治建设、文化建设、社会建设、生态文明建设统筹推进，全面依法治国要与全面建成小康社会、全面深化改革、全面从严治党相辅相成，要进一步强化对中国特色社会主义法治的道路自信、理论自信、制度自信、文化自信。

法治建设在“五位一体”总体布局中具有特殊地位和作用。法治建设属于政治建设的重要组成部分，并渗透于、贯穿在经济建设、政治建设、文化建设、社会建设、生态文明建设之中。五个领域的建设是法治建设的强大动力，以它们对法治的强劲需求而持续推动着法治建设和法治现代化发展；同时，法治建设又服务于和保障着五大建设，为总体布局中的重大改革创造了“于法有据”的法治环境。在新时代新征程中，要以习近平总书记关于“五位一体”总体布局的新理念新思想新部署为指导，加快推进法治建设，使法治不仅能够保障总体布局，而且能够引领总体布局的统筹推进。通过加快建设法治国家、法治经济、法治社会，加快推进文化法治建设、生态法治建设，并通过宪法修改与宪制完善，统筹推进政治建设、经济建设、社会建设、文化建设和生态文明建设。要时刻注重发挥社会主义法治对经济建设、政治建设、文化建设、社会建设、生态文明建设的服务和保障作用，以良法促进

发展、保障善治,引领中国特色社会主义现代化建设。

全面依法治国是“四个全面”的一部分。十八大之后,习近平总书记深入各地调研,探索新的历史时期和新的发展阶段中国特色社会主义的战略布局,在完善“五位一体”总体布局之后,提出了“四个全面”战略布局,并把依法治国放在总体战略布局之中统筹安排。他强调指出:全面建成小康社会是我们的战略目标,全面深化改革、全面依法治国、全面从严治党是三大战略举措,对实现全面建成小康社会战略目标一个都不能缺,“没有全面依法治国,我们就治不好国、理不好政,我们的战略布局就会落空”,“要把全面依法治国放在‘四个全面’的战略布局中来把握,深刻认识全面依法治国同其他三个‘全面 的关系,努力做到‘四个全面’相辅相成、相互促进、相得益彰”。他还指出:“全面推进依法治国是关系我们党执政兴国、关系人民幸福安康、关系党和国家长治久安的重大战略问题,是完善和发展中国特色社会主义制度、推进国家治理体系和治理能力现代化的重要方面。我们要实现党的十八大和十八届三中全会做出的一系列战略部署,全面建成小康社会、实现中华民族伟大复兴的中国梦,全面深化改革、完善和发展中国特色社会主义制度,就必须在全面推进依法治国上做出总体部署、采取切实措施、迈出坚实步伐”;“党的十八大提出了全面建成小康社会的奋斗目标,党的十八届三中全会对全面深化改革做出了顶层设计,实现这个奋斗目标,落实这个顶层设计,需要从法治上提供可靠保障”;“全面推进依法治国,是我们党从坚持和发展中国特色社会主义出发、为更好治国理政提出的重大战略任务,也是事关我们党执政兴国的一个全局性问题。落实好这项重大战略任务,对推动经济持续健康发展、维护社会和谐稳定、实现社会公平正义,对全面建成小康社会、实现中华民族伟大复兴,都具有十分重大的意义”。

以决胜全面建成小康社会、夺取新时代中国特色社会主义伟大胜利、实现中华民族伟大复兴的中国梦为主题来全面推进依法治国,除了要深刻把握法治建设和依法治国在“五位一体”总体布局和“四个全面”战略布局中的重要地位和作用,还必须牢固树立中国特色社会主义法治的道路自信、理论自信、制度自信、文化自信。没有这“四个自信”或者“四个自信”虚弱,法治建设就会偏离方向、失去定力、松动根基、缺乏动能,法治的精神和力量就会枯竭。

中国特色社会主义法治道路,是社会主义法治建设成就和经验的集中体现,是建设社会主义法治国家的唯一正确道路。“全面推进依法治国,必须走对路。如果路走错了,南辕北辙了,那再提什么要求和举措也都没有意义了。全会决定有一条贯穿全篇的红线,这就是坚持和拓展中国特色社会主义法治道路。中国特色社会主义法治道路是一个管总的东西。具体讲我国法治建设的成就,大大小小可以列举出十几条、几十条,但归结起来就是开辟了中国特色社会主义法治道路这一条。"坚持并不断拓展这条道路,我们成功地实现了从专制政治到民主政治、从人治到法治的历史性变革。因此,"在坚持和拓展中国特色社会主义法治道路这个根本问题上,我们要树立自信、保持定力"。

中国特色社会主义法治理论是中国特色社会主义法治的学理支撑。中国特色社会主义法治理论是马克思主义法学理论与中国社会主义法治建设实践,特别是十八大以来全面依法治国伟大实践的结晶,是对中国特色社会主义法治实践的经验总结和理论表达,其主体构成与核心理论就是习近平新时代中国特色社会主义法治思想。中国特色社会主义法治理论全面阐述了法治的本质、法治的普遍规律、现代法治的一般原理及社会主义法治的本质特征、内在要求、价值功能、基本原则、发展方向、遵循道路等重大问题,是"我们党处理法治问题的基本立场",也是全面依法治国的指导思想和学理支撑。坚持中国特色社会主义法治道路,建设中国特色社会主义法治体系和法治国家,推进中国法治事业科学发展,必须始终如一地贯彻中国特色社会主义法治理论。

中国特色社会主义制度是全面依法治国、建设法治中国的制度基石。中国特色社会主义制度包括经济制度和政治制度。当今世界有两种生产资料所有制形式,我们坚持和不断完善公有制为主体、多种所有制经济共同发展的基本经济制度。当今世界有两种资源配置的基本方式,一是计划经济,二是市场经济,我们告别了僵化的计划经济,选择了自由的市场经济。事实证明,市场经济是当今世界最有效率的经济运行机制。党的十四大把建立社会主义市场经济体制作为我国经济体制改革的总体目标;十八届三中全会做出"使市场在资源配置中起决定性作用"的重大决策,并提出"加快完善现代市场经济体系";十九大提出"加快完善社会主义市场经济体制","建设现代化经济体系"。坚持中国特色社会主义基本经济制度,完善社会主义市场经济体制和现代化经济体系,内在地需要法治的引领和保障,也为社会主义法治的发展构筑了坚实的经济基础。中国特色社会主义政治制度包括国体和政体在内,具体而言就是工人阶级领导的、以工农联盟为基础的人民民主专政制度,中国共产党领导制度,人民代表大会制度,中国共产党领导的多党合作和政治协商制度,民族区域自治制度,基层群众自治制度,"一国两制"等。其中,党的领导是核心政治制度,人民代表大会是根本政治制度,中国共产党领导的多党合作和政治协商制度、民族区域自治制度、基层群众自治制度是基本政治制度,“一国两制”是解决历史遗留的香港、澳门问题的最佳方案,是香港、澳门回归后保持长期繁荣稳定的最佳制度。中国特色社会主义经济制度和政治制度是中国特色社会主义法治的经济基础和政治基石,中国特色社会主义经济制度和政治制度以其鲜明的现代性和强大的生命力使中国特色社会主义法治拥有新时代的先进性和优越性。我们要强化制度自信,充实制度定力,并以法治的制度理性和规范力量,巩固、壮大、发展中国特色社会主义经济制度和政治制度以及与它们相适应的各种制度。

中国特色社会主义法治文化是中国特色社会主义法治的精神家园。习近平总书记指出:“文化是一个国家、一个民族的灵魂。文化兴国运兴,文化强民族强”,“中国特色社会主义文化,源自于中华民族五千多年文明历史所孕育的中华优秀传统文化,熔铸于党领导人民在革命、建设、改革中创造的革命文化和社会主义先进文化,植根于中国特色社会主义伟大实践”,“文化自信是一个国家、一个民族发展中更基本、更深沉、更持久的力量”,“没有高度的文化自信,没有文化的繁荣兴盛,就没有中华民族伟大复兴”。这些精辟论述揭示了文化和中国特色社会主义文化的本质特征,并为中国特色社会主义文化建设和文化自信指明了方向。中国特色社会主义法治文化作为中国特色社会主义文化的组成部分,具有相同的本质、逻辑和力量。中国特色社会主义法治文化是绵延数千年的中华优秀传统法律文化、党领导人民在革命和建设中创造的新民主主义和社会主义法治文化、改革开放以来推进中国特色社会主义法治建设过程中创造的先进法治文化的结晶。完整意义的法治包括三个方面,即法律制度、法治体制、法治文化。全面依法治国、建设法治中国,要在制度完备、体制创新、文化建构三个方面共同推进、协调发展。党的十八大以来,以习近平同志为核心的党中央高度重视法治文化建设。2012 年 12 月 4 日,在首都各界纪念现行宪法公布施行 30 周年大会上的讲话中,习近平总书记强调指出,要“弘扬社会主义法治精神,努力培育社会主义法治文化”。2014 年 10 月 23 日,十八届四中全会通过的《中共中央关于全面推进依法治国若干重大问题的决定》提出:“法律的权威源自人民的内心拥护和真诚信仰。人民权益要靠法律保障,法律权威要靠人民维护。必须弘扬社会主义法治精神,建设社会主义法治文化,增强全社会厉行法治的积极性和主动性,形成守法光荣、违法可耻的社会氛围,使全体人民都成为社会主义法治的忠实崇尚者、自觉遵守者、坚定捍卫者。”在十九大报告中,习近平总书记进一步提出:“加大全民普法力度,建设社会主义法治文化,树立宪法法律至上、法律面前人人平等的法治理念。”五年来的法治文化建设，夯实了中国特色社会主义法治文化自信的基础。在新时代新征程中，要以习近平新时代中国特色社会主义法治思想为指导，坚守中华文化立场，立足当代中国实践，结合当今时代条件，借鉴外来法治文化，大力发展中国特色社会主义法治文化，建设更高水平的社会主义法治文明。

四、全面深化改革总目标思想的指导意义

习近平总书记指出，“明确全面深化改革总目标是完善和发展中国特色社会主义制度、推进国家治理体系和治理能力现代化”。这个“明确”既为全面深化改革指明了方向和路径，也为依法治国和法治建设提供了目标导向和基本遵循。

法治与国家治理息息相关，在国家治理中发挥着无可替代的功能。正如习近平总书记所说，“依法治国是坚持和发展中国特色社会主义的本质要求和重要保障，是实现国家治理体系和治理能力现代化的必然要求”。法律体系是国家治理体系的组成部分，法治体系是国家治理体系的重要依托。国家治理体系和治理能力现代化必然要求完善发展中国特色社会主义法律体系，建设中国特色社会主义法治体系。国家治理现代化的实质是在治理体系、治理能力等方面充分体现良法善治，而现代法治则为国家治理注入了良法善治的核心价值和公共治理的创新机制，由此国家治理便具有了现代性，迈向了制度文明和政治文明。

推进国家治理现代化实质上就是推进国家治理法治化。改革开放以来，国家各项制度的创新发展都伴随着法律制度体系的丰富与革新，市场经济就是法治经济、民主政治就是法治政治、法治是治国基本方略、法治是执政基本方式，这些科学论断和实践经验表明国家治理现代化的过程也就是国家治理法治化的过程，法治化是国家治理现代化的必由之路。

推进国家治理法治化，是党的执政理念的必然要求。党的十八大以来，以习近平同志为核心的党中央的执政理念愈加凸显法治要素，除了强调要依法执政、依法治国、依法行政、依法治理社会、严格执法、公正司法、重大改革于法有据，又进一步提出法治是治国理政的基本方式，各级领导干部要善于运用法治思维和法治方式深化改革、推动发展、化解矛盾、维护稳定，要推动法治国家、法治政府、法治社会一体建设。党的执政理念和法治理论深刻揭示了法治在国家治理中具有决定性作用。所以，要以国家治理现代化为主题，以推进国家治理法治化为主线，全面推进依法治国、加快法治中国建设，为推动中国特色社会主义制度更加成熟更加定型，为党和国家事业发展、人民幸福安康、社会公平正义、国家长治久安提供一整套更完备、更稳

定、更管用的制度体系,通过建立和健全国家治理法律规范、法律制度和法律程序,形成完备的国家治理法治体系,不断提高运用中国特色社会主义法治有效治理国家的能力,确保社会主义现代化伟业在法治轨道上顺利前进。

完善和发展中国特色社会主义制度,推进国家治理体系和治理能力现代化,也是法治发展和法治现代化的强大动力。法治现代化必将使法治在国家治理中发挥更优良、更重要的作用。推进国家治理现代化内在地要求推进法治现代化,唯有现代化的法治才能支撑和匹配现代化的国家治理。围绕国家治理体系和治理能力现代化推进法治现代化,使法治现代化的目标更加明确,路径更加清晰,重点更加突出,措施更有抓手。

党的十九大把"实现国家治理体系和治理能力现代化"作为社会主义现代化强国的标志,进而把这一论断和目标纳入新时代中国特色社会主义思想体系和基本方略之中,这为法治现代化指明了前进方向。目前,我国的法治还不能满足国家治理的现实需要,更不适应"形成系统完备、科学规范、运行有效的制度体系"和"加快形成科学有效的治理体制"这一国家治理现代化阶段性目标的需要。为此,要以时不我待的紧迫感和使命感,以习近平国家治理现代化和法治现代化思想理论为指导,以改革创新的姿态和锐气,抓住有利时机,加快法治建设,在积极应对国家治理迫切需要的同时,紧紧跟进国家治理现代化的步伐,同步推进法治现代化。国家治理现代化和法治现代化的目标必将把古老的中国带进现代化强国的征程,使党和人民在法治中实现"两个一百年"的奋斗目标,使中华民族在法治中走向富强民主文明和谐美丽,实现伟大复兴的"中国梦"。

五、全面推进依法治国总目标思想的指导意义

习近平总书记指出,"明确全面推进依法治国总目标是建设中国特色社会主义法治体系、建设社会主义法治国家"。这个"明确"重申了十八届四中全会决定的精神,为深化依法治国实践强化了理论引领。全面依法治国是中国特色社会主义的本质要求和重要保障。要实现经济发展、政治清明、文化昌盛、社会公正、生态良好,必须更好发挥法治引领和规范作用。"我们面对的改革发展稳定任务之重前所未有,矛盾风险挑战之多前所未有,依法治国地位更加突出、作用更加重大。我们必须坚定不移贯彻依法治国基本方略和依法执政基本方式,坚定不移领导人民建设社会主义法治国家。"

全面推进依法治国,必须有一个总目标、总抓手,这就是建设中国特色社会主义法治体系。"中国特色社会主义法治体系"概念是习近平总书记十八大以来提出的最具原创性和标志性的概念之一,明确提出"法治体系"

概念和建设中国特色社会主义法治体系命题,具有重大理论创新、制度创新和实践创新意义。全面推进依法治国,涉及立法、执法、司法、守法、法治监督、法治保障、法学教育、法学研究,涉及统筹推进依法治国、依法执政、依法行政、依法自治,涉及一体建设法治国家、法治政府、法治社会、法治经济、法治军队,涉及协调发展国家法治、地方法治、社会法治、行业法治,因而迫切需要一个符合法治规律、传承法治文明、思想含量丰富的统领性概念。“中国特色社会主义法治体系”就是这样一个统领性概念。习近平总书记指出:“提出这个总目标,既明确了全面推进依法治国的性质和方向,又突出了全面推进依法治国的工作重点和总抓手。”其重大意义,一是向国内外鲜明宣示我们将坚定不移走中国特色社会主义法治道路。二是明确全面推进依法治国的总抓手。全面推进依法治国涉及很多方面,在实际工作中必须有一个总揽全局、牵引各方的总抓手,这个总抓手就是建设中国特色社会主义法治体系。依法治国各项工作都要围绕这个总抓手来谋划、来推进。三是建设中国特色社会主义法治体系是实现国家治理体系和治理能力现代化的必然要求,也是全面深化改革的必然要求,既有利于在法治轨道上推进国家治理体系和治理能力现代化,也有利于在全面深化改革总体框架内全面推进依法治国各项工作,有利于在法治轨道上不断深化改革。

建设中国特色社会主义法治体系,是贯穿《中共中央关于全面推进依法治国若干重大问题的决定》全篇的一条主线,也是新征程中深化全面依法治国的“牛鼻子”,对深化全面依法治国具有纲举目张的作用。在依法治国和法治建设的新征程中,要继续以建设中国特色社会主义法治体系为主题、主线,“在中国共产党领导下,坚持中国特色社会主义制度,贯彻中国特色社会主义法治理论,形成完备的法律规范体系、高效的法治实施体系、严密的法治监督体系、有力的法治保障体系,形成完善的党内法规体系”。

完备的法律规范体系是法治国家、法治社会的制度基础。要坚持立法先行,发挥立法在改革开放和经济社会发展中的引领和推动作用。坚持上下有序、内外协调、科学规范、运行有效的原则,完善和发展法律规范体系。坚持科学立法、民主立法、依法立法基本原则,拓展科学立法、民主立法、依法立法的途径,不断提高立法质量和效率,以良法促进发展、保障善治。更加注重立法优先、立改废释并举,实现从粗放立法向精细立法转变。加强重点领域立法,实现立法和改革决策相衔接,做到重大改革于法有据、立法主动适应改革和经济社会发展需要。

法律的生命在于实施,法律的权威在于实施,法律的伟力也在于实施。完善法治实施体系,首先要健全宪法实施制度,把宣传和树立宪法权威作为全面推进依法治国的重大事项抓紧抓好。各级政府必须坚持在党的领导下、在法治轨道上开展工作,依法行政,严格规范文明执法,建立权责统一、权威高效的依法行政体制,加快建设法治政府。坚定不移推进司法体制改革,完善司法体制改革的配套制度和措施,全面落实司法责任制,深化司法管理体制和司法权力运行机制改革,优化司法职权配置,完善确保依法独立公正行使审判权和检察权的制度和体制。扩大司法民主途径,保障人民群众广泛、真实地参与司法,加强人权司法保障,努力让人民群众在每一个司法案件中都感受到公平正义。

法治监督是对法律实施和法治运行情况的监督,是法律实施和法治运行不可缺少的保障机制。习近平总书记提出要建立由党内监督、人大监督、民主监督、行政监督、司法监督、审计监督、社会监督、舆论监督构成的更加严密的监督体系,形成强大的监督合力;着力推进监督工作规范化、程序化、制度化,形成对法治运行全过程全方位的监督体系,督促实现科学立法、严格执法、公正司法、全民守法。十八届四中全会以来,建立严密的法治监督体系的最大亮点首推国家监察体制改革。十九大决定深入推进国家监察体制改革,在国家监察体制改革试点取得实效的基础上,将试点工作在全国推开,组建国家、省、市、县监察委员会,同党的纪律监察机关合署办公,实现对所有行使公权力的公职人员监察全覆盖;制定国家监察法,依法赋予监察委员会职责权限和调查手段。国家监察体制改革,对于落实十九大提出的“构建党统一指挥、全面覆盖、权威高效的监督体系,把党内监督同国家机关监督、民主监督、司法监督、群众监督、舆论监督贯通起来,增强监督合力”,具有关键意义。

建设有力的法治保障体系对于法律的制定和实施十分必要。法治保障包括政治保障、制度保障、思想保障、组织保障、运行保障、人才保障等内容。在依法治国和法治建设的新征程中,要切实加强和改进党对全面依法治国的领导,提高依法执政能力和水平,为全面依法治国提供强有力的政治和组织保障;加强高素质法治专门队伍和法律服务队伍建设,加强法治机构建设和经费保障,为全面依法治国提供坚实的人才和物质保障;改革不符合法治运行规律、不利于依法治国的体制机制,为全面依法治国提供完备的制度保障;完善守法诚信褒奖机制和违法行为惩戒机制,努力形成办事依法、遇事找法、解决问题用法、化解矛盾靠法的社会氛围,使尊法、信法、守法成为全体人民的共同追求和自觉行动。

党内法规体系是中国特色社会主义法治体系的重要组成部分。“党内法规既是管党治党的重要依据,也是建设社会主义法治国家的有力保障。”

在依法治国和法治建设的新征程中，要更加注重统筹推进依法治国与依规治党、制度治党。要树立党章权威，确保全党一体严格遵行。完善党内法规制定体制和程序，加大党内法规备案审查和解释力度，形成配套完备的党内法规制度体系。更加注重党内法规同国家法律的衔接和协调，促进党员、干部既认真执行党内法规又带头遵守国家法律法规。提高党内法规执行力，运用党内法规把党要管党、从严治党落到实处。根据全面推进依法治国和依规管党治党的总体部署，按照十九大提出的“加快形成覆盖党的领导和党的建设各方面的党内法规制度体系”的要求，坚持宪法为上、党章为本的基本原则，全面建成内容科学、程序严密、配套完备、运行有效的党内法规制度体系。

除了上述五个方面，中国特色社会主义法治体系还包括形式多样、内容丰富的社会规范体系，诸如社会习惯、市民公约、乡规民约、行业规章、团体规章等，它们也是依法治国的重要遵循。在一定意义上，社会规范体系是以公共道德和公序良俗为核心的规范体系。要按照依法治国与以德治国相结合的基本原则，根据十九大的最新部署，大力加强社会规范体系建设，开辟法治、德治、自治有机融合的社会治理新局面。

与建设中国特色社会主义法治体系并行的是建设社会主义法治国家。二十年前，党的十五大提出依法治国、建设社会主义法治国家，此后，建设社会主义法治国家的目标先后写入党章和宪法，成为党和国家的行动纲领。二十年来，社会主义法治国家的内涵越来越丰富、越来越清晰。法治国家属于政治文明范畴，以人民主权、依法而治、宪法至上、制约权力、保障人权、公平正义、正当程序为核心标志。党的十九大进一步把建设社会主义法治国家纳入全面建设社会主义现代化国家的总目标、总任务之中，为法治国家确定了更高标准，为建设社会主义法治国家、促进社会主义政治文明提出了新的目标定位和基本遵循。

六、新时代强军思想的指导意义

习近平总书记指出，“明确党在新时代的强军目标是建设一支听党指挥、能打胜仗、作风优良的人民军队，把人民军队建设成为世界一流军队”。这个“明确”对依法治军、从严治军、建设法治化人民军队具有鲜明的指导意义。党的十八大以来，习近平同志作为党中央总书记、国家主席、军委主席提出了强军目标、强军之要、强军之基，强调依法治军从严治军是强军之基，是建军治军的基本方略，深刻阐明了新的历史条件下依法治军、从严治军、建设法治军队的战略地位、根本原则和目标任务，科学回答了中国特色军事法治建设一系列重大理论和现实问题,丰富发展了中国特色社会主义法治理论和军事理论。习近平总书记指出:"厉行法治、严肃军纪,是治军带兵的铁律,也是建设强大军队的基本规律……要强化法治观念,严格部队管理,狠抓条令条例贯彻落实,提高部队正规化水平","一个现代化国家必然是法治国家,一支现代化军队必然是法治军队。深入推进依法治军、从严治军,是全面推进依法治国总体布局的重要组成部分,是实现强军目标的必然要求。整个国家都在建设中国特色社会主义法治体系、建设社会主义法治国家,军队法治建设不抓紧,到时候就跟不上趟了"。习近平总书记还指出:"军队越是现代化,越是信息化,越是要法治化。在信息网络时代,战争过程日益科学化,军队建设、管理和作战行动更加强调标准化、规范化、精细化。这就要对军队各方面进行严格规范,建立一整套符合现代军事发展规律、体现我军特色的科学的组织模式、制度安排和运作方式,推动军队正规化建设向更高水平发展","深入推进依法治军、从严治军,必须紧紧围绕党在新形势下的强军目标,着眼全面加强革命化现代化正规化建设,坚持党对军队绝对领导,坚持战斗力标准,坚持官兵主体地位,坚持依法和从严相统一,坚持法治建设与思想政治建设相结合,创新发展依法治军理论和实践,构建完善的中国特色军事法治体系,提高国防和军队建设法治化水平"。习近平总书记的论述深刻揭示了我军性质宗旨的特殊要求与法治建设一般规律的高度统一。

2014 年,习近平总书记在主持起草党的十八届四中全会决定时,明确要求把依法治军、从严治军问题单列一块写进去,纳入依法治国总体布局。《中共中央关于全面推进依法治国若干重大问题的决定》就"深入推进依法治军从严治军"做出重大部署,这是在党中央顶层设计中首次提出依法治军。十八届四中全会之后,习近平主席亲自决策起草、亲自审定、亲自批准印发了《中央军委关于新形势下深入推进依法治军从严治军的决定》,明确提出了深入推进依法治军从严治军的指导思想、目标要求、基本原则、主要任务和重大改革举措,深刻阐明依法治军从严治军一系列重大理论和实践问题,为新形势下深入推进依法治军从严治军、提高国防和军队建设法治化水平,提供了科学指南和根本遵循,标志着我军法治建设踏上新起点,人民军队法治化建设进入"快车道"。

依法治军从严治军是强军之基,是把军队建设成为世界一流军队的必由之路。基于此,党的十九大进一步把"坚持政治建军、改革强军、科技兴军、依法治军相统一"提升为坚持和发展中国特色社会主义的基本方略,并进一步强调"全面从严治军,推动治军方式根本性转变,提高国防和军队建设法治化水平”。必须充分认识到，依法治军、从严治军是治军方式的深刻变革；依法治军是依法治国的一部分，法治军队建设是法治国家建设的组成部分；军队是国家体系的支柱，国家要依法治国，军队必然要依法治军；军队依法治军，必然支撑依法治国。在新时代强军道路上，必须紧紧围绕党在新时代的强军目标，创新发展依法治军理论和实践，着力构建系统完备、严密高效的军事法规制度体系、军事法治实施体系、军事法治监督体系、军事法治保障体系，提高国防和军队建设法治化水平，为建设强大的现代化的世界一流军队夯实法治基础。

七、构建人类命运共同体思想的指导意义

习近平总书记指出，“明确中国特色大国外交要推动构建新型国际关系，推动构建人类命运共同体”。这个“明确”对于统筹国内法治与国际法治、国家治理与全球治理两个大局，推动全球治理体系和治理规则变革，构建新型国际关系和人类命运共同体，为决胜全面建成小康社会、夺取新时代中国特色社会主义伟大胜利、实现中华民族伟大复兴创造更加良好的国际关系和国际法治环境，具有极其重大的指导意义。

进入 21 世纪以来，国际力量对比发生深刻变化，新兴市场国家和一大批发展中国家的国际影响力不断增强，这是近代以来国际力量对比中最具革命性的变化。数百年来，列强通过战争、殖民等方式争夺利益和霸权，逐步向各国以制度规则协调关系和利益的方式演进。在这种情况下，推进全球治理体系变革和全球治理法治化已是大势所趋。

经过改革开放四十年的发展，我国前所未有地走近世界舞台中央，前所未有地接近实现中华民族伟大复兴的目标，前所未有地具有实现这个目标的能力和信心。同时，我们越发展壮大，遇到的外部阻力和压力就会越大，面临的外部风险和挑战就会越多。发达国家总体上仍然主导着全球治理和世界秩序。中国的快速崛起必定要面临既有国际规则和国际秩序的限制，受到美国等西方大国的钳制。因而，我们必须推进全球治理体制变革，给国际治理格局和国际体系定规则、定方向，争取在国际秩序和国际体系长远制度性安排中体现和尊重中国应有的地位和作用，争夺发展的制高点。

全球化深入发展，把世界各国利益和命运更加紧密地联系在一起，形成了你中有我、我中有你的利益共同体。很多问题不再局限于一国内部，很多挑战也不再是一国之力所能应对，全球性挑战需要各国通力合作来应对。当今世界面临着各种不稳定性、不确定性问题，世界经济增长动能不足，贫富分化日益严重，地区热点问题此起彼伏，恐怖主义、网络安全、重大传染性

疾病、气候变化等非传统安全威胁持续蔓延,人类面临许多共同挑战。没有哪个国家能够独自应对人类面临的各种挑战,也没有哪个国家能够退回到自我封闭的孤岛。这就决定了中国不可能独善其身,不可能继续"韬光养晦",而必须统筹国内国际两个大局,积极构建开放合作的治理格局,努力使国内治理与国际治理有效衔接、相辅相成。

作为世界上发展速度最快和发展质量最好的发展中大国,中国的利益和责任也要求我们积极推进全球治理体系和治理规则变革,为新型市场国家和发展中国家争取更多制度性权力和话语权,为世界和平稳定提供制度保障。

面对复杂巨变的世界形势,十八大以来,以习近平同志为核心的党中央审时度势,抓住机遇,应对挑战,以超凡的智慧和勇气推动全球治理体系和治理规则变革,构建世界经济政治新秩序。对于构建什么样的国际关系和世界秩序,习近平总书记在科学研判的基础上给出了明确定位,提供了中国方案。这就是推动国际关系民主化、法治化、合理化,引领经济全球化,构建人类命运共同体。

推动国际关系民主化的要义是:"世界的命运必须由各国人民共同掌握,世界上的事情应该由各国政府和人民共同商量来办。垄断国际事务的想法是落后于时代的,垄断国际事务的行动也肯定是不能成功的。"推动国际关系法治化的要义是:在国际关系中,各国都应遵守国际法和公认的国际关系基本原则,用统一适用的规则来明是非、促和平、谋发展。推动国际关系合理化(公正化)的要义是:适应国际力量对比新变化推进全球治理体系改革,体现各方关切和诉求,更好维护广大发展中国家正当权益;坚持主权平等,推动各国权利平等、机会平等、规则平等。

经济全球化是社会生产力发展的客观要求和科技进步的必然结果。经济全球化是与经济现代化同步的历史大势,经济全球化为世界经济增长提供了强劲动力,促成了产品、资源、资本、技术、思想、文化、人员在全球范围内的大流动,促成了贸易繁荣、资源开发、投资便利、技术创新、思想革命和社会变迁。当然,"我们也要承认,经济全球化是一把'双刃剑'"。由于经济全球化把竞争从国内带向国际、从区域带向全球,这就必然引起世界范围内发展失衡、治理困境、数字鸿沟、公平赤字等问题。特别是当世界经济处于下行期的时候,全球经济"蛋糕"不容易做大,增长和分配、资本和劳动、效率和公平的矛盾会更加突出,发达国家和发展中国家都会感受到压力和冲击。在这种形势下,一些国家出现"反全球化""逆全球化"的舆论、思潮和运动不足为怪。面对经济全球化带来的机遇和挑战,习近平总书记提醒各国领导人和各国人民做出正确选择:要充分利用一切机遇,合作应对一切挑战,引导好经济全球化走向,让经济全球化进程更有活力、更加包容、更可持续;要主动作为、适度管理,让经济全球化的正面效应更多释放出来,实现经济全球化进程再平衡;要顺应大势、结合国情,正确选择融入经济全球化的路径和节奏;要讲求效率、注重公平,让不同国家、不同阶层、不同人群共享经济全球化的好处。

在推动全球治理体系变革、构建民主法治公正合理的世界秩序、引领全球化正确方向的基础上,向着建设人类命运共同体的方向前进,这是习近平总书记提出的时代命题和全球课题。十八大以来,习近平总书记洞察国际形势和世界格局演变大趋势,前瞻性地提出了建设人类命运共同体的主张。这个主张的基本内容包括:建立平等相待、互商互谅的伙伴关系,营造公道正义、共建共享的安全格局,谋求开放创新、包容互惠的发展前景,促进和而不同、兼收并蓄的文明交流,构筑尊崇自然、绿色发展的生态体系。五年来,我国通过实施共建"一带一路"倡议,发起创办亚洲基础设施投资银行,设立丝路基金,举办首届"一带一路"国际合作高峰论坛、亚太经合组织领导人非正式会议、二十国集团领导人杭州峰会、金砖国家领导人厦门会晤、亚信峰会,开展一系列大国元首外交,使人类命运共同体理念得到了联合国及其所属组织的认同和世界人民的广泛支持,已经构成了新型国际关系和世界秩序的理论基石和要素。

党的十九大把进一步推动构建人类命运共同体作为新时代坚持和发展中国特色社会主义的基本方略之一,提出中国人民的梦想同各国人民的梦想息息相通,实现中国梦离不开和平的国际环境和稳定的国际秩序,呼吁各国人民同心协力,构建人类命运共同体,建设持久和平、普遍安全、共同繁荣、开放包容、清洁美丽的世界。要相互尊重、平等协商,坚决摒弃"冷战"思维和强权政治,走对话而不对抗、结伴而不结盟的国与国交往新路。要坚持以对话解决争端、以协商化解分歧,统筹应对传统和非传统安全威胁,反对一切形式的恐怖主义。要同舟共济,促进贸易和投资自由化便利化,推动经济全球化朝着更加开放、包容、普惠、平衡、共赢的方向发展。要尊重世界文明多样性,以文明交流超越文明隔阂、文明互鉴超越文明冲突、文明共存超越文明优越。要坚持环境友好,合作应对气候变化,保护好人类赖以生存的地球家园。

在新时代,我们应当进一步提升全球战略思维,秉持共商共建共享的全球治理观,以推动建设相互尊重、公平正义、合作共赢的新型国际关系和建设人类命运共同体为基本理念和发展目标,始终不渝走和平发展道路,奉行互利共赢的开放战略,坚持正确义利观,树立共同、综合、合作、可持续的新安全观,谋求开放创新、包容互惠的发展前景,促进和而不同、兼收并蓄的文明交流,构筑尊崇自然、绿色发展的生态体系,“始终做世界和平的建设者、全球发展的贡献者、国际秩序的维护者”。

八、坚持党的领导思想的指导意义

习近平总书记指出,“明确中国特色社会主义最本质的特征是中国共产党领导,中国特色社会主义制度的最大优势是中国共产党领导,党是最高政治领导力量,提出新时代党的建设总要求,突出政治建设在党的建设中的重要地位”。这个“明确”清晰地阐明了党的领导与中国特色社会主义的关系,说明了中国特色社会主义法治必须坚持党的领导,从党的领导中找到自己的政治定位和前途命运,从党的领导中获得优势、力量和权威。在依法治国和法治建设必须坚持党的领导这个问题上,习近平总书记讲得最多最透最坚定最全面。党的领导是中国特色社会主义法治最本质的特征,是社会主义法治最根本的保证。把党的领导贯彻到依法治国全过程和各方面,是我国社会主义法治建设的一条基本经验。我国宪法确立了中国共产党的领导地位,坚持党的领导是宪法的根本要求,是依宪治国、依宪执政的根本体现,是党和国家的根本所在、命脉所在,是全国各族人民的利益所系、幸福所系,是全面推进依法治国的题中应有之义。“坚持中国特色社会主义法治道路,最根本的是坚持中国共产党的领导。依法治国是我们党提出来的,把依法治国上升为党领导人民治理国家的基本方略也是我们党提出来的,而且党一直带领人民在实践中推进依法治国。全面推进依法治国,要有利于加强和改善党的领导,有利于巩固党的执政地位、完成党的执政使命,绝不是要削弱党的领导。”“我们必须牢记,党的领导是中国特色社会主义法治之魂,是我们的法治同西方资本主义国家的法治最大的区别。离开了中国共产党的领导,中国特色社会主义法治体系、社会主义法治国家就建不起来。我们全面推进依法治国,绝不是要虚化、弱化甚至动摇、否定党的领导,而是为了进一步巩固党的执政地位、改善党的执政方式、提高党的执政能力,保证党和国家长治久安。”坚持党的领导不是一句空话,而是具体体现为党领导立法、保证执法、支持司法、带头守法。

在十九大报告中,习近平总书记再次强调指出:“坚持党的领导、人民当家做主、依法治国有机统一是社会主义政治发展的必然要求”,“党的领导是人民当家做主和依法治国的根本保证”,“必须把党的领导贯彻落实到依法治国全过程和各方面,坚定不移走中国特色社会主义法治道路”。为了加强党对依法治国和法治建设的领导,十九大决定“成立中央全面依法治国领导小组,加强对法治中国建设的统一领导”。

习近平总书记强调把坚持党的领导与改善、改进党的领导统一起来,改进党的领导方式和执政方式,提高党的领导水平和执政本领。在十八届四中全会上,他指出:“党的领导和社会主义法治是一致的,社会主义法治必须坚持党的领导,党的领导必须依靠社会主义法治。”如果说“社会主义法治必须坚持党的领导”是我们党的一贯立场,毛泽东、邓小平、江泽民、胡锦涛等党和国家领导人对此均做过相应论述,习近平总书记在新的形势下更加鲜明、更加深入、更有针对性地进行了论述,那么,“党的领导必须依靠社会主义法治”则是习近平总书记首次提出的重大命题,是当代中国共产党人对党的领导能否和法治相结合做出的明确回答,其重大意义在于从根本上找到了改善和改进党的领导方式和执政方式的路径。习近平总书记指出:“我国是一个有十三亿多人口的大国,地域辽阔,民族众多,国情复杂。我们党在这样一个大国执政,要保证国家统一、法制统一、政令统一、市场统一,要实现经济发展、政治清明、文化昌盛、社会公正、生态良好,都需要秉持法律这个准绳、用好法治这个方式。”

改善和改进党的领导方式和执政方式,最根本的是坚持依法执政、依宪执政、依据法律和党内法规实施对国家和社会的领导。必须把依法治国基本方略同依法执政基本方式统一起来,把党总揽全局、协调各方同人大、政府、政协、审判机关、检察机关依法依章程履行职能、开展工作统一起来,把党领导人民制定和实施宪法法律同党坚持在宪法法律范围内活动统一起来,善于使党的主张通过法定程序成为国家意志,善于使党组织推荐的人选通过法定程序成为国家政权机关的领导人员,善于通过国家政权机关实施党对国家和社会的领导,善于运用民主集中制原则维护中央权威、维护全党全国团结统一。

为了更好、更有效地依法执政,在尊重和遵循宪法法律的同时,还必须致力于建立完善的党内法规制度体系。全面推进依法治国、全面从严治党,必须努力形成党内法规和国家法律相辅相成、相互促进、相互保障的格局。党的十八大以来,党内法规制度体系不断完善。在十九大报告中,习近平总书记进一步指出:“领导十三亿多人的社会主义大国,我们党既要政治过硬,也要本领高强。”在各项高强本领中就包括法治思维能力和依法执政能力。

法治思维以及相应的法治方式是对人治思维以及相应的人治方式的革命。人治思维崇尚贤人政治、官本位、家长主义、父爱主义,过分信赖当权者个人或少数人的智慧、能力、美德,凭借个人的愿望和权威治国理政。人治思维也不是一点法律都不要,但它认为“法律可有可无”,“法律只能作为办事的参考”。在人治思维中,权力决定一切,当个人的意愿、判断和利益与法律冲突时,不是“法大于权”,而是“权大于法”。法治思维则是一种理性思维、科学思维、民主思维,其实质就是习近平总书记概括的:把对法治的尊崇、对法律的敬畏转化成思维方式和行为方式,做到在法治之下而不是法治之外,更不是法治之上想问题、作决策、办事情;其关键是守规则、重程序,做到法定职责必须为、法无授权不可为,尊重和保护人民权益,自觉接受监督。坚持法治思维和法治方式,要抓住领导干部这个关键少数。各级领导干部要做尊法学法守法用法的模范,提高运用法治思维和法治方式的能力,努力以法治凝聚改革共识、规范发展行为、促进矛盾化解、保障社会和谐;牢固树立宪法法律至上、法律面前人人平等、权由法定、权依法使等基本法治观念,彻底摒弃人治思想和长官意志,绝不搞以言代法、以权压法、逐利违法、徇私枉法;努力营造办事依法、遇事找法、解决问题用法、化解矛盾靠法的法治环境。

依法执政是中国共产党改善和改进执政方式、提高执政能力和水平的重要举措。中国共产党作为执政党必须依照宪法和法律执掌国家政权、领导国家政权、运用国家政权,实现党的执政为民的宗旨和执政兴国的目标;依法支持和督促国家机关依法行使国家权力、履行国家职能,确保国家机关活动的民主性、合法性、公正性、权威性;依法参与重大国务活动,制定内政、国防、外交基本方针,管理属于党和国家机关共同负责的重要事项;依法保证党领导人民有效治理国家。

十八大以来,我们党坚持依法执政,推进依法执政制度化、规范化、程序化,坚持以法治的理念、法治的体制、法治的程序,实行党的领导和党的执政,党的领导和执政的合法性得到更广泛更真诚的认同,党的领导本领和执政本领取得历史性的飞跃,国家治理体系和治理能力现代化水平显著提高,全社会发展活力和创新活力明显增强。在新时代新征程中,必须在更高标准上把坚持党的领导与改善党的领导、依法治国与依法执政有机地结合起来,把党的领导、人民当家做主、依法治国有机地统一起来,创造人类历史上最高水平的政治文明和法治文明。

习近平新时代中国特色社会主义思想对依法治国和法治建设的指导意义并不限于上述八项“明确”(八个方面的核心思想)。但是,仅从八项“明确”对依法治国和法治建设的指导意义,足以看出习近平新时代中国特色社会主义思想对依法治国和法治建设既具有战略性又具有基础性、既具有现实针对性又具有未来前瞻性的指导意义。这多重意义的指导必将引领新时代全面依法治国新征程,开创法治中国建设新局面。

开启新时代中国特色社会主义法治新征程*

李　林

中国社会科学院学部委员，研究员，博士生导师，中国法学会副会长。

党的十九大报告站在历史与未来、中国与世界的新高度，着眼于实现“两个一百年”的奋斗目标，做出了中国特色社会主义进入新时代、我国社会主要矛盾已经转化等重大战略判断，确立了习近平新时代中国特色社会主义思想的历史地位，明确提出了新时代坚持和发展中国特色社会主义的基本方略，深刻回答了新时代坚持和发展中国特色社会主义的一系列重大理论和实践问题，做出了社会主义现代化建设“两个阶段”的重大战略安排，绘就了高举中国特色社会主义伟大旗帜、决胜全面建成小康社会、夺取新时代中国特色社会主义伟大胜利的新蓝图，开启了迈向社会主义现代化强国的新征程。

党的十九大报告明确指出：“经过长期努力，中国特色社会主义进入了新时代，这是我国发展新的历史方位。中国特色社会主义进入新时代，意味着近代以来久经磨难的中华民族迎来了从站起来、富起来到强起来的伟大飞跃”，实现了从新纪元、新时期、到新时代的历史巨变。1949 年中国共产党领导人民推翻了帝国主义、封建主义、官僚资本主这“三座大山”，取得了新民主主义革命胜利，成立了中华人民共和国，中国人民从此站起来，中国的历史从此进入一个新纪元；1978 年党的十一届三中全会重新确立了解放思想、实事求是的思想路线，做出了把党和国家工作重点转移到社会主义现代化建设上来和实行改革开放的战略决策，实现了全党工作重点从“以阶级斗争为纲”到“以经济建设为中心”的战略转移，中国进入改革开放的历史

* 本文原载《环球法律评论》2017 年第 6 期。

新时期。如果说,进入“新纪元”的基本标志是成立中华人民共和国,根本目标是使中华民族站起来;进入“新时期”的基本标志是实行改革开放,根本目标是使中华民族富起来,那么,进入“新时代”的基本标志就是开启全面建设社会主义现代化国家新征程,根本目标是使中华民族强起来。从新纪元到新时期,再到新时代,镌刻了中华民族从站起来、富起来到强起来的“三大历史坐标”,践行了马克思主义从政治民主、经济民主到社会民主的“三大民主构想”,标志了从人的政治解放、经济解放到社会解放进而实现人的全面自由发展的“三大解放轨迹”。党的十九大报告指出,中国特色社会主义新时代就是在新的历史条件下继续夺取中国特色社会主义伟大胜利的时代,是决胜全面建成小康社会、进而全面建设社会主义现代化强国的时代,是全国各族人民团结奋斗、不断创造美好生活、逐步实现全体人民共同富裕的时代,是全体中华儿女勠力同心、奋力实现中华民族伟大复兴中国梦的时代,是我国日益走近世界舞台中央、不断为人类做出更大贡献的时代。

中国特色社会主义现代化建设进入新时代的重大战略判断,表明我国仍处于并将长期处于社会主义初级阶段的基本国情没有变,我国是世界最大发展中国家的国际地位没有变,但是,我国社会主要矛盾已经从十一届六中全会提出的“人民日益增长的物质文化需要同落后的社会生产之间的矛盾”,转化为人民日益增长的美好生活需要和不平衡不充分的发展之间的矛盾。人民的美好生活需要不仅对物质文化生活提出了更高要求,而且在民主、法治、公平、正义、安全、环境等方面的要求日益增长。新生活矛盾的变化集中体现在“两个变化”上:一是从需求方来看,人民日益增长的“物质文化需要”已经转化为“美好生活需要”,而以“民主、法治、公平、正义、安全、环境”为主要内容的人民对美好生活的新需要,都直接或间接关涉法治及其涵盖的民主自由、公平正义、安全环保等政治文明的内容,基本上都是广义的法律调整和法治运行需要面对的重大问题,是推进科学立法、严格执法、公正司法和全民守法应当高度重视和积极回应的现实问题,是建设法治国家、法治政府、法治社会、法治经济、法治文化、生态法治和深化依法治国实践亟待解决的根本问题。二是从供给方来看,“落后的社会生产”已经转化为“发展的不平衡不充分”,这里的发展包括了政治发展、法治发展、社会发展、文化发展以及新发展理念要求的“五大发展”,尤其是执政党引领法治发展的决策供给、国家权力机关立法体系的规则供给、国家行政机关执法运行的服务供给、国家司法机关居中裁判的正义供给、全体民众自觉守法的秩序供给等,基本上都既存在法治供给不充分、不到位、不及时的问题,也存在法治供给和法治资源配置不平衡、不协调、不合理的问题。

中国特色社会主义现代化建设进入新时代的重大战略判断，不仅确立了我国社会主义现代化建设和改革发展新的历史方位，而且进一步确立了全面推进依法治国、建设法治中国新的历史方位，不仅为法治中国建设提供了新时代中国特色社会主义思想的理论指引，而且对深化依法治国实践提出了一系列新任务、新要求，指明了全面依法治国的战略发展方向和实践发展方略，开启了中国特色社会主义法治新征程。总体来看，党的十九大报告从历史与逻辑两个大的维度，对建设法治中国做出了战略安排和基本规定：一是历史维度——党的十八大以来的五年，我们党领导人民推进全面依法治国，中国特色社会主义民主法治建设迈出重大步伐，在八个方面取得显著成就；全面依法治国是"四个全面"战略布局的重要组成部分，未来要坚定不移推进全面依法治国，加快建设社会主义法治国家；二是逻辑维度——建设社会主义现代化强国，必须坚持全面依法治国，加快建设中国特色社会主义法治体系、建设社会主义法治国家，必须把党的领导贯彻落实到依法治国全过程和各方面，坚定不移走中国特色社会主义法治道路，发展中国特色社会主义法治理论，从八个方面深化依法治国实践。我们必须深刻领会十九大报告的逻辑体系和精神要义，立足新时代、坚持新思想、把握新矛盾、瞄准新目标，努力开启中国特色社会主义法治新征程。

一、开启中国特色社会主义法治新征程，必须与中国共产党带领人民实现中华民族伟大复兴的崇高历史使命紧密结合起来、深度融合起来

马克思认为："社会不是以法律为基础的。那是法学家们的幻想。相反地，法律应该以社会为基础。法律应该是社会共同的、由一定物质生产方式所产生的利益和需要的表现，而不是单个的个人恣意横行。"恩格斯在阐述唯物史观的基本原理时亦说过："政治、法、哲学、宗教、文学、艺术等的发展是以经济发展为基础的。但是，它们又都互相作用并对经济基础发生作用。"按照马克思主义的基本观点，经济社会物质生活是法律上层建筑赖以生存和发展的基础和条件，法律的完善发展又作用于（服务于）经济社会的发展进步。中国特色社会主义法治不是孤立的社会存在，不是不食人间烟火的世外桃源，而是深深植根于我国经济社会文化土壤的法律上层建筑，是党和国家事业不可或缺的重要组成部分，是社会主义现代化建设休戚与共的有机组成部分。全面推进依法治国，建设中国特色社会主义法治，必须融入我们党进行伟大斗争、建设伟大工程、推进伟大事业、实现伟大梦想的历史洪流，成为实现中华民族站起来、富起来和强起来的法治守护神，成为统筹推进"五位一体"总体布局、协调推进"四个全面"战略布局的法治助推

器,成为决胜全面建成小康社会、开启全面建设社会主义现代化国家新征程的法治定盘星。全面推进依法治国,“是关系我们党执政兴国、关系人民幸福安康、关系党和国家长治久安的重大战略问题,是完善和发展中国特色社会主义制度、推进国家治理体系和治理能力现代化的重要方面”。中国特色社会主义法治的使命与新时代党的历史使命休戚与共,与新征程国家的兴衰强弱命运相连,与新矛盾人民的幸福安康唇齿相依。“法治兴则国家兴,法治衰则国家乱。什么时候重视法治、法治昌明,什么时候就国泰民安;什么时候忽视法治、法治松弛,什么时候就国乱民怨。”开启中国特色社会主义现代化新征程,全面建成小康社会、实现中华民族伟大复兴的中国梦,全面深化改革、完善和发展中国特色社会主义制度,提高党的执政能力和执政水平,必须全面推进依法治国。正如习近平总书记深刻指出的那样,推进全面依法治国,既是立足解决我国改革发展稳定中的矛盾和问题的现实考量,也是着眼于长远的战略谋划,必须为实现“两个一百年”奋斗目标、实现中华民族伟大复兴的中国梦提供有力的法治保障。把法治建设与新时代党的崇高历史使命紧密结合起来、深度融合起来,就要坚定不移推进全面依法治国,用法治思维和法治方式(包括宪法方式)确认党的十九大形成习近平新时代中国特色社会主义思想和一系列新理论、新制度、新方略、新目标等重大成果,通过立法把十九大提出的许多新决策、新任务、新要求转变为国家意志,纳入国家法律体系,表现为国家法律形式,获得全国各族人民、一切国家机关和武装力量、各政党和各社会团体、各企业事业组织共同遵守、一体遵循的规范性、普遍性和强制力。

二、开启中国特色社会主义法治新征程,必须坚持以习近平新时代中国特色社会主义思想为指导思想和行动指南

开启中国特色社会主义法治新征程,必须坚持以习近平新时代中国特色社会主义思想为指导思想和行动指南,从理论和实践结合上系统回答新时代坚持和发展什么样的中国特色社会主义法治、怎样全面推进依法治国、建成法治中国等重大理论、制度和实践问题。我们党紧密结合新的时代条件和实践要求,以全新的视野深化对共产党执政规律、社会主义建设规律、人类社会发展规律的认识,进行艰辛理论探索,取得重大理论创新成果,形成了新时代中国特色社会主义思想。党的十九大报告对习近平新时代中国特色社会主义思想,提出了“八个明确”。其中,“明确全面推进依法治国总目标是建设中国特色社会主义法治体系、建设社会主义法治国家”,进一步坚持和重申了我们党全面推进依法治国的总目标。这表明,开启中国特色

社会主义法治新征程，并不是要改弦更张、另起炉灶，而是要求我们必须一如既往地坚持中国特色社会主义法治道路，贯彻中国特色社会主义法治理论，在习近平新时代中国特色社会主义法治思想指导下，深入贯彻落实党的十八大以来以习近平同志为核心的党中央在全面依法治国方面做出的一系列战略决策、顶层设计和改革部署，把全面依法治国这项长期战略任务和系统工程持之以恒地深入推行下去，不达成建成中国特色社会主义法治体系、建成社会主义法治中国的目标绝不停留罢休。

习近平新时代中国特色社会主义思想提出的其他“七个明确”，也都从不同角度不同方面对推进全面依法治国具有指导和引领作用，开启新时代中国特色社会主义法治新征程，应当全面系统深刻地理解和坚持。例如，“明确坚持和发展中国特色社会主义，总任务是实现社会主义现代化和中华民族伟大复兴，在全面建成小康社会的基础上，分两步走在21世纪中叶建成富强民主文明和谐美丽的社会主义现代化强国”。这就要求法治建设必须紧紧围绕十九大提出的这个“总任务”和“两步走”的战略目标来设计和展开，进一步明确法治建设领域的总任务，确立法治中国建设“两步走”的法治战略。又如，“明确全面深化改革总目标是完善和发展中国特色社会主义制度、推进国家治理体系和治理能力现代化”。这就需要根据十九大的新思想新要求，把全面依法治国与全面深化改革更加有机统一地结合起来，与时俱进地处理好改革与法治的关系，重大改革不仅要于法有据，而且更要于宪有据；处理好国家治理现代化与法治化的关系，以法治化确认、引领和保障现代化的实现；处理好完善和发展中国特色社会主义制度与通过全面依法治国推进政治体制改革的关系，在宪法框架下和法治轨道上实现有组织有领导积极稳妥循序渐进地深化政治体制改革，实现中国特色社会主义制度的自我完善、自我发展、自我更新。再如，“明确中国特色社会主义最本质的特征是中国共产党领导，中国特色社会主义制度的最大优势是中国共产党领导，党是最高政治领导力量，提出新时代党的建设总要求，突出政治建设在党的建设中的重要地位”。这就要求根据十九大的新概括新表述进一步提高对社会主义法治建设坚持党的领导的认识，从“三个最”——“最本质的特征”“最大优势”“最高政治领导力量”来深化和拓展党领导全面依法治国的新理论内涵和新时代意义，把全面依法治国与党的政治建设紧密结合起来，把依法治国与依规治党有机统一起来，在“四个全面”战略布局中充分发挥全面依法治国对新时代中国特色社会主义现代化建设的引领、促进和保障作用。我们要处理好“一个明确”与“七个明确”的关系，绝不能把“八个明确”割裂开来或者分别孤立起来理解。“八个明确”是一个逻辑清晰、目标明确、主线突出、相互依存、不可分割的有机整体。坚持习近平新时代中国特色社会主义法治思想对全面依法治国的指导地位,必须完整统一地理解“八个明确”的深刻内涵,全面准确地贯彻落实“八个明确”的核心要义。

开启中国特色社会主义法治新征程,自觉坚持习近平新时代中国特色社会主义思想对法治的指导,必须深刻领会新时代中国特色社会主义思想的精神实质和丰富内涵,在各项工作中全面准确贯彻落实“十四个坚持”的坚持和发展中国特色社会主义的基本方略。我们要正确理解和深刻把握习近平新时代中国特色社会主义思想中“八个明确”与“十四个坚持”的关系。“八个明确”主要是从理论层面来讲,是习近平新时代中国特色社会主义思想的基本内涵、四梁八柱、核心要义;“十四个坚持”主要是回答怎样坚持和发展中国特色社会主义,它告诉我们坚持和发展中国特色社会主义的目标、路径、方略、步骤等。“八个明确”和“十四个坚持”两者之间是相辅相成的关系,一个是从理论上回答“是什么”的问题,即我们要坚持和发展的是什么样的社会主义;另一个是从实践层面回答“怎么办”的问题,即在新的历史方位中怎样坚持和发展中国特色社会主义,是讲方略、办法、路径的问题。

习近平新时代中国特色社会主义思想不仅是建设社会主义现代化强国的指导思想,而且也是新时代全面深入推进依法治国、加快建设中国特色社会主义法治体系、建设社会主义法治国家、开启中国特色社会主义法治新征程的根本指导思想。

三、开启中国特色社会主义法治新征程,必须把党领导人民治国理政的依法治国基本方略与新时代坚持和发展中国特色社会主义的基本方略有机结合起来、完整统一起来

“依法治国是我们党提出来的,把依法治国上升为党领导人民治理国家的基本方略也是我们党提出来的,而且党一直带领人民在实践中推进依法治国。”党的十八大以来,我们党更加重视发挥依法治国在治国理政中的重要作用,更加重视通过全面依法治国为党和国家事业发展提供根本性、全局性、长期性的制度保障,专门做出全面推进依法治国若干重大问题的决定,提出并形成“四个全面”战略布局,把党领导人民治理国家的依法治国基本方略提到了“四个全面”战略布局的新高度。我们必须坚持把依法治国作为党领导人民治理国家的基本方略、把法治作为治国理政的基本方式,不断把法治中国建设推向前进。在纪念现行宪法颁布施行30周年大会上的讲话中,习近平总书记明确要求:“落实依法治国基本方略……必须全面推进科

学立法、严格执法、公正司法、全民守法进程。”

党的十九大报告明确提出，新时代坚持和发展中国特色社会主义，必须坚持党对一切工作的领导，坚持以人民为中心，坚持全面深化改革，坚持新发展理念，坚持党的领导、人民当家做主、依法治国有机统一，坚持全面依法治国，坚持社会主义核心价值体系，坚持在发展中保障和改善民生，坚持人与自然和谐共生，坚持总体国家安全观，坚持党对人民军队的绝对领导，坚持“一国两制”和推进祖国统一，坚持推动构建人类命运共同体，坚持全面从严治党。这“十四条，构成新时代坚持和发展中国特色社会主义的基本方略。全党同志必须全面贯彻党的基本理论、基本路线、基本方略，更好引领党和人民事业发展”。

那么，“十四个基本方略”与依法治国基本方略是什么关系？我们认为，依法治国是我们党领导人民当家做主、管理国家、治理社会、治国理政的基本方略，是坚持和发展中国特色社会主义若干方面中适用于一个方面的基本方略，是中国特色社会主义现代化建设采用若干基本方略中的一种基本方略。依法治国基本方略是党领导人民治国理政的基本方略，同时也是新时代坚持和发展中国特色社会主义十四个基本方略的一个重要组成部分。依法治国基本方略与“十四个基本方略”的内涵外延不尽相同。前者是小概念，后者是大概念，前者是后者的有机组成部分、存在于后者之中、从属于后者、服从于后者，后者包括前者、统辖前者、规定前者；前者是一条基本方略，后者是十四个基本方略。任何时候都不能用依法治国基本方略取代或者否定新时代坚持和发展中国特色社会主义的基本方略，任何时候依法治国基本方略都统一于“十四个基本方略”之中。

“十四个基本方略”明确宣告全面依法治国是中国特色社会主义的本质要求和重要保障，建设中国特色社会主义现代化国家，必须“坚持全面依法治国”。依法治国，是坚持和发展中国特色社会主义的本质要求和重要保障，是实现国家治理体系和治理能力现代化的必然要求，事关我们党执政兴国，事关人民幸福安康，事关党和国家长治久安。党的十八大以来民主法治建设迈出重大步伐、全面依法治国取得显著成就的实践充分证明，以习近平同志为核心的党中央做出全面推进依法治国若干重大问题的决定，把全面依法治国纳入“四个全面”战略布局，坚定不移地推进全面依法治国，解决了法治领域许多长期想解决而没有解决的难题，办成了法治建设许多过去想办而没有办成的大事，推动党和国家治国理政事业发生历史性变革。2017年7月10日习近平总书记在对司法体制改革重要指示中强调指出：“党的十八大以来，政法战线坚持正确改革方向，敢于啃硬骨头、涉险滩、闯难关，做成了想了很多年、讲了很多年但没有做成的改革,司法公信力不断提升,对维护社会公平正义发挥了重要作用。”党的十九大明确提出:中国特色社会主义进入新时代,不仅意味着近代以来久经磨难的中华民族迎来了从站起来、富起来到强起来的伟大飞跃,意味着科学社会主义在21世纪的中国焕发出强大生机活力,意味着中国特色社会主义道路、理论、制度、文化不断发展,而且意味着中国特色社会主义法治建设和全面依法治国进入新时代,“必须把党的领导贯彻落实到依法治国全过程和各方面,坚定不移走中国特色社会主义法治道路,完善以宪法为核心的中国特色社会主义法律体系,建设中国特色社会主义法治体系,建设社会主义法治国家,发展中国特色社会主义法治理论,坚持依法治国、依法执政、依法行政共同推进,坚持法治国家、法治政府、法治社会一体建设,坚持依法治国和以德治国相结合,依法治国和依规治党有机统一,深化司法体制改革,提高全民族法治素养和道德素质”。

除了“坚持全面依法治国”这一个基本方略,其他十三个基本方略对于推进全面依法治国、开启新时代中国特色社会主义法治新征程,同样具有十分重要的指导意义和统领作用。

例如,第一个基本方略明确要求,必须“坚持党对一切工作的领导”,强调党政军民学,东西南北中,党是领导一切的。必须完善坚持党的领导的体制机制,坚持稳中求进工作总基调,统筹推进“五位一体”总体布局,协调推进“四个全面”战略布局,确保党始终总揽全局、协调各方。这不仅是对全党和各项工作提出的新要求,也是对全面依法治国提出的新的更高的要求。党的领导是中国特色社会主义最本质的特征,是社会主义法治最根本的保证。坚持党的领导,是社会主义法治的根本要求,是党和国家的根本所在、命脉所在,是全国各族人民的利益所系、幸福所系,是全面推进依法治国的题中应有之义。坚持中国特色社会主义法治道路,最根本的是坚持中国共产党的领导。习近平总书记告诫我们:“必须牢记,党的领导是中国特色社会主义法治之魂,是我们的法治同西方资本主义国家的法治最大的区别。离开了中国共产党的领导,中国特色社会主义法治体系、社会主义法治国家就建不起来。”要把党的领导贯彻到全面推进依法治国的全过程各方面,落实到法治建设的全方位各环节,用依法治国基本方略的全面落实、法治体系的加快建设、良法善治的实际成效,巩固和维护中国共产党的领导地位和执政权威,保障和促进新时代党的基本理论、基本路线、基本方略得到全面贯彻落实。

又如,第二个基本方略明确要求,必须“坚持以人民为中心”,强调必须坚持人民主体地位,把人民对美好生活的向往作为奋斗目标,依靠人民创造历史伟业。我国宪法明确规定:人民是国家的主人,国家的一切权力属于人民。共产党党章规定:“党除了工人阶级和最广大人民群众的利益,没有自己特殊的利益。党在任何时候都把群众利益放在第一位,同群众同甘共苦,保持最密切的联系,坚持权为民所用、情为民所系、利为民所谋,不允许任何党员脱离群众,凌驾于群众之上。”人民是国家主人的政治定性和宪法定位,决定了人民必然是依法治国的主体而不是客体,必然是决定党和国家前途命运的根本力量,决定了一切国家权力和国家机构的人民性,国家法治必须以保障人民幸福安康为己任,切实保障和充分实现人权。人民对美好生活的向往,是党治国理政的奋斗目标,也是依法治国要达成的目标,两者殊途同归。党的十八届四中全会把“坚持人民主体地位”明确规定为全面推进依法治国必须坚持的一项基本原则,集中反映了我国法治的人民性,充分体现了人民在依法治国中的地位和作用;十八届五中全会从“五大发展理念”出发,再次确认了“坚持人民主体地位”的基本原则,指出:“人民是推动发展的根本力量,实现好、维护好、发展好最广大人民根本利益是发展的根本目的。必须坚持以人民为中心的发展思想,把增进人民福祉、促进人的全面发展作为发展的出发点和落脚点,发展人民民主,维护社会公平正义,保障人民平等参与、平等发展权利,充分调动人民积极性、主动性、创造性。”坚持人民主体地位,必须坚持人民至上原则,保证人民在政治生活、经济生活和社会生活中的主体地位,实现人民当家做主的幸福生活。这是党的宗旨和国家性质的集中体现,是全面依法治国的必然要求。习近平总书记指出:“我国社会主义制度保证了人民当家做主的主体地位,也保证了人民在全面推进依法治国中的主体地位。这是我们的制度优势,也是中国特色社会主义法治区别于资本主义法治的根本所在。”

再如,第五个基本方略明确要求,必须“坚持人民当家做主”,强调坚持党的领导、人民当家做主、依法治国有机统一是社会主义政治发展的必然要求。习近平总书记说:“我们强调坚持党的领导、人民当家做主、依法治国有机统一,最根本的是坚持党的领导。坚持党的领导,就是要支持人民当家做主,实施好依法治国这个党领导人民治理国家的基本方略。党的领导与社会主义法治是一致的,只有坚持党的领导,人民当家做主才能充分实现,国家和社会生活制度化、法治化才能有序推进。不能把坚持党的领导同人民当家做主、依法治国对立起来,更不能用人民当家做主、依法治国来动摇和否定党的领导。那样做在思想上是错误的,在政治上是十分危险的。”没有人民民主,就没有社会主义法治,就没有中国特色社会主义,就没有社会主义现代化强国。坚持人民当家做主,必须把中国特色社会主义法治建设与发展人民民主紧密结合起来,健全民主制度,丰富民主形式,拓宽民主渠道,保证人民当家做主落实到国家政治生活和社会生活之中;扩大人民有序政治参与,保证人民依法实行民主选举、民主协商、民主决策、民主管理、民主监督;加强人权法治保障,保证人民依法享有广泛权利和自由;完善基层民主制度,保障人民知情权、参与权、表达权、监督权。坚持"三者有机统一",必须坚持人民代表大会制度和民主集中制,而绝不能搞西方宪政民主的三权分立。三权分立作为西方民主政治的组织活动原则,其本质是资产阶级内部的权力分工。正如马克思批判资产阶级三权分立时所指出的那样:他们把"分权看作神圣不可侵犯的原则,事实上这种分权只不过是为了简化和监督国家机构而实行的日常事务上的分工罢了",资产阶级是从来不会把统治权分给工人阶级和广大劳动人民的。在实践中,就连西方政治家也不否认三权分立的弊端。曾任国会参议员的富布莱特在指责美国三权分立体制的问题时指出:"我们的政治体制今天运转起来非常不灵……在民主党控制国会而总统是共和党人时,宪法规定的行政和立法之间的内在抗衡就要大大加剧……国会常常不能就预算达成一致意见,也不能有效地削减财政赤字……这在很大程度上要归咎于我们政府权力分立体制所固有的行政和立法之间的抗衡。"概括起来说,西方宪政民主的三权分立存在的主要弊端是:其一,西方宪政民主的三权分立没有解决国家权力凌驾于社会之上的基本矛盾,难以形成人民和社会对国家权力监督制约的制度化机制;其二,在三权分立之下,人民不是国家的主人和民主的主体,公民权利与国家权力形成对立状态,公民权利经常遭到国家权力的侵犯同时也成为抵抗国家权力的力量;其三,以权力制约权力为特征的西方宪政民主的三权分立,互相掣肘,互相扯皮,降低甚至丧失了效率,使国家机器不能适应经济社会发展变化的需要;其四,西方宪政民主的三权分立在实践中正在发生嬗变,如行政权的扩张、立法权的式微、司法权的政治化等,西方宪政民主的三权分立体制正在走向衰落。

总之,"十四个基本方略"紧紧围绕新时代怎样坚持和发展中国特色社会主义这一重大时代课题,就治党治国治军、改革发展稳定、内政外交国防等各方面做出深刻的理论分析和具体的政策指导,是新时代夺取中国特色社会主义伟大胜利的任务表和路线图,是一个有机统一整体。坚持全面依法治国基本方略,必须与新时代坚持和发展中国特色社会主义的基本方略有机结合起来、完整统一起来,必须在"十四个基本方略"的理论指引下和整体格局中,重新认识和把握依法治国基本方略的现实定位和科学内涵。

四、开启中国特色社会主义法治新征程，必须确立建设法治中国“两步走”的发展战略

新思想领航新时代，新时代开启新征程，新征程呼唤新实践。党的十九大报告指出：改革开放之后，我们党对我国社会主义现代化建设做出战略安排，提出“三步走”战略目标。解决人民温饱问题、人民生活总体上达到小康水平这两个目标已提前实现。在这个基础上，我们党提出，到建党一百年时建成经济更加发展、民主更加健全、科教更加进步、文化更加繁荣、社会更加和谐、人民生活更加殷实的小康社会，然后再奋斗三十年，到中华人民共和国成立一百年时，基本实现现代化，把我国建成社会主义现代化国家。道路决定方向、决定命运，目标决定实践、决定前途。在全面建成小康社会的基础上，把建设社会主义现代化强国分为“两步走”，即从2020年全面建成小康社会，到2035年基本实现现代化，再到2050年左右全面建成社会主义现代化强国，是新时代坚持和发展中国特色社会主义的总体战略安排和时间表路线图，同时也是新时代全面推进依法治国、努力建设法治中国、到2050年左右实现法治强国的根本战略引领和时间表路线图。

建设法治中国，实现法治强国，是实现“两个一百年”奋斗目标和“两个阶段”发展战略的必由之路和题中应有之义。2013年习近平总书记首次提出了“建设法治中国”的宏伟目标。党的十八届三中全会明确提出了“推进法治中国建设”的战略任务。党的十八届四中全会把“向着建设法治中国不断前进”和“为建设法治中国而奋斗”作为法治建设的长期战略目标和治国理政的重大号召。建设法治中国，既是全面推进依法治国、建设社会主义法治国家的目标内含，也是全面建成小康社会、实现中华民族伟大复兴中国梦的有机组成部分和重要法治保障，是完善市场经济、发展民主政治、建设先进文化、构建和谐社会、实现生态文明、加强执政党建设的内在要求，是维护国家统一与民族团结、维护社会秩序与公平正义、维护人的权利自由与尊严幸福、推进全面深化改革与创新发展、巩固党的执政地位与执政基础的根本法治基础。

推进国家治理体系和治理能力现代化，实现“两个一百年”奋斗目标和现代化建设“两步走”战略，到2050年把我国建设成为民主富强文明和谐美丽的社会主义现代化强国，必须加强和推进法治中国建设，全面实施法治强国战略。法治兴则国家兴，法治强则国家强。“法治强国战略”的基本含义是：一方面，坚定不移走法治强国之路，通过全面推进依法治国、加快建设中国特色社会主义法治体系和法治国家，不仅使中华民族富起来，而且要使中

华民族和中华人民共和国强(强盛、强大、富强)起来;另一方面,把包括法治硬实力、软实力和巧实力在内的法治实力建设,作为建设社会主义现代化强国的一项十分重要的内容、作为国家治理现代化的一个不可或缺的重要指标,纳入现代化建设的评价指标体系,成为现代化强国建成与否的重要衡量标准。通过全面依法治国和中国特色社会主义法治的目标指引、规范促进、过程实施和根本保障,落实法治强国战略,实现法治强国梦想。

根据党的十九大报告要求和“两个一百年”国家发展总战略、中华民族伟大复兴中国梦的总目标,在新中国社会主义法治建设取得显著成就和成功经验、依法治国事业迈出新步伐的时代背景下,全面推进依法治国,努力建设法治中国,不断推进国家治理现代化和法治化,应当确立建设法治中国“两步走”的发展战略,开启新时代中国特色社会主义法治建设新征程。

从十九大到二十大,是“两个一百年”奋斗目标的历史交汇期。我们既要全面建成小康社会、实现第一个百年奋斗目标,又要乘势而上开启全面建设社会主义现代化国家新征程,向第二个百年奋斗目标进军。在这个历史交汇期,我们推进法治中国建设,到 2020 年全面建成小康社会时,应当首先实现“法治小康”。建设“法治小康”的基本目标是:科学立法、严格执法、公正司法、全民守法的基本要求得到贯彻落实,依法治国、依法执政、依法行政共同推进的国家治理体系得以初步建立,法治国家、法治政府、法治社会一体建设的主要指标基本达到,依法治国基本方略得到全面落实,中国特色法律体系更加完善,法治政府基本建成,司法公信力不断提高,人权得到切实尊重和保障,国家各项工作实现法治化。在实现“法治小康”的基础上,再用三十年的时间,全面推进依法治国,加快实施建设法治中国“两步走”的发展战略。

建设法治中国第一步,从 2020 年全面建成小康社会到 2035 年基本实现社会主义现代化的同时,基本建成法治中国。党的十九大报告指出,第一个阶段,从 2020 年到 2035 年,在全面建成小康社会的基础上,再奋斗十五年,基本实现社会主义现代化。到那时,我国经济实力、科技实力将大幅跃升,跻身创新型国家前列;人民平等参与、平等发展权利得到充分保障,法治国家、法治政府、法治社会基本建成,各方面制度更加完善,国家治理体系和治理能力现代化基本实现;社会文明程度达到新的高度,国家文化软实力显著增强,中华文化影响更加广泛深入;人民生活更为宽裕,中等收入群体比例明显提高,城乡区域发展差距和居民生活水平差距显著缩小,基本公共服务均等化基本实现,全体人民共同富裕迈出坚实步伐;现代社会治理格局基本形成,社会充满活力又和谐有序;生态环境根本好转,美丽中国目标基本实现。

第一步基本建成法治中国的战略目标是：到 2035 年，我们党和国家顶层设计提出的全面建设法治中国的各项战略任务和重大改革举措顺利完成，新时代中国特色社会主义的法治道路建设、法治理论建设、法治体系建设、法治文化建设和全面依法治国事业达成预定目标，一整套更加完善的制度体系基本形成，党和国家治理体系和治理能力现代化基本实现。把经济建设、政治建设、文化建设、社会建设、生态文明建设纳入法治轨道，用法治思维和法治方式推进全面深化改革、全面依法治国、全面从严治党、全面从严治军取得新成就，在基本实现社会主义现代化的同时，基本建成法治国家、法治政府、法治社会，基本建成法治中国。

第一步基本建成法治中国的总体要求是：在价值层面追求的是以人民为中心的自由平等、民主法治、公平正义、幸福博爱、和谐有序，充分实现人权与人的尊严；在制度层面追求的是人民主权、宪法法律至上、依宪治国、依法执政、依法行政、公正司法、依法治权，完善以宪法为核心的中国特色社会主义法律体系，建成中国特色社会主义法治体系，努力实现国家治理现代化和法治化；在实践层面追求的是有法必依、执法必严、违法必究和依法办事，把权力关到法律制度的笼子里，让人民群众对公平正义有更多的获得感，努力实现良法善治。与此同时，法治中国建设又通过厉行法治等制度安排、规范手段、教育强制功能，为基本实现社会主义现代化提供良好的法治环境和有效的法治保障。

建设法治中国第二步，从 2035 年到 21 世纪中叶中华人民共和国成立一百周年时，在把我国建成富强民主文明和谐美丽的社会主义现代化强国的同时，全面建成法治中国。党的十九大报告指出，从 2035 年到 21 世纪中叶，在基本实现现代化的基础上，再奋斗十五年，把我国建成富强民主文明和谐美丽的社会主义现代化强国。到那时，我国物质文明、政治文明、精神文明、社会文明、生态文明将全面提升，实现国家治理体系和治理能力现代化，成为综合国力和国际影响力领先的国家，全体人民共同富裕基本实现，我国人民将享有更加幸福安康的生活，中华民族将以更加昂扬的姿态屹立于世界民族之林。十九大报告在描述到 21 世纪中叶建成社会主义现代化强国时，虽然没有直接提到“全面建成法治中国”等法治建设方面的目标，甚至与 2035 年“法治国家、法治政府、法治社会基本建成”的提法不衔接、不匹配，但是我们认为“法治属于政治建设、属于政治文明”，建设法治国家与建设政治文明是既有一定区别又高度重合的两个概念：政治文明是一个上位概念，政治文明建设包括法治国家建设；法治国家是一个下位概念，从属于政治文明范畴,是现代政治文明的重要内容。政治文明的核心是制度文明,法治国家则既是各种政治制度的载体,又是政治制度的集中表现。因此,建设社会主义法治国家,主要意味着建设制度文明,意味着法治国家建设是社会主义政治文明建设不可或缺的重要组成部分。十九大报告提出的"三个文明全面提升"当然包括法治文明和法治中国全面提升;由于法治现代化是国家治理体系和治理能力现代化的重要内容和基本标志,因此十九大报告提出的到21世纪中叶"实现国家治理体系和治理能力现代化",必然包括建成法治国家、法治政府和法治社会等内容在内的中国法治现代化,全面建成法治中国。

第二步全面建成法治中国的战略目标是:国家科学立法、严格执法、公正司法、全民守法、有效护法的各项制度得到全面贯彻,党领导立法、保证执法、支持司法、带头守法、监督护法的各项要求得到全面落实,依法治国、依法执政、依法行政、依法办事共同推进的现代化国家治理体系全面建成,法治国家、法治政府、法治社会、法治经济一体建设的各项指标全面达到,国家治理能力显著提高,治党治国治军的制度体系更加完善更加成熟更加定型更有效能,依法治国基本方略得到全面深入落实,法治体系、法治权威、法治秩序全面发展,法治文化、法治精神、法治思想深入人心,在把我国建成社会主义现代化强国的同时,全面建成富强民主文明和谐美丽幸福的法治中国。

五、开启中国特色社会主义法治建设新征程,必须坚定不移推进全面依法治国

立足中国特色社会主义新时代,站在我国发展新的历史方位上,着力决胜全面小康社会实现第一个百年奋斗目标,着眼国家富强、人民幸福、民族复兴中国梦实现第二个百年奋斗目标,我们比任何时候都充满中国特色社会主义的道路自信、制度自信、理论自信和文化自信,我们比任何时候都更有决心、更有信心、更有能力在党的领导下坚定不移推进全面依法治国,加快建成法治中国。

一要坚定不移走中国特色社会主义法治道路。党的十九大报告指出:"我们党团结带领人民进行改革开放新的伟大革命,破除阻碍国家和民族发展的一切思想和体制障碍,开辟了中国特色社会主义道路,使中国大踏步赶上时代。"习近平总书记在省部级主要领导干部学习贯彻党的十八届四中全会精神专题研讨班开班式上的讲话中阐释说:"我们要坚持的中国特色社会主义法治道路,本质上是中国特色社会主义道路在法治领域的具体体现。"坚持全面依法治国,必须坚定不移走中国特色社会主义法治道路。"中国特

色社会主义法治道路，是社会主义法治建设成就和经验的集中体现，是建设社会主义法治国家的唯一正确道路。”在走什么样的法治道路问题上，必须向全社会释放正确而明确的信号，指明全面推进依法治国的正确方向，统一全党全国各族人民认识和行动。全面推进依法治国，必须走对路。如果路走错了，南辕北辙了，那再提什么要求和举措也都没有意义了。十八届四中全会决定有一条贯穿全篇的红线，这就是坚持和拓展中国特色社会主义法治道路。中国特色社会主义法治道路是一个管总的东西。具体讲我国法治建设的成就，大大小小可以列举出十几条、几十条，但归结起来就是开辟了中国特色社会主义法治道路这一条。开启新时代中国特色社会主义法治新征程，建设社会主义现代化法治强国，必须坚定不移走中国特色社会主义法治道路，而绝不能走歪路、邪路，更不能走回头路。

二要坚定不移坚持党对社会主义法治的领导。党的十九大报告明确提出，党政军民学，东西南北中，党是领导一切的，必须坚持党对一切工作的领导；必须把党的领导贯彻落实到依法治国全过程和各方面。党的领导是中国特色社会主义最本质的特征，是社会主义法治最根本的保证。坚持中国特色社会主义法治道路，最根本的是坚持中国共产党的领导。只有在党的领导下依法治国、厉行法治，人民当家做主才能充分实现，国家和社会生活法治化才能有序推进。把党的领导贯彻到依法治国全过程和各方面，是我国社会主义法治建设的一条基本经验。只有在党的领导下依法治国、厉行法治，人民当家做主才能充分实现，国家和社会生活法治化才能有序推进。党和法的关系是一个根本问题，处理得好，则法治兴、党兴、国家兴；处理得不好，则法治衰、党衰、国家衰。党的领导和社会主义法治是一致的，社会主义法治必须坚持党的领导，党的领导必须依靠社会主义法治，两者相辅相成，高度统一。“坚持党的领导，不是一句空的口号，必须具体体现在党领导立法、保证执法、支持司法、带头守法上。”党的领导和社会主义法治是一致的，是高度统一的，而“党大还是法大”是一个政治陷阱，是一个伪命题。“因为无论我们怎么回答‘党大还是法大’的问题，都会陷入两难困境。我们回答说‘党大’，人家就会攻击说你们主张‘把党凌驾于法之上、以党代法、以党治国’；我们如果回答说‘法大’，人家又会说既然如此，那还要党的领导干什么？”从理论逻辑上说，“党大还是法大”的确是一个伪命题，但从人民群众观察和感受到的法治建设还存在种种弊端和不足的角度来看，从人民群众热切期待实现良法善治的角度来看，“党大还是法大”以及“党与法”关系的问题又不仅仅是一个理论认识问题，更是一个实践问题。习近平总书记指出：“我们说不存在‘党大还是法大’的问题，是把党作为一个执政整体而言的,是指党的执政地位和领导地位而言的,具体到每个党政组织、每个领导干部,就必须服从和遵守宪法法律,就不能以党自居,就不能把党的领导作为个人以言代法、以权压法、徇私枉法的挡箭牌。”换言之,如果我们不能在法治建设实践中切实解决一些地方和部门、某些领导干部中依然存在的权大于法、以权压法、以言废法、有法不依、执法不严、违法不究、司法不公、贪赃枉法等问题,不能有效解决关乎人民群众切身利益的执法司法问题,那么,这些地方、部门和个人违反法治的言行就会被归责于国家政治体制、共产党的领导和社会主义法治,“党大还是法大”的问题就很难从现实生活中淡出。因此,在从理论上回答了“党大还是法大”问题的前提下,还要在制度和实践中下大力解决好依法治权、依法治官、切实把权力关进法律和制度笼子里等重大问题。

三要坚定不移从我国基本国情和实际出发。习近平总书记在“7·26”重要讲话中指出,全党要牢牢把握社会主义初级阶段这个最大国情,牢牢立足社会主义初级阶段这个最大实际,更准确地把握我国社会主义初级阶段不断变化的特点。党的十九大做出了“中国特色社会主义进入了新时代”的重大政治判断,我国社会主要矛盾已经转化为人民日益增长的美好生活需要和不平衡不充分的发展之间的矛盾;同时,“必须认识到,我国社会主要矛盾的变化,没有改变我们对我国社会主义所处历史阶段的判断,我国仍处于并将长期处于社会主义初级阶段的基本国情没有变,我国是世界最大发展中国家的国际地位没有变。全党要牢牢把握社会主义初级阶段这个基本国情,牢牢立足社会主义初级阶段这个最大实际,牢牢坚持党的基本路线这个党和国家的生命线、人民的幸福线,领导和团结全国各族人民,以经济建设为中心,坚持四项基本原则,坚持改革开放,自力更生,艰苦创业,为把我国建设成为富强民主文明和谐美丽的社会主义现代化强国而奋斗”。走什么样的法治道路、建设什么样的法治体系,是由一个国家的基本国情决定的。“全面推进依法治国,必须从我国实际出发,同推进国家治理体系和治理能力现代化相适应,既不能罔顾国情、超越阶段,也不能因循守旧、墨守成规。”要总结和运用党领导人民实行法治的成功经验,围绕法治建设重大理论和实践问题,不断丰富和发展符合中国实际、具有中国特色、体现社会发展规律的社会主义法治理论、法治体系,推进法治实践。推进全面依法治国,必须与时俱进、体现时代精神,借鉴国外法治有益经验。坚持从我国实际出发,不等于关起门来搞法治。法治是人类文明的重要成果之一,法治的精髓和要旨对于各国国家治理和社会治理具有普遍意义,我们要学习借鉴世界上优秀的法治文明成果,但绝不能搞“全盘西化”,不能搞“全面移植”,不能照搬照抄。

四要坚定不移把法治放在党和国家工作大局中来考虑、谋划和推进。全面推进依法治国涉及改革发展稳定、治党治国治军、内政外交国防等各个领域,必须立足全局和长远来统筹谋划,必须着眼于中华民族伟大复兴中国梦、实现党和国家长治久安来长远考虑。必须进一步加强法治体系建设,加快推进国家治理体系和治理能力现代化,用不断完善的法律体系促进和保障党和国家治理体制更加成熟更加定型,为党和国家事业发展、为人民幸福安康、为社会和谐稳定提供一整套更完备、更稳定、更管用的制度体系。

五要坚定不移推进法治领域改革,坚决破除束缚全面推进依法治国的体制机制障碍。全面推进依法治国是国家治理领域一场广泛而深刻的革命,必然涉及各方面的重大利益,甚至触动某些部门和个人的"奶酪"。解决法治领域的突出问题,根本途径在于改革。法治领域改革涉及的主要是公检法司等国家政权机关和强力部门,社会关注度高,改革难度大,更需要自我革新的胸襟。如果心中只有自己的"一亩三分地",拘泥于部门权限和利益,甚至在一些具体问题上讨价还价,必然是磕磕绊绊、难有作为。各部门各方面一定要增强大局意识,自觉在大局下思考、在大局下行动,跳出部门框框,做到相互支持、相互配合。要把解决了多少实际问题、人民群众对问题解决的满意度作为评价法治改革成效的标准。只要有利于提高党的执政能力、巩固党的执政地位,有利于维护宪法和法律的权威,有利于维护人民权益、维护公平正义、维护国家安全稳定,不管遇到什么阻力和干扰,都要坚定不移向前推进。不仅政法机关各部门要跳出自己的"一亩三分地",而且全面依法治国关涉的其他各个领域、各系统、各部门、各地方、各单位,也要跳出"部门本位""地方本位""系统本位"等窠臼,在中央全面依法治国领导小组的集中统一领导下,从党和国家工作大局和全局出发,用法治思维和法治方式推进政治体制改革,破除一切束缚全面推进依法治国的体制机制障碍。

六、开启中国特色社会主义法治新征程,必须坚持和发展中国特色社会主义法治理论

党的十九大报告明确提出,坚持全面依法治国,必须发展中国特色社会主义法治理论。时代是思想之母,实践是理论之源。实践没有止境,理论创新也没有止境。习近平新时代中国特色社会主义思想,是马克思主义中国化最新成果,是党和人民实践经验和集体智慧的结晶,是中国特色社会主义理论体系的重要组成部分。习近平新时代中国特色社会主义法治思想是中

国特色社会主义法治理论的重要组成部分。中国特色社会主义法治理论本质上是中国特色社会主义理论体系在法治问题上的理论成果,是以中国特色社会主义法治道路、中国特色社会主义法治体系和全面推进依法治国的中国实践为基础的科学理论体系,是中国共产党领导核心从当代中国改革开放和社会主义现代化建设的实际出发,深刻总结我国社会主义法治建设的成功经验和沉痛教训,逐步形成的具有中国特色、中国风格、中国气派的社会主义法治理论体系,是全面推进依法治国、加快建设中国特色社会主义法治体系、建设社会主义法治国家的重要理论指导、思想基础和学理支撑。

习近平总书记曾经指出:社会主义法治理念,是我们党从社会主义现代化事业全局出发,坚持以马克思主义法学理论为指导,在总结我国社会主义民主法治建设的实践经验,吸收世界上其他社会主义国家兴衰成败的经验教训,借鉴世界法治文明成果的基础上形成的科学理念。这是对马克思主义法学理论的继承、发展和创新,是推进社会主义法治国家建设必须长期坚持的重要指针。中国特色社会主义法治理论,是以马克思列宁主义、毛泽东思想、邓小平理论、"三个代表"重要思想、科学发展观和习近平新时代中国特色社会主义思想为指导,坚持党的领导、人民当家做主、依法治国有机统一,坚定不移走中国特色社会主义法治道路,坚决维护宪法法律权威,依法维护人民权益、维护社会公平正义、维护国家安全稳定,为实现"两个一百年"奋斗目标、实现中华民族伟大复兴中国梦提供有力法治保障的理论体系。中国特色社会主义法治理论,是以习近平新时代中国特色社会主义法治思想为核心内涵和根本标志的科学理论体系,深刻阐释了社会主义法治的理论依据、本质特征、价值功能、内在要求、中国特色、基本原则、发展方向等重大问题,系统阐述了什么是社会主义法治,如何依法治国、建设社会主义法治国家和中国特色社会主义法治体系,如何在法治轨道上推进国家治理现代化等一系列根本性问题,对于构建中国特色社会主义法学理论体系、全面推进依法治国、推进法治中国建设,具有重大的理论意义、历史意义和现实价值。

中国特色社会主义法治理论由四个主要部分构成:其一,中国特色社会主义法治的思想价值理论,涉及政治哲学、法哲学和中国特色社会主义理论体系的有关价值、核心概念、基本范畴和重要内容,主要包括马克思主义国家与法的学说,马克思主义的国家观、政党观、民主观、法律观、法治观、人权观、平等观、正义观和权力观,马克思主义法学思想及其中国化的创新和发展等;社会主义法治精神、社会主义法治意识、社会主义法治观念、社会主义法治价值、社会主义宪制和法治原则、社会主义法治思想、社会主义法治理念、社会主义法治文化、社会主义法治学说等。其二，中国特色社会主义法治的制度规范理论，涉及法治的基本制度、法律规范、法律体系、法治体系、法治程序、法治结构等范畴和内容，主要有关于中国特色社会主义法治体系的理论，关于中国特色社会主义法治政府、依法行政和行政执法制度的理论，司法权、司法体制、司法程序、法律监督体制、公正司法制度、司法体制改革的理论，依宪执政、依法执政和依规治党的体制和理论等。其三，中国特色社会主义法治的实践运行理论，涉及法治原理原则的应用、法治行为、法治实践、宪法法律实施、法律制度运行等范畴和内容，主要包括科学立法、严格执法、公正司法、全民守法等法治建设各个环节的理论等。其四，中国特色社会主义法治的相关关系理论，涉及法治存在和运行发展的外部关系，涉及法治与若干外部因素的相互作用、彼此影响、共同存在等现象及其内容，主要有中国特色社会主义法治与中国特色社会主义、中国特色社会主义道路、中国特色社会主义理论、中国特色社会主义制度、全面深化改革、全面从严治党、全面建成小康社会、实现中华民族伟大复兴中国梦的关系等。

坚持和发展中国特色社会主义法治理论，最根本的是要深入学习和自觉坚持习近平新时代中国特色社会主义思想。新时代法治思想是习近平新时代中国特色社会主义思想的重要内容和在法治建设方面的集中体现，是新时代推进全面依法治国的指导思想和行动指南。习近平新时代法治思想是中国特色社会主义法治理论体系的核心和灵魂，是对中国特色社会主义法治建设理论的系统化坚持和与时俱进创新，是对中国特色社会主义法治实践经验的最新总结和理论升华，是传承中华法文化精华、汲取全球法治精髓的最新理论成果，是中华民族和中国共产党人对当代世界法治文明的原创性贡献。习近平新时代法治思想高屋建瓴，内容丰富，观点鲜明，思想深邃，其中蕴含的基本法治观，即统筹布局的战略观、治国理政的方略观、党法统一的政治观、公平正义的价值观、人民为本的主体观、宪法至上的权威观、全面推进的系统观、法德结合的治理观、于法有据的改革观、依法治权的监督观，是习近平新时代中国特色社会主义法治思想的精髓要义。开启中国特色社会主义法治新征程，深化全面依法治国实践，应当在习近平新时代中国特色社会主义思想指引下，根据十九大报告提出的新思想新判断新精神新要求，坚持和发展中国特色社会主义法治道路、法治理论、法治体系、法治文化“四位一体”的理论，增强中国特色社会主义的民主自信、法治自信、人权自信和政党自信，推进中国特色社会主义法治理论不断创新发展。

七、开启中国特色社会主义法治新征程,必须深化依法治国实践

党的十九大对现阶段法治建设提出的基本任务是"深化依法治国实践"。这是对改革开放新时期法治建设基本方针的继承和发展,更是对党的十八大以来新时代坚定不移推进全面依法治国战略部署的坚持和深化,是法学研究和法治建设当前和今后一段时间的主要任务和主攻方向。党的十八届四中全会决定指出:党的十一届三中全会以来,我们党和国家积极建设社会主义法治,取得了"中国特色社会主义法律体系已经形成,法治政府建设稳步推进,司法体制不断完善,全社会法治观念明显增强"的历史性成就。党的十八大以来的五年,"我们坚定不移全面推进依法治国,显著增强了我们党运用法律手段领导和治理国家的能力",民主法治建设迈出重大步伐,科学立法、严格执法、公正司法、全民守法深入推进,法治国家、法治政府、法治社会建设相互促进,中国特色社会主义法治体系日益完善,全社会法治观念明显增强;国家监察体制改革试点取得实效,行政体制改革、司法体制改革、权力运行制约和监督体系建设有效实施,全面推进依法治国取得了前所未有的新成就。但是也应当看到,全面落实依法治国基本方略,深化依法治国实践,加快建设法治中国,还存在一些问题需要研究解决。一方面,全面推进依法治国前的一些法治建设的问题尚未真正解决,即党的十八届四中全会指出的"同党和国家事业发展要求相比,同人民群众期待相比,同推进国家治理体系和治理能力现代化目标相比,法治建设还存在许多不适应、不符合的问题",虽然得到一定程度解决,但离人民的期待和党中央的要求还存在许多不足,与建成法治中国的宏伟目标相比还有相当大的差距;另一方面,进入新时代以来在全面推进依法治国、加强法治建设方面又出现了一些新情况新问题。例如,我们党做出全面推进依法治国的各项战略部署和改革举措,在实践中还存在发展不平衡、推进不协调、改革不深入、实施不到位等新问题;充分发挥法治对于社会主义现代化建设的引领、促进和保障作用有待进一步加强,宪法权威和宪法实施监督保障有待进一步强化;立法质量不高、立法数量不足的老问题未根本解决,又出现了违法立法(违背上位法、与上位法相抵触、违背立法程序规范等)与立法不作为等新问题;法治政府建设相对滞后,到 2020 年难以如期达成基本建成法治政府的目标;司法体制改革有待进一步巩固扩大成果、深入细致推进、深化综合配套改革;社会主义核心价值观融入法治建设刚刚起步,有待加快推进和拓展;法治文化建设进展缓慢,全民守法格局尚未形成,国家宪法和社会主义法治缺乏应有权威等。2017 年 10 月 26 日,国务院法制办公室党组书记、副主任袁曙宏在回

答记者提问时说:“我们的法治建设还存在很多问题,相对于‘四个全面’战略布局的其他三个全面——全面建成小康社会、全面深化改革、全面从严治党来说,全面依法治国相对比较薄弱。十九大报告当中有一句话:全面依法治国任务依然繁重,我认为这就留下了伏笔,要对全面依法治国更加重视。”相对于深化司法体制改革、完善法律体系、加快党内法规体系建设而言,建设法治政府的力度和深度还有待加强;相对于整个司法体制改革而言,司法行政体制改革相对比较薄弱;相对于法治经济和法治社会建设而言,法治文化建设还是短板弱项等。

习近平总书记在《关于〈中共中央关于全面推进依法治国若干重大问题的决定〉的说明》中指出:做出全面依法治国的顶层设计,要“坚持改革方向、问题导向,适应推进国家治理体系和治理能力现代化要求,直面法治建设领域突出问题,回应人民群众期待,力争提出对依法治国具有重要意义的改革举措”,要“直面我国法治建设领域的突出问题……有针对性地回应了人民群众呼声和社会关切”。全面推进依法治国,是解决党和国家事业发展面临的一系列重大问题,解放和增强社会活力、促进社会公平正义、维护社会和谐稳定、确保党和国家长治久安的根本要求。要推动我国经济社会持续健康发展,不断开拓中国特色社会主义事业更加广阔的发展前景,就必须全面推进社会主义法治国家建设,从法治上为解决这些问题提供制度化方案。党的十九大报告在讲到“我们的工作还存在许多不足,也面临不少困难和挑战”时,对依法治国方面的不足和挑战表述为:“社会矛盾和问题交织叠加,全面依法治国任务依然繁重,国家治理体系和治理能力有待加强。”虽然寥寥数语,却对全面依法治国进入新时代、开启中国特色社会主义法治新征程提出了更高的要求,对推进全面依法治国、建设社会主义法治国家提出了八个方面的“深化依法治国实践”新要求、新任务。

我们从党中央确立和推进依法治国20年的历史进程,可以更好理解党的十九大把“深化依法治国实践”作为法治建设领域新要求新任务的重大意义。习近平总书记指出,党的十五大提出依法治国、建设社会主义法治国家,强调依法治国是党领导人民治理国家的基本方略,是发展社会主义市场经济的客观需要,是社会文明进步的重要标志,是国家长治久安的重要保障。党的十六大提出,发展社会主义民主政治,最根本的是要把坚持党的领导、人民当家做主和依法治国有机统一起来。党的十七大提出,依法治国是社会主义民主政治的基本要求,强调要全面落实依法治国基本方略,加快建设社会主义法治国家。党的十八大强调,要更加注重发挥法治在国家治理和社会管理中的重要作用,全面推进依法治国,加快建设社会主义法治国家;党的十八届四中全会对全面推进依法治国若干重大问题做出史无前例的专门部署。党的十九大提出,坚定不移推进全面依法治国,深化依法治国实践。依法治国 20 年的历史,从 1997 年党的十五大确立依法治国基本方略,到 2002 年党的十六大提出“三者有机统一”基本方针,2007 年党的十七大提出全面落实依法治国基本方略,2012 年党的十八大提出全面推进依法治国,再到 2017 年党的十九大提出深化依法治国实践,不仅表明了我们党坚定不移走中国特色社会主义法治道路、始终不渝坚持和推进全面依法治国的决心信心、勇气能力,而且表明党的十九大以后全面依法治国的工作重点,不是要提出更多的新战略、做出更多的新部署、设计更多的新举措,而是要全面深入具体扎实地贯彻落实党的十八大以来关于全面依法治国的各项决策部署,尤其要深入贯彻落实《中共中央关于全面推进依法治国若干重大问题的决定》(该决定明确了全面依法治国的总目标、总蓝图、路线图和施工图,按下了法治中国的“快进键”),把全面依法治国的总蓝图付诸实践,把法治建设的施工图付诸实施,把我们党对人民的法治承诺变成现实,这就是党的十九大对全面依法治国的根本期待、基本要求和主要部署。

深化依法治国实践,最有新意的顶层制度安排是成立中央全面依法治国领导小组。党的十九大报告提出:全面依法治国是国家治理的一场深刻革命,必须坚持厉行法治……成立中央全面依法治国领导小组,加强对法治中国建设的统一领导。成立中央全面依法治国领导小组,是以习近平同志为核心的党中央适应把党的领导贯彻到全面推进依法治国全过程各方面新形势做出的顶层制度设计和重大战略安排,是全面推进党和国家治理体系和治理能力现代化的又一大动作和大手笔,具有重大意义。

其一,成立中央全面依法治国领导小组是坚持习近平新时代中国特色社会主义思想的重要体现。党的十九大报告在新时代中国特色社会主义思想的科学内涵中,明确了中国特色社会主义事业总体布局是“五位一体”、战略布局是“四个全面”。全面依法治国作为“四个全面”战略布局的重要内容和战略地位得到充分肯定,依法治国作为党领导人民治国理政的治国基本方略得到充分肯定;明确了全面推进依法治国总目标是建设中国特色社会主义法治体系、建设社会主义法治国家。把坚持习近平新时代中国特色社会主义思想对全面依法治国的指导落实到制度上和行动中,就必须从党和国家工作大局和战略全局出发,加强党对全面推进依法治国的集中统一领导,从最顶层的制度设计上克服地方保护主义的障碍,冲破部门利益的藩篱,保证国家法治统一,维护党和国家集中统一的崇高法治权威。

其二,成立中央全面依法治国领导小组是适应中国特色社会主义新时代法治建设做出的重大战略安排。党的十九大报告从深入分析中国和世界的历史方位和历史逻辑出发，基于党的十八大以来党领导人民取得改革开放和社会主义现代化建设的历史性成就的现实逻辑，着眼“两个一百年”的奋斗目标，做出了“经过长期努力，中国特色社会主义进入了新时代，这是我国发展新的历史方位”的重大判断。中国特色社会主义进入新时代，我国社会主要矛盾已经转化为人民日益增长的美好生活需要和不平衡不充分的发展之间的矛盾。我国稳定解决了十几亿人的温饱问题，总体上实现小康，不久将全面建成小康社会，人民美好生活需要日益广泛，在民主、法治、公平、正义、安全、环境等方面的要求日益增长。人民群众日益增长的美好生活七个方面的新诉求，都直接或间接关涉法治及其涵盖的民主自由、公平正义、安全环保等内容，实质上都是全面依法治国要关注、保障和解决的重大问题。成立中央全面依法治国领导小组，统筹推进全面依法治国，不仅更加凸显了法治在治国理政中的重要地位，体现了党中央将全面依法治国向纵深推进的决心和勇气，而且更加体现新时代以人民为中心，更加关注人民福祉维护人民权利，针对人民群众对中国特色社会主义法治社会、法治秩序、法治公正等日益增长和不断丰富的新需求，超越部门和地方的局限，由党中央统一领导，统一规划，统筹安排，统一应对，有组织有领导循序渐进地加以满足和解决。

其三，成立中央全面依法治国领导小组是全面推进依法治国政治体制改革性质的必然要求。“全面推进依法治国是一个系统工程，是国家治理领域一场广泛而深刻的革命。”全面推进依法治国，是关系党执政兴国、关系人民幸福安康、关系国家长治久安的重大战略问题，是完善和发展中国特色社会主义制度、推进国家治理体系和治理能力现代化的重要方面。全面依法治国归根结底是法律上层建筑的重大变革，是一场“法律的革命”，具有十分明显的政治体制改革的特征和性质。党的十八届三中全会在做出全面深化改革战略部署时，明确提出要“紧紧围绕坚持党的领导、人民当家做主、依法治国有机统一深化政治体制改革，加快推进社会主义民主政治制度化、规范化、程序化，建设社会主义法治国家，发展更加广泛、更加充分、更加健全的人民民主”。在全面深化改革覆盖的经济、政治、文化、社会、生态文明、党的建设“六个紧紧围绕”的改革领域中，依法治国是与政治体制改革紧密联系在一起的，本质上属于政治体制改革的范畴。2014 年 1 月习近平总书记在中央政法工作会议的讲话中明确指出：“司法体制改革是政治体制改革的重要组成部分，对推进国家治理体系和治理能力现代化具有十分重要的意义。要加强领导、协力推动、务求实效，加快建设公正高效权威的社会主义司法制度,更好坚持党的领导、更好发挥我国司法制度的特色、更好促进社会公平正义。"司法体制改革属于我国政治体制改革的重要组成部分,立法体制改革、行政执法体制改革、法律监督体制改革、全民守法体制改革、党领导法治建设的体制改革等,同样属于政治体制改革的性质。成立中央全面依法治国领导小组,有助于确保我们党在宪法框架下和法治轨道上,通过法律上层建筑的立、改、废、释、授权等途径,有组织有领导积极稳妥循序渐进地推进中国政治体制的自我完善和改革发展。

其四,成立中央全面依法治国领导小组是加强和深化党对法治中国建设领导的必然要求。党的领导是中国特色社会主义最本质的特征,是社会主义法治最根本的保证。坚持党对社会主义法治建设的领导,必须把党的领导贯彻到全面依法治国的全过程各方面,必须具体体现在党领导立法、保证执法、支持司法、带头守法上。党既要坚持依法治国、依法执政,自觉在宪法法律范围内活动,又要发挥好党组织和广大党员、干部在依法治国中的政治核心作用和先锋模范作用。全面依法治国必须加强和改善党的领导,充分发挥党总揽全局、协调各方的领导核心作用,提高党的领导水平和执政能力,才能确保全面依法治国的顺利推进,确保顺利建成法治中国。根据十九大报告的新部署,成立中央全面依法治国领导小组,负责全面推进依法治国的总体设计、统筹协调、整体推进、督促落实,有利于从党领导依法治国事业的体制上机制上进行改革创新,把党领导一切工作的原则贯彻落实到全面依法治国的全过程和各方面;有利于强化以习近平同志为核心的党中央的宪法和法治权威;有利于保证党和国家宪法法律的令行禁止,保证全面依法治国各项改革措施得以贯彻落实。

其五,成立中央全面依法治国领导小组是推进全面依法治国基本方略、深化依法治国实践的重大举措。党的十八大以来全面依法治国的力度明显加大、范围明显拓展、内容明显增加。但在依法治国的具体实践中,中央层面的法治建设实际上被分为四个板块:一是全国人大及其常委会板块,主要负责推进民主科学立法、完善法律体系、履行宪法实施解释监督职能;二是国务院板块,主要负责推进依法行政、建设法治政府;三是政法系统板块(包括公安机关、检察院、法院、司法行政机关和国家安全机关),在中央政法委员会领导下主要负责推进司法体制改革、保证公正司法、建立公正高效权威的中国特色社会主义司法制度,让人民群众在每一个司法案件中感受到公平正义;四是党建系统板块,主要在中纪委和中央办公厅主导下负责推进依宪依法执政、全面从严治党、依规治党、加强党内法规体系建设。应当说,中央层面法治建设这种中央统一顶层设计、各板块分别负责实施推进的依法治国模式，能够把推进法治建设的权责统一起来，充分调动各板块积极性主动性。但是，这种推进模式也容易产生各板块的具体举措不协调、力度进度不统一、发展不平衡等弊端。成立中央全面依法治国领导小组，有利于从领导体制和机制上防杜上述弊端，确保中央层面的法治统一。依法治国的根基在基层。在全面推进依法治国历史新起点上，各个地方进一步加强了党委对法治建设的领导，整合了地方法治建设的资源和力量，有力地领导和推动了地方法治建设和依法治理工作。然而，以各个地方党委为主导的地方层面法治建设，由于各个地方经济社会发展不平衡、面临的阶段性主要任务不一致、各个地方主要领导对法治建设认识安排不统一等原因，导致地方层面法治建设推进不统一、发展不平衡、成效不一致；更为突出的问题是，各个地方党委集中统一领导推进本地方法治建设的领导体制，与中央层面依法治国"板块状"实施形成不对称不衔接状况，地方法治建设遇到重大问题需要中央出面协调解决，往往是各个板块分别做出回应，中央缺少统筹中央与地方、地方与地方等方面的集中统一的领导体制和实施机制。国务院法制办袁曙宏副主任介绍说："党的十九大报告在调研起草过程中，征求了全国各省市自治区、中央国家机关各部门的意见，很多地方和部门都提出，建议中央成立全面依法治国领导小组，加强对全面依法治国的集中统一领导。"成立中央全面依法治国领导小组，有利于加强以习近平同志为核心的党中央对全国各个系统、各个部门、各个地方、各个领域、各个环节的法治建设的集中统一领导，有利于从党和国家工作大局和战略全局角度加强对法治中国建设的坚强有力集中统一的规划、协调、推进、保障和监督，有利于统筹推进依法治国与从严治党、依规治党、制度治党，实现党内法规体系与国家法律体系的有机统一，有利于从体制上机制上解决科学立法、严格执法、公正司法以及法治国家、法治政府、法治社会建设中的某些部门保护主义和地方保护主义等问题。

我们坚信，按照党的十九大提出的战略目标和绘就的宏伟蓝图，坚持习近平新时代中国特色社会主义思想为指导，开启全面建设社会主义现代化国家新征程，在中央全面依法治国领导小组的统一领导下，坚定不移推进全面依法治国，矢志不渝深化依法治国实践，加快建设社会主义法治体系和法治国家，一定能够全面开启中国特色社会主义法治新征程，赢得法治中国建设的新胜利。

全面推进依法治国的任务措施和要处理好的几个关系*

胡建淼

国家行政学院教授，法学教研部主任，行政法学学科带头人、博士生导师。

全面依法治国，是我们党"四个全面"重要理论和战略布局的重要组织部分，是实现全面建成小康社会奋斗目标的重大战略举措。[1]习近平总书记将全面深化改革和全面推进依法治国比喻成推动全面建成小康社会目标的"鸟之两翼"和"车之双轮"，[2]要求把全面依法治国放在"四个全面"的战略布局中来把握，深刻认识全面依法治国同其他三个"全面"的关系。[3]

一、法制·法治·全面法治

党的十八届四中全会开启了中国法治的新时代。这是一个坚持走中国特色社会主义法治道路的时代，是一个创建中国特色社会主义法治理论的时代，是一个建设中国特色社会主义法治体系的时代。[4] 一句话，是一个

---

* 本文原载《国家行政学院学报》2017 年 8 月 23 日。

〔1〕 胡建淼：《以"两个突出""三个关键词"解读四中全会精神》，载《行政管理改革》2015 年第 6 期。

〔2〕 许亚文、俞良早：《马克思恩格斯探索实现理想社会的途径与实现中国梦》，载《党政研究》2017 年第 1 期。

〔3〕 许亚文、俞良早：《马克思恩格斯探索实现理想社会的途径与实现中国梦》，载《党政研究》2017 年第 1 期。

〔4〕 胡建淼：《以"两个突出""三个关键词"解读四中全会精神》，载《行政管理改革》2015 年第 6 期。

"全面推进依法治国"的新时代。

这个新时代并非一夜之间到来的。它是我们党领导全国人民经过几代人、经历几十年的努力铸就的。它经历了"从法制到法治",以及"从法治到全面法治"的历史转型。[5]

(一)法制

1949 年中华人民共和国的成立为发展人民民主、建设法制国家,创造了前所未有的政治、经济、文化和社会条件。1954 年我国第一部宪法即"五四宪法"的制定,标志了中国步入社会主义法制建设轨道,迎来第一个法制建设高潮。但是好景不长,从 1957 年开始,中国的民主与法制进入低谷,特别是十年"文化大革命",民主与法制几乎消失殆尽。1978 年以十一届三中全会为标志,中国拨乱反正,实行改革开放,明确提出发展社会主义民主、健全社会主义法制,确立了"有法可依、有法必依、执法必严、违法必究"的基本方针,努力开创民主法制建设的新局面,中国社会主义法制建设得到恢复和发展。党的十五大和十六大都提出"到 2010 年形成有中国特色社会主义法律体系"的任务。在党的领导下,经过各方面坚持不懈的共同努力,到 2010 年年底,立足中国国情和实际、适应改革开放和社会主义现代化建设需要、集中体现中国共产党和中国人民意志,以宪法为统率,以宪法相关法、民法商法等多个法律部门的法律为主干,由法律、行政法规、地方性法规等多个层次法律规范构成的中国特色社会主义法律体系已经形成,从而表明中国已实现了各方面"有法可依"的法制局面。[6]

(二)法治

1997 年党的十五大把依法治国确立为党领导人民治国理政的基本方略,把建设社会主义法治国家确立为治国理政的建设目标,实现了从"法制"向"法治"的历史性转变,中国特色的社会主义法治道路进入一个新阶段。实现从"法制"到"法治"的飞跃,标志着我们党的法治理论和法治实践进入一个新阶段和新高度。它使我国的法治建设从单纯的制度建设扩展到状态建设,使我们对法的功能认识从单纯的"专政工具"扩展到以"公平正义"治

[5] 胡建淼:《以"两个突出""三个关键词"解读四中全会精神》,载《行政管理改革》2015 年第 6 期。

[6] 胡建淼:《以"两个突出""三个关键词"解读四中全会精神》,载《行政管理改革》2015 年第 6 期。

理社会的平衡器,同时也为我们而后十八届四中全会实现从“法律体系”向“法治体系”的转变提供了理论基础和法治建设实践基础。[7]

(三)全面法治

党的十五大以来,我们党关于依法治国的理论不断丰富、完善和发展。特别是党的十八大以来,我们党关于依法治国理论实现了从“法治”到“全面法治”的第二次飞跃。“全面推进依法治国”的伟大布局以党的“全面法治”理论为基础。[8] 十八届四中全会标志着我们党“全面法治”理论的成熟,开启了“全面推进依法治国”的新征程。

2002年党的十六大明确提出发展中国特色社会主义民主政治,必须坚持党的领导、人民当家做主和依法治国的有机统一,并提出“推进依法行政”。2004年四中全会继而确立了党的“科学执政、民主执政、依法执政”三大执政原则,为推进依法治国、建设社会主义法治国家指明了方向。2007年党的十七大提出了全面落实依法治国基本方略,加快建设社会主义法治国家的新要求。2012年党的十八大围绕全面建成小康社会的奋斗目标,首次提出“全面推进依法治国”的战略举措,首次确立“科学立法、严格执法、公正司法、全民守法”社会主义法治建设新16字方针。2013年十八届三中全会,党中央提出了“法治中国”建设的新目标,并围绕这一目标,确立“坚持依法治国、依法执政、依法行政共同推进,坚持法治国家、法治政府、法治社会一体建设”的新路径。2014年十八届四中全会确立“全面推进依法治国”总布局,确立建设中国特色社会主义法治体系、建设社会主义法治国家总目标。它所设计的五大法治体系和六大具体任务使推进依法治国突出了“全面性”,标志了我们党关于“全面法治”理论的成熟,标志了我国法治建设实践踏上了“全面法治”的新起点。[9]

---

〔7〕 胡建森:《以“两个突出 ”“三个关键词”解读四中全会精神》,载《行政管理改革》2015年第6期。

〔8〕 胡建森:《以“两个突出 ”“三个关键词”解读四中全会精神》,载《行政管理改革》2015年第6期。

〔9〕 胡建森:《以“两个突出 ”“三个关键词”解读四中全会精神》,载《行政管理改革》2015年第6期。

二、全面依法治国的总目标和基本内涵

（一）全面依法治国的总目标

党的十八大报告围绕“全面建成小康社会”奋斗目标，确立了中国法治建设的总目标，要求到2020年“依法治国基本方略全面落实，法治政府基本建成，司法公信力不断提高，人权得到切实尊重和保障”。

为了全面落实依法治国基本方略，党的十八届四中全会通过的《中共中央关于全面推进依法治国若干重大问题的决定》指出，“全面推进依法治国，总目标是建设中国特色社会主义法治体系，建设社会主义法治国家”。建设社会主义法治国家是我们的目标属性，建设中国特色社会主义法治体系乃是我们的目标体系；建设社会主义法治国家是我们的制度方向，建设中国特色社会主义法治体系乃是我们的制度抓手；中国特色社会主义法治体系也是社会主义法治国家的衡量标准，中国特色社会主义法治体系建成了，我们才能说社会主义法治国家建成了。

实现全面推进依法治国总目标，就是在中国共产党领导下，坚持中国特色社会主义制度，贯彻中国特色社会主义法治理论，形成完备的法律规范体系、高效的法治实施体系、严密的法治监督体系、有力的法治保障体系，形成完善的党内法规体系，坚持依法治国、依法执政、依法行政共同推进，坚持法治国家、法治政府、法治社会一体建设，实现科学立法、严格执法、公正司法、全民守法，促进国家治理体系和治理能力现代化。

（二）全面依法治国的基本内涵

全面依法治国具有包括中国特色社会主义法治道路、中国特色社会主义法治理论和中国特色社会主义法治体系在内的丰富内涵。中国特色社会主义法治道路，本质上是中国特色社会主义道路在法治领域的具体体现；中国特色社会主义法治理论，本质上是中国特色社会主义理论体系在法治问题上的理论成果；中国特色社会主义法治体系，本质上是中国特色社会主义制度的法律表现形式。中国特色社会主义法治道路、中国特色社会主义法治理论和中国特色社会主义法治体系，三位一体、相辅相成，共同构成了全面推进依法治国伟大战略的道路指引、理论支撑和制度保障，是中国特色社

会主义道路自信、理论自信和制度自信的体现。[10]

坚持走中国特色社会主义法治道路。中国要全面推进依法治国,实现建设中国特色社会主义法治体系、建设社会主义法治国家总目标,一定要走对路子。路子对意味着方向对,就会接近总目标;路子错,方向就错,路走得越长,就会离目标越远。坚持走中国特色社会主义法治道路,我们既要汲取中华法律文化精华,借鉴国外法治有益经验,但绝不照搬外国法治理念和模式。要坚持走中国特色社会主义法治道路,就必须按四中全会的要求,坚持中国共产党的领导、坚持人民主体地位、坚持法律面前人人平等、坚持依法治国和以德治国相结合、坚持从中国实际出发五项原则。此外,中国的法治必须以稳定为前提;中国的法治要注意地方的差异性,重视中央与地方两个积极性;中国的法治停不得也急不得,要走向精细化。[11]

中国特色社会主义法治理论,是全面依法治国的基本内涵,是中国特色社会主义理论的重要组成部分。中国特色社会主义法治理论是马克思主义中国化的理论成果,是马克思列宁主义、毛泽东思想、邓小平理论、"三个代表"重要思想、科学发展观和习近平总书记系列重要讲话精神基于中国的具体实际,结合中国的实践,所形成的理论成果,它体现了党的领导、人民当家做主和依法治国的有机统一。党的十八届四中全会精神为发展中国特色社会主义法治理论奠定了基础,指明了方向。党的领导、人民主体、中国道路、全面法治、宪法权威、公平正义、法治体系、法治与德治、法治与改革等,均是中国特色社会主义法治理论的重要元素。中国特色社会主义法治理论包括中国特色社会主义法治的基础理论、规范理论、技术操作理论,包括中国特色社会主义法治的实体法理论和程序法理论,包括以宪法为统帅,以宪法相关法、民法商法、行政法、刑法等法律部门理论,包括以法律为主干,由法律、行政法规、地方性法规等多个层次法律规范构成的中国特色社会主义法律体系理论,它主要回答什么是中国特色社会主义法治、为什么要实现中国特色社会主义法治以及如何推进中国特色社会主义法治的基本问题。创建、发展、丰富中国特色社会主义法治理论,乃是我们当前和今后一段时间一项重大而艰巨的工作。[12]

---

[10] 胡建淼:《以"两个突出 ""三个关键词"解读四中全会精神》,载《行政管理改革》2015年第6期。

[11] 胡建淼:《以"两个突出 ""三个关键词"解读四中全会精神》,载《行政管理改革》2015年第6期。

[12] 胡建淼:《以"两个突出 ""三个关键词"解读四中全会精神》,载《行政管理改革》2015年第6期。

中国特色社会主义法治体系是全面推进依法治国的基本内涵，表现为在各方面各领域全面推进依法治国的制度设计。中国特色社会主义法治体系由法律规范体系、法治实施体系、法治监督体系、法治保障体系和党内法规体共五大体系所组成，它构成了中国未来社会主义法治国家建设的完整目标体系。中国特色社会主义法治体系覆盖我国的经济、政治、文化、社会、生态文明和党的建设等各领域，覆盖立法、执法、司法和守法的法治全过程和所有环节，是中国未来社会主义法治国家建设的重要抓手和衡量标准。完备的法律规范体系是全面推进依法治国的前提；高效的法治实施体系是全面推进依法治国的关键；严密的法治监督体系是全面推进依法治国的保障；有力的法治保障体系是全面推进依法治国的条件；完善的党内法规体系是加强和改进党对全面推进依法治国的领导的依据。〔13〕

三、全面依法治国的任务和措施

（一）完善以宪法为核心的中国特色社会主义法律体系，加强宪法实施

完备的法律规范体系是全面推进依法治国的前提，完善以宪法为核心的中国特色社会主义法律体系，加强宪法实施，这是四中全会确定的全面推进依法治国的首要任务。

我国的法律规范体系，即法律体系，是指以宪法为统率，以宪法相关法、民法商法等多个法律部门的法律为主干，由法律、行政法规、地方性法规等多个层次法律规范构成的中国特色社会主义法律体系。中国的法律体系，在党的领导下，经过各方面坚持不懈的共同努力，到2010年年底已经形成，中国基本做到了有法可依。这一体系虽然已经形成，但不意味着立法任务已经完成，不意味着法律规范体系已经完备。建设完备的法律规范体系，我们有许多工作要做。〔14〕

要完善以宪法为核心的中国特色社会主义法律体系，就必须加强宪法实施。坚持依法治国首先要坚持依宪治国，坚持依法执政首先要坚持依宪执政。宪法是国家的根本大法，一切法律、法规、规章和其他规范性文件都不得与宪法相抵触。为保障宪法的有效实施，要健全宪法实施和监督制度，

〔13〕 胡建淼：《以“两个突出”“三个关键词”解读四中全会精神》，载《行政管理改革》2015年第6期。

〔14〕 胡建淼：《以“两个突出”“三个关键词”解读四中全会精神》，载《行政管理改革》2015年第6期。

完善全国人大及其常委会宪法监督制度,健全宪法解释程序机制。此外,还要坚持科学立法和民主立法,提高立法质量,坚持立法先行,坚持人大主导立法,防止部门利益法制化。[15]

(二)深入推进依法行政,加快建设法治政府

高效的法治实施体系是全面推进依法治国的关键。全面依法治国必须深入推进依法行政,加快建设法治政府。法律的生命力在于实施,法律的权威也在于实施。最好的法律不付诸实施,法治公正的价值也就无以实现。况且中国的现状是,执法机关不作为、弱作为、乱作为、滥作为的执法不公现象还比较突出。法治的实施主要落实在执法环节上,执法便成了关键。[16]

深入推进依法行政,加快建设法治政府,这是全面推进依法治国的重大任务之一。我国行政机关是国家权力机关的执行机关,是国家法律的主要实施者。党的十八大已明确了建成法治政府的时间表,到2020年小康社会全面建成之日,"法治政府基本建成"。我们只有"深入"推进依法行政,职能科学、权责法定、执法严明、公开公正、廉洁高效、守法诚信的法治政府才能建成;我们只有"加快"建设法治政府,高效的法治实施体系才能形成。要按照中共中央国务院《法治政府建设实施纲要(2015—2020年)》,全面落实法治政府的建设任务。要全面履行和转变政府职能,健全行政决策机制,深化行政执法体制改革,全面推进政务公开。[17]

(三)保证公正司法,提高司法公信力

严密的法治监督体系是全面推进依法治国的保障。法治监督应当包括党的监督、人民的监督、司法监督、政府监督、社会舆论监督在内的各类监督途径和方式,但是司法监督无疑是最为基本的监督。为了建立严密的法治监督体系,必须朝着公正高效权威的社会主义司法制度方向,推进司法改革,实现司法公正,提高司法公信力。人民司法应当是公正司法、独立司法、阳光司法。公正司法是目标,独立司法和阳光司法是实现公正司法的基本

---

〔15〕 胡建淼:《以"两个突出""三个关键词"解读四中全会精神》,载《行政管理改革》2015年第6期。

〔16〕 胡建淼:《以"两个突出""三个关键词"解读四中全会精神》,载《行政管理改革》2015年第6期。

〔17〕 胡建淼:《以"两个突出""三个关键词"解读四中全会精神》,载《行政管理改革》2015年第6期。

要求。[18]

公正司法是法治的生命线。马克思说,司法是社会正义的最后防线。如果一个国家做不到司法公正,社会公平正义就无从谈起。司法的改革目标就是为了实现“公正司法”。实现公正司法,要推进以审判为中心的诉讼制度改革,实行办案质量终身负责制和错案责任倒查问责制,绝不允许法外开恩,绝不允许办关系案、人情案、金钱案。建立人权司法保障制度,坚持法律面前人人平等,努力让人民群众在每一个司法案件中感受到公平正义。[19]

(四)增强全民法治观念,推进法治社会建设

有力的法治保障体系是全面推进依法治国的条件。法治保障体系是指全面推进依法治国所必备的主体和客体、硬件和软件等有关方面的综合条件。增强全民法治观念,推进法治社会建设,乃是全面推进依法治国的基础性条件。党的十八大提出要坚持“法治国家、法治政府、法治社会”一体建设,建设法治社会是建设法治中国的基础。

尊法学法守法用法,让法治成为一种信仰。全社会的法治意识、法治素养直接影响法治中国建设的速度和水平。我们要增强全民法治观念,推进法治社会建设,推动全社会树立法治意识,深入开展法治宣传教育,把法治教育纳入国民教育体系和精神文明创建内容,让法治成为一种信仰。要增强全社会的法治意识,重要的是要抓住领导干部这一“关键少数”。领导干部要带头尊法学法守法用法。习近平总书记在2015年年初省部级主要领导干部“学习贯彻十八届四中全会精神,全面推进依法治国专题研讨班”上强调,领导干部要做尊法的模范,带头尊崇法治、敬畏法律;做学法的模范,带头了解法律、掌握法律;做守法的模范,带头遵纪守法、捍卫法治;做用法的模范,带头厉行法治、依法办事。[20]

(五)加强法治工作队伍建设

加强法治队伍建设,乃是法治保障体系的主体内容。“徒法不足以自

---

〔18〕 胡建淼:《以“两个突出”“三个关键词”解读四中全会精神》,载《行政管理改革》2015年第6期。

〔19〕 胡建淼:《以“两个突出”“三个关键词”解读四中全会精神》,载《行政管理改革》2015年第6期。

〔20〕 曹琼:《四个全面视野下法律的社会调控作用研究》,河南工业大学2015年学位论文。

行”。法律靠人去实施,法治靠人去践行。必须加强立法队伍、行政执法队伍、司法队伍和法律服务队伍建设,着力建设一支忠于党、忠于国家、忠于人民、忠于法律的社会主义法治工作队伍,为加快建设社会主义法治国家提供强有力的组织和人才保障。推进法治专门队伍正规化、专业化、职业化,建立从符合条件的律师、法学专家中招录立法工作者、法官、检察官制度,畅通具备条件的军队转业干部进入法治专门队伍的通道,健全从政法专业毕业生中招录人才的规范便捷机制,从而提高法治专门队伍的专业素质。健全政法工作部门与法学院校、法学研究机构之间人员双向交流机制,实施高校与法治工作部门人员互聘计划,重点打造一支政治立场坚定、既懂理论又懂实践的法治人才队伍。

(六)加强和改进党对全面推进依法治国的领导

党的领导是全面推进依法治国、加快建设社会主义法治国家最根本的保证。必须加强和改进党对法治工作的领导,把党的领导贯彻到全面推进依法治国的全过程和各方面。

坚持依法执政、依宪执政。我们党是执政党。而党的执政必须坚持依法执政,依法执政又必须首先依宪执政。依法执政、依宪执政是我们党的基本执政方式,它由我们党的属性所决定。依法执政表现为,党领导立法、保证执法、支持司法、带头守法。各级领导干部要严守法律底线,绝不违法行使权力,更不能以言代法、以权压法、徇私枉法。党政主要负责人要履行推进法治建设第一责任人职责。要加强党内法规制度建设,发挥党内法规作用,提高党员干部法治思维和依法办事能力。[21]

四、全面依法治国需处理好的几个关系

全面推进依法治国,既是一项长期工作,又是一项系统工程。必须将全面依法治国置于“四个全面”之中来全面协同推进,特别要注重处理好几个关系。

(一)党的领导与依法治国

党的领导和社会主义法治是一致的。社会主义法治必须坚持党的领导,党的领导必须依靠社会主义法治。全面推进依法治国,必须坚持中国共

---

〔21〕 曹琼:《四个全面视野下法律的社会调控作用研究》,河南工业大学 2015 年学位论文。

产党的领导。党的十八届四中全会提出,要将党的领导贯彻到依法治国的全过程和各方面。党的领导是中国人民的选择和历史的选择。党的领导地位由国家的根本大法所确定。我国《宪法》在序言中阐述道:“中国各族人民将继续在中国共产党领导下……把我国建设成为富强、民主、文明的社会主义国家。”党的领导是中国特色社会主义最本质的特征,是人民当家做主和依法治国的根本保证。党对国家的领导方式就是坚持依法执政。依法执政的具体内容是:党领导立法、保证执法、支持司法、带头守法。依法治国是我们党领导人民治国理政的基本方略。坚持依法治国,就必须坚持宪法法律至上,树立宪法权威。依法治国要求任何组织和个人必须在宪法和法律之下而不是之上,在宪法和法律之内而不是之外进行活动,不具有超载宪法和法律之上和之外的特权。依法治国是我们党治国理政的基本方略,依法执政是我们党治国理政的基本方式。两者相辅相成,有机统一。

(二)法治与改革

为实现2020年全面建成小康社会,我们必须全面深化改革;为全面深化改革,又必须全面推进依法治国,因为法治对改革起引领、规范和保障作用。改革离不开法治。习总书记说,国家的重大改革必须于法有据。首先,法治对改革起引领作用。为了改革,我们必须制定改革性法律,引导改革活动。坚持立法先行,让改革本身就成为法律的实施过程。其次,法治对改革起规范作用。改革的决定和程序都必须符合法律行为规范和法律程序规范,让改革行为在法制轨道内进行。为了改革,某些地方要停止某些法律适用的,就必须有全国人大及其常委会的授权。再次,法治保障改革。对于成熟的改革成果,我们要以法律的形式固定下来,以保障改革的方向和成果不因领导人的改变而改变。最后,改革促进和完善法治。法治也不是一成不变的,它是社会变革的产物,也是对社会变革的反映。中国全面深化改革的实践使市场“基础性作用”转变为“决定性作用”,使“国家管理体系”转变为“国家治理体系”,使“法律体系”转变为“法治体系”,这些影响深远的重大变革必将引发一系列法律变革,倒逼法治的发展。

(三)法治与效率

现在还有一些领导干部将法治与工作效率对立起来,认为法治影响工作效率,捆绑了人们的手脚。有的甚至说,“要依法无法完成任务,要完成工作任务就无法依法”。有的认为,“搞定就是稳定,摆平就是水平,不出事就是有本事”,办事压根儿就没有法治观念。实行法治当然需要成本,包括时间成本,但法治是最为有效的治理方法。我们用人治的方式,有时也能解决和处理一些问题,但它只能解决一地和一时的问题,无法解决全局性和长远性问题。法治不仅不会影响效率,而且中外的历史都表明,法治是人类最文明和最有效的治理方式。

(四)法治与德治

习近平总书记指出,必须坚持依法治国和以德治国相结合。既重视发挥法律的规范作用,又重视发挥道德的教化作用,实现法律和道德相辅相成、法治和德治相得益彰。全面推进依法治国,我们要一手抓法治、一手抓德治。法律是成文的道德。全面推进依法治国,必须强化法律对道德建设的引领、促进和保障作用。法律通过它规定的内容和方向,旗帜鲜明地表明支持什么、鼓励什么、反对什么、禁止什么,这本身就是对道德价值的彰显。法律的规定,不仅是禁止什么反对什么,同时也通过政策、措施、法律后果等推动和促进人们的行为走向。法律还通过设定法律责任来保障已经法律化了的道德规范为全民所遵守。道德是内心的法律。再多再好的法律,必须转化为人们内心自觉才能真正为人们所遵行。没有道德滋养,法治文化就缺乏源头活水,法律实施就缺乏坚实社会基础。如果一个执法者缺乏基本的道德素养,没有共产党的理想信念,其内心就不会敬法、守法,执法就会变成以权谋私的权力滥用,背离社会主义的法治的宗旨。

中国特色社会主义新时代法治建设的实践行动纲领*

——中国共产党十九大报告的法学解读

姚建宗

吉林大学法学院教育部长江学者奖励计划特聘教授。

中国共产党第十九次全国代表大会在全党全国人民的热切期盼和全世界的高度关注中如期召开并圆满闭幕了。这是作为当代中国的领导党和执政党的中国共产党，在领导中国人民进行中国特色社会主义现代化建设的关键时期，即“在全面建成小康社会决胜阶段、中国特色社会主义进入新时代”的“关键时期”，所召开的一次具有重大历史意义的重要大会。习近平总书记代表中国共产党第十八届中央委员会向大会作了题为《决胜全面建成小康社会夺取新时代中国特色社会主义伟大胜利》的报告（以下简称《报告》）。《报告》全面总结了中共十八大以来中国共产党领导中国人民进行改革开放和社会主义现代化建设所取得的历史性成就，对建设中国特色社会主义现代化强国、实现中华民族伟大复兴的中国梦，做出了具有重大实践意义的战略安排。《报告》也始终贯穿着“法治中国”的主题，显现着“法治思维”的逻辑，回荡着“法治精神”的主旋律，无疑是中国特色社会主义新时代法治建设的实践行动纲领。

一、中国特色社会主义新时代法治建设的历史方位

自中国共产党第十五次全国代表大会明确提出“依法治国，建设社会主

* 本文原载《法制与社会发展》2017年11月12日。

义法治国家”以来,中国共产党始终坚持在大力推进中国特色社会主义现代化建设的同时不断推进中国特色社会主义法治建设,不仅将依法治国作为“治国方略”,而且在十八大之后将建设“法治国家”进一步提升为建设“法治中国”,十九大更是对中国特色社会主义法治建设进行了崭新的历史定位,并在此基础上描绘和勾画了中国特色社会主义法治建设的宏伟蓝图。

十九大《报告》指出,“十八大以来的五年,是党和国家发展进程中极不平凡的五年。面对世界经济复苏乏力、局部冲突和动荡频发、全球性问题加剧的外部环境,面对我国经济发展进入新常态等一系列深刻变化,我们坚持稳中求进工作总基调,迎难而上,开拓进取,取得了改革开放和社会主义现代化建设的历史性成就”。具体说来,这些重大成就包括“经济建设取得重大成就”“全面深化改革取得重大突破”“民主法治建设迈出重大步伐”“思想文化建设取得重大进展”“人民生活不断改善”“生态文明建设成效显著”“强军兴军开创新局面”“港澳台工作取得新进展”“全方位外交布局深入展开”“全面从严治党成效卓著”。十八大以来的五年,中国共产党统筹推进全面落实经济建设、政治建设、文化建设、社会建设、生态文明建设“五位一体”的总体布局,协调推进全面建成小康社会、全面深化改革、全面依法治国、全面从严治党“四个全面”战略布局,胜利完成“十二五”规划,顺利实施“十三五”规划,党和国家事业全面开创了新局面。《报告》指出,十八大以来的五年,党和国家所取得的成就是全方位的、开创性的,中国社会各方面的变革是深层次的和根本性的。这些历史性的成就和变革,标志着“中国特色社会主义进入了新时代”。

这个“新时代”的到来“意味深长”:一方面,“中国特色社会主义进入新时代,意味着近代以来久经磨难的中华民族迎来了从站起来、富起来到强起来的伟大飞跃,迎来了实现中华民族伟大复兴的光明前景”。另一方面,“这个新时代,是承前启后、继往开来、在新的历史条件下继续夺取中国特色社会主义伟大胜利的时代,是决胜全面建成小康社会、进而全面建设社会主义现代化强国的时代”。再一方面,“中国特色社会主义进入新时代,我国社会主要矛盾已经转化为人民日益增长的美好生活需要和不平衡不充分的发展之间的矛盾。我国稳定解决了十几亿人的温饱问题,总体上实现小康,不久将全面建成小康社会,人民美好生活需要日益广泛,不仅对物质文化生活提出了更高要求,而且在民主、法治、公平、正义、安全、环境等方面的要求日益增长。同时,我国社会生产力水平总体上显著提高,社会生产能力在很多方面进入世界前列,更加突出的问题是发展不平衡不充分,这已经成为满足人民日益增长的美好生活需要的主要制约因素”。

这个新时代，是中国特色社会主义现代化建设和中国社会发展新的历史方位，当然也是中国特色社会主义法治建设的历史方位。具体来说，在中国共产党第十五次全国代表大会明确提出并大力推进依法治国建设社会主义法治国家不断取得重要成就的基础上，中国共产党十八大之后的五年，伴随着中国特色社会主义现代化建设事业的不断深入拓展，中国特色社会主义"民主法治建设迈出重大步伐。积极发展社会主义民主政治，推进全面依法治国，党的领导、人民当家做主、依法治国有机统一的制度建设全面加强，党的领导体制机制不断完善，社会主义民主不断发展，党内民主更加广泛，社会主义协商民主全面展开，爱国统一战线巩固发展，民族宗教工作创新推进。科学立法、严格执法、公正司法、全民守法深入推进，法治国家、法治政府、法治社会建设相互促进，中国特色社会主义法治体系日益完善，全社会法治观念明显增强。国家监察体制改革试点取得实效，行政体制改革、司法体制改革、权力运行制约和监督体系建设有效实施"。尽管如此，《报告》依然清醒地认识到："我们的工作还存在许多不足，也面临不少困难和挑战。主要是：发展不平衡不充分的一些突出问题尚未解决，发展质量和效益还不高，创新能力不够强，实体经济水平有待提高，生态环境保护任重道远；民生领域还有不少短板，脱贫攻坚任务艰巨，城乡区域发展和收入分配差距依然较大，群众在就业、教育、医疗、居住、养老等方面面临不少难题；社会文明水平尚需提高；社会矛盾和问题交织叠加，全面依法治国任务依然繁重，国家治理体系和治理能力有待加强；意识形态领域斗争依然复杂，国家安全面临新情况；一些改革部署和重大政策措施需要进一步落实；党的建设方面还存在不少薄弱环节。"

这就是中国特色社会主义新时代法治建设的历史方位，展现了中国特色社会主义新时代法治建设的历史逻辑，成为中国共产党在中国特色社会主义新时代确定法治建设实践行动纲领的基础。

二、中国特色社会主义新时代法治建设的思想理论基础

《报告》指出，十八大以来，中国共产党根据国际国内形势的变化和中国特色社会主义现代化建设各项事业的发展，认真研究和解答所面临的重大时代课题，即从理论和实践的结合上系统地回答在新时代我们应该"坚持和发展什么样的中国特色社会主义、怎样坚持和发展中国特色社会主义"，具体说，就是要对"新时代坚持和发展中国特色社会主义的总目标、总任务、总体布局、战略布局和发展方向、发展方式、发展动力、战略步骤、外部条件、政治保证等基本问题"，根据中国特色社会主义现代化建设新的实践，对经济、

政治、法治、科技、文化、教育、民生、民族、宗教、社会、生态文明、国家安全、国防和军队、"一国两制"和祖国统一、统一战线、外交、党的建设等方面做出深刻的理论分析和可行的政策指导,以利于更好地坚持和发展中国特色社会主义。围绕这个重大时代课题,中国共产党始终坚持以马克思列宁主义、毛泽东思想、邓小平理论、"三个代表"重要思想、科学发展观为指导,始终坚持解放思想、实事求是、与时俱进、求真务实,始终坚持辩证唯物主义和历史唯物主义的基本原理,紧密结合中国特色社会主义现代化建设新的时代条件和实践要求,以全新的视野、思想解放的勇气、理论创新的胆识,不断深化对共产党执政规律、社会主义建设规律和人类社会发展规律的认识,在艰辛的理论探索中取得了重大理论创新成果,形成了新时代中国特色社会主义思想。

新时代中国特色社会主义思想的基本内容是:(1)坚持和发展中国特色社会主义,总任务是实现社会主义现代化和中华民族伟大复兴,在全面建成小康社会的基础上,分两步走在 21 世纪中叶建成富强民主文明和谐美丽的社会主义现代化强国;(2)新时代我国社会主要矛盾是人民日益增长的美好生活需要和不平衡、不充分的发展之间的矛盾,必须坚持以人民为中心的发展思想,不断促进人的全面发展、全体人民共同富裕;(3)中国特色社会主义事业总体布局是经济建设、政治建设、文化建设、社会建设、生态文明建设"五位一体",战略布局是包括全面建成小康社会、全面深化改革、全面依法治国、全面从严治党的"四个全面",坚定道路自信、理论自信、制度自信、文化自信;(4)全面深化改革总目标是完善和发展中国特色社会主义制度、推进国家治理体系和治理能力现代化;(5)全面推进依法治国总目标是建设中国特色社会主义法治体系、建设社会主义法治国家;(6)党在新时代的强军目标是建设一支听党指挥、能打胜仗、作风优良的人民军队,把人民军队建设成为世界一流军队;(7)中国特色大国外交要推动构建新型国际关系,推动构建人类命运共同体;(8)中国特色社会主义最本质的特征是中国共产党领导,中国特色社会主义制度的最大优势是中国共产党领导,党是最高政治领导力量,必须大力推进党的建设新的伟大工程,全面推进党的政治建设、思想建设、组织建设、作风建设、纪律建设,而政治建设在党的建设中居于重要突出地位。

在思想渊源上,新时代中国特色社会主义思想是对马克思列宁主义、毛泽东思想、邓小平理论、"三个代表" 重要思想、科学发展观的继承和发展,是马克思主义中国化的最新成果,是党和人民中国特色社会主义现代化建设实践经验的总结和集体智慧的结晶,是中国特色社会主义理论体系的重要组成部分，是全党全国人民为实现中华民族伟大复兴而奋斗的行动指南，必须长期坚持并不断发展。《报告》全面阐释了新时代坚持和发展中国特色社会主义的“基本方略”，即(1)“坚持党对一切工作的领导”，提高党把方向、谋大局、定政策、促改革的能力和定力，确保党始终总览全局、协调各方；(2)“坚持以人民为中心”，坚持立党为公、执政为民，践行全心全意为人民服务的根本宗旨；(3)“坚持全面深化改革”；(4)“坚持新发展理念”，坚定不移地贯彻创新、协调、绿色、开放、共享的发展理念；(5)“坚持人民当家做主”；(6)“坚持全面依法治国”；(7)“坚持社会主义核心价值体系”；(8)“坚持在发展中保障和改善民生”；(9)“坚持人与自然和谐共生”；(10)“坚持总体国家安全观”；(11)“坚持党对人民军队的绝对领导”；(12)“坚持‘一国两制’和推进祖国统一”；(13)“坚持推动构建人类命运共同体”；(14)“坚持全面从严治党”。新时代中国特色社会主义思想，显现了中国特色社会主义新时代法治建设的理论逻辑；新时代坚持和发展中国特色社会主义的基本方略，展现了中国特色社会主义新时代法治建设的实践逻辑。这无疑构成了中国特色社会主义新时代法治建设的思想理论基础。

三、中国特色社会主义新时代法治建设的战略构思与实践策略

中共十一届三中全会确定实行改革开放之后，中国共产党实事求是地对中国特色社会主义现代化建设进行了战略设计，中共十三大明确提出了“三步走”的战略目标，即第一步的目标为从 1981 年到 1990 年实现国民生产总产值比 1980 年翻一番，解决人民的温饱问题；第二步的目标是从 1991 年到 20 世纪末国民生产总值再翻一番，人民生活总体上达到小康水平；第三步的目标是到 21 世纪中期中国基本实现现代化，人均国民生产总值达到中等发达国家水平，人民生活比较富裕。目前，前两个目标已经实现。在此基础上，中国共产党提出：“到建党一百年时建成经济更加发展、民主更加健全、科教更加进步、文化更加繁荣、社会更加和谐、人民生活更加殷实的小康社会，然后再奋斗三十年，到新中国成立一百年时，基本实现现代化，把我国建成社会主义现代化国家。”

因此，十九大《报告》指出：“从现在到二〇二〇年，是全面建成小康社会决胜期。要按照十六大、十七大、十八大提出的全面建成小康社会各项要求，紧扣我国社会主要矛盾变化，统筹推进经济建设、政治建设、文化建设、社会建设、生态文明建设，坚定实施科教兴国战略、人才强国战略、创新驱动发展战略、乡村振兴战略、区域协调发展战略、可持续发展战略、军民融合发展战略，突出抓重点、补短板、强弱项，特别是要坚决打好防范化解重大风

险、精准脱贫、污染防治的攻坚战,使全面建成小康社会得到人民认可、经得起历史检验。从十九大到二十大,是'两个一百年'奋斗目标的历史交汇期。我们既要全面建成小康社会、实现第一个百年奋斗目标,又要乘势而上开启全面建设社会主义现代化国家新征程,向第二个百年奋斗目标进军。"

为此,中共中央提出了从2020年到2050年的三十年的两个阶段安排。第一个阶段为2020年到2035年,总目标是"基本实现社会主义现代化",具体指标为"我国经济实力、科技实力将大幅跃升,跻身创新型国家前列;人民平等参与、平等发展权利得到充分保障,法治国家、法治政府、法治社会基本建成,各方面制度更加完善,国家治理体系和治理能力现代化基本实现;社会文明程度达到新的高度,国家文化软实力显著增强,中华文化影响更加广泛深入;人民生活更为宽裕,中等收入群体比例明显提高,城乡区域发展差距和居民生活水平差距显著缩小,基本公共服务均等化基本实现,全体人民共同富裕迈出坚实步伐;现代社会治理格局基本形成,社会充满活力又和谐有序;生态环境根本好转,美丽中国目标基本实现。"第二个阶段为2035年到2050年,总目标是"把我国建成富强民主文明和谐美丽的社会主义现代化强国",具体指标是"我国物质文明、政治文明、精神文明、社会文明、生态文明将全面提升,实现国家治理体系和治理能力现代化,成为综合国力和国际影响力领先的国家,全体人民共同富裕基本实现,我国人民将享有更加幸福安康的生活,中华民族将以更加昂扬的姿态屹立于世界民族之林"。

作为中国特色社会主义现代化建设的重要组成部分,尤其是作为国家治理体系和治理能力现代化程度的重要指标,中国特色社会主义新时代法治建设的战略构思也包含于中国共产党在中国特色社会主义新时代提出的"决胜全面建成小康社会,开启全面建设社会主义现代化国家新征程"的战略部署之中。这个战略构思延续了中共十八大的思路,十八大提出要在十六大、十七大确立的全面建成小康社会目标的基础上努力实现新的要求,在民主法治方面的新要求与具体目标为"人民民主不断扩大。民主制度更加完善,民主形式更加丰富,人民积极性、主动性、创造性进一步发挥。依法治国基本方略全面落实,法治政府基本建成,司法公信力不断提高,人权得到切实尊重和保障"。十九大《报告》为中国特色社会主义新时代法治建设所设定的战略布局就是,在2020年"全面建成小康社会"中"法治政府"得到"基本"建成的基础上,从2020年到2035年的"基本实现社会主义现代化"的第一阶段,"法治国家、法治政府、法治社会"要"基本建成","国家治理体系和治理能力现代化"也要"基本实现";在此基础上,从2035年到2050年的第二阶段的目标就是要"建成富强民主文明和谐美丽的社会主义现代化强国”，在法治建设方面显然也就是“法治国家、法治政府、法治社会”一定要“建成”，“国家治理体系和治理能力现代化”也一定要“实现”。

在全面落实依法治国基本方略的前提下，从“法治政府”的“基本建成”，进到“法治国家、法治政府、法治社会”的“基本建成”，再进到“法治国家、法治政府、法治社会”的“建成”；从“国家治理体系和治理能力现代化”的“基本实现”，到“国家治理体系和治理能力现代化”的“实现”，就是中国共产党通过十九大《报告》为中国特色社会主义新时代法治建设所做出的战略构思。

同时，中共十九大《报告》还对中国特色社会主义新时代法治建设的实践策略做出了清晰的阐述，这就是：在“把党的领导贯彻落实到依法治国全过程和各方面”的前提下，(1)“依法治国、依法执政、依法行政共同推进”；(2)“法治国家、法治政府、法治社会一体建设”；(3)“依法治国和以德治国相结合”；(4)“依法治国和依规治党有机统一”。中国特色社会主义新时代法治建设的战略与策略的确立，为中国特色社会主义新时代的法治建设实践规划了清晰的路线图，中国特色社会主义新时代法治建设的具体任务也更加明确、实践针对性也更强。

四、中国特色社会主义新时代法治建设的制度完善

中国共产党第十八届五中全会审议通过的《中共中央关于制定国民经济和社会发展第十三个五年规划的建议》提出了指导中国社会全面发展的“创新、协调、绿色、开放、共享”的新发展理念，这实际上也是中国特色社会主义新时代全面推进社会主义现代化建设的新理念。十九大《报告》将新发展理念作为中国特色社会主义新时代的基本方略之一，指出：“发展是解决我国一切问题的基础和关键，发展必须是科学发展，必须坚定不移贯彻创新、协调、绿色、开放、共享的发展理念。”这是中国共产党基于对中国特色社会主义新时代我国社会主要矛盾已经转化为“人民日益增长的美好生活需要和不平衡不充分的发展之间的矛盾”，对中国社会未来发展所做出的科学判断。

在中国特色社会主义新时代，中国的法治建设也将全面贯彻新发展理念，在权利确认和权利保障与救济方面，在公权力的制约与监督方面，完善法治的制度架构，提升法律制度与法律体系的品质与质量。以新发展理念，大力推进现代化经济体系建设。在坚持质量第一、效益优先的原则下大力推进经济领域的改革，加快建设创新型国家，强化知识产权创造、保护和运用；实施乡村振兴战略，坚持农业农村优先发展，加快推进农业农村现代化，

巩固和完善农村基本经营制度,深化农村土地制度改革,完善承包土地"三权"分置制度,保持土地承包关系稳定并长期不变,第二轮土地承包到期后再延长三十年,深化农村产权制度改革,保障农民财产权益;实施区域协调发展战略,加大支持革命老区、民族地区、边疆地区、贫困地区发展力度,强化举措推进西部大开发,深化改革振兴东北等老工业基地等,努力改变区域发展不平衡问题,努力实现社会公平;以完善产权制度和要素市场化配置为重点进行经济体制改革,加快完善社会主义市场经济体制,完善国有资产管理体制,深化国有企业改革,发展混合所有制经济,全面实施市场准入负面清单制度,清理废除妨碍统一市场和公平竞争的规定和做法,支持民营企业发展,深化商事制度改革,打破行政性垄断,防止市场垄断,加快要素价格市场化改革,创新和完善宏观调控,完善促进消费的体制机制,深化投融资体制改革,加快建立现代财政制度与预算制度,深化税收制度改革和金融体制改革,健全金融监管体系;遵循共商共建共享原则,平等对待各类市场主体,扩大对外对内开放,形成全面开放新格局。在中国特色社会主义新时代坚持"五位一体"总体布局和"四个全面"战略布局中,通过改革推动现代化经济体系建设,必须始终坚持法治原则,做到中共十八届四中全会通过的《关于全面推进依法治国若干重大问题的决定》所要求的"重大改革于法有据",使法治既成为改革的有力保障又成为改革的规范引导。

中国特色社会主义新时代,必须继续不断健全人民当家做主的制度体系,大力发展社进社会主义民主政治制度化、规范化、程序化,保证人民依法通过各种途径和形式管理国家事务,管理经济文化事业,管理社会事务。发展中国特色社会主义民主政治,必须始终坚持党的领导、人民当家做主、依法治国有机统一,党的领导是人民当家做主和依法治国的根本保证,人民当家做主是社会主义民主政治的本质特征,依法治国是党领导人民治理国家的基本方式,三者统一于我国社会主义民主政治伟大实践。这既是中国共产党执政规律的体现,也是中国特色社会主义现代化建设实践规律的体现,同样也是中国特色社会主义法治建设实践规律的体现。

在当代中国,中国共产党既是领导党又是执政党,中国共产党在加强党的集中统一领导的同时,必须支持人大、政府、政协和法院、检察院依法依章程履行职能、开展工作、发挥作用。在中国特色社会主义新时代,中国共产党必须与时俱进地改进党的领导方式和执政方式,以充分保证党领导人民有效治理国家;中国共产党必须扩大人民有序政治参与,保证人民依法实行民主选举、民主协商、民主决策、民主管理、民主监督;维护国家法制统一、尊严、权威;中国共产党必须加强人权法治保障,保证人民依法享有广泛权利和自由;中国共产党必须高度重视巩固基层政权,完善基层民主制度,保障人民知情权、参与权、表达权、监督权;中国共产党必须健全依法决策机制,构建决策科学、执行坚决、监督有力的权力运行机制;中国共产党的各级领导干部必须增强民主意识,发扬民主作风,接受人民监督,当好人民公仆,努力践行孙中山先生提出的"天下为公"的政治理念和毛泽东主席提出的"全心全意为人民服务"的宗旨。中国特色社会主义新时代,必须加强人民当家做主的制度保障,必须长期坚持、不断完善和发展人民代表大会制度,支持和保证人民通过人民代表大会行使国家权力,支持和保证人民代表大会依法行使立法权、监督权、决定权、任免权,充分发挥人民代表大会及其常委会在立法工作中的主导作用,健全人大组织制度和工作制度,使各级人民代表大会及其常委会全面担负起宪法法律赋予的各项职责。中国特色社会主义新时代,必须在法治原则之下深化机构改革和行政体制改革,使各级党政部门机构设置更加合理高效、权力界限明确、责任清晰,简政放权、高效服务,不断增强政府的公信力和执行力。十九大《报告》提出,要坚持走中国特色强军之路,全面推进国防和军队现代化,全面从严治军,依法治军,推动治军方式根本性转变,提高国防和军队建设法治化水平,依法维护军人军属合法权益;全面准确贯彻"一国两制""港人治港""澳人治澳"、高度自治的方针,严格依照宪法和特别行政区基本法办事,不断完善与基本法实施相关的制度与机制。《报告》特别强调"要支持特别行政区政府和行政长官依法施政、积极作为,团结带领香港、澳门各界人士齐心协力谋发展、促和谐,保障和改善民生,有序推进民主,维护社会稳定,履行维护国家主权、安全、发展利益的宪制责任"。《报告》指出,在中国特色社会主义新时代的现代化建设中,必须继续坚持用"和平统一、一国两制"方针来处理台湾问题,坚决反对和制止任何形式的"台独"分裂活动,推动两岸关系和平发展,推进祖国和平统一进程。

五、中国特色社会主义新时代法治建设的文化支撑

人类文明发展史表明,人类社会物质性的制度与组织的文明发展始终都是以精神性的价值观念与文化为先导和支撑基础的。中国特色社会主义新时代的现代化建设和法治建设,要真正形成独特的中国模式、成为中国经验,我们要在中国特色社会主义现代化建设和法治建设的"道路"、中国特色社会主义现代化建设和法治建设的"制度"、中国特色社会主义现代化建设和法治建设的"理论"上,具有真正的"自信",并使中国特色社会主义现代化建设和法治建设的模式真正成为十九大《报告》所说的,中国特色社会主

义道路、理论、制度、文化的不断发展,可以拓展发展中国家走向现代化的途径,给世界上那些既希望加快发展又希望保持自身独立性的国家和民族提供全新的选择,从而为解决人类问题贡献中国智慧和中国方案,就必须大力加强"文化"培育和养成工作,推动社会主义文化繁荣兴盛,以中国特色社会主义新文化来支撑中国特色社会主义新时代的现代化建设和法治建设。

为此,十九大《报告》指出:"文化是一个国家、一个民族的灵魂。文化兴国运兴,文化强民族强。"所以在新时代,我们必须坚持走中国特色社会主义文化发展道路,激发全民族文化创新与文化创造的活力,努力建设中国特色社会主义文化强国。中国特色社会主义新时代法治建设的文化支撑,一方面是要大力培育和涵养中国特色社会主义文化,具体包括源自中华民族五千多年文明历史所孕育的中华优秀传统文化,以及熔铸于中国共产党领导中国人民在革命、建设、改革中所创造的革命文化和社会主义先进文化,还包括作为人类文明之精华与公理的价值与文化成分和文化因素;另一方面是要大力培育和涵养中国特色社会主义法治文化。十九大《报告》指出,在中国特色社会主义新时代,我们必须坚定文化自信、推动社会主义文化繁荣兴盛,必须首先牢牢地掌握意识形态工作的领导权,建设具有强大凝聚力和引领力的社会主义意识形态,因为政治意识形态决定着文化前进方向和发展道路,为此就必须推进马克思主义中国化时代化大众化,推动新时代中国特色社会主义思想深入人心,使全体人民在理想信念、价值理念、道德观念上紧紧团结在一起,就必须深化马克思主义理论研究和建设,加快构建中国特色哲学社会科学。在中国特色社会主义新时代,我们必须大力培育和践行社会主义核心价值观,社会主义核心价值观是当代中国时代精神的集中体现,凝结着全体中国人民共同的价值追求,充分发挥社会主义核心价值观对国民教育、精神文明创建、精神文化产品创作、生产、传播的引领作用,把社会主义核心价值观融入社会发展各方面,转化为人们的情感认同和行为习惯。在中国特色社会主义新时代,我们必须加强全社会的思想道德建设,不断提高全体人民的思想觉悟、道德水准、文明素养,提高全社会的文明程度,努力引导人们树立正确的历史观、民族观、国家观、文化观,通过继续深入实施21世纪以来一直未曾中断的公民道德建设工程,大力推进社会公德、职业道德、家庭美德、个人品德建设,推进诚信建设和志愿服务制度化,强化全社会公民的社会责任意识、规则意识和奉献意识。

在中国特色社会主义新时代进行法治建设,必须高度重视以社会主义核心价值观为重点培育和涵养中国特色社会主义新文化,高度重视和吸收中国历史中的优秀传统文化,高度重视和吸收人类文明基本共识的文化因素，高度重视和吸收世界上其他国家和社会先进的文化成分，培育和创造中国特色社会主义法治文化，将这些众多的文化成分和文化养分作为中国特色社会主义新时代法治建设深厚而长久的文化支撑，中国特色社会主义新时代的法治建设实践也不断地创造和培育中国特色社会主义新文化和中国特色社会主义法治文化。

六、中国特色社会主义新时代法治建设的基础夯实

法治关涉到每一个公民的真实生活与切身利益，全体人民应该是中国特色社会主义法治的推动者与实践参与者，也是中国特色社会主义法治最重要的支持力量，全体人民在真实的生活中所型构的社会及其状况乃是法治的真实基础。中国特色社会主义新时代的法治建设必须在不断地夯实其主体基础和社会基础的过程中发展进步。

十九大《报告》从中国共产党的奋斗目标的角度将人的问题、中国人民的根本利益问题放在中国特色社会主义现代化建设的非常重要的地位，要求“全党必须牢记，为什么人的问题，是检验一个政党、一个政权性质的试金石。带领人民创造美好生活，是我们党始终不渝的奋斗目标。必须始终把人民利益摆在至高无上的地位，让改革发展成果更多更公平惠及全体人民，朝着实现全体人民共同富裕不断迈进”。中共中央要求党和国家不断地“完善公共服务体系，保障群众基本生活，不断满足人民日益增长的美好生活需要，不断促进社会公平正义，形成有效的社会治理、良好的社会秩序，使人民获得感、幸福感、安全感更加充实、更有保障、更可持续”。为此，中国共产党十九大《报告》紧紧抓住与国计民生密切相关、人民群众特别关注和期盼的问题，提出了改革、发展和完善的政策思路，这些措施的落实不仅是中国特色社会主义新时代我国现代化建设的需要，也是中国特色社会主义新时代法治建设的重要主题，法治的各个环节和方面必须充分反映并且有效回应广大人民的这些现实诉求。

十九大《报告》提出要“优先发展教育事业”，提出要大力推进教育公平，推动城乡义务教育一体化发展，特别是要高度重视农村义务教育，努力办好学前教育、特殊教育和网络教育，普及高中阶段教育，努力让每个孩子都能享有公平而有质量的教育。同时，要完善我国职业教育和培训体系，实现高等教育内涵式发展，健全学生资助制度，使绝大多数城乡新增劳动力能够接受高中阶段教育、更多接受高等教育，大力提高国民素质。《报告》提出要“提高就业质量和人民收入水平”，大规模开展职业技能培训，破除妨碍劳动力、人才社会性流动的体制机制弊端，畅通和拓展就业创业渠道；完善政

府、工会、企业共同参与的协商协调机制,努力构建和谐劳动关系;坚持按劳分配原则,鼓励勤劳守法致富,扩大中等收入群体,增加低收入者收入,调节过高收入,取缔非法收入,不断拓宽居民劳动收入和财产性收入渠道,加快推进基本公共服务均等化,缩小收入分配差距。在加强社会保障体系建设方面,十九大《报告》明确提出了"全面建成覆盖全民、城乡统筹、权责清晰、保障适度、可持续的多层次社会保障体系"的要求,并进一步具体化为"全面实施全民参保计划。完善城镇职工基本养老保险和城乡居民基本养老保险制度,尽快实现养老保险全国统筹。完善统一的城乡居民基本医疗保险制度和大病保险制度。完善失业、工伤保险制度。建立全国统一的社会保险公共服务平台。统筹城乡社会救助体系,完善最低生活保障制度。坚持男女平等基本国策,保障妇女儿童合法权益。完善社会救助、社会福利、慈善事业、优抚安置等制度,健全农村留守儿童和妇女、老年人关爱服务体系。发展残疾人事业,加强残疾康复服务"。"加快建立多主体供给、多渠道保障、租购并举的住房制度,让全体人民住有所居。"同时,《报告》要求"动员全党全国全社会力量,坚持精准扶贫、精准脱贫,坚持中央统筹省负总责市县抓落实的工作机制,强化党政一把手负总责的责任制,坚持大扶贫格局,注重扶贫同扶志、扶智相结合,深入实施东西部扶贫协作,重点攻克深度贫困地区脱贫任务,确保到二〇二〇年我国现行标准下农村贫困人口实现脱贫,贫困县全部摘帽,解决区域性整体贫困,做到脱真贫、真脱贫",坚决打赢脱贫攻坚战。中共十九大提出要实施健康中国战略,要完善国民健康政策,深化医药卫生体制改革,全面建立中国特色基本医疗卫生制度、医疗保障制度和优质高效的医疗卫生服务体系,加强基层医疗卫生服务体系和全科医生队伍建设,实施食品安全战略,坚持中西医并重,支持社会办医,促进生育政策和相关经济社会政策配套衔接,积极应对人口老龄化,为人民群众提供全方位全周期健康服务。十九大《报告》强调,要"打造共建共治共享的社会治理格局",提出要"加强社会治理制度建设,完善党委领导、政府负责、社会协同、公众参与、法治保障的社会治理体制,提高社会治理社会化、法治化、智能化、专业化水平",要加强预防和化解社会矛盾机制建设,树立安全发展理念、完善安全生产责任制,加快社会治安防控体系、社会心理服务体系、社区治理体系建设,有效维护国家安全、加强国家安全法治保障。

《报告》特别提出要"推动社会治理重心向基层下移,发挥社会组织作用,实现政府治理和社会调节、居民自治良性互动"。《报告》在"实施乡村振兴战略"中还明确地提出了要"加强农村基层基础工作,健全自治、法治、德治相结合的乡村治理体系"。将城市居民和农村居民"自治"作为中国特色社会主义新时代现代化建设强化和创新社会治理的基础，并使之与“法治”和“德治”相结合，这同样也是中国特色社会主义新时代法治建设夯实自身社会基础的重要举措。

七、中国特色社会主义新时代法治建设的绿色发展

中国共产党十九大不仅延续了十八大关于生态文明建设的思想和政策思路，而且大大地拓展了生态文明建设的内涵，深入推进了生态文明建设的实践措施。

中共十八大提出要“大力推进生态文明建设”，并将其意义与政策思路进一步阐释为“建设生态文明，是关系人民福祉、关乎民族未来的长远大计。面对资源约束趋紧、环境污染严重、生态系统退化的严峻形势，必须树立尊重自然、顺应自然、保护自然的生态文明理念，把生态文明建设放在突出地位，融入经济建设、政治建设、文化建设、社会建设各方面和全过程，努力建设美丽中国，实现中华民族永续发展”。中共十九大《报告》提出：“人与自然是生命共同体，人类必须尊重自然、顺应自然、保护自然。人类只有遵循自然规律才能有效防止在开发利用自然上走弯路，人类对大自然的伤害最终会伤及人类自身，这是无法抗拒的规律。”

在思想认识和理论提升上，中共十九大《报告》在十八大报告的基础上更为明显地展现了这样几个方面的创新：首先是将十八大提出的“加强生态文明制度建设”，进一步上升为“加快生态文明体制改革”，由“制度”到“体制”、由“建设”到“改革”、由“加强”到“加快”，彰显中国共产党中央对生态文明对于人类整体、中国人民、中国特色社会主义现代化建设事业的重要性认识的进一步加深。其次是将十八大提出的“建设生态文明，是关系人民福祉、关乎民族未来的长远大计”这一认识，进一步上升为“人与自然是生命共同体，人类必须尊重自然、顺应自然、保护自然……人类对大自然的伤害最终会伤及人类自身”，这就从把自然单纯地作为人类的利用对象上升为自然是与人类同等重要且不能分离的两类生命存在、“人与自然”实质上是“生命共同体”的前所未有的认识高度，这恰恰与中共十八大提出而在中国共产党的一些重要文献及习近平总书记的一系列重要讲话中一直延续下来的“人类命运共同体”，形成了思想认识、理论主张、政策实践的完美互动与呼应。最后是十九大《报告》将十八大提出的“努力建设美丽中国”这个具有引领性和弹性的目标，直接确定为“建设美丽中国”的明确而刚性的目标，不仅将“建设美丽中国”纳入了中国特色社会主义新时代坚持和发展中国特色社会主义的“基本方略”之一的“坚持人与自然和谐共生”之中，而且将其纳

入了实现第二个百年奋斗目标两个阶段安排的指标体系之中,即从 2020 年到 2035 年“基本实现社会主义现代化”的第一阶段,“美丽中国目标基本实现”;从 2035 年到 2050 年的第二阶段,就要“把我国建成富强民主文明和谐美丽的社会主义现代化强国”,当然就要实现“美丽中国”的目标。正是在这样的思想认识升华和理论层次跃升的基础上,中共十九大明确指出“我们要建设的现代化是人与自然和谐共生的现代化”,提出了大力“推进绿色发展”的要求,并在此基础上针对“着力解决突出环境问题”“加大生态环境保护力度”“改革生态环境监管体制”提出了一系列政策措施。

应该说,中共十九大《报告》“推进绿色发展”“建设美丽中国”的要求,不仅是针对新时代中国特色社会主义现代化建设的总要求,而且也是针对中国特色社会主义新时代法治建设的理论与实践的基本要求,中国特色社会主义新时代的法治建设也必须坚持绿色发展,大力加强有关生态文明建设和环境保护的法律制度建设,强化生态文明建设和环境保护的行政执法与环境司法等法治实践,提升生态文明建设法治化水平。

八、中国特色社会主义新时代法治建设的全球视野

作为一个正在崛起的发展中的大国,作为一个负责任的大国,中国正越来越以一种高度自信的态度积极参与重大国际事务处置,履行国际义务,加入全球治理之中。中共十八大提出中国将始终不渝地走和平发展道路,坚定地奉行独立自主的和平外交政策,“在国际关系中弘扬平等互信、包容互鉴、合作共赢的精神,共同维护国际公平正义”,在展开阐释“合作共赢”的内涵时首次提出了“要倡导人类命运共同体意识”。党的十八大之后,习近平总书记在很多重要的国际场合发表重要演讲,一再阐释其含义并向全世界呼吁构建“人类命运共同体”。联合国在 2017 年也先后将中国提出的“人类命运共同体”理念和作为“一带一路”合作指导原则的“共商、共建、共享”理念明确纳入其有关决议之中,充分说明了中国共产党提出的这些新理念新思想的重要性。中共十九大不仅延续了十八大的思想和政策思路,而且更加清晰明确地提出了“坚持和平发展道路,推动构建人类命运共同体”的主张,这不仅是中国共产党在全球化时代对于全人类文明进步和社会发展的重大贡献,而且表明中国共产党将中国特色社会主义现代化建设事业纳入了自身所承担的促进人类社会发展的国际义务与人类普遍责任之中,这也表明中国特色社会主义新时代的法治建设必须努力参与到以“构建人类命运共同体”为主旨的全球治理变革之中,参与到“国际法治”“全球法治”的建设之中。十九大《报告》特别地对中国共产党的主旨和历史使命做了非

同寻常的明确宣示和阐述，即“中国共产党是为中国人民谋幸福的政党，也是为人类进步事业而奋斗的政党。中国共产党始终把为人类做出新的更大的贡献作为自己的使命”。在此基础上，《报告》进一步明确，“中国将高举和平、发展、合作、共赢的旗帜，恪守维护世界和平、促进共同发展的外交政策宗旨，坚定不移在和平共处五项原则基础上发展同各国的友好合作，推动建设相互尊重、公平正义、合作共赢的新型国际关系”。

十九大《报告》清晰地描绘了构建的“人类命运共同体”的整体形象：一个保有“持久和平、普遍安全、共同繁荣、开放包容、清洁美丽的世界”。《报告》也勾画了建构这样的“人类命运共同体”的基本要求和条件，即(1)各个国家要相互尊重、平等协商，要坚决摒弃冷战思维和强权政治，坚定地走对话而不对抗、结伴而不结盟的国与国交往的新路；(2)各个国家要坚持以对话解决争端、以协商化解分歧，统筹应对共同面临的传统和非传统安全威胁，坚决反对一切形式的恐怖主义；(3)各个国家要同舟共济，促进贸易和投资自由化、便利化，推动经济全球化朝着更加开放、包容、普惠、平衡、共赢的方向发展；(4)各个国家要尊重世界文明多样性，以文明之间的平等为前提，以文明交流超越文明隔阂、以文明互鉴超越文明冲突、以文明共存超越文明优越；(5)各个国家要坚持环境友好，共同合作应对全球气候变化，保护好人类赖以生存的地球家园。

十九大《报告》指出，中国将始终坚持“人类命运共同体”理念，坚定地奉行独立自主的和平外交政策，尊重各国人民自主选择发展道路的权利，努力维护国际公平正义；中国将积极发展全球伙伴关系，扩大同各个国家的利益交汇点，推进大国之间的协调与合作，构建总体稳定、均衡发展的大国关系框架；中国将按照亲诚惠容理念和与邻为善、以邻为伴的周边外交方针深化同周边国家的关系；中国将始终秉持正确的义利观和真实亲诚理念，加强同发展中国家之间的团结合作；中国将加强同各个国家的政党和政治组织的交流合作，推进人大、政协、军队、地方、人民团体等的对外交往；中国将坚持对外开放的基本国策不动摇，坚持打开国门搞建设，积极促进“一带一路”国际合作，努力实现政策沟通、设施联通、贸易畅通、资金融通、民心相通，打造国际合作新平台，增添共同发展新动力；中国将加大对发展中国家特别是最不发达国家的援助力度，促进缩小南北发展差距；中国坚决支持多边贸易体制，促进自由贸易区建设，推动建设开放型世界经济。《报告》明确指出，中国将始终秉持“共商共建共享”的全球治理观，倡导国际关系民主化，坚持国家不分大小、强弱、贫富一律平等，支持联合国发挥积极作用，支持扩大发展中国家在国际事务中的代表性和发言权；中国将继续发挥负责任大国作用,积极参与全球治理体系的改革和建设,不断贡献中国智慧和力量。

十九大《报告》对于中国倡导的构建“人类命运共同体”的意义与含义的阐释,以及围绕“构建人类命运共同体”对中国奉行的独立自主的和平外交政策的宣示,不仅将新时代中国特色社会主义现代化建设事业置于人类文明发展和社会进步的背景之下并成为其中的重要组成部分,而且也表明中国特色社会主义新时代的法治建设不仅是中国特色社会主义现代化事业的一部分,而且同样是人类文明发展和社会进步事业的一部分,这就一方面向新时代中国特色社会主义法治建设开放了国际空间、拓展了全球视野,另一方面也将新时代中国特色社会主义法治建设纳入全球治理体系的改革与建设之中,成为全球治理中良法善治的重要组成部分。

九、中国特色社会主义新时代法治建设的根本保障

中国共产党是当代中国的领导党和执政党,坚持中国共产党对中国特色社会主义现代化建设事业的领导,既是中国特色社会主义建设历史事实的必然反映,也是中国特色社会主义现代化建设事业的现实与未来的内在需要,这也是中国共产党领导中国人民进行中国特色社会主义现代化建设事业努力探索社会发展的“中国模式”的必然要求。

中共十九大《报告》以中国共产党对于实现中华民族伟大复兴的中国梦的伟大事业的高度自觉与勇于担当,自觉地投入改革创新、革故鼎新的伟大斗争之中,并以自我革命的大无畏精神深入推进党的建设新的伟大工程,不仅进一步明确了“新时代中国特色社会主义思想”的核心内涵之一就是:“中国特色社会主义最本质的特征是中国共产党领导,中国特色社会主义制度的最大优势是中国共产党领导,党是最高政治领导力量”,而且还将“坚持党对一切工作的领导”作为新时代坚持和发展中国特色社会主义的居于首位的“基本方略”。而为了有效地实现中国共产党对中国特色社会主义现代化建设事业“一切工作的领导”,就必须不断地加强党的建设、深入推进党的建设新的伟大工程,因此十九大《报告》特别地提出要“坚定不移全面从严治党,不断提高党的执政能力和领导水平”。《报告》要求“全党要清醒认识到,我们党面临的执政环境是复杂的,影响党的先进性、弱化党的纯洁性的因素也是复杂的,党内存在的思想不纯、组织不纯、作风不纯等突出问题尚未得到根本解决。要深刻认识党面临的执政考验、改革开放考验、市场经济考验、外部环境考验的长期性和复杂性,深刻认识党面临的精神懈怠危险、能力不足危险、脱离群众危险、消极腐败危险的尖锐性和严峻性,坚持问题导向,保持战略定力,推动全面从严治党向纵深发展”。《报告》同时提出了

中国特色社会主义新时代党的建设总要求，即“坚持和加强党的全面领导，坚持党要管党、全面从严治党，以加强党的长期执政能力建设、先进性和纯洁性建设为主线，以党的政治建设为统领，以坚定理想信念宗旨为根基，以调动全党积极性、主动性、创造性为着力点，全面推进党的政治建设、思想建设、组织建设、作风建设、纪律建设，把制度建设贯穿其中，深入推进反腐败斗争，不断提高党的建设质量，把党建设成为始终走在时代前列、人民衷心拥护、勇于自我革命、经得起各种风浪考验、朝气蓬勃的马克思主义执政党”。

为此，《报告》将以党的建设为核心的“坚定不移全面从严治党，不断提高党的执政能力和领导水平”的重大政策与实践举措分解为：党的政治建设是党的建设的首要任务，必须把党的政治建设摆在党的建设的首位；必须用新时代中国特色社会主义思想武装全党，加强党的思想建设；坚持党管干部原则，坚持德才兼备、以德为先，坚持五湖四海、任人唯贤，坚持事业为上、公道正派，选好人用好人，努力建设好高素质专业化的党的干部队伍；加强党的基层组织建设；紧紧围绕保持党同人民群众的血肉联系，增强群众观念和群众感情，不断厚植党执政的群众基础，加强党的作风建设，持之以恒正风肃纪；以反腐败永远在路上的坚韧和执着，深化标本兼治，保证干部清正、政府清廉、政治清明，坚持无禁区、全覆盖、零容忍，坚持重遏制、强高压、长震慑，推进反腐败国家立法，巩固反腐败斗争压倒性态势、夺取压倒性胜利；健全党和国家监督体系，加强对权力运行的制约和监督，让人民监督权力，让权力在阳光下运行，把权力关进制度的“笼子”。强化自上而下的组织监督，改进自下而上的民主监督，发挥同级相互监督作用，加强对党员领导干部的日常管理监督，深化国家监察体制改革，制定国家监察法，构建党统一指挥、全面覆盖、权威高效的监督体系，把党内监督同国家机关监督、民主监督、司法监督、群众监督、舆论监督贯通起来，增强监督合力；增强党的政治领导本领、改革创新本领、科学发展本领、依法执政本领、群众工作本领、狠抓落实本领和驾驭风险本领，坚持战略思维、创新思维、辩证思维、法治思维、底线思维，全面增强党的执政本领。

自中国共产党十一届三中全会以来，中国共产党经过将近四十年的理论探索与实践验证，在不同历史阶段都予以归纳、概括、总结和提炼，并通过相应的党的全国代表大会以中国共产党中央委员会的政治报告形式展现出这种探索所获得的集体智慧结晶。在中国特色社会主义法治建设过程中，将“依法治国，建设社会主义法治国家”的党和国家的治国方略的理论共识与实践要旨，定型为“坚持党的领导、人民当家做主、依法治国有机统一”，这应该是中国共产党对自身在中国领导和执政的基本规律、中国特色社会主义建设规律、人类社会发展规律的综合认识与理论总结。因此,中国共产党通过全面从严治党而不断提高党的执政能力和领导水平,成为中国特色社会主义新时代法治建设的根本保障;同时,中国特色社会主义法治也当然地成为作为当代中国的领导党和执政党的中国共产党全面从严治党、加强自身党的政治建设、思想建设、组织建设、作风建设、纪律建设最为重要的基本路径,也就是中国共产党自身党的建设法治化的路径。

十、中国特色社会主义新时代法治建设的新形象

中国共产党十九大《报告》作为中国特色社会主义新时代法治建设的实践行动纲领,规划了未来30年中国法治建设的蓝图,其所体现出来的鲜明特点也更加清晰地展现了中国特色社会主义新时代法治建设的新形象。

十九大《报告》展现了中国特色社会主义新时代法治建设的新颖性。中国特色社会主义进入新时代,中国社会主要矛盾已经转化为人民日益增长的美好生活需要和不平衡、不充分的发展之间的矛盾,“人民美好生活需要日益广泛,不仅对物质文化生活提出了更高要求,而且在民主、法治、公平、正义、安全、环境等方面的要求日益增长”。中国特色社会主义法治建设跟随这个时代的主要矛盾的转化,跟上人民的需求。为此,《报告》要求包括法治建设在内的新时代中国特色社会主义现代化建设坚持新发展理念,坚定不移地贯彻创新、协调、绿色、开放、共享的发展理念。同时,中国特色社会主义现代化建设的实践在这个新时代产生了新时代中国特色社会主义思想,中国特色社会主义法治建设不仅要以这个新思想为指导,而且要为丰富和发展新时代中国特色社会主义思想提供思想养分与理论贡献,中国特色社会主义法治建设为此也就必须确立新目标、开拓新领域、产出新思想新理论。

十九大《报告》展现了中国特色社会主义新时代法治建设的深刻性。在这个纲领性文件中,中国共产党第一次明确地将“全面依法治国”定性为“国家治理的一场深刻革命”,这是中国共产党对法治在思想认识、理论总结和政策实践上的一次重大飞跃。为此,中共中央决定成立“中央全面依法治国领导小组,加强对法治中国建设的统一领导”,要求加强宪法实施和监督,推进合宪性审查工作,维护宪法权威;要求推进科学立法、民主立法、依法立法,以良法促进发展、保障善治;要求建设法治政府,推进依法行政,严格规范公正文明执法;要求深化司法体制综合配套改革,全面落实司法责任制,努力让人民群众在每一个司法案件中感受到公平正义;要求加大全民普法

力度，建设社会主义法治文化，树立宪法法律至上、法律面前人人平等的法治理念；强调各级党组织和全体党员要带头尊法学法守法用法，任何组织和个人都不得有超越宪法法律的特权，绝不允许以言代法、以权压法、逐利违法、徇私枉法；强调中国特色社会主义法治文化的培育和涵养；强调加强和创新社会治理，城市治理实现政府治理和社会调节、居民自治良性互动，乡村治理健全自治、法治、德治相结合。这些充分说明，中国共产党对法治的认识更加深刻和深入，更加突出法治实践的重点，更加强调对法治的实质性内涵建设。

十九大《报告》展现了中国特色社会主义新时代法治建设的全面性。新时代中国特色社会主义思想是新时代中国特色社会主义法治建设实践的指导思想，这个指导思想及其所包含的丰富内涵，应该是中国共产党对于自身作为当代中国的领导党和执政党在中国执政的规律、中国社会主义建设规律以及人类社会发展规律的认识和总结，体现了中国共产党集体智慧的结晶。在新时代中国特色社会主义思想指导下，中国特色社会主义现代化建设的总体布局是经济建设、政治建设、文化建设、社会建设、生态文明建设“五位一体”并统筹推进，战略布局是全面建成小康社会、全面深化改革、全面依法治国、全面从严治党“四个全面”并协调推进。无论是“统筹推进”还是“协调推进”，在实质上都必须将其置于同等重要地位而不能区分出重要性程度的差别，在实践展开上可能有策略上的差异，但不能有时间上的先后而应该是同时推进，而且在实质内容上这“五位一体”与“四个全面”都包含着法治建设的重要内容。而在中国特色社会主义法治建设的实践策略上，十九大《报告》展现的思路就是在遵循“党的领导、人民当家做主、依法治国有机统一”这个中国特色社会主义法治建设的基本规律的前提下，始终强调“依法治国、依法执政、依法行政共同推进”“法治国家、法治政府、法治社会一体建设”“依法治国和以德治国相结合”“依法治国和依规治党有机统一”，始终坚持“把党的领导贯彻落实到依法治国全过程和各方面”。很明显，既然是“共同推进”“一体建设”，既然是要“结合”、要“有机统一”，那就表明这些领域、环节、方面、因素之间是彼此缠绕、相互渗透的，是彼此包含、相互作用的，并具有同等的重要性程度，但因为中国共产党是中国的领导党和执政党，所以党的领导在政治上居于最高地位。

十九大《报告》展现了中国特色社会主义新时代法治建设的前瞻性。中国特色社会主义进入新时代意味着中华民族从中华人民共和国成立时“站起来”、改革开放之后“富起来”向“强起来”的转变，新时代的中国特色社会主义现代化建设的总目标就是在21世纪中叶“建成富强民主文明和谐美丽的社会主义现代化强国”,不仅要把中国特色社会主义民主政治的优势和特点充分发挥出来,而且要“为人类政治文明进步做出充满中国智慧的贡献”。这表明,新时代的中国特色社会主义法治建设不仅要充分地展现其“中国”属性、形成“中国”模式,而且中国的法治必须与“富强民主文明和谐美丽的社会主义现代化强国”的目标匹配,也就是说,新时代的中国特色社会主义法治建设的目标不能仅仅满足于一般的状态,而是要建设“中国特色”的“社会主义”的“法治强国”,更要为人类政治文明和法治文明提供“中国经验”和“中国智慧”,这就是十九大《报告》对新时代中国特色社会主义法治建设提出的前瞻性目标。

十九大《报告》展现了中国特色社会主义新时代法治建设的理性与自信。无论是对于新时代中国特色社会主义现代化建设,还是对于新时代中国特色社会主义法治建设,相较于中国共产党历次全会报告,十九大《报告》首次明确地提出要保持“定力”,即“全党要更加自觉地增强道路自信、理论自信、制度自信、文化自信,既不走封闭僵化的老路,也不走改旗易帜的邪路,保持政治定力,坚持实干兴邦,始终坚持和发展中国特色社会主义”;要“提高党把方向、谋大局、定政策、促改革的能力和定力,确保党始终总揽全局、协调各方”;要“坚持问题导向,保持战略定力,推动全面从严治党向纵深发展”;“我们走中国特色社会主义道路,具有无比广阔的时代舞台,具有无比深厚的历史底蕴,具有无比强大的前进定力”。这对中国特色社会主义新时代法治建设来说,就是要坚定不移地走中国特色社会主义法治道路,坚定奉法强国的理想信念,以足够强大的“前进定力”,以坚忍不拔、努力负重前行的毅力,努力推动中国特色社会主义法治不断取得进步。十九大《报告》对于中国特色社会主义法治建设在 2020 年、2035 年、2050 年各个阶段所要达到的目标的设计,也体现了这种尽可能贴近中国历史与现实实际的理性与自信,体现了一种难能可贵的“定力”。

结　语

中国共产党第十九次全国代表大会给新时代中国特色社会主义法治建设描绘了新的蓝图、制定了新的实践行动纲领,但这蓝图的变现、纲领的落实,还面临着很多的困难与挑战。新时代中国特色社会主义法治建设无论在理论上还是在实践上,都还有很多疑难问题需要中国共产党全党和全国人民共同以认真、严肃、负责的态度和行动加以深入思考和厘清,也有很多需要中国共产党全党和全国人民以更加理性而积极的态度加以深刻反思并纠正和改变的陈规与偏见。而这毫无疑问需要中国共产党全党和全国人民以真正的自信来进一步解放思想、实事求是地面对新时代中国特色社会主义法治建设所面临的各种理论和实践问题。中共十九大《报告》将“全面依法治国”明确地定性为“国家治理的一场深刻革命”，而中国特色社会主义法治毫无疑问还走在革命成功的路上，所以，对于作为当代中国的领导党和执政党的中国共产党全党和全体中国人民来说，我们完全可以借用中国伟大的革命先行者孙中山先生的名言来时时自我警醒：“革命尚未成功，同志仍须努力”。

实践哲学视域下的法哲学研究：一个反思性评述*

叶会成

中欧法学院博士研究生。

一、实践哲学概述

实践哲学是当代哲学研究的主流范式。就时代性或历时性的角度而言，哲学史大致可以划分为古代哲学、近代哲学和现代哲学。采取这种划分的依据并不是单纯以时间界限作为唯一刻度，而且还出于不同时代的哲学拥有独特的思维方式和基本哲学问题之缘故。古代哲学探究的主要是本体论和形而上学问题，近代哲学讨论的主要是主客体之间的认识论问题，而现代哲学则转而主要关注的是理论与实践的关系问题、如何实践的问题。因此，实践哲学是现今世界领域内哲学研究的基本模式。

实践哲学其实起源相当久远，其肇始于亚里士多德时代。亚里士多德明确提出了一种与理论哲学相对的实践哲学，这种哲学主要将研究的视角落脚于人类的实践行动，探究如何更好地行动，如何过上一种德性的生活。但是这个哲学传统很长时间都被思辨（理论）哲学所遮蔽，直至黑格尔哲学之后，传统的认识论和本体论遭到批判，而矛头首先且主要指向的就是其思辨或理论方面，实践哲学逐渐发展为成为主流。进入20世纪，实践哲学转向基本实现，成为第一哲学，其中出现了几个重要的哲学流派，包括马克思主义、实用主义、存在主义等，亚里士多德模式的实践哲学也呈现了复兴之势。

发展至今，学术界对实践哲学的认识和研究已经相当成熟，因此对它的

* 本文原载《浙江大学报》（人文社会科学版）2017年第4期。

理解和定义也存在不同的看法。从本体论来看,实践哲学是与理论(或思辨)哲学相对的一种哲学形态,或是以实践为本体的哲学;从认识论来看,实践哲学主张实践是认识的基础和源泉,实践高于、优于认识;从哲学学科的名称来看,它是与本体论、认识论相对,指称哲学体系中的伦理学、政治学、宗教学、社会学等,或者是道德哲学、政治哲学、宗教哲学、社会哲学等学科;最后就应用或实用意义上而言,实践哲学可以理解成为现实与社会生活中各种具体的实践问题提供哲学分析与解释。

本文大致在两种意义上限定实践哲学的内涵:第一种是本体论意义上,也是较为传统的定义,实践哲学是与理论(思辨)哲学相对的一种哲学形态和性质,它关注和研究的是人类的实践行动,包括道德、政治、法律等领域,将哲学视为实践困境的解决方案;第二种是方法论意义上,指代跨越了特定的实践行动领域,从实践理性(理由)这样的更为一般的视角切入讨论特定的实践主题之方式或进路。

目前,实践哲学领域已经形成了一些基本概念、分类和研究形式。从概念上来看,有诸如价值、善、实践智慧、实践理由、实践理性、实践推理、合理性等一系列稳定的术语。从分类上来看:(1)按照研究的方法,可分为实质性/评价性的部分与概念性/描述性部分。前者指对何种价值、何种理由应当具有约束力,何种行动是合理性的一种研究;后者是对价值、理由、合理性、意图、动机等概念的逻辑特征的分析。(2)按照研究的人类活动领域或人类关系,可以分为道德哲学、政治哲学、法哲学和社会哲学等,这些领域虽然有联系但也保持相对的独立性。(3)按照讨论的实践问题或主题,可以分为价值理论、规范理论和归责理论。价值理论关注的是行动规则的根基,规范理论处理的是行动的规则,而归责理论是研究规范理论下如何承担对应的责任。除了上述的基本分类,学界其实还存在一种专题人物式的或注释式研究,即对某些哲学家的实践哲学理论展开研究或注释,如亚里士多德的实践哲学、康德的实践哲学、黑格尔的实践哲学、海德格尔的实践哲学等。

值得注意的是,大陆和英美两种哲学传统之间存在一定的研究差异,欧陆更倾向于实践哲学(practical philosophy)这样的学名,而英语学界更多的是注重行动哲学(philosophyof action)的研究。从语词内涵来看,相对而言,实践是更多涉及宏观层面社会性、系统性的活动,行动更多的是微观层面个体性或单一的活动;实践相较于行动,是实质与形式的关系。但实践与行动的概念分殊反映出了实践哲学与行动哲学的分野,实践哲学视野更为宏大,论题广泛,多与历史学、文学、语言学等人文科学相近,而行动哲学注重分析行动本身,因此与心理学、逻辑学、生命科学、认知科学等自然科学有所交叉。当然,本文语境的实践哲学是宽泛意义上的,包括了这两者。

中国大陆对实践哲学的研究应该说主要是伴随着对马克思主义理论的研究而兴起,随着时间推进,西方其他许多实践哲学著作也相继引介进来,但马克思主义实践哲学仍旧是研究重点。正如有学者指出,中国语境下的实践哲学主要表现为马克思实践哲学的反思和建构,缘起于对马克思主义教条化的觉醒和排斥,对马克思理论绝对意识形态化的批判,并已经着力于建构后实践哲学。发展至今,国内已经产生了一批代表性学者(如洪汉鼎、张汝伦、王南湜、徐长福、杨国荣等)和稳定的学术团体(如中山大学的实践哲学研究中心),并正在尝试建构自己的实践哲学。

二、法哲学的实践哲学转向

从学科属性来看,法哲学自始就是实践哲学的构成部分,法哲学是实践哲学的一个独特场域。实践哲学较于理论(思辨)哲学的突出品质是对实践或行动的关注与研究,它既囊括了个体层面,也包含了社会和机构层面,由此道德伦理、政治法律哲学、社会和国家哲学等或关注个体行动,或研究社会和机构层面行动的哲学学科,都是实践哲学的子范畴。

人类实践或行动关涉的是实践理性而不是理论理性,实践理性又与实践理由互相解释和构成,因此在当代虽然仍存在对实践理性是否可能的休谟式的怀疑,但是在法哲学研究中,实践理性(理由)无疑已经成为法律规范的论证基础,与思辨推理相对的实践推理自然也将法律推理纳入其表现形式当中。一方面,法律的存在和有效性依赖于社会事实,它必须符合一般性、公开性、稳定性、确定性、非矛盾性、可为人所遵守等一系列的实践理性规则;另一方面,法律如果要具备有效的实践理由资格,还必须能够通过道德意义上的实践理由证成,符合人类赋予其自身的预期实践目标。

法律(法学)不仅从其起源就充满着实践属性,而且从现代法律体系的特征来看,更是如此。法律本身是一种借由国家意志创设的规则体系,其具有三个一般的和重要的特征:规范的、制度化的和强制性的。所谓规范的,是指它服务于指导人类的行动和实践,给予人类以行动理由;所谓制度化,是因为它的适用和法典化很大程度上是通过特定的制度安排来实现;而强制性则意指法律规范的适用和服从最终由国家强制力提供保障,直接要求人的实践与法律保持一致。因此,如拉兹所言,“法哲学只不过是适用于一种社会制度的实践哲学”,一旦我们将法哲学的研究置于实践哲学的视域下,而不再拘泥于法律规范本身,那么必然会给法哲学研究带来新的视角和活力。

既然法哲学（法理学）与实践哲学如此紧密相关，援引实践哲学的一般成果支持法理论或者直接将法哲学探索置于实践哲学场域下无疑是最为标准的进路。但实际情况却显得复杂而曲折。中华人民共和国成立后的法哲学历经“国家与法的理论”“法学基础理论”“法学理论”等名称变换，反映了早期继受苏联法学理论的历史状况以及处于一种理论主导的模式。但随着后二三十年的发展，法哲学产生了一种“实践转向”：一方面，法哲学从政治附庸转向独立自主，学科整体从剥离法学实践转向契合法学实践；另一方面，法哲学从宏观大词转向注重微观实证，学科内部从单一宏观转向多元微观。而这种情况到20世纪90年代以后又逐渐发生了更为细致的转变，随着诸多实践哲学与法理论作品的引入，包括接受我国台湾地区法哲学研究的影响，中国大陆的法哲学研究气质逐渐发生了从较为宽泛的“实践转向”到更为深刻的“实践哲学转向”之变化：一方面，实践哲学的研究成果被大量引入法哲学研究当中，产生了以实践哲学为基础的法哲学概念与命题；另一方面，法哲学与道德、政治哲学的（外部）联系、法哲学与部门法哲学的（内部）联系都比以往来得更加紧密。

本文的目的就是为这一转向下的法哲学研究状况提供一个概览、评议与反思。当然，作为综述，本文不求面面俱到，但求反映整体的面貌和走向。概括来讲，在接受实践哲学的洗礼下，目前学术界法哲学的研究大致呈现出以下四种态势：第一种是旗帜鲜明提出“实践法学”“实践法哲学”“实践法律观”等一般性理论，明确宣称自身的研究建基于实践哲学之上，力图建构富有“中国贡献”色彩的实践法哲学理论。第二种研究则虽然并不总是明确标榜实践哲学的研究范式，但实质上是在实践哲学进路之下展开对具体法哲学问题（如权利、法治、法律推理、权威）的探讨。第三种是部门法哲学（亦可称特殊法哲学，与一般性的法哲学相对）的觉醒，它们或是直接借用了实践哲学的理论资源或上述一般性实践法哲学的研究成果，或是自觉意识到需要建构实践哲学意义上的部门法哲学。最后则是“中国法治实践学派”的兴起，这个学派的研究虽然并非完全意义上的法哲学范畴，但可以视为实践哲学和实践法哲学理论在法治问题上的应用与检验性研究，提供了践行、实证、实验等深入实践的新思路，因此值得构成一个独立的论述部分。

下文的结构安排就将按照上述四种研究态势依次展开简述和评议，必要的时候我会做适当的比较，最后则是全文的几点反思与展望。

三、实践哲学、实践法哲学与实践法律观

在接受实践哲学理论的影响下，学术界呈现出的第一种法哲学发展走

向是产生了一种一般性的理论方案,主要包括“实践法学”“实践法哲学”“实践法律观”三个提法。它们的共同特点就是:一方面,问题意识和目标鲜明,都立足于中国当下复杂的政治、经济、文化、社会实践,而不是借助理论教条或先验理念的推演,浸染了从实践中来到实践中去的辩证色彩,承载了建构中国特色的自主性法哲学的理论抱负;另一方面,明确了自身思想资源——实践哲学,强调中西合璧,并且力求以一种理论化、概念化方式表达和完善自身理论承诺。当然,三种理论主张之间也存在显著的差异。

(一)实践法学

中国现代的法律图景建构是伴随着移植西方法律和法理学说的情形开始的,改革开放后随着社会主义现代化建设和民主法制的进步,以及中国综合国力的上升,提出一种富有中国特色的法理学的愿望随之而起,而“实践法学”可以视为一个先声。1995 年原中南政法学院乔克裕先生提出了“实践法学”的概念,意在既要吸收西方法理学说,又要立足本土传统,在坚持和发展马克思主义法学原理与辩证唯物主义的基础之上,贡献出属于中国特色的理论法学,回应中国自身的社会实践。但较为遗憾的是,这在当时学界并没有很多的反馈和影响。另外,客观上来看,“实践法学”仍旧囿于传统的马克思主义理论,更多的是表达法理学的中国贡献的雄心与期许,而并无具体的理论规划和建树。

还有部分学者虽然没有提出类似“实践法学”这样的理论术语,但是在不同程度上由早期法理学所呈现的关怀实践这样的简单要求转向了力图从哲学层面反思法律实践本身的性质,探讨实践法理学应当承担的使命和功能。

(二)实践法哲学

“实践法哲学”是由河北经贸大学武建敏教授明确提出的概念,其最初的表达术语其实是“实践法学”:“它只是要改变人们关于法律以及法学的观念。实践法学就像历史上存在过的概念法学、利益法学、分析法学以及社会法学一样代表的是一种思想方式,它表达的是人们对法律以及法学的看法的转变。”后经其哲学化的努力和发展,最终形成了“实践法哲学”这样更为成熟的理论术语,所以本文认为用“实践法哲学”指代武建敏的法哲学理论更为稳妥。

实践法哲学承接了前文乔克裕提出的实践法学的理论抱负,并做了大量哲学化和内容上的扩展工作。具体而言,他从实践哲学立场出发,融合了传统儒家哲学、马克思主义哲学和实用主义理论,并从理性基础、思维方式、人文关怀、行动辩证法和游戏规则共五个方面展开建构,最终的目的是要提出超越阶级斗争论、本土资源论和权利法理学,并与中国实践相契合的法哲学。这种法哲学拒绝所谓的先验范畴,排斥外在于中国社会条件的构造方式,而是从中国实践的内部视角、凝结实践智慧、在行动中寻找适合自身的自主性法哲学理论。

实践法哲学应该说是实践哲学在法领域的最直接和自觉的运用,具有很强的方法论和实质理论的示范意义。但是,其对实践哲学虽然多有探讨,却缺少对法学独特属性的关注,或者说较为忽视法律实践的特殊性与复杂性。另外,其试图承继和融合中国儒家哲学、马克思主义哲学和实用主义等几大实践哲学传统,这固然是一种推陈出新的雄心,但是不同传统之间差异甚大,如果没有清晰梳理和抽象出一个融贯的主张,就很容易成为一种浅显的杂糅和含混。

(三)实践法律观

基于对以往的规范法律观和事实法律观在应答法哲学的基本问题"什么是正确的法"上的不满,中国政法大学郑永流教授提出了独创的第三种法律观,即"实践法律观"。这一观点最早的雏形是为养路费案而提出的实践法治观,后定格为实践法律观,并在《实践法律观要义——以转型中的中国为出发点》一文中做了完善的表达。实践法律观以转型时期中国法治状况为出发点,认为在规范与事实之间存在两种紧张关系:认识论上的事实与规范不对称和伦理上的事实与规范的不对称。之前的法律观要么偏重于规范而忽略事实——规范法律观,要么偏重事实而忽略规范——事实法律观,无法为时下中国提供一种有效的法哲学理论。

出于此,郑永流教授从实践哲学传统汲取资源,并提取了实践的两大特性:践行(行动)和反思(开新),也即在认识论上实践法律观关注反思、开新,伦理上实践法律观强调践行、行动,最终提炼出"法是一种实践智慧"的核心命题。其具体又可以分为六个小命题:(1)法是关系的本体;(2)法是规范与事实相互关照的续造性结果;(3)法是一元的;(4)法是具有说服力的意见;(5)法是实践智慧;(6)预设的法律是一般准则,法是具体理由。而法律方法可以视为体现和应用实践智慧以实现正确的法的技艺。

如果说前述的"实践法哲学"偏重的是哲学家的法哲学,那么"实践法律观"则偏重的是法学家的法哲学。这一差异在两种理论的表述中就可以看出来,实践法律观对法律案例和实践情形做了很多微观式的旁征博引,而实践法哲学则是偏爱整体的宏观论述。而理想的情形应当是如考夫曼所言，法哲学是法学家问，哲学家答，好的法哲学家应当是两种学问兼通而不是有所偏废。

实践法律观的提出在法哲学界引起了诸多的讨论和反馈，是继本土资源论、法律多元论以及各种主义之后又一独创性理论。但是这一理论仍存在诸多值得修补和完善的空间：一方面，其需要提炼出一个融贯的实践哲学立场，细化实践、实践智慧、实践理性(理由)等关键概念，因为实践、实践智慧、实践理性(理由)这些概念都存在非常复杂的内涵和争议；另一方面，其自身内部的具体论证也还有待澄清和精致。

四、实践哲学进路下的法哲学问题域

与前述试图建构一般性法哲学主张不同，这部分的研究者虽然并不总是明确宣称以实践哲学为名的研究进路或者声称实践哲学为自身的理论基础，但实际上他们是在实践哲学的框架下展开了对具体法哲学问题的探讨，包括法治、权利、权威、法律推理等议题。因为他们要么是从实践理性或者实践理由的角度切入讨论既定的主题，将法哲学的问题置于在一般性实践场域之中而不仅仅是在法律实践之中审视；要么是直接诠释或评注某个实践哲学家(如亚里士多德、康德、拉兹、图尔敏)的理论或借助其实践哲学理论展开研究。这两种进路得以使他们的作品既区别于一些热衷思辨哲学的研究文章，也区别于一些社会学、历史学、经济学和语言学等非哲学的研究文章，从而能够冠之以“实践哲学”的标签。

其实这种研究方式最早是以译介和评述的方式展开的，并且还受制于台湾地区研究的影响，但时至今日，其基本走出了初级的单纯移植状态，开始了相对独立自主的研究模式。这方面的代表当属中国政法大学法学院的两位学者：陈景辉和范立波。陈景辉教授应该说是国内最早一批研究英美法哲学的学者，其博士学位论文是大陆第一篇以当代英美法哲学为主题的博士学位论文，而后其一直持续在此领域深度耕耘。从其早期的研究来看，仍旧带有浓厚的转述和评介色彩，而且实践哲学的这一研究范式也并没有成为自觉。直至其对拉兹以实践理由视角研究法律权威从而引起英美法哲学的实践哲学转向之重视，自身的研究也呈现了相应的转变。例如，在发表于《中国法学》2008 年第 5 期的《规则、道德衡量与法律推理》一文中，他就明确借助了拉兹的实践理由理论探讨道德权衡在法律推理中的地位。在 2010 年的一次演讲中，他也明确提及了实践哲学框架下法哲学的研究与道德哲学等相关领域的融通性，《权利和义务是对应的吗?》一文可以视为一个佐证。而其2012年集结了先前的论文而出版的著作《实践理由与法律推理》更是体现了融贯的实践哲学立场。近几年来,其研究已经日趋成熟,并不断展示了实践哲学的现实关怀,也积极参与中国法理学整体反思的论辩,力图为中国法理学的新生给出富有创建性的努力方向。

范立波副教授的研究敏锐洞察到了国际法哲学研究的实践哲学的品格转向,并积极体现在了自身的作品中。在最早的一篇讨论权威的文章中,他基本已经捕捉到了这种品格。其也相当明确地指出,法理学研究不能只是西方理论的消费者,而应在基本理论层面提出可以与西方理论竞争的替代性理论。作为英美法理学领域最早的研究者之一,其《分离命题与法律实证主义》《论法律规范性的概念与来源》等都属于这一类研究。虽然这些作品体现了敏锐的前沿意识,澄清了汉语法学界的一些普遍误读,但主要还是对西方代表性学说的介绍和评论,尚未展现出作者自身的实践法哲学立场。倒是其更早期的作品,体现出从实践法哲学的进路反思基本法哲学问题的野心和努力。受当时国内法律方法论热的影响,其较早两篇论文都是有关此主题,但其并没有直接援引当时学者热衷的阿列克西和德沃金的理论,而是接受了拉兹的实践哲学进路,从实践推理的作用来重构原则与规则的规范性角色,在更深层为规则和原则的适用提供根据,取得了相当有建树的影响。但是在对德沃金《法律帝国》的批判性导读中,他通过对德沃金法理论的哲学基础之反思,明确提炼出了"实践诠释学"这一重要的实践哲学概念,并援引了《理性的建构:康德实践哲学探究》一书相关观点,阐述了这一重要法哲学思想的主要内容。这也标示着实践哲学研究范式在其理论中得到了鲜明的强化和巩固。而在最新发表的一篇论文《权利的内在道德与做错事的权利》中,其进一步将其实践解释学拓宽至道德与政治哲学,在权利理论上与沃尔德伦和拉兹等西方学者相论辩,提出了权利的内在道德及做错事之权利是一种寄生性权利等颇具原创性的主张。

除了上述两位代表学者之外,活跃在这个研究路径下的还有许多青年才俊,诸如陈锐、雷磊、朱振、吴彦、王凌皞、张超、汪雄、郑玉双、王琳、沈宏彬、宋旭光等(排名不分先后)。他们或聚焦于某个人物,或致力于某个议题,彰显了这个范式在年轻学者中的吸引力与可观的发展前景。

总体来看,这种进路下的法哲学研究有以下四个特征:

1. 由早期的消费和评介走向独立自主。中国大陆法哲学研究的实践哲学范式起初译介和评述色彩浓重,并受到我国台湾地区研究的极大影响,近乎一种"二手消费模式"。但是这一研究状况在短短的十多年时间里得到了极大的改善,在上述一批学者的持续耕耘下,目前的研究态势早已摆脱初期的幼稚,逐步走上了独立自主和力求贡献原创性建树的阶段。

2.超越了正统的法哲学范围,跨入政治哲学与道德哲学乃至行动哲学领域,努力与其他学科形成对话与交流。也就是说,这一进路的法哲学研究已经不再固守严格的学科界限或者法哲学的独立性论题,而是将其向更深层的政治、道德哲学敞开,尝试在实践哲学的广阔场域下做贯通与交融,在交融中求方案与创新。

3.形成了稳定的学术团体。这个研究范式下的学者们大致共享着相同的学术背景和出身,彼此之间的交流与互动也非常频繁。因此客观来看,他们已经形成了相对稳定的学术团体,并有志不断扩大这一研究范式的影响力,带动国内法哲学的气质变化。

4.实践哲学的基础需要进一步牢固和夯实。实践哲学的研究进路在这批学者的作品中已经得到了自觉和不自觉的运用、贯彻,但是仍旧需要进一步牢固和宣示,做到真正的一以贯之。此外,实践哲学的基础理论研究并不充分和坚实(如他们研究中牵涉的理由论、价值论等),这可能会严重限制他们将来的发展高度。

五、部门法的实践哲学分析

与上述两种研究方式相呼应,在我国当前部门法研究领域也正在上演实践哲学或实践法学式的呼吁与转向,正如有学者指出,部门法哲学的这种实践转向是当代部门法哲学研究的一种基本立场和分析路径。他们或是直接借用了实践哲学的理论资源或上述一般性实践法哲学的研究成果,或是自觉意识到需要建构实践哲学意义上的部门法哲学。因为部门法哲学其实也是法哲学的一个组成部分,与前述的一般性法哲学相对,部门法哲学可以视为特殊法哲学或应用法哲学,且部门法哲学的研究也高度依赖一般性法哲学的发展。细化来看,部门法领域的实践哲学转向可归纳为以下两个方面:

第一个方面是直接借助实践哲学理论来支撑和加深自身领域的研究。其中最引人注目的就是引入实践诠释学理论丰富和拓展法律解释等问题的研究。实践诠释学是实践哲学与诠释学相结合的一种晚近发展形态,主要由伽达默尔所阐述和推广,随后其影响逐渐扩展至法学领域和中国的法律解释之中。法学的发展规律是从立法到司法,由法律的制定走向法律的适用,继而有了“法律的解释学”转向。随着实践诠释学的引入和传播,法律解释领域直接受到了这种实践哲学的影响,进而也显露于各个部门法问题的研究之中。如浙江大学的朱庆育教授将哲学诠释学与修辞学理论运用到了民法中的意思表示可普遍化问题上,否定了传统的自然科学倾向的司法三段论,提出了一种精神科学(moral science)范式的私法推理理论。西北政法大学的付玉明博士则将诠释学理论运用于刑法解释学,以扩充和改善既有的刑法解释理论,从而实现刑法的规范理性,这种诠释学进路亦体现在上海政法学院副教授赵运峰的文章之中。首都师范大学的郑贤君教授在《宪法实施:解释的事业——政治理论的宪法解释图式》一文中依赖德沃金的解释理论,重构了宪法实施的概念,将其视为一项解释的事业,令人耳目一新。当然,已经有很多学者开始反思直接继受哲学诠释学后的法律解释理论可能存在的问题和出路。

除了实践诠释学理论,还有部门法学者在推进相关学科的研究中借用了马克思、罗尔斯等人的实践哲学理论。例如,贵州大学法学院的方印教授基于马克思辩证唯物主义的环境法学理论,提出了实践理性的环境法哲学观,要求从环境法方法论、认识论和学科建设三方面坚持,并以此指导我国《环境保护法》的修改和完善,推动绿色民法典的制定。中国人民大学副教授王旭在《宪法实施的商谈机制及其类型建构》《作为公共理性之展开的宪法实施》《国家权威、自治与公共理性》三篇文章中,积极调用了当代实践哲学界旗手式人物罗尔斯的公共理性理论和哈贝马斯的商谈理论,尝试为我国的宪法实施以及行政法观念转型提供解决方案。

第二个方面是援引先前所述的一般性实践法哲学的研究成果。其中典型的例子就是武汉大学法学院徐亚文教授借鉴了郑永流教授提出的"实践法律观",将其应用于环境法理论,提出环境法的哲学基础就是主体间性范式下的生态体认观,以期为解决环境法问题提供一种新的视角。

整体来看,部门法哲学的实践转向相较于一般实践法哲学的兴起,时间较晚,上述所引证的代表性学者的文章发表日期就是一个明证。这一方面当然是因为部门法中教义学性质是其核心部分,应用色彩既然浓重,对哲学理论依赖的程度自然就会降低;另一方面,我国长期以来存在"法学理论研究"和"部门法学研究"的二分法,使许多学者抱持部门法的哲学化需要来自一般法哲学的支持的观点,这可能也增加了部门法哲学自身反思的惰性。

但进一步而言,部门法哲学的实践转向目前而言还比较零散,主要集中于法律解释理论领域。这种转向没有形成大规模的响应,也没有相对固定的学术团体,更多的还是处于倡议与发起的初级阶段,尤其缺乏实践哲学意义上的部门法哲学的整体性建构。这需要在部门法哲学研究中进一步明确和标示实践哲学的立场,并且加强与一般性法哲学之间的联合和互动,因为部门法哲学本身就是法哲学的一部分,不应当长期与一般性法哲学割裂。

六、中国法治实践学派的兴起

实践哲学对法领域的影响的最后一种表现形态是促进了中国法治实践学派的兴起,这个学派的研究并非严格意义上或完全意义上的法哲学范畴,而是可以视为实践哲学和实践法哲学理论在法治问题上的应用与检验性研究。一方面,他们明确宣称了实践哲学理论和实践法哲学是其哲学基础和理论支撑;另一方面,其兴起的缘由与志向浸染了鲜明的实践哲学色彩——面向实践困境与承载价值论辩,因此本文亦将其纳入综述的视野中。

根据其创立者与先行者浙江大学钱弘道教授的界定,"中国法治实践学派是以中国法治为研究对象,以探寻中国法治发展道路为目标,以实验、实践、实证为研究方法,注重现实、实效,具有中国特色、中国气派、中国风格的学术群体的总称"。该学派标榜着鲜明的目标与理念,他们主张"推进法治理论创新,发展符合中国实际、具有中国特色、体现社会发展规律的社会主义法治理论"。它体现了法治理论的特殊性和普遍性的综合统一,致力于探索符合中国传统、社会与人情,契合中国制度与发展规律的法治理论,始终将法治建设作为其核心关注点,是一个实践导向的"问题性学派"。

该学派还秉持独特的研究方法:实践、实验与实效。首先,该学派是以实践而不是理论的方式促进中国法治建设。它摒弃了纯粹书斋式、学院式的理论创造和移植,而力求"在实践中证明自己思维的真理性"。这直接使相当一批学者投身于具体的法律实践,同中央和地方政府、法院以及社会组织等联手,做到了在实践中检验、在实践中发展法治理论。其次,该学派的一个典型做法是采取实验模式践行法治。从 2006 年习近平提出"法治浙江",强调基层法治工作开始,学派先行者钱弘道与余杭区政府启动"余杭法治评估体系"课题,建成"全国法治试验田"。紧接着,该学派积极承接和展开了"中国法治政府建设指标体系研究""司法透明指数研究"等重大项目,并设立了若干研究基地。这些举措的实施,几乎是按照自然科学式的实验模式展开对法治建设的探索。最后,该学派以实效为根据检验法治建设的成败。纯粹理论的判断根据是真或假,而法治这样的实践制度必须以实效作为其检验标准。上述评估体系的设计、诸种指数的研究,意义就在于督促政府、法院、社会建设最大限度与之相符合。

因此,中国法治实践学派相较于前三种实践哲学影响下的研究模式,的确呈现出不同的特征。与实践法学、实践法哲学和实践法律观相比,它是一种针对法治的特殊性理论,并且明确承认以前者为理论基础;与实践哲学视野下对具体法哲学问题的研究相比,它虽然也聚焦于法治这样的特定主题,但是其研究方式又存在很大的独特性；而与部门实践法哲学相比，它又不局限于某个部门法领域，而是对“法治”这样既特定又宏大的主题的关注。

更进一步而言，该学派极具雄心与魄力，它既着眼于极具地方特色的中国背景，又积极借鉴和吸收西方的法治学说和思想，试图融合中西实践哲学作为其哲学基础，从而贡献属于中国自身的法治创新理论，给世界提供一个成功的法治样本。它已经不是纯粹理论化方式的研究，而是更多侧重于践行、实验、实证等行动方式。并且，它已经形成了稳定的团队，有组织有规划，有自己的刊物和杂志，还有稳定合作的研究基地，实现了完整的配套设计—生产—检验链条，近乎一个“法治工厂”，备受学界关注与好评。

但是作为初生的学派，其仍旧存在很多问题与质疑。第一，由于过多承继了实践哲学的实践部分，哲学底色相对而言就较为单薄，理论化、哲学化程度不足。该学派基本认为法治的难题在于操作，在于如何在法律实践中建成，这无疑是非常有见地的看法；但同时也会忽视了法律作为现代社会全体公民的公共行动标准，必然要承载着调和人们观念的深层分歧，而这些分歧恰恰首先是理论层面的难题，要提供一个可调和不同善观念的法治理论。第二，该学派采取的法治评估体系、量化指标等法治测验标准遭到了诸多质疑，可能存在诸多问题。更有论者指出，这很容易陷入“法治浮夸风”或“法治大跃进”的不良境况，带有忽视法治的人文价值的唯科学主义倾向。最后，从学派的名称到其使用的关键概念都有待进一步商榷和提炼。

七、反思与展望

实践哲学作为与理论哲学相对的一种传统，经历了从创立到遮蔽再到复兴的发展历程，充分体现了人类实践理性的选择和平衡。作为当代第一哲学，它已经形成稳固的研究模式、基本概念和研究方法。虽然实践哲学进入中国学术界的主要方式仍旧是马克思主义范式，但是目前也有了相当的自觉和研究规模。

法哲学自始就是实践哲学的一个场域。法哲学是法律诸多属性的哲学研究，作为规则之治的法律之治，其意义就在于约束和指引人类的行动，成功实现各种实践目标，而这也是实践哲学的核心主题。承接实践哲学的研究旨趣，中国的法哲学发展顺利摆脱了政治意识形态的纠缠，并打破了社科法学与教义法学之争的格局，替换了既有的陈旧的范畴分析模式，为中国法哲学的研究带来了新的生命和视角。

从本文所归纳的在实践哲学启发下的四种研究方式，我们可以肯定地说中国法哲学的研究也迎来了“实践哲学转向”。而这个转向下的现阶段研究,虽然时间并不是很长,就某种程度上而言仍旧处在消费西方理论成果的初级境遇,略显稚嫩和创新不足,理论基础也还很薄弱,没有建立起广泛而稳固的学术共同体。但是,它们给中国的法哲学发展带来的意义无疑是重大的。因此,结合目前的研究进程和良好的学术生态环境,我们最后做出以下三点展望:

第一,保持"中国贡献"的理论雄心。这种雄心抱负自乔克裕先生所提出的"实践法学"便已经初露端倪,而实践法哲学和实践法律观的概念凝练、实践法哲学视野下的具体法问题研究、部门法哲学的实践转向和中国法治实践学派的兴起,无一例外都承载着中国贡献的壮志。而且,这种理论雄心早已摒弃了狭隘的民族主义和盲目崇洋媚外的不良心态,都是力图在继承中国传统资源、吸收有益的西方理论,并关照中国当下的政治社会实践后而提出建树。毕竟真正的理论贡献必定是原创性的,而不是对西方理论的应用和消费。在这种良好和积极的心态指引下,部分学者已经在世界舞台有所展露。例如,中国政法大学法哲学与交叉法学研究所所长郑永流教授在国际著名的 IVR 会刊已经发表两篇相当具有创见性的论文;该所研究员陈景辉教授在第 27 届 IVR 做了题为《正当权威的概念框架》(The Conceptual Framework of Legitimate Authority)的报告,积极参与国际学术界对话中;范立波副教授提出的"实践诠释学"概念和权利的内在道德理论也意在与西方学者同台竞争。

第二,强化理论与实践的高度融贯。承接了实践哲学影响下的中国法哲学研究基本已经摆脱了空洞的政治话语和大词口号,不断地用自身的理论回应和理解中国当下的复杂社会实践,做到了理论和实践的高度融贯。这种融贯区别于之前的将理论简单地应用于实践、嫁接于实践的"菜谱式"模式,而是遵循理论的创建先由实践驱动,而后接受实践的检验,再反思平衡之辩证法规则,类似于黑格尔所讲的否定之否定的螺旋式上升和德沃金讲的由内而外的哲学模式。这种正确的治学之道理应在未来得到进一步的强化。

第三,倡导研究方式的多元与互动。实践哲学范式的引入对于中国法哲学的研究而言,已经打破了原有的研究格局,赋予中国的法哲学研究新的视角和活力。进一步而言,首先,在法哲学内部,一般性法哲学和部门法哲学在将来必定有更多的互动。其次,法哲学将被置于实践哲学的广阔场域中,与政治哲学、道德哲学、社会哲学等形成对话,各自开放自身的话题,而某些实践难题的解答也必然需要合力调动多种学科的资源。最后,法治实践学派的兴起打破了原先纯粹书斋式的问学方式,提供了践行、实证、实验等深入实践的研究形式。上述多元而活泼的研究进路必将促进法哲学界广泛而同质的学术共同体之建立，同时也给中国的法哲学发展贡献有益的检验标准和反思素材。

法治是一种“规则细化的生活”*

孙笑侠

复旦大学特聘教授、博士生导师，教育部长江学者特聘教授，复旦大学法学院院长。

我们观察日常生活，汽车、电梯、手机等先进工具的引进，却没有同时引进汽车、电梯、手机使用的规则。通常情况下汽车与行人发生矛盾时，汽车应当让行人的问题没有确立规则。电梯的引进，却没有引进电梯使用伦理，升降电梯先出后进，自动扶梯靠右或靠左站立，这都是与机器发明和引进同时形成的生活规则。手机的使用也没有形成规则，不管什么时间地点都统统开机，随时接电话，地铁里、大厅里肆无忌惮大声说话成为人们的习惯。本文说这些现象，只是作为切入口，提出一个问题，法治与“规则细化的生活”是什么关系？

有一种理论通说认为，法律规则细化并不会带来人们的幸福感。我完全同意这一点。但人们谈法治总是把目光投向法律法规即国法的范畴。关于法治化，常常有一种片面观点，就是依“国法”治理，包括国家法律体系中的各种法律渊源，包括宪法、法律、行政法规、地方性法规等，充其量再包括规章和司法解释。其实在全面推进法治化的今天，国法并不是万能的，其功能和作用是有限的，实际上我们不只是依据“国法”治理，还包括依各种规范治理。所以法治的重要特征之一是规则之治。“规则细化的生活”不能只指望法律规则的细化，实践证明这只是一种空想，即使实现了，也不会给我们的生活带来幸福感。相反，我们应当离开国家法律来追求规则的细化。难道法治不正是细化规则、敬畏规则和遵守规则的生活吗？

---

* 本文原载《现代法治研究》2016 年第 1 期。

正如美国学者 Michael Reisman 在《生活中的微观法律》(*Law in Brief Encounters*, Yale University Press 1999)一书中所观察和分析的那样,要重视本来就存在于我们日常生活中的微观法律,包括人与人的对视、排队与插队、两人的谈话等生活中所存在的规则。正如我国台湾地区一位学者所言,法科生在课堂上都是学习法院、国家、诉讼、判决、权利、立法、守法、犯罪这样的源自国家和国法的权威性符号和概念,他们不会去关注排队、交谈、接手机、打喷嚏,甚至放屁这样的生活细节的规则。

和 Michael Reisman 教授的“微法”类似,罗豪才教授把那些非强制性规则纳入法律范畴,称为“软法”。此外,在政党治理中还产生了“党法”的概念等。我反对“泛法化”,不认为生活中的这些伦理规则、组织规则或行业规则也属于法律的范畴,但认为它们是法治化生活和“规则细化的生活”的重要组成部分。无论“微法”“软法”还是“党法”,都不是法律原意上“国法”的范畴,但这些细节化的规则很重要,它对于法治化生活的意义尤其值得引起我们高度重视。现实中,实际上存在的法律之外的这些规则,日益制约着法律的实施和法治的落实。我在 2013 年提出“行业法”概念,主要是指各行各业具有特殊性的法律法规,行业法是否包括非法律性质的行规呢?个人认为,行业内的专业性、技术性规则不是法律,但同时,从法治化治理的意义上,日益细化的行规与行业法是一体共存、相互作用的。

在现实生活中,“规则细化的生活”无处不在,规则的细节里才真正有法治化的生活。这里我选取几个领域的非“国法”意义上的规则细节。

例一,某高校学位委员会会议上,开会讨论这么一件事:某博士毕业生在获得学位之后,被人告发,说他曾经在读书期间打架被学校予以严重警告处分,现在会议上讨论要不要撤销其博士学位。有若干位院士在会议上公开表态说,这么坏的学生居然让他毕业还让他拿到博士学位,那我们培养的是什么样的人啊?

我们当场指出了院士观点的错误:第一,从实体上讲,混淆了博士学位与行为表现两个不相干的问题。博士学位是对一个人学术上的认可;而打架受处分是对品行的决定,不能因打架受处分而剥夺其合法地获得学位的权利。第二,从程序上讲,这位毕业生已经获得博士学位,你现在要撤销其学位,举证责任在校方,我们需要有证据证明其撤销的理由。撤销学位是个“教育行政行为”,是对其不利的行为,那么谁负举证责任呢?应当是做出撤销行为的一方即学校。我们不能根据举报人的材料就做出决定。可是若干院士质问道——你们说的这几条有法律依据吗?确实没有法律规定。问题在于没有法律规定就没有规则了吗?再说,为什么诸多大学校规中都没有这样的规则呢?

现在我们提出“依法治校”问题,教育法是不是真的健全了?或者说《高等教育法》这几个条文是否能够解决大学生活里所有的事务?如果只是把其中的“法”作“国法”理解,那么关于教育的国法,不仅为数不多,而且立法质量也并不完全适应当下中国教育事业的发展现状。任何大中小学校,都或多或少制定校规,更不用说按照严格意义上的“学校自治”原理,还包括学校教育与管理活动中产生的涉及师生权益的各种规则。大学管理没有法律意识,没有规则意识也是很危险的,甚至比行政机关处分公民权利的危险更大。在学校,没有规则就没有师生权益的保障。依法治校,应该是指学校的法治化和规范化治理。法治化治理是指学校依法治理,规范化治理是指学校依照除国法之外的规则治理。因此,我的课题组在设计“依法治校评估指标体系”的课题中,把名称改为“学校法治化与规范化治理评估指标体系”。

例二,2014 年新《消费者权益保护法》第 28 条规定:“采用网络、电视、电话、邮购等方式提供商品或者服务的经营者,以及提供证券、保险、银行等金融服务的经营者,应当向消费者提供经营地址、联系方式、商品或者服务的数量和质量、价款或者费用、履行期限和方式、安全注意事项和风险警示、售后服务、民事责任等信息。”但是具体执行中,仍然不足以解决涉及金融消费者权益的各种纠纷。

为公正、便捷、高效地处理各类金融消费纠纷,2016 年 5 月,在中国人民银行上海总部的指导下,上海市金融消费纠纷调解中心与上海地区银行业金融机构签订合作备忘录,在上海试点建立小额金融消费纠纷快速解决机制。在金融消费纠纷的处理实践中,存在部分纠纷,由于当事人分歧较大,虽经多次调解,仍无法达成和解,浪费了大量的人力、物力。为高效、公正地处理金融消费领域的小额纠纷,借鉴国内外的成熟经验和良好实践,经认真论证,中心通过与银行业金融机构签订合作备忘录的方式,建立了小额金融消费纠纷的快速解决机制。中心形成了小额纠纷快速解决机制,赔付金额在 5000 元以下的纠纷,如果经调解,当事人无法协商一致的,由调解员根据法律、法规和国家政策、行业惯例,依照公正公平的原则,提出解决纠纷的调解意见。如果消费者接受该意见,则争议双方均应接受并承诺履行该调解意见。如果消费者不接受该意见,则调解意见作为专家意见供各方当事人参考,但无约束力。5000 元的标准征求了上海各银行业金融机构的意见,并由中心理事会审议确定。这就是根据一定范围内的金融生活经验,把它转变成为经济生活规则。在金融领域,没有规则就没有金融消费者权益的保障。

例三,当前在农村的一些地方,村支书选举中出现农村家族势力垄断拉选票率、上级党委的领导权失控、农村党内民主权和人民群众监督权得不到落实等诸多害处。完全靠上级党委任命也会不利于村民民主。浙江某乡在选举中,设计了这样的推选规则:村书记选举标准要坚持年龄身体、文化道德、政治思想、经济头脑和能力等各种条件前提下,选举实行三级选票计分制选举,即(1)由上级党委集体会议票决考察结果,占20分的比例;全体党员大会选举结果,占50分的比例;村民代表大会表决结果,占30分的比例。(2)再根据每个组织按得票多少照比例计算成分数,然后把三个组织的比例分数相加,以总分数最高的为书记,依次类推为支委,如遇分数相等由上级党委集体会议决定。这样的选举既体现了上级党委的领导权不失控,又体现了农村党内有民主权和人民群众有监督权,能打破目前自由选举所造成的农村家族势力垄断、拉选票等诸多弊端。这种选举办法属于什么?就是农村政治生活的规则。它把上下左右的意志和利益结合起来了。可见在农村,没有规则细化就没有农民权益的保障。

法治化治理会遇到规则的细节,而这一点是国法无以应对的,因为国法总是抽象概括普遍适用的。如果有纠纷通过法院解决,需要法官进行精细化的解释甚至法官造法。但毕竟不是所有的纠纷都要进入法院,生活、生产和交易过程中,国法规则在实施应用中会派生出许多非法律性质的实施细则。所以真正的法治化并不只是适用国法,还需要其他非国法性质的规则。

在公共治理领域中,无疑要尊重国家与社会的"二元论","凯撒的归凯撒,上帝的归上帝"。否则,公权治理不仅不能替代私域自治,而且公权没有疆域界线,侵入私域的后果不堪设想。因此,需要一种非"国法"性质的规则。大致表现为行业性规范、组织性规范和社区性规范,例如金融行业中形成的规范、大学自治形成的规范、农村的传统生活和现代生活中形成的规范。它们与国法并存,其优势在于:

第一,细节性和具体性。这类规则把国法落实到更具体的细节,使法治更具体、更深化。"国法"在转型期和改革期,仍然是坚持宜粗不宜细的立法原则。上海这个例证中,赔付金额在5000元以下的纠纷形成了小额纠纷快速解决机制,这是目前"国法"暂时无力应对的细节。

第二,参与性和活跃性。这类规则形成过程具有主体参与性,能最大限度地达成共识。这类规则使法治更人性化,注重个体体验和生活感受,它更有"体温",因而带来了主体积极和活力的特点。前述农村选举规则的例子告诉我们,农民的主体感、参与性都会带来积极性和活力。

第三,生态性和平衡性。在国法的框架下,通过这类规则,延续和生长出更有生命力的社会生活状态,是一种自发性积累的生态,通过长期生活和交易的过程累积而成,演进成了这种具有"自然"特征的生态,并因其内部活动而使权利义务得以平衡。大学的治理中,通过不断重复的教育、学术与管理活动,使规则得到不断积累,规则和程序观念不断树立,达成共识,就成了大学应有的自治性学术生态。

第四,沟通性和公共性。它不仅体现在社区、民间的共识,还体现在对政府主导与民众主导的"制度供给模式"的平衡、全民立法与代议立法的平衡,还体现为对国家管理与社会自由的平衡,使法治更立体、更动态和更可操作。这类规则注重沟通理性、秉持理性互动,实现了国家与社会既相对分离、保障自治性,又各司其职、双向互补,是社会自治的最好方式和载体。

最后,敬畏规则,它比信仰法治更重要。人们一度流行把法治和信仰绑在一起,总喜欢引用伯尔曼的话——"没有信仰,法律形同虚设"。其实,在中国这样一个只有祖先崇拜而没有宗教信仰土壤的国度,硬把法治推说到信仰上去,是很不接地气的,甚至是完全脱离本土实际的。我认为在中国,与其说法治和信仰相互关系很密切,毋宁说法治与规则敬畏更具密切的关联。中国传统文化中虽然没有法治基因,但不乏规则基因,儒家的礼就是规则,民间习俗也是规则。为什么礼和习俗的规则能够持久延续,其他规则意识为何不能呢?没有细化的生活规则,没有遵守和敬畏规则的习惯,就没有真正意义上的法治。法治究其本意,是指规则的治理。中国历来争论的法治与人治的关系,主要是没有澄清两者的区别。人治与法治的根本区别不在于其他,而在于是否尊重规则,在规则之下运用权力和权利。法治社会,不仅仅是指依"国法"治理的社会,还包括依一切规范而治理的社会,所以,法治化治理应该是指规则细化的治理。

本文的切入点是百姓的"规则细化的生活",但文章并不仅仅针对百姓的遵纪守法。如何保障百姓能够过上"规则细化的生活"?根本还在于国家和政府。针对公权力主体,也要规范化地行使权力。扩大一点讲,也包括国家机器也要规范化运行。政治国家的生活状态如果也处在宪制下运行,就和公民敬畏规则的生活在道理上是一样,只是重要性程度不同而已。后者掌管公权力,更应当在有规范状态下"生活"。每一个公务员,都像雷洋案件的警察那样执法,那么公权力泛滥成灾是迟早的事。

中国缺乏法治的基因,如何把西方的法治血液输入到中国?如何破除法律固有的神话,让民间百姓从生活中对规则之治有获得感?如何穿越法律坚硬冰冷的城堡,还原作为规则之治的法治的体温?

这一系列问题,都迫使我们思考法治化的"法"到底是什么?思考如何形成规则、遵守规则和敬畏规则,过上"规则细化的生活"?

健全公共权力制约监督体系*

江必新

中南大学法学院教授、博士研究生导师。

党的十八大报告明确提出，要“健全权力运行制约和监督体系”。强化公共权力的制约和监督，既是法治中国建设的关键所在，也是党风廉政建设和反腐败斗争要解决的核心问题，更是推进国家治理现代化的重要途径。因此，健全公共权力制约监督体系，对于协调推进“四个全面”战略布局，推进国家治理体系和治理能力现代化，具有十分重要的意义。

一、正确认识公共权力的性质

从本质上来说，权力就是驱使他人去做本来不会去做的事情的能力。权力可以相应地划分为存在并作用于私人领域的权力和存在并作用于公共领域的权力，即私权力和公权力。公权力是人类共同体组织以共同体的名义，代表共同体做出某种行为的能力或力量。公权力有不同的形式，其中主要有国家公权力、社会公权力和国际公权力。国家公权力是最主要、最基本的公权力，与其他公权力形式区别的主要特征在于，国家公权力的主体是拥有使用合法的国家强制力的垄断性权威的机构，它的影响力、支配力比其他任何主体的权力都更为强大。

公共权力作为一种独特的控制力、支配力和影响力，具有典型的二元属性。具体表现为七个方面：一是在理论上的民授性和实质上的独占性。公共权力在人民授出后，控制权力的手段就变得很有限，且很难立即收回来。当一个国家的宪法监督机制或授权机制不尽完善的时候，往往就会发生委

* 本文原载《法治现代化研究》2017 年第 3 期。

托出去的权力失控的情况,这种权力在事实上就会变成一种独占性的权力。二是权力存在的客观性与权力执掌的主观性。任何一种权力都是一种实实在在的影响力、支配力,但掌握权力的人有局限性和主观性,导致权力有可能被滥用。三是权力表现形式的多样性与权力实质的统一性。权力的表现形式是多种多样的,但它的实质表现的就是一种支配力和影响力。四是有条件的正能量和无条件的副作用。权力需要引导、规范、监控才能发挥正能量,稍一放松,它就可能产生负能量。五是授权的有限性和自我扩张的无限性。任何公共权力都是限度的,但只要存在空间和可能性,它就可能膨胀和扩张。六是授权期望的纯洁性与实际运行的易腐蚀性。委托人与授权人都希望受托者公正、无私地行使权力,但权力在运行过程中通常会发生一些腐败现象,且权力越大越可能腐败,权力越绝对越容易腐败,绝对的权力导致绝对的腐败。七是权力具有的不对称性和相互依赖性。权力主体的权力总是大于权力客体的权力,权力指令的发出者的主体与权力指令的接受者的客体之间的权力是不平衡的。同时权力主体与权力客体之间又是一种相互依赖的关系。

正是权力的这种二元属性决定了权力是一把“双刃剑”:一方面,权力是能够用来做好事的,民众之所以接受、承认、拥护和支持公共权力的存在,总是希望公共权力为民众谋福祉,是希望它来维护民众的安全和社会秩序,维护民众的自由和利益。也就是说,孤立的个人是难以维护自己的权利和自由的,必须要有公权力来保护。另一方面,公权力具有易腐性、扩张性和滥用的可能性,如果不加以监控,就可能出问题,而且它的腐化倾向、扩张倾向是无条件的,它能够用来为民众做好事是有条件的。所以,既不能忽视公权力存在的必要性而落入无政府主义的窠臼,也不能忽视权力的制约与监督而导致权力滥用、权力腐化。最重要的是让公权力积极地去干事,去做有利于人民的事。

二、准确把握公共权力制约和监督的向度

公共权力制约和监督的向度,也就是公共权力制约和监督的方向,概括起来可以分为十个方面:

第一,防止权力不作为和慢作为。民众之所以承认、支持和拥护执行公权力的机关,就是因为希望权力能够给人民办事,希望按照人民的意愿来作为。无论从权力产生的逻辑来看,还是从实际情况来看,都应该把防止权力的不作为和慢作为放到更为重要的位置,要把防止渎职放在首位,每个岗位要有明确的职权和职责,用“义务”来规范公务人员和公权力机关必须履行

的职责。

第二,防止权力的膨胀。这既可以通过法律规范来确定权力的范围和边界,也可以通过社会组织来转移一部分政府权力,还可以充分发挥市场机制的作用,压缩权力的空间,达到防止权力膨胀的目的。如十八届三中全会提出经济体制改革的核心问题是处理好政府和市场的关系,使市场在资源配置中起“决定性”作用,本质就是要通过深化改革来转移和减少政府的部分公共权力。

第三,防止超越职权。超越职权是指没有权力却行使了权力,或者行使了别人的权力、行使了其他部门的权力,超越了自己的权力边界和范围。政府部门和公职人员在行使公共权力时,必须坚持“法定职责必须为,法无授权不可为”。

第四,防止权力的滥用。从法律层面来说,超越职权和滥用职权是两个不同的概念,超越职权是设定了权力的边界,冒出一点儿就是超越;滥用职权是在权力范围之内的高下取舍。防止权力滥用主要是通过确定行使自由裁量权的基本原则,以及通过程序来规定、限制和控制自由裁量权的行使。

第五,防止权力寻租。权力行使存在很多灰色地带,给权力寻租创造了有利和方便的条件,其中最大的一个问题就是授益性行政行为中间缺乏有效的法律监督机制防止权力寻租,这就需要在权力和利益之间建立起“隔离带”,并建立防止利益冲突的行为规则。只要有存在利益冲突的可能,就要建立相应的规则、规范。

第六,防止权力私用。公共权力本来是为公共、为民众谋利益的,但是也可能会被用于谋取个人利益。防止权力私用,就要建立严格的回避制度,同时要防微杜渐,从小事做起。

第七,防止权力侵权。“私权所在,公权所止”,私权所在的地方就是公权的边界,公权必须停止,防止利用公共权力侵犯公民的权利。对私人来说,法律没有禁止的,原则上就是可以做的,做了不受任何追究和处罚;对于公权力来说,法律没有授权的,原则上是不能做的,是禁止的。

第八,防止权力独断。权力监督制约的另外一个向度就是权力可能独断专行,因为权力一旦独断专行,就可能带来灾难性的后果。防止权力独断,就要建立权力制约机制、以民主集中制为主导的程序制约机制,以及内部权力监控的争讼解决机制。

第九,防止权力被俘获。有利害关系的人总是希望利用公权力使他自身的利益最大化,所以就千方百计地围追堵截,来俘获公权力,使公权力为他们服务。这就可能导致权色交易、权权交易和权钱交易。防止权力被俘获,就要建立行政程序和权力行使的程序规则、权力行使的隔离制度以及利害关系人和竞争权人监督机制。

第十,防止权力被绑架。公共权力有时也会被黑恶势力及不当的社会舆论等所绑架。这就需要正确认识公权力行使和舆情监督的关系,要建立有效的保障制度,保障执法人员依法独立行使权力。

三、努力拓宽制约监督公共权力的方式和渠道

从政治学的意义上看,监督产生于授权,制约产生于分权。权力经过分解后由不同的主体来行使,彼此形成一种制约均衡的关系。实现对权力有效制约的根本途径是对权力进行科学分解和合理配置,改善权力结构和运行机制,使各权力主体之间形成互相制约和协调的关系。实现对权力的有效监督,最关键的是要解决好公共权力主体与监督主体之间的力量不对称和信息不对称问题。

(一)制约方式

第一,通过授权明确委受(委代)关系。在对待权力的时候,首先要有委托、代理的关系存在。每个执掌公权力的人不能认为这种权力是天然归属于这个岗位、天然归属于他的,一定要清楚其中的委托—代理关系。获得授权好像是得到权力,其实授权就意味着控权和限权,限制权力边界。授权本身就意味着权力是委托产生的,必要的时候可以限制,甚至可以拿回来,同时也就意味着这个权力被设定了边界,授予多少,行使多少,不能超越这个边界。

第二,通过科学分权实现相互制约。分权的形式很多,如按照权力行使主体可分为国家与市场分权、政社分权;按权力属性可分为决策权、执行权与监督权,或是立法权、行政权与司法权等;还可以按照权力行使与运行过程的不同阶段来分。具体分权时,一方面要注意权力相对的完整性,把一个不应该均分的权利人为地切成几段,那就会影响它行使的效果,这不科学。另一方面要注意不仅仅是分,而且相互之间要有一种制约关系。没有制约关系的分权是起不到监督作用的,只会加大成本,加大公共管理的成本。

第三,通过划定权力边界防止权力扩张。近年来各地都在推行的权力清单制度,也是划定权力边界的一种方式。要在总结一些地方开展权力公开透明运行经验的基础上,推行权力清单制度。还有,可以通过"三定"方案,即定职能、定人员、定编制来确定权力边界。另外,对那些模糊地带,通过建立行政争议制度,来明晰它们的权力边界。

第四,通过对权力附加责任防止权力失当。权责一致,有权必有责,以责任来确定权力,这是通过立法实践得来的重要经验。首先要确定责任,根据责任来确定权力,权责一致,有权必有责,而且责任先行。这样,立法协调也会相应更加顺畅。

第五,通过设定规则防止权力滥用。一是职权法定规则,所有事情都由法律加以规定;二是法律优先规则,那就是任何权力行使都不得同合法有效的法律规范相抵触;三是任何权力的行使都必须遵循正当合理这样一个规则,行使权力要正当合理。职权法定,法定优先,正当合理,概括了权力行使的基本规则。

第六,通过正当程序防止权力越轨。在我国还没有基本的行政程序法的情况下,应当注重正当程序:如果处理的事情牵涉处理者的个人利益,必须回避;如果要对一个人做出处分或不利的决定的话,要事先听取他的意见(如要给某个人以纪律处分,首先要听取个人的意见);如果存在多个主体、利害关系人的话,必须平等对待,不能有任何偏袒或者歧视;如果要对一个人做出处分的话,必须说明理由。这是基本的正当程序,也是最低限度的公平准则。

第七,通过利益导控形成整体制控。建立利益控制机制和利益导向机制,形成整体上的制约控制。一些制约和监督制度往往落实不了,是因为没有找到内在的保障其执行的动力,没有形成很好的动力机制,所以很难实现制约监督。分"蛋糕"的人最后拿自己那一份之所以能保证公正,就在于它除了设计的程序机制、用一道程序来控制实体结果这样一个原理以外,还有一个重要原因,就是利益导控。

第八,通过过程公开,为制约和监督提供条件。阳光是最好的防腐剂。公开本身就是一种制约,透明本身就是一种监督。让权力在阳光下运行,既保障了人民群众的知情权,又为有效实施监督创造了条件。应按照"以公开为原则,不公开为例外"的要求,凡是可以公开的事项都必须予以公开。

第九,通过落实责任制实现权力运行的可追究性。任何权力必须规定其不得做的事情,并且有相关的责任规定,才能落到实处,这就是良性的、行之有效的制约。

第十,通过技术手段实现权力的可监控性。技术手段的进步推动了权力监控方式的进步,甚至可以做到全程留痕、全程监督、全程检验。这个过程本身就是个制约过程,是一种无形的制约。要充分运用"制度加科技"和"互联网加监督"手段,促进行政权力网上公开透明运行,完善电子监察系统,最大限度地避免权力运行中的人为因素,压缩权力可被利用和操作的空间。

(二)监督方式

第一,把民主监督与权力主体的相互监督结合起来。制约与监督权力,最根本最有效的途径是发展民主;离开了民主,权力监督就无从谈起。在我国,民主监督就是要尊重人民的主体地位,尊重人民的民主权利,但人民监督一定要通过权力主体的某一个分支或某一个部分的配合,才能够发挥它的监督作用。单纯的民主监督、单纯的人民监督是发挥不了作用的。互联网上每天的监督举报信息很多,如果没有中央纪委和各级纪检监察机关的高度重视,去核实、核查这些,就很难发挥其监督作用,很难进入程序。

第二,把同体监督与异体监督结合起来。同体监督即指执政党系统对其党员干部的监督,或者行政系统对其行政干部的监督,上下监督,左右监督。异体监督,包括人大、政协、民主党派、司法机关、新闻媒体、人民群众等对执政党和政府的监督。只有异体监督达到一定程度的时候,内部监督、同体监督才会发挥作用。没有强有力的外部压力,内部监督是很难启动,也很难持久。

第三,把上级监督与下级监督结合起来。上对下进行监督比较容易,下对上监督比较困难。下对上的监督要真正有效,必须建立强有力的规则,必须要有反制这样一个规则,允许下级机关提出不同意见。当然,当上级机关不同意的时候,下级部门是必须要服从的,但是可以保留意见,可以继续反映意见,这必须要有规则来保障。

第四,把一般主体的监督与专门主体的监督结合起来。一般监督,如上级对下级,一部门对另一部门,都有监督责任,但是没有专门机关的监督是不行的。也就是说,仅仅依靠各部门、各系统自己的监督还不行,还必须与专门的监督机关结合起来形成合力。

第五,把固定监督与灵活监督结合起来。各级纪检监察机关的监督相对来说是固定监督,但是仅仅有这个监督还不完善,所以中央派出巡视组进行巡视,发现问题,形成震慑。十八大以来反腐败的实践证明,巡视是从严治党与权力监督的利器。

第六,把体制内的监督与体制外的监督结合起来。体制内的监督,包括公权力机关内部所有的党的监督、政府的监督、司法监督等,都是体制内的监督。但是仅仅依靠体制内的监督是不够的,还必须依靠体制外公民、社会组织等监督。

第七,把公民个体的监督与社会组织的监督结合起来。公民个体的监督一定要赋予利害关系人申请行政复议、提起行政诉讼的权利，而不能随意用原告资格来限制。另外，由社会组织来进行监督，如现在有很多地区、很多国家成立民间的权力监督质询委员会与研究质询机构，定期对一些地方和单位的廉洁度进行质询评估、访谈、测评；允许公益组织提起民事或行政公益诉讼等。

第八，把组织体系的监督与舆论监督结合起来。舆论监督的作用不容低估，一个政党，就怕听不到人民的声音，最可怕的是鸦雀无声。邓小平同志认为，报纸等新闻舆论工具能“摸到社会的脉搏”，有时能听到“党和政府听不到的”意见，而且舆论工具的批评也是“最有力量的”。但是，光有舆论监督也不行，要把组织监督与舆论监督结合起来，而且舆论监督也要规范有序。

第九，把审计监督和考核监督结合起来。加强对领导干部的任职、任内和离任经济责任审计，促进领导干部自觉遵纪守法合规尽责。除此之外，还要健全科学合理的考核制度，形成“敢为有位”和“不为问责”机制，着力整治因不敢担当、敷衍塞责而导致不作为等现象。

第十，把党内监督与党外监督结合起来。党内监督是指党委（党组）全面监督、党的纪检部门党纪监督、人大系统立法监督、政府系统的行政监察监督、司法系统的法律监督。党外监督支持和强化党内监督，形成监督的整体合力。要把党内监督同民主党派监督、群众监督、舆论监督等监督形式结合起来，以党外监督支持和强化党内监督，形成监督的整体合力。

四、切实增强制约监督公共权力的科学性和有效性

党的十八大和十八届三中全会都着重强调要切实增强制约监督公权力的科学性和有效性。当前监督的主体很多，监督的意识相对来说比较强，但监督制约公共权力的科学性和有效性亟待增强。

第一，要精于权力配置和权力运行的程序设计。权力配置一定要合理，要有制约关系。权力配置是防止权力腐败、权力膨胀、权力扩张最有效的办法。减少和杜绝腐败现象，必须要在权力配置上下功夫。同时要科学设计权力运行程序，形成结构合理、配置科学、程序严密、制约有效的权力运行机制，确保决策权、执行权、监督权既相互制约又相互协调，确保公权部门按照法定权限和程序行使权力。

第二，要敏于抓早抓小。习近平总书记指出，如果对小的问题都能及时地应对，领导干部就能心存敬畏而非心存侥幸，真正做到“见善如不及，见不善如探汤”。抓早抓小，就能防微杜渐、惩一儆百。之所以十八大以来反腐

败工作取得巨大成效,人民群众感到满意,注重抓早抓小是一个重要经验。要继续深化抓早抓小工作,健全抓早抓小机制,对党员干部中存在的苗头性倾向性问题做到早预防、早发现、早提醒、早处置。

第三,要强化制度的执行力。公共权力的制约和监督离不开制度保障,必须要用制度管权管事管人,把权力彻底关进制度的“笼子”。很多时候,权力制约和监督效果不理想,并不是缺少制度,而是制度的执行力不够,制度成了“稻草人”“橡皮筋”,如果制度没有刚性,留了“暗门”、开了“天窗”,就会形成破窗效应,制度的权威和效用就会大打折扣。因此,要有效制约和监督权力,就要提高制度的执行力,对那些有令不行、有禁不止、随意变通、恶意规避的行为,发现一起查处一起,让遵守制度的人受益,让破坏制度的人受惩,使制度成为权力管控的“高压线”和“紧箍咒”。

第四,要严于“一把手”监督。在实践中,权力和责任总是趋向“一把手”集中,各级的主要领导及各职能机构和办事机构的主要负责人都成了集“决策权、执行权和监督权”于一身的所谓“一把手”。在“一把手”管辖的范围内,往往是一言九鼎、一手遮天,“一把手”成为“一霸手”。很多规章制度规定的监督与制衡一旦遇到了“一把手”的权力,往往就可能瘫痪失效。于是在实践中形成了一个难以解套的悖论与死结:“一把手”掌握的核心权力最需要监督,由于他们对监督又具有举足轻重的作用,监督要靠“一把手”的开明、自觉与重视,而“一把手”与其他权力的拥有者一样,对监督有天然的排斥感,在客观上对“一把手”也最难监督。本应是监督重点的“一把手”反而成为监督实践中的一个盲区。解决这个困境,就必须重视对“一把手”权力的制约监督作为一个重要问题。

第五,要重视权力观的教育。只有内化于心,才能外化于行。规制权力,也最终是从执掌权力者的心开始,这才是最可靠、最持久的。一个对党忠诚、纯洁可靠的人,即便诱惑再大、制度或许有漏洞,也不会滥用权力。因此,要持之以恒地大力加强公职人员的思想道德教育,增强公职人员对权力与制度的敬畏,坚定理想信念,增强宗旨意识,树立正确的权力观,切实筑牢拒腐防变的思想道德防线。

人工智能时代提出的法学新课题*

王利明

中国人民大学常务副校长、"长江学者"特聘教授、"新世纪百千万人才工程"国家级人选，享受国务院政府特殊津贴。

随着大数据和人工智能技术的发展，许多院校都开始关注与此相关的法律问题，也分别设立了有关的研究机构，如大数据法律研究院、人工智能法治研究院、未来法治研究院等，大力推动与网络、大数据、人工智能相关的现代科技和法律关系的研究和教学工作。有的研究机构还专门出版了网络、人工智能研究的杂志，凸显出法律界同行已经开始关注网络科技、人工智能等对传统法制的挑战。

"问题就是时代的口号。"我们已经进入人工智能的新时代，大数据和人工智能的发展深刻地影响着我们的社会生活，改变了我们的生产和生活方式，也深刻地影响社会的方方面面。但同时，它们也提出了诸多的法律问题，需要法学理论研究工作者予以回应。

大数据是人工智能的一种重要分析工具，借助大数据分析技术，人工智能可以进行相关的演练和操作。大数据记载了我们过去发生的一切、现在发生的一切，并能准确地预测我们的未来。现代社会的人就好像"裸奔"一样，我们的一切都有可能被他人"监视"，都时刻可能暴露在"第三只眼"之下，"亚马逊监视着我们的购物习惯，谷歌监视着我们的网页浏览习惯，而微博似乎什么都知道，不仅窃听到了我们心中的'TA'，还有我们的社交关系

---

* 本文原载《中国法律评论》2018 年第 2 期。

网”。[1] 无论我们走到哪里,只要携带手机,相关软件借助于 Cookie 技术,就可以时刻知道我们的准确定位。例如,我们下载某新闻软件后,其就可能准确知道我们的地理位置,并相应地推送与该地相关的新闻信息。获取海量大数据信息的主体,可以研究、开发以大数据为基础的各种产品,并凭借大数据无穷的潜力获取利益,从而刺激其进一步采集、分析人们的大数据信息。随着收集和分析方式越来越先进,成本越来越低廉,大规模数据收集已成为常态,并越来越普遍,这就进一步加剧了对个人隐私的威胁。大数据的价值并不限于初次利用,经过整合和分析,其可以进行二次利用甚至多次利用,价值也较原始数据本身更高。很多数据在收集时并不确定其用途,但收集之后,其可能被许许多多的数据收集者进行各种创新用途。人工智能的应用在很大程度上需要借助大数据分析和处理技术,应当专门设置相关的法律规则,防止人工智能应用过程中的数据非法收集、泄露、贩卖等问题,以有效保护个人信息的安全。

人工智能的发展涉及人格权保护问题。现在很多人工智能系统把一些人的声音、表情、肢体动作等植入内部系统,使所开发的人工智能产品可以模仿他人的声音、形体动作等,甚至能够像人一样表达,并与人进行交流。但如果未经他人同意而擅自进行上述模仿活动,就有可能构成对他人人格权的侵害。此外,人工智能还可能借助光学技术、声音控制、人脸识别技术等,对他人的人格权客体加以利用,这也对个人声音、肖像等的保护提出了新的挑战。例如,光学技术的发展促进了摄像技术的发展,提高了摄像图片的分辨率,使夜拍图片具有与日拍图片同等的效果,也使对肖像权的获取与利用更为简便。此外,机器人伴侣已经出现,在虐待、侵害机器人伴侣的情形下,行为人是否应当承担侵害人格权以及精神损害赔偿责任呢?但这样一来,是不是需要先考虑赋予人工智能机器人主体资格,或者至少具有部分权利能力呢?这确实是一个值得探讨的问题。

人工智能的发展也涉及知识产权的保护问题。从实践来看,机器人已经能够自己创作音乐、绘画,机器人写作的诗歌集也已经出版,这对现行知识产权法提出了新的挑战。例如,百度已经研发出可以创作诗歌的机器人,微软公司的人工智能产品“微软小冰”已于 2017 年 5 月出版人工智能诗集《阳光失了玻璃窗》;在日本,机器人创作的小说甚至还通过了日本文学奖的初审,有的机器人甚至会谱曲、作画,这些作品已经可以在市面上销售。这

---

〔1〕 [英]维克托·迈尔—舍恩伯格、肯尼思·库克耶:《大数据时代》,盛杨燕、周涛译,浙江人民出版社 2013 年版,第 193 页。

就提出了一个问题,即这些机器人创作作品的著作权究竟归属于谁?是归属于机器人软件的发明者?还是机器的所有权人?还是赋予机器人一定程度的法律主体地位从而由其自身享有相关权利?人工智能的发展也可能引发知识产权的争议。智能机器人要通过一定的程序进行"深度学习"(deep learning)、"深度思维"(deep mind),在这个过程中有可能收集、储存大量的他人已享有著作权的信息,这就有可能构成非法复制他人的作品,从而构成对他人著作权的侵害。如果人工智能机器人利用获取的他人享有著作权的知识和信息创作作品(如创作的歌曲中包含他人歌曲的音节、曲调),就有可能构成剽窃。但构成侵害知识产权的情形下,究竟应当由谁承担责任,这本身也是一个问题。

人工智能的发展涉及数据财产的保护问题。我国《民法总则》第127条对数据的保护规则做出了规定,数据在性质上属于新型财产权,但数据保护问题并不限于财产权的归属和分配问题,还涉及这一类财产权的安全,特别是涉及国家安全。人工智能的发展也对数据的保护提出了新的挑战,一方面,人工智能及其系统能够正常运作,在很大程度上是以海量的数据为支撑的,在利用人工智能时如何规范数据的收集、储存、利用行为,避免数据的泄露和滥用,并确保国家数据的安全,是亟须解决的重大现实问题。另一方面,人工智能的应用在很大程度上取决于其背后的一套算法,如何有效规范这一算法及其结果的运用,避免侵害他人权利,也需要法律制度予以应对。例如,人工智能通过对一个人在网络交易中取消订单的频繁程度进行分析,可以得出关于一个人社会信用状况和交易能力的评价,此种评价可能对个人的经济生活产生重大影响。目前,人工智能算法本身的公开性、透明性和公正性问题,是人工智能时代的一个核心问题,但并未受到充分关注。

人工智能的发展还涉及侵权责任的认定问题。人工智能引发的侵权责任问题很早就受到了学者的关注,随着人工智能应用范围的日益普及,其引发的侵权责任认定和承担问题将对现行侵权法律制度提出越来越多的挑战。无论是机器人致人损害,还是人类侵害机器人,都是新的法律责任。据报载,2016年11月,在深圳举办的第十八届中国国际高新技术成果交易会上,一台名为小胖的机器人突然发生故障,在没有指令的前提下自行打砸展台玻璃,砸坏了部分展台,并导致一人受伤。[2] 毫无疑问,机器人是人制造的,其程序也是制造者控制的,所以,在造成损害后,谁研制的机器人,就应

〔2〕《深圳高交会出现中国首例机器人伤人事件》,载《联合早报》2016年11月18日。

当由谁负责,似乎在法律上没有争议。人工智能就是人的手臂的延长,在人工智能造成他人损害时,当然应当适用产品责任的相关规则。其实不然,机器人与人类一样,是用“脑子”来思考的,机器人的脑子就是程序。我们都知道一个产品可以追踪属于哪个厂家,但程序是不一定的,有可能是由众多的人共同开发的,程序的产生可能无法追踪到某个具体的个人或组织。尤其是,智能机器人也会思考,如果有人故意挑逗,惹怒了它,它有可能会主动攻击人类,此时是否都要由研制者负责,就需要进一步研究。前不久,深圳已经测试无人驾驶公交线路,引发全球关注。但由此需要思考的问题就是,一旦发生交通事故,应当由谁承担责任?能否适用现行机动车交通事故责任认定相关主体的责任?法律上是否有必要为无人驾驶机动车制定专门的责任规则?这确实是一个新问题。

今天,人工智能机器人已经逐步具有一定程度的自我意识和自我表达能力,可以与人类进行一定的情感交流。有人估计,未来若干年,机器人可以达到人类50%的智力。这就提出了一个新的法律问题,即我们将来是否有必要在法律上承认人工智能机器人的法律主体地位?在实践中,机器人可以为我们接听电话、语音客服、身份识别、翻译、语音转换、智能交通,甚至案件分析。有人统计,现阶段23%的律师业务已可由人工智能完成。机器人本身能够形成自学能力,对既有的信息进行分析和研究,从而提供司法警示和建议。甚至有人认为,机器人未来可以直接当法官,人工智能已经不仅是一个工具,而且在一定程度上具有了自己的意识,并能做出简单的意思表示。这实际上对现有的权利主体、程序法治、用工制度、保险制度、绩效考核等一系列法律制度提出了挑战,我们需要妥善应对。

人工智能时代已经来临,它不仅改变人类世界,也会深刻改变人类的法律制度。21 世纪初,华裔著名经济学家杨小凯就提出:如果中国仅仅重视技术模仿,而忽视制度建设,后发优势就可能转化为后发劣势。[3] 因此,我们不能仅注重技术的应用,而忽视其可能带来的负面效果。不谋万世者,不足以谋一时。法治不仅仅是要考虑当下,也要考虑未来。法治要提供制度环境安排,这一安排的质量将直接决定新兴科技等的发育状况。我们的法学理论研究应当密切关注社会现实,积极回应大数据、人工智能等新兴科学技术所带来的一系列法律挑战,从而为我们立法的进一步完善提供有力的理论支撑。特别是要充分认识和拥抱科学技术对社会生产和生活带来的结构

〔3〕 涂子沛:《数据之巅》,中信出版社 2014 年版,第 337 页。

性、革命性的影响，尽早观察和预测未来法治发展的方向，促进良法制定，使我们的法律尽可能地契合未来的发展，成为未来科技发展的一股制度支持力量，而不能成为科技发展的障碍。

中国法律规范体系与立法评估效果*

冯玉军

中国法学会立法学研究会副会长、秘书长，中国人民大学法学院教授，河北经贸大学副校长（挂职）。

一、立意与方法

党的十八届四中全会通过《关于全面推进依法治国若干重大问题的决定》，要求形成完备的法律规范体系、高效的法治实施体系、严密的法治监督体系、有力的法治保障体系和完善的党内法规体系，促进国家治理体系和治理能力现代化。习近平总书记在党的十九大报告中指出："全面依法治国是国家治理的一场深刻革命，必须坚持厉行法治，推进科学立法、严格执法、公正司法、全民守法。"〔1〕这一系列创新思路和观点，因应中华民族伟大复兴和全球善治潮流，既是对中外法治文明经验的高度总结与凝练，又是以问题为导向，扎实推进依法治国的行动指南，是中国社会主义法治建设史上的第三次重大突破。中国特色社会主义进入新时代，全面依法治国和法律体系完善也进入了新时代。

完备良善的法律规范体系是社会主义法治体系建设的重要基石，也是政权稳定和社会发展的基本保障。从形式法治的视角来看，到 2010 年年底，"我国形成了以宪法为统帅的社会主义法律体系，我们国家和社会生活

---

* 本文原载《中国社会科学》2017 年第 12 期。

〔1〕 习近平：《决胜全面建成小康社会，夺取新时代中国特色社会主义伟大胜利——在中国共产党第十九次全国代表大会上的报告》（2017 年 10 月 18 日），人民出版社，第 38 页。

各方面总体上实现了有法可依，这是我们取得的重大成就”。[2] 党的十八大以来，十二届全国人大抓住提高立法质量这个关键，加强重点领域立法，完善法律体系取得新进展。[3] 但是，法律体系形成及其规模的持续扩大并不表明法律体系已经完备或能够自动产生实效，更不意味着立法必然合乎社会需要、让人民有更多的获得感。实践中，我国法律体系不协调、不一致、体系性不强的问题依然突出，立法工作中部门和地方利益法律化的问题、争权诿责的现象并不鲜见。有的法律法规未能全面反映客观规律和人民意愿，针对性、可操作性不强；有的法律规范缺乏科学性、民主性及合理性，互相冲突、自相矛盾，使执法者和司法者无所适从；有的法律法规文字过于笼统，原则性大于技术性，内容不够精细完备，存在空洞抽象、逻辑模糊以及有法律漏洞的现象；有的过时法律法规未能及时修改、废除或者做出立法司法解释，导致法律成本居高不下。为此，对立法活动与法律规范体系进行系统的宏观立法评估，把握各类法律主体的真实感受，问诊法治发展的优势与弱项，摸清“行动中的法律法规”的整体情况，便成为一项极其迫切的研究课题。

过去十多年来，我国法学界高度重视法治的指数设定与评估问题，先后推出了香港地区法治指标，余杭法治指数，中国人民大学法治发展报告，中国社科院法学所法治蓝皮书，中国政法大学司法文明指数、法治政府发展报告等报告成果。[4] 有的研究以官方发表的统计数据和客观数据为基础，强调“从事实出发”“让数字说话”；[5]有的研究则认为中国的法治评估实践表现出“嵌入性”、政府主导、法治理解广义化、法治评估区域化等特征，法治评估应该在“试错”中逐步实现区域评估的规范化、体系化与制度化，并作为区域法治建设的新增长点推动地方政府法治目标的实现。[6] 不仅是理论界，

〔2〕《坚持法治国家、法治政府、法治社会一体建设》，载《习近平谈治国理政》，外文出版社 2014 年版，第 144 页。

〔3〕截至 2017 年 9 月 1 日，十二届全国人大及其常委会制定法律 22 部，修改法律 110 件次，通过有关法律问题和重大问题决定 37 件，做出法律解释 9 件。人大立法工作呈现出数量多、分量重、节奏快的特点。

〔4〕袁曙宏：《关于构建我国法治政府指标体系的设想》，载《国家行政学院学报》2006 年第 4 期；戴耀廷：《香港的法治指数》，载《环球法律评论》2007 年第 6 期；朱景文主编：《中国法律发展报告 2010——中国立法 60 年》，中国人民大学出版社 2011 年版；钱弘道等：《论中国法治评估的转型》，载《中国社会科学》2015 年第 5 期；朱景文：《论法律评估的类型化》，载《中国社会科学》2015 年第 6 期等。

〔5〕朱景文主编：《中国法律发展报告——数据库和指标体系》，中国人民大学出版社 2007 年版。

〔6〕钱弘道等：《法治评估及其中国应用》，载《中国社会科学》2012 年第 4 期。

不少地方政府部门和司法机关进行的法治评估也是如火如荼。综观大多数法治评估成果,其共性目标都是要检视特定地域/部门参与社会治理或法治发展中存在的问题,评估—反馈之后,服务并促进法治实施和法治监督。但由于法治指数和评估方案的理论准备不足,评估方法混杂模糊,指标设置和权重分配不合理,评估主体中立性缺失,让人对看似纯“客观”的评估结果产生疑问、可信度大打折扣。[7] 更有甚者,个别评估结果虚假、缺乏公信力,更是招致舆论层面的质疑和批判。[8]

本文主题设定为对中国法律规范体系与相关立法活动进行宏观评价。在综合上述法治量化评估方案优劣得失的基础上,借鉴国际法治评估——特别是世界正义工程(The World Justice Project,WJP)的通行做法,依托中国人民大学“中国调查与数据中心”的强大技术平台,分别通过公众、专家和执业者三种调查问卷收集到的评估数据,对立法完备性、科学性、民主性、受监督性四个二级指标,以及其下细分出的九个三级指标逐个打分,继而通过数据分析全面细致地评估我国现有法律规范体系的现实状况,并给出具有可信赖度的法治主观评价。[9] 我们认为,这样的指标设置完全合乎党的十九大报告中关于推进科学立法、民主立法、依法立法,以良法促进发展、保障善治的要求。[10]

如此考虑和安排的基本理由如下:

第一,本体论方面,强调建立严谨合理的法治理论基础,以体现“良法善治”的实质法治为主、兼顾形式法治,在人民获得感与专家和执业者认可度

---

〔7〕 孟涛、江照:《中国法治评估的再评估——以余杭法治指数和全国法治政府评估为样本》,载《江苏行政学院学报》2017 年第 4 期。另见张保生、郑飞:《世界法治指数对中国法治评估的借鉴意义》,载《法制与社会发展》2013 年第 6 期;金善达:《法治指数评估的制度建设路径研究——基于系统论的分析视角》,载《上海政法学院学报》2014 年第 5 期;汪全胜:《法治指数的中国引入:问题及可能进路》,载《政治与法律》2015 年第 5 期。

〔8〕 陈林林:《法治指数中的认真与戏谑》,《浙江社会科学》2013 年第 6 期。

〔9〕 本次法治评估除了本文所涵盖的法律规范体系指标与立法效果评价外,还包括法治实施体系指标(行政执法指标、司法适用指标、社会治理指标),法治监督体系指标(文件监督指标、执法监督指标、审判监督指标),法治保障体系指标(人员保障指标、经费保障指标、法学教育与普法指标),党内法规体系指标(党内法规完善性指标、党内法规执行力指标、党规国法协调性指标、党员守法指标),法治效果指标(控权指标、人权指标、秩序安全指标、法治信念指标)。整个研究共设计一级指标 6 个,二级指标 20 个,三级指标 66 个,四级指标 188 个,问题 430 个。参见朱景文主编:《中国法治评估报告 2015:中国法治评估指标》,中国人民大学出版社 2016 年版。

〔10〕 习近平:《决胜全面建成小康社会,夺取新时代中国特色社会主义伟大胜利——在中国共产党第十九次全国代表大会上的报告》(2017 年 10 月 18 日),人民出版社,第 38 ~ 39 页。

的基础上构建立法效果评估指标体系。中国人民大学法治评估中心自2004年起就开展了法治发展评估研究,彼时同其他科研单位及地方政府的评估方式一样,秉持的法治理论基础是形式法治理论,强调法治就是规则之治、程序之治,只要法律是依据良好的程序制定,并表现为具体的法律渊源和形式,可以通过官方发表的统计数据和客观数据准确量度,就是有效的法律评估,从而出现"纸面上的法治评估"这样一种孤立、静止看待法治的形而上学错误。[11] 从实质法治的角度来看,经由科学、民主立法而实现的高质量、精细化法律规范当然要比随便一种制度安排更好;人民通过遵守法律规范而获得的幸福感、安全感、确定性、透明度要比单纯比较法律条款数量、法律渊源层级等更有说服力和解释力。当今时代,经济社会越发展,人民群众对美好生活的盼望越强烈,加强和改进立法的任务就越艰巨。习近平同志深刻地指出:"人民群众对立法的期盼,已经不是有没有,而是好不好、管用不管用、能不能解决实际问题;不是什么法都能治国,不是什么法都能治好国;越是强调法治,越是要提高立法质量。"[12]

第二,价值论方面,强调秉持清晰明确的价值观,从法律规范的三大价值要求(完备性、科学性、民主性)出发,将作为研究对象的法律规范体系的建构及其实现(含监督)效果指数化。众所周知,完备的法律规范体系对规范性法律文件的制定有很高的要求:一是立法完备、逻辑严谨。就是在确保法律体系完备、立法机制完善的基础上,构建以宪法为核心、上下有序、内外协调,各部门法和同一法律部门不同层级的法律规范之间协调一致、有效衔接、价值融贯、调控严密的法律体系,为从法律大国迈向法律强国奠定基础。二是立法科学,一切从实际出发,立法合乎社会历史发展规律,突出中国特色、实践特色和时代特色,对"权利—义务"和"权力—责任"的范围及关系设定明确具体、合理公正,具有可操作性和执行性。三是立法民主、价值优良、社会参与、凝聚共识。我国立法的目的就是人民通过立法活动,行使管理国家事务、管理经济和文化事业、管理社会事务的权力,实现当家做主。为此,立法主体、程序、内容都应当恪守以民为本、立法为民理念,把公正、公

[11] 在形式法治观影响下,某直辖市民政局对各区县分局进行的"法治民政"评估,就出现了以是否成立专门的依法行政领导小组、有无独立编制的法制机构、是否具有法学专业的专职人员作为行政领导重视程度的衡量指标,以单位负责人(局长、副局长、科室主任)出庭应诉情况来衡量行政案件沟通水平的情形。而完全不考虑区县的经济发展水平、地域特点、财政支付能力、公务员编制数量等情况,更没有通过对行政相对人的深入调研考察"法治民政"是否落到实处。

[12] 习近平:《在十八届中央政治局第四次集体学习时的讲话》(2013年2月23日)。

平、公开原则贯穿立法全过程,坚持反映人民意志、实现人民利益的根本原则,坚持立法公开,发扬协商民主的制度优势,保障人民和专业人士通过多种途径参与立法活动。民主立法的过程,就是推动治理体系改革创新的过程,就是统一思想、寻找并凝聚共识的过程。以上三大价值要求,正是评估我国法律规范体系的三个主要标准。其中立法完备性是法律规范体系是否完备的表现形式,是对法律规范体系形式的要求,民主性是对立法本质及其过程的要求,立法科学性是对立法内容的要求。就整体上而言,这三个方面的价值要求是相互协调的,但是也不排除在某些个案中可能会出现相互矛盾的现象,尤其是立法科学与立法民主之间。

第三,方法论方面,强调"运行中的法治体系"评估指标的逻辑融贯与协同一致,意在实现治理体系和治理能力现代化。就定量评估指标设定的一般理论而言,同一事物的指标之间要具备互斥性(mutually exclusive 即各个指标互不相同、彼此不相涵括),穷尽性(exhaustive 即各个指标加总起来能够反映所指涉的基本现象)、单项性(uni - dimensionality 即各指标所反映的是同一事物)和互换性(inter - changeability 即各指标之间高度一致、可以替换)共四个特征。[13] 此次法律规范体系评估,我们没有沿袭过去以客观指标即官方统计数据为依据的静态方法,而是以中国法治建设实践为出发点,接轨国际法学界有较广泛共识的法治理论,从人们对法治的理解角度出发设定相关指数,即以主观指标为主,官方统计数据作为矫正依据,这是一种将主观评价与客观数据结合起来得出综合性结论的工作思路。方法论工作流程的第一步设计指标、分指标,第二步设计问卷,第三步确定调研方法,第四步数据整理和赋值,第五步撰写评估报告。需要强调的是,本项调查的主体内容来自受访者对于调查对象(立法的完备性、科学性、民主性及其实施效果)的主观评价。相比较有关法律文件的各种形之于外的统计数据而言,主观评价的确存在结论因人而异的问题,这容易让人产生主观评价不可信、客观数据才接近真理的误解。但请试想一下,如果在精心抽样的问卷调查中某一类评价反复出现,则其所呈现的很可能就是一个具有共性的问题。我们之前的多项成果已经发布了所能得到的绝大多数客观数据。但有不少资料(如改革开放初期重要立法及关键法条的讨论及决策情况甚至中国每年判处死刑人数等)都很难获得,即便有某种客观数据,人们对之的解读也很容易产生争议。再加上相关资料(如立法信息)与提供者的自身利益之间

〔13〕 孟涛、江照:《中国法治评估的再评估——以余杭法治指数和全国法治政府评估为样本》,载《江苏行政学院学报》2017 年第 4 期。

存在密切的联系，也很难杜绝数据造假的问题，所以在多年客观性法治评价的基础上，尝试以主观评估为主的思路是有一定道理的。[14]

第四，具体调研方面，强调区分公众、专家和执业者三种主体的分类研究，凸显评估主体的中立性，保证评估结果的适度平衡，实现多主体/类型/视角的综合评估。我们的具体操作是区分公众、专家和执业者三种调查问卷，精心设计问题，而后借助调查公司抽样发放公众问卷、有针对性发放专家问卷，采取随机抽样统计和立意调查两种方式，形成三类主体主观评价的总和打分，最后进行总体评价。本文所进行问卷调查的具体情况是：(1)公众问卷。以公众为问卷对象，依托于中国人民大学数据与调查研究中心的电话网络，采取抽样问卷形式，共回收3983份，分布28个省、直辖市、自治区，内地省一级的覆盖率达87.5%。公众卷的受访者无论居住的省份、性别、年龄、户籍、被访问的地点在全国均有广泛的分布，受教育程度以小学、初中和高中教育为主，家庭经济状况以平均水平和低于平均水平为主。在针对公众设计问题之时，我们充分考虑了普通公众的知识背景、认知情况等与法学专家和法律执业者之间存在的差异，预先进行了针对性处理。例如针对法律体系完善性指标中的"部门完善"和"适用完善"这两个较为专业的四级指标，只面向专家和执业者设计了问题，而没有面向公众设计问题；针对立法机制完善性指标，我们面向三类群体均设计了问题，其中面向公众设计的问题是"对于我国现行的法律，您认为下列问题——社会形势变化很快，法律法规的制定和修改总是跟不上——是否突出？"以较为通俗化的语言阐述了"立法机制完善性"的内涵，从而使那些不具备法学专业知识背景的普通公众也能做出有效回答。(2)专家问卷。以法学专家和高校法学教师为主要对象，随机选取中国法学会理事、常务理事或者专业研究会骨干分子为对象。据统计，专家答卷多数来自男性，年龄在30～59岁，高级职称、高学历，大多数来自高等院校，专业分布以宪法行政法和理论法学领域专家居多，地域分布东南沿海多于中部、中部多于西部、城市多于农村。(3)执业者问卷。以法官、检察官、律师、警察、人大机关工作人员、行政机关公务员为问卷对象，主要来自公检法机关，政治面貌中共党员占大多数，最近一年他们主要工作在县级以上城市，特别是副省级以上的大城市，年龄结构集中在18～49岁，男性为多，多具有大学本科以上的高学历。

---

〔14〕 朱景文：《人民如何评价司法》，载《中国应用法学》2017年第1期；朱景文主编：《中国法律发展报告2010——中国立法60年》，中国人民大学出版社2011年版；朱景文主编：《中国法律发展报告——数据库和指标体系》，中国人民大学出版社2007年版；等等。

问卷采取五选一的选择性答案,一般分为好、较好、中间、较差、差五个等级,赋值分别为90、80、70、60、50。考虑到国际比较等多种原因,这显然是一种较为收敛和批评适度的赋值。相比较另一种赋值方式如100、75、50、25、0,数据反差比较小,最低(差)也是50分。因此数据分析中数值高低之别比其所反映的现实差距要小,任何差评(即使看起来数值还比较高)都应该认真对待。为了表述简洁,又将这些赋值分为三等,包括好评(好与较好的百分比之和)、中评(中间的百分比)、差评(较差和差的百分比之和)。因此,本研究报告的得分表现为两种,一种是百分制的得分,如法治实施体系得分68.7;另一种是好评、中评和差评的比例,其中差评比例是评估的重要依据之一,如行政执法的差评率为41.7%。

需要申明的是,评估对象的概念化和指标化是各类法治评估所面临的一个普遍难题。它要求对评估对象的不同变量进行可操作性界定(operational definition),将原本较为抽象化、原则化的各项价值要求分解和落实到立法实践的不同阶段和不同层面,使之能够如实反映事务变化的状态,呈现出一幅精细化的评估图景。这就决定了具体的指标设计必然会受到相关限制,很难与理想状态完全对应。以立法民主性指标为例,作为一项原则性的价值要求,其与法律规范体系的"好坏"之间并非简单、绝对的正相关关系,民主的具体实现方式非常复杂,在某些高度专业性和技术性的知识领域,立法并不是越发扬民主就越好。立法完备性、立法科学性等其他价值要求也都可作如是观。从这个意义上说,本文的指标列举和问题设计也只是在理想与现实之间尽量维持平衡的努力罢了。

二、立法完备性

立法完备性是衡量法治体系有法可依程度的指标,具体包括法律体系完备性和立法机制完善性两个三级指标。本质上是在实体层面考察法律体系是否完备、在程序层面考察立法机制是否完善。

(一)法律体系完备性

就法律体系完备性指标而言:从公众角度,主要考察法律是否存在该管的不管或法律管得太宽的问题;从执业者的角度,主要考察在立法、执法、司法和法律服务过程中有法可依的程度;从专家角度,主要考察法律体系各个部门宪法、行政法、刑法、民商法、经济法、社会法、环境法、程序法等的完备程度、有法可依的程度。

1. 公众问卷

针对公众的问题有两个:"对于我国现行的法律,您认为法律该管的不管问题突不突出?""对于我国现行的法律,您认为法律该管的不管问题突不突出?"我们对不同选项所反映的法律体系完备性程度进行赋值,其中"完全不存在"赋值90,"不太突出"赋值80,"一般"赋值70,"比较突出"赋值60,"非常突出"赋值50。根据上述赋值,结合回答各个选项的频率计算平均数,即为评估的直接得分。同时,五档赋值中前两档归为好评,第三档归为中评,后两档归为差评(此赋值和归档方法下同,不再重复)。

从调查结果来看,社会公众对于法律体系完备性的总体评价以中评为最多。社会公众认为"法律管得太宽"的问题在实践中并不突出,好评、中评比例分别为46.7%、36.3%,差评比例仅有17.0%。"法律该管的不管"的问题则比较突出,差评比例达34.7%,占比最高。这个评价背后反映出公众对社会法制保障不健全的意见。在各个法律部门中,有关民生和社会治理的法律与社会公众具有最密切联系。虽然我国近年来关于劳动者权益保护、基本养老保险、基本医疗保险、工伤保险、失业保险和生育保险等方面的立法工作日益提速,但与人民群众对依法保障和改善民生、推进社会治理体制创新的期待相比,仍有相当的差距。按照十八届四中全会《决定》的要求,我们还需进一步加强和规范公共服务,完善教育、就业、收入分配、社会保障、医疗卫生、食品安全、扶贫、慈善、社会救助和妇女儿童、老年人、残疾人合法权益保护等方面的法律法规;加强社会组织立法,规范和引导各类社会组织健康发展。

2. 执业者问卷

针对执业者,我们分别从立法工作、行政与执法工作、司法工作、社会治理工作四个领域做了调研。各选项中,"全面实现了有法可依"赋值90,"基本实现了有法可依"赋值80,"一些领域存在法律空白"赋值70,"许多领域存在法律空白"赋值60,"普遍存在法律空白"赋值50。结果显示:法律执业者对立法工作中的法律完备性评价最高,好评比例为57.4%,差评仅为7.2%;第二位是司法工作的法律完备性,好评比例为55.0%,差评仅为11.2%;行政执法工作排名第三,分别有36.7%的好评和43.8%的中评;社会治理工作的评价最低,差评竟达到27.1%。

问卷结果表明:(1)在立法工作领域,全国人大及其常委会、国务院已经制定了《立法法》《行政法规制定程序条例》《规章制定程序条例》等专门法律法规,对各类规范性文件的制定程序做了详细规定;国务院各部委、拥有地方立法权的地方人大和人民政府也大都根据立法工作需要制定了相应的程序性文件。面向未来,应该通过发挥人大及其常委会在立法工作中的主导作用、加强政府立法制度建设、完善行政法规规章制定程序、改进公众参与政府立法机制、规范地方立法的程序、防止部门利益和地方保护主义法律化等途径不断优化立法工作。(2)行政执法工作中还存在不少法律空白,尤以行政程序法和行政征收法领域最为明显。行政程序法调整国家机关之间、国家与公民之间的关系,是现代国家规范行政权力的基本法,但我国现阶段的行政程序法律规范散见于各类型、各层级单行行政法中,规范内容不系统,立法质量不高,已经到了理论结合实际制定统一的《行政程序法》的时候了;行政征收作为一种典型的侵益性行政活动,当前的做法是将相关征收工作(如房屋拆迁纠纷)授权给地方行政机关自行其是,由此导致官民之间的行政争议,极易产生社会重大不利影响,而如果在《宪法》《物权法》确定的行政征收要"依照法律规定"的法律保留原则之下,由全国人大常委会制定行政征收法,势必大幅度纠正此类行政执法错误。(3)在司法工作领域,我国已经制定了《民事诉讼法》《刑事诉讼法》《行政诉讼法》三大程序法,还有《人民法院组织法》和《人民检察院组织法》两部司法组织法。但法律执业者的评分表明,司法领域的立法状况介于"基本上有法可依"和"一些领域还存在法律空白""部分法律没有与时俱进"之间。未来本领域法律的完善应当做到重大改革于法有据、立法主动适应司法改革需要,将以诉讼为中心的审判制度、司法人员分类管理制度、司法责任制度、司法人员职业保障制度等改革措施法律化,修订完善已施行超过30年的两大组织法,及时修改和废止不适应司法改革要求的法律法规等。(4)社会治理工作的法律完备性在四个领域中最低,是由于同推进社会治理体制创新的目标相比,在改进社会治理方式、激发社会组织活力、创新有效预防和化解社会矛盾机制、健全公共安全体系等方面还有许多法律空白。这就需要通过改革行政复议体制,改革信访工作制度,健全行政复议案件审理机制,纠正违法或不当行政行为,加大依法管理网络力度,完善人民调解、行政调解、司法调解联动工作体系和建立调处化解矛盾纠纷综合机制予以破解。

3. 专家问卷

在专家问卷中,我们分别对宪法与宪法性法律、行政法、刑法、民商法、经济法、社会法、诉讼与非诉讼程序法以及整个法律体系做了调研。各选项中,"非常完备"赋值90,"比较完备"赋值80,"基本完备"赋值70,"许多领域不完备"赋值60,"普遍存在法律空白"赋值50。从调研结果来看,法学专家对法律体系的评价是"基本完备"(好评+中评占比72.1%)。但针对不同领域法律的完备性评价则呈现出一定的差异。其中,评价最高的是刑法,好评比例达68.1%，接近于比较完备的程度；评价最低的是社会法，差评比例达62.5%，可理解为尚有许多领域不完备。相对而言，刑法、诉讼与非诉讼程序法、民商法的完备性得到较高评价（好评+中评占比分别是95.1%、86.7%、83%），经济法、宪法和宪法性法律、行政法的完备性处于中等水平（好评+中评占比分别是75.4%、63.8%、62.9%），社会法则在完备性方面仍有较大提升空间。

综合分析上述问卷数据，可以发现：公众、执业者、专家对法律体系完备性评分依次是71.6、70.8、73.0，平均得分为71.8。具体到好、中、差评比例情况，公众、执业者、专家对法律体系完备性的好评占比分别是38.9%、45.3%、35.2%，其中公众与法学专家对法律体系完备性的好评率相对接近，法律执业者的正面评价则明显高于前两者。公众和专家的差评占比分别是25.8%和27.9%，说明无论是从老百姓的日常感受还是从法学专家的专业视角来看，我国现有的法律体系都有相当的完善空间。

（二）立法机制完善性

这个指标考察我国现有的立法机制是否能够保证法律的立改废释与社会的发展变化相适应。核心内容有两项：立法机制制定、修改、废除、解释机制的完善程度；是否能随着社会关系的变化而适时变化。

针对公众的问题是："社会形势变化很快，法律法规的制定和修改总是赶不上趟。"各选项中，"完全不存在"赋值90，"不太突出"赋值80，"一般"赋值70，"比较突出"赋值60，"非常突出"赋值50；针对执业者和专家提出了类似但稍微学理化的题目："法律的立改废释跟不上社会变化。"各选项中，"非常突出"赋值50，"比较突出"赋值60，"存在这种问题"赋值70，"不明显"赋值80，"不存在"赋值90。

从调查结果来看，公众、执业者、专家对立法机制完善性的评分依次是69.4、65.1、64.0，相较于对法律体系完备性的评价，各方主体对我国立法机制完善性的总体评价较差（平均得分为66.2），可见法律的立改废释跟不上社会变化的症结性问题比较突出。分主体来看，公众、执业者、专家对立法机制完备性的好评占比仅分别为29.5%、9.2%、6.1%，这其中公众评价相对较高，很可能同他们对立法体制机制有距离、不太熟悉有关；执业者与法学专家对立法机制完备性的评价相近，两者的差评占比分别是46.6%和51.0%。他们给出高差评的可能原因在于：许多法律法规不能与时俱进地进行立改废释工作，该具体精细的却偏于原则抽象，该科学专业的却偏于笼统粗疏，该简便易行的却成本高昂难以施行，立法质量不高，致使相关法律主体特别是法官、检察官、警察、律师等执业者缺乏有效的规范指引,有法难依、无所适从。对此法学专家给出高于50%的差评,进一步说明我国立法权运行的制度安排未能全面反映客观规律和人民意愿,亟须推进以提高立法质量为核心的改革进程。

当前,完善我国立法机制应着力推进以下几项工作:一是将立法规划和计划的编制作为立法程序的首要环节,建立立法项目征集和论证机制,在充分论证必要性和可行性的基础上,科学确定立法项目,提高立法的针对性、及时性和系统性。二是完善法律法规起草机制,对法案起草部门、委托起草、起草要求等提出明确要求,建立健全科学合理的法案起草工作机制。三是建立立法内容评估机制,对提请审议的法律法规草案中主要制度规范的可行性、出台时机、实施的效果及可能出现的问题,进行立法前评估。对已经颁布实施的法律法规,适时开展立法后评估,了解实施效果和存在的问题,为适应实际情况发生变化适时修改法律法规提供科学依据。

(三)立法完备性总体评价

综合法律体系和立法机制两项三级指标的结果,可以看出立法完备性总评得分是69,可以理解为“基本完备,差距不小”。其中,立法机制完善性得分(66.2)低于法律体系完备性得分(71.8),这似乎表明我国立法状况从静态规范角度看相对较好,但从动态实施角度看仍有较大完善空间。另外,全部问卷对立法完备性的好评为27.3%,中评为39.2%,差评为33.5%,差评率高于好评率,值得各级立法机构及其工作人员高度重视。

三、立法科学性

立法科学性是衡量立法符合实际,得到多数人认同以保证实施的程度的指标,具体包括立法符合实际程度和立法合理公正程度两个三级指标。

(一)立法符合实际程度

这个指标反映立法在多大程度上遵循客观规律、与社会实际相符。问卷对公众、执业者、专家提了相同的问题:“立法规定不符合实际,您认为下列问题突不突出?”各选项中,“非常突出”赋值50,“比较突出”赋值60,“存在这种问题”赋值70,“不明显”赋值80,“不存在”赋值90。

从调查结果来看,三类主体都认为法律规定存在不合乎国情与实际情况的问题,公众、执业者、专家对立法符合实际程度的评价分别为72.1、70.1、68.9,平均值才70.4,这个结果应归为“一般”水平。分主体来看,社会公众给出的好评达到39.7%，远远高于执业者（26.3%）和专家（21.9%）的好评比例，学者基于根深蒂固的批判精神而对立法的科学性多有怀疑诚然可以理解，但若反省公众高达21.9%和执业者23.5%的差评，就会更加明白法律规定与实际国情相脱节对执法者适用和老百姓的日常生活可能造成的重大影响。总体而言，立法符合实际的平均好评率是29.3%、差评率是20.5%，这种评价对于立法工作者而言，无疑会有冰火两重天之感。

学术界其实很早就注意并分析了相关立法与实际国情之间的脱节状况。周旺生教授曾形象地称之为“笨法”和“劣法”，并指认其在全部立法中不在少数。[15] 苏力教授也曾以破产法的实行状况为例进行研究，他指出立法活动并不仅仅是一种政治行为，同时也是一种经济活动，因为立法及此后的司法活动必然要耗费社会资源，带来一定收益，这就涉及社会资源的有效配置问题。因此，立法活动不仅要坚持合法合理的正义原则，还必须关注立法本身是否坚持了效用最大化的原则，这就要求立法应当注意市场条件下的经济运作规律，注重实证性研究，从实际出发。[16] 要解决法律规定与国情相脱节的问题，关键还在于坚持科学立法理念、完善科学立法路径。科学立法要求立法过程尊重和体现规律，主要包括两个方面：一是立法需遵循所调整的社会关系的客观规律，强调立法的客观理性，此即所谓立法的理念和精神。二是立法需遵循立法工作本身的规律。科学立法首先是一种科学合理的立法制度安排，其实质是专业化、规范化的知识积累；其次体现为立法技术的科学运用，强调立法表现形式的科学化。

具体到当前的立法实践，科学立法要求体现中国特色社会主义的发展道路，维护人民民主专政政权；体现社会主义初级阶段的基本特征，契合全面深化改革和全面建成小康社会的要求；体现不同地区、不同民族、不同阶层的特点与利益，统筹兼顾各地区经济、社会、文化的现实情况。科学立法就是要从客观实际出发，以解决实践中存在的问题为出发点和目标，来决定立什么样的法，增强立法的科学性；就是要及时解决经济社会发展中迫切需要解决的问题，及时回答社会普遍关注的热点问题，增强立法的针对性；就是要进行立法成本、守法成本、执法成本社会效益分析，深入研究立法所要达到的经济社会效果，增强立法的实效性；就是要杜绝单纯的为贯彻领导意思、应付考核需要、体现政绩工程而立法，增强立法的客观性。

---

〔15〕 周旺生：《论法之难行之源》，载《法制与社会发展》2003年第3期。

〔16〕 苏力：《市场经济对立法的启示》，载《中国法学》1996年第4期。

(二)立法合理公正程度

这个指标反映立法是否体现公平正义、高效合理原则,并在多大程度上与人们的公正观念相符。问卷对公众、执业者、专家提了相同的问题:“法律规定不公正、不合理。”各选项中,“非常突出”赋值50,“比较突出”赋值60,“存在这种问题”赋值70,“不明显”赋值80,“不存在”赋值90。

调查结果显示,公众、执业者、专家对立法合理公正程度的评价分别是72.8、70.5、69.6,平均值为71,属于“一般”的评估水平,说明立法不公问题在大家的主观感受中确实存在。相对而言,社会公众的总体评分最高,给出的好评比例也最高(44.1%);法学专家与法律执业者的评价相对接近,其中法律执业者给出了高达29.1%的差评比例。这似乎表明法律规定不公正合理的情况将对法律执业者的实际工作产生较大影响,从而引发不小的抱怨与负面评价。

从学理上讨论,立法的合理公正性主要表现在两个方面:其一,立法应当合理、均衡地规定公民、法人和其他组织的权利与义务。法律上的权利与义务是构成法律关系的基石要素,涉及政治、经济、文化等各个领域。法律作为调整社会关系的行为规则,要对公民、法人和其他组织的权利和义务进行设定,并以国家强制力保障权利的实现和义务的履行。公民享有法律规定的权利,同时也承担不得损害国家的、社会的、集体的利益和其他公民合法权利的义务,其权利和义务是统一的。在起草、制定法律、法规、规章的过程中,要全面考虑公民、法人和其他组织的权利与义务,防止偏重于从设定公民、法人和其他组织的义务考虑,而轻视权利保护的倾向。其二,立法应当合理、均衡地规定国家机关的权力与责任。国家机关作为社会的管理者,依法享有管理社会的权力,但在行使权力的同时,也应当承担相应责任、受到各方监督。国家机关必须在法律规定的范围内活动,依法履行职责,行使权力,并承担相应的责任。立法在设定国家机关权力时,要充分考量其应承担的责任,坚持权力与责任相统一的原则。当前立法中,更是要正确处理好权、责、利、效的关系,防止部门和地方利益法律化。既不能由部门左右甚至主导立法,通过立法来扩权、确权、固权,谋取部门利益;又不能无视政府管理需要,只是一味着眼于削权、限权、控权。简言之,既要确权又要立责;既要赋予行政机关必要的权力和手段,又要加大监督力度、明晰法定责任,避免逐利避险、争权推责、揽功诿过。同时,要最大限度地维护人民的根本利益,让人民充分享受到立法带来的制度红利、法治红利。

（三）立法科学性的总体评价

综合立法符合实际程度和立法公正合理程度两项三级指标的结果，可以看出立法科学性的总评得分是70.7，这可以通俗地理解为“基本完备，差距不小”。其中，立法符合实际程度得分（70.4）略低于立法公正合理程度得分（71.0），但也没有明显差异。具体而言，两个三级指标所获得的中评比率近乎达到半数（平均值为49.2%），虽然平均好评率（29%）高于平均差评率（21.8%），但也表明我国现有立法在符合实际和公正合理这两方面都还有较大的完善空间。

四、立法民主性

立法民主性反映立法过程中民主实现的程度，由立法公开性、立法公众参与和立法专家参与三个三级指标构成。除了考察我国立法工作的开放性程度，公众和专家能够在多大程度上参与立法工作之中也是研究的重点。

（一）立法公开性

立法公开是现代国家立法工作的一项基本民主原则，也是立法参与和遵守法律的前提。根据我国《立法法》的规定，列入常务委员会会议议程的法律案应当在常务委员会会议后将法律草案及其起草、修改的说明等向社会公布，征求意见，但是经委员长会议决定不公布的除外。向社会公布征求意见的时间一般不少于三十日。征求意见的情况应当向社会通报（第37条）。法律签署公布后，及时在全国人民代表大会常务委员会公报和中国人大网以及在全国范围内发行的报纸上刊载（第58条第2款）。行政法规草案应当向社会公布，征求意见，但是经国务院决定不公布的除外（第67条第2款）。行政法规签署公布后，及时在国务院公报和中国政府法制信息网以及在全国范围内发行的报纸上刊载（第71条第1款）。在实践中，自2005年《物权法》草案公布并征求意见以来，已经有89部法律草案向社会公众公布并征求意见。其中参与《劳动合同法修正案》（草案）讨论的人数超过13万人，参与《个人所得税法修正案》（草案）讨论的人数超过8万人，许多法律草案都引起了社会的广泛关注。

我们把立法公开性指标细分为“法律正式公布后进行查阅”和“了解正在审议的法律草案的内容”两个四级指标。要求社会公众、法律执业者、法学专家回答以下问题：“假如国家有关部门正在制定一项法律，而这项法律调整的领域，例如关于土地拆迁补偿、环境保护措施、宠物饲养规范、国家赔偿标准、汽车限行规定、个人所得税起征点调整等,和公众的利益或兴趣密切相关。通过正式途径,您认为普通的个人的下列愿望在多大程度上能够实现?"各选项中,"非常困难"赋值50,"比较困难"赋值60,"一般"赋值70,"比较容易"赋值80,"非常容易"赋值90。从调查结果来看:

(1)针对"法律正式公布后进行查阅"问题,全体被调查者的总评分是76.7,三种问卷的总和好评率、中评率、差评率分别是66.5%、15.9%、17.6%,可以理解为一般性打分。但三种主体的具体评价大不相同,值得深入讨论:公众对查阅法律的好评率仅为25.2%,远远低于专家(93.1%)和执业者(81.1%)的好评率;差评率高达47%,又远远高于专家(1.2%)和执业者(4.8%)的差评率,甚至超出了后两者的总和。在法学专家、政府工作人员、司法工作者看起来非常容易查阅的法律文本,在普通百姓的心中却彼此隔膜,无论是国家立法还是地方立法,其主动查阅的实际次数或者积极性均不高,这当然不利于我们发扬民主、追求"良法善治"的美好愿景。

(2)针对"了解正在审议的法律草案的内容"问题,全体被调查者的总评分是68.2,三种问卷的总和好评率、中评率、差评率分别是26.3%、37.1%、36.6%,相较于前述"查阅法律"的评价,好评率低了近乎三倍,差评率则高了一倍多,二者差距明显。三种主体的具体评价也很有意思,公众对了解审议内容的好评率仅为9.3%,远低于专家(35.6%)和执业者(34.1%)的好评率;差评率高达69.4%,也远高于专家(17.4%)和执业者(22.9%)的差评率。究其原因,一是由于法学专家、法律执业者相较普通百姓确实有更多的机会和便利条件去接触、了解立法审议的法律草案内容;二是立法机关在立法实践中,的确存在"躲进小楼成一统",不愿让群众过早知晓法律政策内容以免有关工作"被动"的传统思维。

(3)立法公开性的总体评价。综合查阅法律程度和了解审议内容程度两项四级指标的结果,可以看出立法公开性总评得分是72.5。其中,了解审议内容程度得分(68.2)略低于查阅法律程度得分(76.7),这说明了解立法机关正在审议讨论的相关立法文本的难度,明显大于通过报刊网络获知法律文件的难度。具体而言,查阅法律的好评率(66.5%)远远高于了解审议内容的好评率(26.3%),与之相反,查阅法律的差评率(17.6%)又大大低于了解审议内容的差评率(36.6%),其理由一如前述。

综上所述,在我国立法公开业已取得一定成就的情况下,各方主体对于立法公开性的评价仍很一般,尤其是社会公众何以对法律"可接近性"(access law)的评价极低就成为一个值得深思的问题。这首先归因于我国现行立法的公开化程度不够、随意性较大。公开化程度不够,主要是指立法公开方式被动化、单一化，法律法规的普及宣传不足，难以实现和人民生活水乳交融。随意性较大的主要表现是立法公开形式的针对性不强，即什么样的立法议题应当采用什么样的立法公开形式缺乏统一标准和规范，具体操作比较随意，有时会因为社会环境、立法机关自己的便利甚至经费问题而任意为之。背后的深层次原因是立法机关对于立法公开重要性的认识还有待进一步提高，对于不同立法公开形式的针对性和适应性的研究不够，且缺乏硬性规范。〔17〕 这也要求我们进一步提高立法机关对于立法公开重要性的认识，科学规范立法公开的形式、程序、方法和责任。

（二）公众参与立法

公众参与立法是指社会组织、单位或个人在其权利义务范围内有目的地参与立法创制及其评估程序的活动。它是立法民主的本质要求，也是法律权威性的核心来源。调研中，我们把公众参与立法指标细分为“提出立法建议”和“立法建议反馈”两个四级指标，要求社会公众、法律执业者、法学专家对上述两个指标性问题统一作答。各选项中，“非常困难”赋值50，“比较困难”赋值60，“一般”赋值70，“比较容易”赋值80，“非常容易”赋值90。调查结果显示：

（1）针对“向制定该法律的有关方面提出自己的意见或建议”问题，全体被调查者的总评分是65.6，三种问卷的总和好评率、中评率、差评率分别是16.3%、35.9%、47.8%，这个评价结果应该说是比较差的。三种主体的具体评价略有区别：公众对提出立法建议的好评率仅为8%，相较于专家（25.1%）和执业者（15.7%）的好评率分别少了17.1%和7.7%；公众的差评率高达73.4%，又远远高于专家（26.3%）和执业者（43.8%）的差评率，甚至超出了后两者的总和。实践中，普通百姓由于相对欠缺创制法律的专业知识和信息，因此对提出立法建议感觉遥不可及。但从另一个角度来讲，如果不给他们足够的途径和机会，使之针对同他们的生产生活密切相关的立法提出立法建议或表达利益诉求的话，无疑会让现行立法的人民性和民主性打了折扣。

（2）针对“提出的意见或建议在立法中得到反映反馈”问题，全体被调查者的总评分是60.9，三种问卷的总和好评率、中评率、差评率分别是4.9%、25.4%、69.7%，相较于前述“提出立法建议”的评价，好评率少了

---

〔17〕 丁祖年、吴恩玉：《立法公开的规范化与实效化探讨》，载《法治研究》2013年第3期。

11.4%,中评率有所下降,差评率则高了不少。三种主体关于立法建议反馈的评价大体相同,平均好评率是4.9%、中评率是25.4%、差评率是69.7%,只是社会公众的差评率相较法学专家和执业者更高一些,达到75.5%。原因其实很简单,三类主体均较少有参与实际立法的机会,尤以社会公众为甚,更遑论他们的意见建议能得到立法机关的反馈了。

(3)公众参与立法的总体评价。综合两项四级指标的评价结果,可以看出立法公众参与的总评得分是63.2。其中,提出立法建议得分(65.6)高于立法建议反馈得分(60.9),这说明通过走访座谈或报刊网络调研等途径提出立法意见建议相对容易一些,立法建议得到立法者反馈的概率显然要小很多,其得分勉强及格反映了这种现实情况。具体而言,提出立法建议的好评率(16.3%)远高于立法建议反馈的好评率(4.9%),而前者的差评率(47.8%)只是略低于后者的差评率(69.7%),这说明尽管相关建议得到立法机关反馈很困难,但就某项立法提出很好的意见建议无论对公众、执业者还是法学专家,都不是一件轻松简单的事情。

以上调查表明,随着社会关系的复杂化和利益的多元化,现下立法征求意见的做法的主要局限性在于缺乏程序保障和透明度。实际上,在征求对法律草案的意见时,究竟选择什么调查对象、听取谁的意见,在修改法律草案时采纳什么、舍弃什么,都包含着不同利益的调整和资源配置,甚至也包括政府有关部门的自身利益问题。公布立法草案进行全民讨论,固然是公众参与的好形式,但往往成本太高、效果一般,而且也不是所有立法草案都适合于全民讨论。目前,我们对哪些“基本法律”究竟由全国人大制定还是由全国人大常委会制定,都没有非常清晰明确的区分(如《刑事诉讼法》由全国人大制定,但《民事诉讼法》却由全国人大常委会制定),更何况哪些法律文件应让“全民讨论”,哪些又不属于此列,更没有合理合法的根据。这些恐怕都是调查中各方面主体对我国立法公众参与程度总评分都较低的原因。要解决上述问题,除了制定公众参与的相关程序和规则外,还有必要通过各种方式培育公众参与立法的意识和能力。具体途径包括:其一,充分运用媒体的法律解读功能,通过媒体将抽象、专业的法律条文变成生动、易懂的条文解读。其二,立法工作机构要充分履行法律解答职责,使公民了解法律草案的含义、争议焦点,以提高公众的认知能力,提高所提意见的针对性和可行性。其三,要重视发挥社会组织在社会管理中的作用,提供立法公众参与的广泛性、有序性和实效性。其四,应当建立公众参与立法的协助制度，为公众参与立法提供基本的技术或者经济支撑。[18]

（三）专家参与立法

专家参与立法是立法民主的重要组成部分，也是确保立法质量和权威性的关键因素。根据《立法法》的规定，法律案在起草过程中，应当就相关问题听取专家意见。专业性较强的法律草案还可以吸收相关领域的专家参与起草工作，或者委托有关专家、教学科研单位、社会组织起草。专家参与立法的最典型例证就是民法典编纂，作为法律体系完善的重大工程，国内外许多法学专家都参与民法总则、物权法、债权法等的创制修改当中，他们各式各样的意见无疑对民事立法工作产生了深远的影响。

我们把专家参与立法指标细分为“专家参与立法的程度”和“专家参与立法的作用”两个四级指标。问卷提出“立法工作是在专家参与下开展的”问题，要求法学专家和法律执业者统一作答。各选项中，“总是如此”赋值90，“一般如此”赋值80，“有时如此”赋值70，“偶尔如此”赋值60，“极少如此”赋值50；问卷又提出“专家提出的意见或建议在立法中得到反映反馈”的问题，要求法学专家和法律执业者统一作答。各选项中，“非常困难”赋值50，“比较困难”赋值60，“一般”赋值70，“比较容易”赋值80，“非常容易”赋值90。调查结果显示：

（1）针对“专家参与立法的程度”指标，全体被调查者的总评分是77.8，两种问卷的总和好评率、中评率、差评率分别是71.5%、21.8%、6.7%，从调查结果来看，法律执业者和法学专家对专家参与立法程度的评价尚可，国家和地方立法实践中大多会根据需要邀请各领域专家和相关技术人员参与其中，专家意见也确实能够对立法工作起到重要作用。但是分主体来看，尽管法学专家和法律执业者对参与立法程度的差评率大体相同（均是6%），但专家好评率（65.6%）明显低于执业者好评率（77.4%），似乎印证了政府部门的“内部人”视角和“外部人”视角在主观偏好上的差异。

（2）针对“专家参与立法的作用”指标，全体被调查者的总评分是74.7，两种问卷的总和好评率、中评率、差评率分别是52.9%、32.3%、14.8%，调查结果显示：就专家的相关意见建议是否在实际立法中得到切实反映反馈的总体评价较低。一则专家并非立法工作的核心主体，其在立法中主要起技术参谋和辅助的作用；二则法律作为调整特定领域社会关系的“最大公约

---

〔18〕 丁祖年、吴恩玉：《立法公开的规范化与实效化探讨》，载《法治研究》2013年第3期。

数”,需要体现国家和社会各个方面、各个环节的权利—义务、权力—责任要求,对此,过分夸大个别专家在立法中的作用不仅无益,反而是有害的。分主体看,相较于执业者对专家作用发挥给出高达 90% 的好评与中评来说,法学专家群体显然认为专家在立法中的作用发挥很不够(好评率仅 38.1%、差评率为 19%)。

(3)专家参与立法的总体评价。综合两项四级指标的评价结果,可以看出立法专家参与的总评得分是 76.2。其中,立法专家参与程度得分(77.8)略高于立法专家参与作用得分(74.7),原因是不言自明的,毕竟立法参与度不能完全等同于立法实际贡献度。进一步分析,如果说专家参与立法程度的好评率(71.5%)高于专家参与立法作用的好评率(52.9%)顺理成章的话,后者差评率(14.8%)高于前者(6.7%)则反映出被调查者对专家参与立法的实际作用大小尚有存疑之处。尤其是法学专家群体自身对“专家提出的意见建议在立法中得到反映反馈”的评分相对偏低,显示出专家意见对于立法工作的实效仍有待提高。

实践中,的确存在专家参与立法的渠道不畅通、专家参与立法的体制机制不健全、专家在立法中的作用发挥不够等各种情况;法律法规起草部门多少也都存在根据自己偏好“选专家”或者“选择性对待专家意见”的问题,专家参与立法的工作机制还未确立起来。而要解决这一问题,就应重点做好以下两方面工作:其一,增加有专业技术特长和法治实践经验的专职常委比例,让法律专家在立法机构中直接、经常发挥作用。相对于法治发达国家立法机构中法律专家的高比例,以及快速提升我国立法质量的时代要求而言,我国立法机构中法律背景的成员数量过少,在常委会当中增加有法治经验的专职常委,或从专业技术人员中常态化、制度化选拔专职常委不仅必要,而且可行。其二,建立立法专家顾问团或专家库制度,既要考虑到不同领域专家的广泛性和代表性,也要平衡好不同领域、不同学术机构、不同地域、不同学术派别的专家比例,平衡好理论型专家和实务型专家的比例。同时根据专家履职情况及立法实际需要,建立专家顾问团和专家库的动态调整机制。[19]

(四)立法民主性总体评价

整体考察:立法民主性的总评得分是 70.6,这可以通俗地理解为“基本

〔19〕 刘锐:《科学立法、民主立法的着力点》,载《学习时报》2014 年 11 月 10 日,A4 版。

民主、尚不充分”,还有较大的完善空间。分项研究:专家参与立法得分(76.2)高于其他两项,好评率达到62.2%,差评率仅为10.8%,反映出专家参与立法在实践中较为普遍,且参与形式、参与程序均比较规范,多数已经常态化了;公众参与立法得分(63.2)明显低于其他两项,好评率只有10.6%,反而差评率高达58.7%,反映出公众参与立法——这项民主立法的基石性制度的实施状况并不乐观,群众参与立法的积极性整体不高,[20]且由于缺乏严格的制度保障,不少地区和部门的操作很不规范、变动性大,基本上是想起来了就做、想不起来就不做的状态;立法公开性得分为72.5,算是中规中矩,毕竟通过各种途径公开法律文本相对容易操作。

五、法律规范体系总评

(一)基于二级和三级评估指标的若干启示

第一,由于法律规范体系的三个二级指标——立法完备性(69)、立法科学性(70.7)、立法民主性(70.6)——均在70分上下波动,因此得出法律规范体系的总体评价是“一般”,未来还需要不断改进,力求其系统完备。

第二,横向比较立法完备性、立法科学性和立法民主性三个二级指标,可以发现立法民主性的好评最高(39.7%),立法完备性的差评最高(33.5%)。一方面,诚然公众和专家参与立法也有不少需要改进的地方,但由于我国社会急剧转型,加快创制与社会主义发展新阶段相适应、回应人民群众期待的法律法规更加迫在眉睫。

第三,横向比较法律体系完备性、立法机制完善性、立法符合实际程度、立法合理公正程度、立法公开性、公众参与立法和专家参与立法共七个三级指标,专家参与立法得分最高(76.2),公众立法参与得分最低(63.2),立法专家参与同立法公众参与二者相差13分,表明其中存在较大的实践难题。如所周知,这些年国家各种文件都特别强调立法的公众参与,但从抽样调研中公众的实际评价来看,立法公众参与度仍严重不足,理应引起立法机关的高度关注。立法是以保障人民根本权益作为出发点和落脚点,如果普通社

---

〔20〕 即便是全国人大及其常委会出台的法律案,公众实际参与程度也相当有限。据人民网2009年的一篇报道,全国人大常委会审议的法律草案通过各类媒体公布和广泛宣传,引导社会公众积极参与,取得了良好的效果。其中“社会各方面对食品安全法草案、社会保险法草案分别提出意见和建议11327件和70501件”。坦率地讲,14亿人口的大国立法,收到万余件意见建议并不算多,况且还有不少法律法规起草过程中收到的意见建议也就是区区百余件、数十件。参见全国人大常委会法制工作委员会:《扩大立法活动的公众参与》,载《人民日报》2009年12月7日。

会公众无法有效地参与立法过程中,就难以保证立法体现人民群众的根本利益,而这又会进一步使立法机制脱离实际,出现官僚化、形式化的趋向,造成法律的立改废释无法适应人民群众的切身需要。

第四,七个三级指标的好评方面:专家立法参与最高(62.2)、立法公开性次之(46.4),公众参与立法最低(10.6)、立法机制完善性倒数第二(14.5);七个三级指标的差评方面:公众参与立法最高(58.7)、立法机制完善性次之(43.7),立法专家参与最低(10.8)、立法符合实际程度次之(20.5)。立法完备性由法律体系的完善性和立法机制的完善性两个三级指标组成,前者得分71.8,后者66.2,二者相差5.6分。由此表明,相较于我国法律法规的日益完善,由人大和政府法治部门负责的各项法律法规立、改、废、释的及时性与有效性却相对滞后,他们面临的立法工作机制完善与创新任务十分紧迫。从中也可以发现评估指标的好评和差评并非严格的负相关关系,而深入探究被调查者如何选择以及选择背后的各种考量因素之间的关系,使我们的评估工作意趣盎然。

(二)基于一级评估指标的若干启示

从法治体系评估的总体情况来看,法律规范体系得分70.3,法治实施体系得分68.8,法治监督体系得分70.7,法治保障体系得分72.1,党内法规体系得分68.9。据此可以计算出由五大体系构成的我国法治体系总平均得分为70.1,其中法治实施体系和党内法规体系处于70分以下,占40%;法律规范体系、法治监督体系和法治保障体系处于70分以上,占60%;法治效果体系得分为69.5,与法治体系得分基本处于同一水平。[21]

从一级指标好中差评的比例分析,差评率最低的为法律规范体系24.3%,法治保障体系26.1%,法治监督体系28.3%,党内法规体系33.9%,法治实施体系34.6%。法治监督体系当中(具体数据略),对规范性法律文件的监督包括对法律和司法解释两种监督,其得分结果均处于中评的位置,但受访者的差评率也在30%左右,值得关注。

从法律规范体系与立法效果的分项情况看,立法完备性的评估分是69,控权指标67.6,法治观念69.5,行政执法水平67.7,但经费保障评估分却高达75.4。再从差评率分析,立法民主性、规范性法律文件、法治观念的差评率都超过30;立法完备性的差评则低于20%。以上得分说明,当前我国立

---

〔21〕 朱景文主编:《中国法治评估报告2015:中国法治评估指标》,中国人民大学出版社2016年版。

法工作在经费保障和立法规模上已不成问题,即财政支持越来越多了、立法数量越来越多了,但是立法的公众参与度、由各级政府部门制定的"红头文件"的规范性、公众严格守法的自觉性水平却跟不上形势发展的需要,成为立法工作亟待解决的短板和障碍。

六、规范性法律文件的监督

一般而言,法治监督体系指标包括规范性法律文件监督、执法监督和审判监督三个方面。本文侧重研究对规范性法律文件的监督和对司法解释的监督问题。

(一)对规范性法律文件的监督

《立法法》第 96 条规定:当法规或者规章有下列情形之一的,由有权机关依法予以改变或者撤销:"(一)超越权限的;(二)下位法违反上位法规定的;(三)规章之间对同一事项的规定不一致,经裁决应当改变或者撤销一方的规定的;(四)规章的规定被认为不适当,应当予以改变或者撤销的;(五)违背法定程序的。"

另据《立法法》第 97 条规定:全国人民代表大会常务委员会有权撤销同宪法和法律相抵触的行政法规,有权撤销同宪法、法律和行政法规相抵触的地方性法规;国务院有权改变或者撤销不适当的部门规章和地方政府规章;省、自治区、直辖市的人民代表大会有权改变或者撤销它的常务委员会制定的和批准的不适当的地方性法规;地方人民代表大会常务委员会有权撤销本级人民政府制定的不适当的规章;省、自治区的人民政府有权改变或者撤销下一级人民政府制定的不适当的规章。

结合《立法法》规定,法律执业者和法学专家需要回答以下问题:"如果某件法规或规章出现了超越法定权限、同上位法相抵触等情形,有监督权的机关对此进行审查和纠正。下面这些措施都于法有据,实际生活中也可能被运用,您觉得它们在现实生活的实际作用如何?"我们对不同选项所反映的法律监督效果进行赋值,其中,"作用很大"赋值 90,"作用较大"赋值 80,"作用一般"赋值 70,"作用较小"赋值 60,"完全没用"赋值 50。

调查结果表明:对法律监督的总评得分为 71.2,其中专家平均打分为 71.3 分,执业者平均打分为 71 分,三者分数高度接近,都属于"一般"评价。两种问卷的好评均为 38.1%,但专家的差评率是 26.3%,执业者的差评率为 32%,二者平均差评比例为 30.1%。这表明法律执业者和法学专家均认为实践中有权机关对于法规规章的监督确实具有一定作用,但并不具有压倒性优势。实践中,这种立法监督机制还存在诸多问题:首先,关于立法监督的规定不够系统,没有形成囊括监督主体、监督的启动和运行、处理、救济、责任机制等系统性的规范。其次,关于立法监督的法律建构缺乏创新性,还有许多空白的地方需要弥补。再次,缺乏细致、具体、可操作性的程序性规定,对于出现超越法定权限、与上位法相抵触等情形的法规和规章,究竟应当如何启动改变或者撤销的程序,并没有具体的规定。最后,我国的立法监督缺乏一个专门化的监督主体,《立法法》所规定的诸多立法监督主体都不是专门的监督主体,监督职能只是这些主体各自职能中的一小部分,这就导致立法监督缺乏有效的人力和物力保障。以上种种原因导致实践中鲜有规范性法律文件真正因为超越法定权限或者与上位法相抵触等原因而被撤销,往往都是通过非公开的协商方式加以解决。

(二)对司法解释的监督

针对该指标,法律执业者和法学专家需要回答以下问题:"如果某个司法解释出现了超越法定权限、同法律相抵触等情形,有监督权的机关对此进行审查和纠正。下面这些措施都于法有据,实际生活中也可能被运用,您觉得它们在现实生活的实际作用如何?"各选项中,"作用很大"赋值 90,"作用较大"赋值 80,"作用一般"赋值 70,"作用较小"赋值 60,"完全没用"赋值 50。

结果显示:执业者和专家对监督司法解释的平均打分完全一致,都是 70.7 分,总评得分自然也是 70.7 分。两种问卷的好评比例十分接近,分别为 35.2% 和 37.7%;差评比例也相差不大,分别为 32.4% 和 29.5%,表明法律执业者和法学专家均认为实践中有权机关对于司法解释的监督具有一定的作用,但实际效果并不突出。其主因在于全国人大对于备案审查工作的具体内容和相关信息始终采取不公开态度,外界所知有限,至今也未出现因为备案审查而否定司法解释的典型案例。修订后的《立法法》第 104 条规定:"最高人民法院、最高人民检察院做出的属于审判、检察工作中具体应用法律的解释,应当主要针对具体的法律条文,并符合立法的目的、原则和原意。"与此同时,《立法法》还新增了专门委员会和常务委员会工作机构可以对报送备案的规范性文件进行主动审查的规定。这就意味着全国人大常委会有权对最高人民法院、最高人民检察院报送备案的司法解释进行主动审查。我们相信,随着这些新规定逐渐发挥其实效,对于司法解释的监督将发挥越来越大的作用。

结 语

通过前述对法律规范体系及相关立法活动所做的主观量化评估,基本摸清了当前我国法律体系创制与实施的基本情况。但需要说明的是,本文就中国法律规范体系与立法效果进行的主观性评估还属于初步研究,得出的相关结论还有待有关专家和社会实践的验证。〔22〕对此,我们将在今后持续开展的评估工作中,进一步夯实支撑整个评估的法治理论基础,合理安排专家评估、公众评估和执业者评估,提高三类问卷发放和结果分析的针对性,完善调查问卷的各个问题,校正指数设定,合理增加统计数据与客观性评价的比重,增强指标之间的相关性,提高结果赋值、分等的科学性、准确度,对定量评估结果进行统计审查和再评估,在宏观评估之外适当增加中观和微观的支撑性评估,最终形成对完善新时代中国特色社会主义法律体系有解释力、说服力的研究成果,为深入推进科学立法、民主立法、依法立法提供决策基础和科学建言。

---

〔22〕 由于社会科学研究和日常生活体验之间边界的模糊性,面对本文提供的关于法律规范体系与立法效果的评估数据及相关结论,可能会有人产生其与普通人的一般认知差别不大的质疑,即使不进行这一系列的指标设计、问卷调查和数据分析,似乎也能够得出大致相同的结果(如法治体系总得分为中评 70.1 分)。这就涉及法社会学研究乃至于整个社会科学研究所面临的一个深层次问题:如果我们已经有了"常识"(common sense)这样一种成本极低的认知世界的工具,那么是否还需要社会科学呢?这样的社会科学研究究竟在什么层面上会增进我们对世界的理解?首先,应当承认,社会科学与自然科学研究不同,无论其理论框架多么精深、分析技术多么复杂,就本质上而言其与人们的日常生活体验是密不可分的。例如法律是否存在"该管的不管"的问题?法律的规定是否符合实际?这些东西并不是深藏于实验室之中的抽象客体,而是与普通民众的生活感知密切相关。但我们不能就此认为那些看似只是验证了"常识"的社会科学研究是没有意义的。人们在生活经验中所产生的"常识"并不一定具有代表性。任何常识总是基于主体的特定人生经历和信息来源,而后者的多样性必然决定了不同主体眼中的"常识"是不同的。其次,即使某些"常识"确实具有代表性,被社会上的绝大部分人认可,它也有可能是错误的。与之相比,社会科学研究所使用的一系列研究方法能够尽可能地克服这些内在偏见,呈现出更为真实的社会图景。再次,即使"常识"确实正确,我们也无法仅仅依靠"常识"本身来明确其适用范围。任何常识都必然有一定的适用范围,超出了这个范围常识就会转化为谬误。社会科学研究的真正价值并不在于揭示某一常识是否成立,而在于揭示某一常识"在何种条件下"是否成立。最后,社会科学研究可以帮助我们了解某一"常识"成立的具体机制。在日常生活中,人们的思维往往是跳跃式的,对于其中因果关系的认知非常模糊,如果始终停留在这样一种层面,那么我们对于世界的认识也是很不充分的。而社会科学研究则可以帮助我们在微观层面上探究具体的因果关系和影响机制,从而深入地揭示微观机制和宏观社会情境之间的关系。

我国法治政府建设地区差异的定量分析*

王敬波

中国政法大学法治政府研究院教授。

引　言

法学界讨论转型期的法治建设时，最大的难题在于难以找到转型期法治的特点和规律。地方法治作为国家法治的组成部分，其曲折前行的进程对于管窥国家法治的发展具有样本意义。《法治政府建设实施纲要（2015—2020 年）》中提出“2020 年基本建成法治政府”，这是法治中国这一宏大目标中最紧迫和最现实的任务。评估地方法治政府建设的现状，探索其发展规律，发现推动地方法治进步的动力因素，对于找准国家法治建设的突破口和着力点具有重要的实践意义。

中国政法大学法治政府研究院自 2014 年至 2017 年连续四年在全国范围内开展地方法治政府评估，是目前唯一有全国影响力的针对地方政府法治状况进行的第三方评估。评估指标体系以 2004 年国务院《全面推进依法行政实施纲要》、2008 年国务院《关于加强市县政府依法行政的决定》《关于加强法治政府建设的意见》和 2015 年中共中央、国务院《法治政府建设实施纲要（2015—2020 年）》为依据，结合客观评价和主观评价，共设置 9 项一级指标，26 项二级指标，72 项三级指标，其中反映客观评价的一级指标共有 8 项，分别为“全面履行机构职能”“法治政府的组织领导”“政府制度建设”“行政决策”“行政执法”“政务公开”“监督与问责”“社会矛盾化解与行政争议解决”。反映主观评价的一级指标即“公众满意度调查”。评估的对象

* 本文原载《法学研究》2017 年第 5 期。

为100个城市,分为四类,其中直辖市4个,省、自治区的人民政府所在地的市27个,国务院批准的较大的市23个,以及根据人口规模选择的其他城市46个。评价的方式有:网络调查、实地调查、信息公开申请等。这是目前国内涉及地方政府最多、指标涵盖最广的评估活动之一。本文通过对历次评估结果进行分析,旨在发现地方法治政府建设过程中经济、政治、文化等因素的交互作用和地方法治政府建设过程中的客观规律,探索加快推进法治政府建设的动力机制。

一、法治政府建设区域现象的客观现实

在转型时期经济社会发展不平衡的背景下,地方法治呈现多样性、区域性和不平衡性。无论是以特定地缘为基础的省域的结合还是市域的集合,城市间的地缘关系纽带是多样的,既可以是经济的,也可以是政治或者文化的。从大历史的视角来看,地理空间关系是文明社会法律变迁过程的一个至关重要的自然与社会条件。评估结果显示,我国经济社会发展不平衡的基本特点同样反映在地方法治政府建设上。

(一)东中西部法治政府建设发展不平衡

东中西部城市之间法治状况发展不平衡是历次评估中显示出来的共性特点。东中西部区域在2014年至2017年评估中的平均分见表1。

表1 东中西部法治政府平均分

区域	2014年	2015年	2016年	2017年
东部	625	645	691	718
中部	579	600	645	662
西部	557	579	625	654

可以发现,在总分1000分的情况下,东部地区在四年评估中的平均分都在及格线之上,最低分是2014年的625分,历年评估中的平均分数均为最高。中部地区2014年的平均分不及格,但是2015年和2016年的平均分达到及格。西部地区2014年和2015年的平均分都不及格,2016年开始达到及格线。

被评估的100个城市中,东部城市48个,中部城市32个,西部城市20个。从城市的排名情况来看,将四年的评估中得分在前20名和后20名的城市数量及其占所在区域城市的比例进行对比,可以在一定程度上体现区域间的差异。2014年评估中得分在前20名的城市,东部15个,占东部参加评估

城市的31.25%;中部3个,占中部参加评估城市的9.38%;西部2个,占西部参加评估城市的10%。2015年评估中,东部城市14个,占东部参加评估城市的29.17%;中部3个,占中部参加评估城市的9.38%;西部3个,占西部参加评估城市的15%。2016年评估中,东部城市15个,占东部参加评估城市的31.25%;中部3个,占中部参加评估城市的9.38%;西部2个,占西部参加评估城市的10%。2017年的评估中,东部城市16个,占东部参加评估城市的33.33%;中部2个,占中部参加评估城市的6.25%;西部2个,占西部参加评估城市的10%。2014年评估中得分在后20名的城市,东部城市5个,占东部参加评估城市的10.42%;中部8个,占中部参加评估城市的25%;西部7个,占西部参加评估城市的35%。2015年评估中,东部城市4个,占东部参加评估城市的8.33%;中部8个,占中部参加评估城市的25%;西部8个,占西部参加评估城市的40%;2016年评估中,东部城市7个,占东部参加评估城市的14.58%;中部8个,占中部参加评估城市的25%;西部5个,占西部参加评估城市的25%。2017年评估中,东部城市4个,占东部参加评估城市的8.33%;中部8个,占中部参加评估城市的25%;西部8个,占西部参加评估城市的40%。通过汇总可以发现,被评估的48个东部城市,近30%都可以进入前20名,也就是说,排名在前20名的城市中,七成都是东部城市,中西部城市加起来只占三成。相反,排名在后20名的城市以中西部城市为主,占七成,尤其是被评估的西部城市中接近40%始终排在后20名。针对四年的评估中,九个一级指标分别进行前20名和后20名的比较,可以发现单个指标排名前20名和后20名的东中西部城市数量及其占所在区域的比例,与上述总体得分情况基本一致。

将九个一级指标的平均得分率按照东中西部进行比较,同样可以发现东中西部的差异,详细数据见表2。

表2 各一级指标平均得分率

单位:%

年份	区域	1职能履行	2组织领导	3制度建设	4行政决策	5行政执法	6政务公开	7监督问责	8争议解决	9公众调查
2014	全国	78.10	37.44	56.01	62.02	53.86	68.93	60.74	47.11	63.47
	东部	80.44	40.99	61.07	63.73	56.65	72.37	63.47	51.25	64.96
	中部	75.89	33.26	52.64	61.53	53.16	68.10	58.51	43.89	63.34
	西部	76.06	36.17	48.44	58.00	47.08	60.47	57.53	41.94	59.26

续表

年份	区域	1 职能履行	2 组织领导	3 制度建设	4 行政决策	5 行政执法	6 政务公开	7 监督问责	8 争议解决	9 公众调查
2015	全国	79.80	41.66	54.33	64.47	52.33	81.25	64.95	53.70	58.68
	东部	83.58	44.30	55.03	66.04	56.62	85.26	67.08	58.50	59.96
	中部	77.33	41.32	56.39	64.14	49.61	77.87	63.07	50.00	57.13
	西部	74.00	34.53	47.58	60.50	45.57	76.93	62.75	47.63	58.33
2016	全国	76.23	49.24	63.45	68.87	57.93	77.15	68.02	68.10	64.80
	东部	81.56	51.15	67.29	70.00	62.40	81.13	69.61	70.92	65.82
	中部	71.03	50.31	62.19	68.36	54.31	74.64	67.36	64.92	64.33
	西部	71.94	41.09	54.77	66.63	52.63	70.82	64.72	66.81	62.82
2017	全国	82.81	59.03	57.40	72.19	57.52	81.65	73.45	70.48	64.07
	东部	86.06	62.03	64.24	74.02	61.82	85.53	74.68	73.44	65.88
	中部	81.03	57.47	52.50	71.28	53.88	78.16	72.38	66.76	62.37
	西部	77.06	53.52	47.89	69.25	52.82	77.86	72.16	69.92	62.49

可以看出，除了个别年份的个别指标，如 2014 年的“政府职能履行”“依法行政的组织领导”，2015 年的“制度建设”，绝大部分年份一级指标的平均得分率均明显表现出东中西部依次降低的态势。无论是从总体概况，还是九个一级指标的情况，我们可以看到，东中西部城市之间的法治政府建设水平存在较大差距，东部整体上好于中西部。这种差异在一定程度上证明地方法治政府建设水平具有区域性的特点。

（二）区域间法治政府建设的均衡度

衡量区域内经济分布的均衡度，使用比较普遍的均衡度指标有极差、标准差等。本文通过进行不同区域极差和标准差的比较，揭示区域间法治政府建设水平的均衡度。关于表 3 中东中西部以及不同城市群的数据，其中统计量指的是被评估城市的数量，最小值和最大值分别指的是当年度评估时得分最低和最高城市的得分，平均值指的是该年度被评估城市得分的平均数值，极差和标准差是通过 SPSS 计算而得。

极差和标准差是两种证明均衡度的标准。极差是用最大值减去最小值而得。极差越大，说明差异越大。极差越小，说明差异越小。根据表 3 中的数据,东部城市间的极差小于中西部城市间的极差,加之东部地区被评估城市的数量多于中西部,说明东部城市之间法治政府建设状况的均衡度高于中西部。标准差是另一种验证均衡度的方式,可以更加精确地反映地区的差异和区域均衡度。标准差的值越大,说明差异越大,值越小,说明差异越小。全国和东部、中部地区的标准差连年降低,说明法治政府建设状况的离散度在降低。东部地区的标准差连续四年降低,2017 年标准差降至 51.76,是历年来的最低值,说明东部地区城市间的离散度越来越小,均衡度不断提高。中部的标准差也在持续下降中,降速甚至高于东部地区,说明中部城市间法治政府建设状况的均衡度快速提高,正在接近于东部。西部的标准差始终在 70 以上,高于全国标准差的平均水平,也高于中部和东部,说明西部城市间法治政府建设状况的差异大,均衡度最低。

表 3 东中西部地区极差、标准差

区域	年份	统计量	最小值	最大值	平均值	极差	标准差
全国	2014	100	408.91	753.90	597.01	344.99	72.22
	2015	100	402.94	782.88	617.36	379.94	70.61
	2016	100	426.36	825.61	663.07	399.25	64.72
	2017	100	456.78	816.33	687.22	359.55	66.83
东部	2014	48	475.03	753.90	625.28	278.87	65.61
	2015	48	534.46	782.88	644.85	248.42	63.03
	2016	48	576.16	825.61	690.73	249.45	53.82
	2017	48	601.70	816.33	717.82	214.63	51.76
中部	2014	32	408.91	715.88	579.31	306.97	63.98
	2015	32	465.08	737.68	600.25	272.60	61.63
	2016	32	428.14	764.00	645.09	335.86	59.38
	2017	32	515.76	787.93	661.85	272.17	55.58
西部	2014	20	420.18	717.55	557.48	297.37	75.24
	2015	20	402.94	722.14	578.77	319.20	77.37
	2016	20	426.36	722.12	625.46	295.76	70.27
	2017	20	456.78	796.48	654.39	339.70	83.76

随着经济社会的发展，城市群成为另一种区域划分的标准。我国已经确定的七个国家级城市群或者经济区包括：哈长、京津冀、长三角、珠三角、长江中游、中原、成渝城市群。其中珠三角城市群的9个城市中有5个参加评估，占城市总数的56%。哈长城市群的11个城市中有5个参加评估，占45%。成渝城市群的15个城市中4个参加评估，占27%。京津冀城市群的10个城市中有6个参加评估，占60%。长三角城市群的26个城市中有10个参加评估，占38%。长江中游城市群的31个城市中有11个参加评估，占35%。中原城市群的30个城市中有13个参加评估，占43%。虽然并非城市群中的所有城市都参加了评估，无法揭示城市群法治政府建设的全貌，但是被评估的城市占城市群城市数量的比例，少的如成渝城市群占27%，说明有1/4以上的城市参加评估，多的如京津冀城市群，占六成以上。再者，被评估的城市在城市群中都是属于人口集中的大中城市，一定程度上可以代表该城市群法治建设的先进水平。各城市群的平均分、极差、标准差等数据见表4。

表4　各城市群极差、标准差

城市群	年份	统计量	最小值	最大值	平均值	极差	标准差
全国	2014	100	408.91	753.90	597.01	344.99	72.22
	2015	100	402.94	782.88	617.36	379.94	70.61
	2016	100	426.36	825.61	663.07	399.25	64.72
	2017	100	456.78	816.33	678.22	359.55	66.83
珠三角	2014	5	586.24	753.90	697.29	167.66	65.97
	2015	5	644.64	782.88	732.90	138.24	55.24
	2016	5	697.95	773.08	734.08	75.13	35.07
	2017	5	694.96	800.25	746.77	105.29	49.90
哈长	2014	5	408.91	618.18	529.62	209.27	77.68
	2015	5	465.08	627.02	549.99	161.94	58.53
	2016	5	428.14	692.37	609.96	264.23	110.10
	2017	5	515.76	698.70	629.39	182.94	68.22

续表

城市群	年份	统计量	最小值	最大值	平均值	极差	标准差
成渝	2014	4	535.65	717.55	598.80	181.90	84.55
	2015	4	569.84	722.14	633.98	152.30	70.52
	2016	4	607.40	722.12	674.85	114.72	55.07
	2017	4	706.76	739.05	723.81	32.29	14.00
京津冀	2014	6	521.57	739.64	598.12	218.08	79.71
	2015	6	555.15	755.95	635.67	200.80	70.74
	2016	6	600.71	731.24	656.36	130.53	52.68
	2017	6	601.70	761.73	679.93	160.03	64.43
长三角	2014	10	580.36	716.01	657.53	135.65	46.21
	2015	10	602.62	752.05	677.90	149.43	52.15
	2016	10	669.74	825.61	743.71	155.87	43.35
	2017	10	699.48	805.42	756.62	105.94	36.74
长江中游	2014	11	560.72	715.88	608.31	155.17	53.83
	2015	11	575.96	737.68	630.74	161.72	43.53
	2016	11	616.42	750.94	667.97	134.52	35.88
	2017	11	618.81	743.50	691.59	124.69	38.19
中原	2014	13	474.68	645.87	569.74	171.18	54.21
	2015	13	521.04	695.19	597.42	174.15	48.62
	2016	13	556.58	712.97	634.11	156.39	44.25
	2017	13	566.35	729.86	658.34	163.51	47.28

横向比较七个城市群中部分城市法治政府评估的得分,无论是最高分、最低分还是城市的平均分,珠三角和长三角都比较高,说明珠三角和长三角城市群整体上的法治政府建设水平高于其他城市群。哈长城市群和中原城市群的最高分、最低分以及平均分普遍低于其他城市群,尤其是哈长城市群的平均分最低,说明其法治政府建设发展水平处于相对较为落后的状态。成渝城市群、京津冀城市群和长江中游城市群则处于居中的水平。

通过分析被评估城市群的最高分和最低分,进而对其极差、标准差进行比较,可以在一定程度上反映该城市群不同城市间法治政府建设水平的均衡度。理论上说,城市群涉及的省域数量与均衡度有一定的相关性,涉及的省域数量少,省域统筹的难度小,有助于提高城市间的均衡度。相反,涉及的省域数量多,统筹的难度大,城市间的均衡度也会相对降低。虽然珠三角城市群和长三角城市群的平均分都比较高,但是珠三角的城市均在广东省内,长三角却涉及三省一市。因此,比较而言,长三角城市群的总体法治政府建设水平较高,城市间也呈现出更为均衡的特点。京津冀城市群包括一省二市,长三角城市群包括三省(浙江、江苏、安徽)一市(上海),后者最高分和最低分之间的绝对极差小于前者,标准差也更小,说明长三角城市群的均衡度好于京津冀。哈长城市群总体平均分较低,城市间的极差和标准差在七个城市群中最大,加之只涉及黑龙江和吉林两个省,可以说,哈长城市群的法治政府建设状况在七个城市群中处于总体较为落后的状态。从 2014 年至 2017 年标准差的变化情况来看,成渝城市群的标准差处于持续下降中,在 2017 年评估中更是急速降低,说明重庆、成都、南充、达州四个城市间的差距在迅速缩小。其他六个城市群的标准差虽然整体上处于下降趋势,但是时有反弹。例如,自 2014 年至 2016 年,珠三角、京津冀、长三角、长江中游、中原五个城市群中的标准差都呈现出连年降低的态势,说明不同城市间在法治政府建设中的差异在缩小,城市间的均衡度在不断提高。但是,2017 年珠三角、京津冀、长江中游、中原四个城市群的标准差较之前有所上升,均衡度出现反弹,这说明,在各个城市群总体提升的情况下,高分城市和低分城市之间的差距也在拉大。

综合上述分析,通过评估显示出地方法治发展不均衡的客观事实,东部地区法治政府的水平更高也为客观数据所证明。这种现象说明,法治发展不仅具有渐进性、阶段性特征,也具有地域性特征。

二、区域法治政府发展的影响因素

区域法治是国家法治在一定区域内的展开,是根据区域不同的自然环境,经济基础、文化传统等因素实施的依法治理,形成具有区域特色的法治运行模式。

(一)法治政府建设与经济发展的相关性

区域发展不平衡是中国经济社会的显著特点,对于中国法治发展产生至关重要的影响。一般来说,经济发展水平必然影响到法治建设,但是这种影响在不同地区的具体表现,确是一个需要用客观数据回答的问题。

虽然东中西部经济发展的差异为社会所广泛承认,但是具体状况非常复杂。标志着一个城市经济发展的数据很多,本文从宏观和微观两个指标进行分析,国内生产总值(GDP)作为宏观经济指标;居民人均收入作为微观上的经济指标,包括城镇居民收入和农村居民收入。笔者将被评估的100个城市2013年至2016年的GDP以及城镇和农村人均居民收入,分别与2014年至2017年的法治政府评估分数进行相关性分析。之所以采用这种年度对应方式是由于,2014年的法治政府评估报告对应的是2013年地方政府的法治状况,2015年的法治政府评估报告反映2014年的地方法治状况,以此类推。利用SPSS22.0进行数据分析后,得出法治政府评分与GDP之间的相关系数见表5。

表5 法治政府评分与GDP相关系数

年份	全国	东部	中部	西部
2014	0.5363	0.5350	0.3277	0.5322
2015	0.5674	0.6396	0.1740	0.6010
2016	0.5235	0.5118	0.3308	0.5707
2017	0.5548	0.5716	0.5076	0.4458

从全国的情况来看,2014年的法治政府评分与2013年的GDP之间的相关系数是0.54,2015年法治政府评分与2014年的GDP之间的相关系数为0.57,2016年法治政府评分与2015年的GDP之间的相关系数为0.52,2017年法治政府评分与2016年的GDP之间的相关系数为0.55。法治政府的评分与GDP之间相关系数均在0.52至0.57,处于中度相关的数值之中,说明地方法治政府的水平与GDP之间具有较强的正相关关系。从上表可以看到,东部地区被评估城市的法治政府评分与其GDP之间的相关系数在0.51至0.64,西部被评估城市的法治政府评分与被评估城市的GDP相关系数在0.45至0.60,东部和西部法治政府评分与GDP之间均属于中等程度的正相关。例外的是中部地区,三年的相关系数在0.17至0.51,其相关性表现不稳定,总体上属于弱相关。

采用同样的方法,分别将2014年至2017年被评估城市的法治政府得分与2013年至2016年当地城镇居民人均收入和农村居民人均收入进行相关性分析后得出的数据见表6。

表6　法治政府评分与居民人均收入相关系数

	全国	东部	中部	西部
农村居民	0.5746	0.5729	0.4790	0.4436
城镇居民	0.6128	0.6399	0.5587	0.4401

从上述数据分析可以看出，无论是城镇居民人均收入还是农村居民人均收入均与法治政府评分之间存在正相关，尤其是与城镇居民人均收入之间的正相关更强。

结合地方法治政府评估得分与当地 GDP 和居民人均收入之间的相关系数分析，我们可以初步得出结论，法治政府建设的水平与地区的经济发展之间存在较强的正相关关系。市场经济高度发达，社会的整体法治意识更高，尤其是权利意识更强。由于社会对政府依法行政的要求更高，自然促进政府法治水平的提升。

基于法治政府评估和 GDP 以及居民收入两组相关系数的对照，我们可以得出结论，经济发展和法治政府建设之间存在较强的正相关。东中西部之间出现差异，尤其是中部、西部法治政府与经济发展之间的相关性比较低的现象，这说明，经济发展对于法治政府建设虽然具有重要影响并且也是基础性因素，但是显然并非唯一因素。对于哪些地方可能先行法治化，一种观点认为，只有在具备经济社会先发优势的地方区域才有可能实现，没有地方民主政治的优先发展、市场经济的高度发达、民众理性文化的超前进步等条件，就不可能建构出区域法治建设的先行性。另一种观点则认为，发展地方法治并不限于先发地区，并提出地方法治内陆化现象，最典型的是“法治湖南”“法治湖北”。

（二）地方法治先行的政治推动

随着国家法治建设进程的加快，地方和中央之间的互动是非常明显的。例如，1996 年 11 月，浙江省八届人大常委会第 32 次会议通过了《关于实行依法治省的决议》。2000 年浙江省委做出关于进一步推进依法治省的决定。2005 年 11 月，浙江省委通过了浙江省国民经济和社会发展第十一个五年规划的建议，提出要“以推进‘法治浙江’建设为载体，努力建设民主健全、法治完备、公共权力运行规范、公民权利切实保障的法治社会”。2006 年浙江省委通过了《关于建设“法治浙江的决定》，正式做出了建设“法治浙江”的决策。再如，2003 年 11 月，江苏省人大立法会议上提出了建设法治江苏、保障率先发展的要求。2004年7月,江苏省委制定下发的《法治江苏建设纲要》被认为是国内较早的以纲要形式全面推进法治建设的文件。2005年5月,江苏省委明确提出了"严格依法行政、确保公正司法,建设老百姓认可的法治省份"的构想,并确立了建设法治江苏的总体目标,即以宪法和法律为依据,以经济建设为中心,以健全民主法制、保障社会文明安定为基本目标,通过完善立法、依法行政、公正司法、法律监督、法制教育和法律服务等途径,全面推进政治、经济、文化和社会领域的法治化,到2020年,基本实现江苏政治生活、经济生活、社会生活的法治化,人民管理国家、社会事务和经济文化事业的权利得到全面实现和保障,公共权力的配置和行使受到有效规范和约束。应当说,在经济发展的催动下,政治推动也对地方政府法治水平的提升中起到加速作用。

中西部地区虽然在法治政府建设的总体状况上落后于东部地区,但个别城市的表现仍然引人注目,例如合肥、长沙、成都在法治政府评估中,连续四年都排在全国的前20名。相比而言,安徽虽然在中部地区,但是其平均分高于湖南和湖北,更远远高于中部的平均分,总体水平在中部区域属于比较高的。这与安徽较早地开展依法治省工作密切相关。2008年,安徽省委明确提出建设"法治安徽"的任务。2011年安徽省政府发布《依法行政和法治政府建设规划纲要(2011—2015)》,对法治建设提出了明确目标。有学者总结湖南法治的经验为"程序型法治",其标志性成果是湖南省率先制定了《湖南省行政程序规定》,以地方政府规章的形式填补了我国行政程序立法的空白。2011年7月,湖南省委发布《法治湖南建设纲要》,打造法治湖南的升级版。2012年6月,湖北省第十次党代会首次提出"努力建设富强、创新、法治、文明、幸福湖北",同时提出"法治湖北"建设是湖北建成中部地区崛起重要战略支点的坚强保障。上述列举的安徽、湖南、湖北等省促进法治政府建设的相应政策,无疑在自上而下地推动地方政府的法治建设中发挥了重要作用。2014年至2017年,全国法治政府评估的平均分分别是597分、617分、663分、687分,四年间中部城市的平均分分别是579分、600分、645分、662分,总体上低于全国平均分。但是,参加评估的安徽合肥、阜阳、淮南、六安的四年平均分分别是633分、657分、692分、703分;湖南长沙、常德、衡阳、邵阳、岳阳的四年平均分分别是631分、659分、681分、708分;湖北武汉、荆州、黄冈、襄阳的四年平均分分别是569分、617分、663分、685分。安徽、湖北、湖南参加评估城市的得分几乎都高于中部城市的平均分。正是由于安徽、湖北、湖南自上而下的政治推动使部分城市异军突起,超越本省或者本地区法治政府的平均水平。中部的情况说明,自上而下的政治推动可以在一定程度上稀释经济社会的基础性作用。当地党委和政府自上而下的政治推动所起到的促进作用在珠三角也得到证明。从极差和标准差来看,珠三角城市之间的极差和标准差在2016年显著降低,来自广东省的政治推动是其中一个重要原因。2015年11月,广东省政府发布《广东省创建珠三角法治政府示范区工作方案》,提出"在珠三角地区创建法治政府示范区,通过典型示范、辐射带动方式,推动我省法治政府建设工作走在全国前列,率先实现基本建成法治政府的目标"。正是在广东省的统一部署下,珠三角城市群的极差从2014年的167.66,降至2015年的138.24,2016年则降至75.13。标准差从2014年的65.97,降至2015年的55.24,2016年更是降至35.07,城市间的差距迅速缩小,珠三角城市间的法治政府水平渐趋均衡。

(三)区域法治的文化因素

文化在量上的增减,以思想、价值观和艺术的活动为表现,也构成法律的相关因素。"在创造性活动及其他文化活动繁荣之时,立法和诉讼也随之增加。"区域法治发展的可能性源自法律的地方性,而法律的地方性又源自文化的地方性,使区域文化催生区域法治发展得以成为可能。长三角城市群虽然跨三省一市,但是法治政府整体水平高,城市间更为均衡,与该区域的文化有密切的关系。近代中国,自上海、宁波、广州、厦门等成为通商口岸以后,中国逐渐形成沿海地带和内陆地带两个主要的文化地带。古代的商业萌芽、近代的工商业发展使浙江、江苏、上海等长三角区域成为我国"重商主义"的发祥地,历史上就有"义利并重""工商皆本" 的传统。长三角因为经济发达于其他区域,较早地因为商品交换而产生基于物权的权利意识、基于交易的主体平等观念、基于交换秩序的规范体系、基于交易确定的契约习惯和基于可持续发展的理性精神,更会有防止权力滥用并干涉经济交往的权力制约要求。广东作为市场经济和改革开放的前沿,是中国侨乡文化的典型代表,其地域文化具有开放性、包容性等鲜明的特点。从某种程度上说,正是珠三角和长三角私法文化较为发达,契合了珠三角和长三角的地缘、经济和社会发展要求,从而为经济发展和法治发展提供了内在的驱动力量。珠三角和长三角的发展在一定程度上说明区域法治与区域文化具有正相关性。珠三角、长三角城市群作为法治先行地区初步形成了一个系统性的推动机制,经济、政治及文化不同的力量于其中相互作用。

经济社会发展对于法治的促进是渐进的,其作用的发挥是缓释性的。相对于东部地区,中西部的经济推动尚未达到足够强大的程度,以行政命令为形式的自上而下的单向度的政治和行政推动虽然可以发挥作用,但是难以形成全方位的长效推动系统。国家法治战略的整体推进,需要地方法治建设的有效实践。区域法治汇聚不同的法治经验,达致法治中国的多样性统一,既是法治中国渐进性的生动体现,也是实现法治中国的有效途径。但是,我们必须认识到,在国家法制统一的背景下地方法治先行可能产生的弊端。区域发展的极度不平衡会破坏国家法治的整体性,甚至会产生割裂恶果。因此,一方面,要防止地方出现法治碎片化现象的情形;另一方面,也要防止地区间差距加大,影响法治中国的总体目标。后发达地区要适应经济社会发展的步骤,需要特别的推动机制,加快发展进程,从而避免东西部以及不同城市群之间差距不断加大,形成法治国家建设中的短板效应。例如,哈长城市群只涉及黑龙江和吉林两个省,地缘性相似度高。哈长城市群被评估的城市虽然数量少,但是最高分和最低分均低于其他城市群,最高分和最低分之间的极差大,在珠三角、长江中游、成渝城市群出现极差缩小的情况下,哈长城市群的极差在加大,这说明总体上哈长城市群法治政府的水平比较低,城市间的差距较大,并且出现不断加大的迹象,落后的城市没有明显进步。对此,黑龙江和吉林都有一定程度的认识,黑龙江专门成立发展环境整治领导小组。李克强总理也建议东北开展"法治东北、信用东北" 建设。

区域竞争是中国经济增长以及区域发展的重要动因之一。在基础设施建设、个别性的特殊政策扶持等手段逐渐耗尽的情况下,当前和很长一段时间内,制度竞争、法治竞争可能成为提升地方竞争力的根本手段。这就促使地方政府通过制度创新,创造和维护平等竞争的环境,发展和巩固区域竞争优势,汇聚成为促进地区法治进步的强大动力,地方政府间开展法治竞争的态势初现端倪。相对于东部地区,中西部地区的经济发展在短时间内无法发生显著变化的情况下,应注重发挥地方政府对于地方法治建设所起的建构性作用,学习发达地区的经验并在本地区推广。

三、加快地方法治政府建设的着力点

法学界针对转型期中国的法治道路以及地方先行法治化存在不同认识。肯定的观点认为,先行法治化是寻找一条适合中国国情的试错之路,可以减少向法治转型的社会成本。否定的观点认为,地方先行法治化违背现代法治精神与法制统一原则。甚至有可能"误造"法治的单元体、破坏法律体系的统一性,走向法治的地方割据,消解法治的宪法基础。长期稳定的、安全的、可预期的制度环境将成为地方或者区域的根本竞争力。如果区域间法治水平差距不断加大,法治落后地区将在地区间的竞争中处于更加劣势的地位,进而加大经济社会发展的不平衡。经济社会发展不平衡又会和法治不平衡形成叠加效应,进而演变为极化性不平衡发展,即原有较发达地区仍以更快速度发展,而欠发达地区发展缓慢,使区域间经济水平差距更趋扩大。区域间法治政府建设水平的差异扩大客观上对国家法治会产生负面影响,进而造成国家法治的碎片化,影响国家法治的统一性,割裂国家法治精神。同样,城市间法治水平的不均衡也不利于国家城市群战略的推进。因此,需要高度警惕地方政府法治水平的差异演变成为一种地域上的切割,不能任由这种差异加大,必须采取"调谐"措施,使失去的平衡得到恢复。

地方的经济、政治、文化与地方法治政府建设的状况有密不可分的关系,既不可或缺,又相互促进。经济社会发展阶段作为基础性条件对地方政府的法治水平发挥重要作用。"一定的经济基础既是法的出发点,也是法的归宿。"自上而下的政治推动则可以在短时间内促进形式意义上的法治指标迅速提升。文化则是一股无形的力量,在潜移默化中发挥着作用。这三个基本面交互作用,成为影响法治发展的最重要因素。法治的发展反过来对经济、政治、文化也产生促进作用。部分地方法治政府建设的水平高于其他城市,具备成为法治建设先导区的可能性,应引导其成为推动全国法治政府建设的一种力量。对于法治发展相对较快的地区来说,需要着力解决实质法治的跟进。实质法治是影响社会公众对于法治的"获得感" 的关键。民众对法治的要求和参与的不断提高,又会进一步促进政府法治水平的提升,形成法治政府与法治社会相互促进,共同推进法治的良性发展。对于法治水平相对落后的地区来说,后发优势的充分运用可以有效提高形式法治的水平。"政治动员式"的法治建设模式虽然无法明显推动实质法治的形成,但是在"2020 年基本建成法治政府"这一具有政治意义的号召下,地区间的法治竞赛可以在形式上降低区域法治差异。对于法治的后发区域,鉴于经济发展和文化养成非一日之功,政府能否以及如何充分利用后发优势就成为法治发展成败的关键。将法治举措作为后发地区经济发展的"助推器"无疑是一个理性选择。这就需要国家或者地方政府加大对于法治政府建设的关注,并持续进行推动,从而弥补由于经济差距和法治差异不断加大造成的弱者更弱、强者更强的两极化现象。反过来,在政治动员推动下进步的形式法治会在一定程度上对实质法治形成影响,经济落后地区的法治进步会成为该地吸引投资,进而提升经济实力的招牌,为中西部发展带来新的契机,降低由于东中西部经济差距不断加大可能带来的法治和社会治理层面的巨大落差。通过评估,我们已经可以看出一些西部城市进步的苗头。东中西部的平均分在四年的评估中呈现逐年上升趋势,说明各区域都在不同程度的进步中。东部地区 2015 年较之 2014 年同比上升 3.1%,2016 年较之 2015 年同比上升 7.1%,2017 年较之 2016 年同比上升 3.9%。中部地区 2015 年较之 2014 年同比上升 3.6%,2016 年较之 2015 年同比上升 7.5%,2017 年较之 2016 年同比上升 2.6%。西部地区 2015 年较之 2014 年同比上升 3.9%,2016 年较之 2015 年同比上升 7.9%,2017 年较之 2016 年同比上升 4.6%。可见,西部地区的上升速度最快。中西部地区实现"弯道超车"的可能性是存在的。

深化法治政府建设,各地需要根据本地情况,选择着力点,建议从以下方面重点推进。

(一)加大政务公开力度,发挥倒逼作用

法治政府评估指标体系中的前八个一级指标,是按照政府职能履行情况、法治政府建设的组织领导、依法行政的制度体系、行政决策、行政执法、政务公开、监督与问责、社会矛盾化解与行政争议解决等关涉政府依法行政的不同方面进行设计的。第九个指标是通过社会调查的方式,了解公众对政府依法行政水平的主观感受。针对在 2014 年至 2017 年评估的九个一级指标进行年度得分率进行对比,可以发现,其中得分率最高的是政府职能履行情况和政务公开两项,在 2017 年度的评估中得分率分别达到 82.81% 和 81.65%。

与政务公开一级指标得分率较高相应的是,政务公开三级指标的得分率也都比较高,例如,政府信息公开指南是否完整、政府信息公开年报是否及时发布等三级指标的得分率,在三年评估中几乎都达到 90% 以上。再如,对于依申请公开信息是否不当设置申请条件,到 2016 年,98% 的城市已经不再要求提供科研证明等额外条件。此外,评估指标体系中其他一级指标中还有 5 个三级指标也涉及政务公开,从其历年的得分率来看,政府部门职责方案的公开、重大决策的结果公开、审计报告和结果的公开等项目的得分率也在逐年提高。这些数据都可以说明,地方政府政务公开工作完成得较好。

为什么政务公开在所有一级指标中表现最好？分析其背后的原因,至少有以下方面:第一,公开原则成为政治共识。1987 年 12 月召开的中国共产党第十三次全国代表大会的政治报告中专门强调,"要提高领导机关的开放程度,重大情况让人民知道,重大问题经人民讨论",由此,奠定了实行政务公开与建立政府信息公开法律制度的思想和政策基础。党的十五大报告中提出:"城乡基层政权机关和基层群众自治组织,都要健全民主选举制度,实行政务公开和财务公开。"党的十七大报告要求:"加强基层政权建设,完善政务公开、村务公开等制度。"党的十八大报告进一步扩大公开原则的范围:"推进权力运行公开化、规范化,完善党务公开、政务公开、司法公开和各领域办事公开制度,健全质询、问责、经济责任审计、引咎辞职、罢免等制度,加强党内

监督、民主监督、法律监督、舆论监督,让人民监督权力,让权力在阳光下运行。”这些党的政策说明,公权力公开运行在观念上已经达成基本共识。第二,从法律制度角度来看,《政府信息公开条例》为信息公开设定了法律框架,对于信息公开起到重要的推动作用。此外,中办和国办至今针对信息公开共发过三次文件,分别是2000年中办、国办联合下发的《关于在全国乡镇机关全面推行政务公开制度的通知》,2005年中办、国办联合下发的《中共中央办公厅、国务院办公厅关于进一步推行政务公开的意见》,2016年中办、国办印发的《关于全面推进政务公开工作的意见》。这些政策文件对于全国政务公开起到很大的促进作用。其他如行政决策、行政执法等方面,国家的政策强度则没有这么大。第三,从组织角度来看,政务公开的主管部门是国务院办公厅政府信息与政务公开办公室以及各级政府及其职能部门的办公厅(室),其协调力度更大。第四,公众参与度高。社会对于政府信息公开给予高度关注,多家学术机构和社会机构对其开展评估。例如,中国社科院受国务院办公厅政府信息与政务公开办公室委托开展政务公开评估,并发布的《政务公开第三方评估报告》;北京大学联合国内八所高校开展的中国行政透明度观察;上海财经大学开展的中国财政透明度观察;中国政法大学和中国社科院都开展的中国高校信息公开评估等。可以说,政府信息公开领域开展的社会评估最多,社会影响力最大。第五,近年来,信息公开复议和诉讼案件激增,带来的倒逼作用明显。基于此,针对政务公开,中央政策确定方向,起到引领作用;法律制度起到基础保障作用;国办及其他信息公开主管部门形成强有力的组织推动;末端还有大量信息公开案件的倒逼。符合中国党政系统中“有抓手,有人抓”的动力机制。无论是学术机构的评估还是普通公众以申请信息公开的形式进行推动,政务公开的发展已经从政府主导型向政社互动型转变,自上而下的政治推动和自下而上的社会参与正在逐步形成合力。在衡量法治政府的诸多标准中,以促进政府权力公开透明运行为目标的政务公开兼具形式意义和实质意义,有可能成为从形式法治向实质法治转化的动力系统。从权责清单的公开在全国推进的情况来看,政府在推动政务公开方面主动性强,遭遇的阻力小,自上而下的行政推动可以在短时间内取得明显成效,法治相对落后地区应在政务公开方面加大力度,并以此为突破口,让后发地区尽快从形式法治层面跟上法治发达地区的脚步。

(二)落实“三单制”,促进政府全面履行职能

“在全面履行政府职能”的一级指标下,2014年和2015年设置的三级指标为“政府部门职能设置公开”。由于《法治政府建设实施纲要》明确要求,

“省级政府2015年年底前、市县两级政府2016年年底前基本完成政府工作部门、依法承担行政职能的事业单位权力清单的公布工作”。因此,2016年的评估将评估指标修改为“权力清单的公布及其动态调整”。该指标的得分率在“全面履行政府职能”下设的指标中进步最为显著,客观上拉高了此项一级指标的得分率。该指标2014年的得分率为49.8%,2015年为70.1%,2016年则上升至95.2%。针对该项指标,2015年获得满分的城市只有20个,但是2016年获得满分的城市达到了69个。这种进步也得到官方的承认,国务院法制办负责人在访谈中肯定:“就实行‘三个清单’制度的情况来看,其落实情况为各科中成绩最佳。截至目前,各省级政府部门权责清单已公布,县市级政府部门权责清单编制也大部分完成。推行地方政府部门权责清单制度取得重要进展。”

科学的职能配置是政府职能履行的前提,也是建设法治政府的基础。政府部门权责清单的制定及公布是基础性工作,牵涉面广,难度远大于一般性的制度建设。权责清单制定及公开取得较大的进步,至少存在两个因素:首先,党中央、国务院的统一部署,要求各级政府下好简政放权“先手棋”。权责清单的公布与简政放权及行政审批事项的清理和公开,二者是相关联的指标,与本届政府力推的行政审批制度改革关系密切,来自中央的推动力非常强劲。2015年3月,中办、国办发布《关于推行地方各级政府工作部门权力清单制度的指导意见》,其中对于不同层级政府落实三单制的时间节点提出了明确要求。其次,机构层面上,各级编办作为主责部门积极推动职能转变的落实。由此可见,核心动力仍然是政府自上而下的主导。政府部门职责方案的梳理及其公开虽然意义重大,但是这种进步更多是技术意义上的,距离实质上的职能科学还有很大的距离。由于技术性指标进步的难度小,政府只要适当地投入时间、财力、人力就可以完成。实质性指标进步的难度大,且触及较大政府利益,单独靠政府推动,收效甚微。行政执法遭遇现实的不作为、慢作为,就是这种情况的具体表现。每年评估中,由调查员到被评估城市进行实地调查,通过访谈获得行政执法社会满意度等数据。为了检验行政执法的效果,调查员会进行违法行为投诉体验,在发现违法行为后进行投诉并记录投诉处理和执法情况,作为评价执法行为的指标之一。该指标的得分率2014年为57.83%,2015年为44.33%,2016年为44.75%,2017年为41.85%,说明一半以上的城市得分很低。根据调查员记录的信息,公众对行政机关怠于履行职责表达了强烈的不满。在社会满意度调查中,对于“当地政府查处违法行为的效果怎样”以及“您所在城市是否存在比较严重的违法停车、垃圾处理不及时等情况”这两个问题,得分率均在60%左右徘徊,在社会公众满意度调查中居于倒数位置。因此,地方政府需要加强行政执法监督,强化法律实施效果的考核,通过法律实施,实现法治权威,促进实质法治的提升。

(三)加大公众参与力度,提升社会获得感

评估显示,与考察制度体系的静态指标相比,考察制度实施效果的实施性指标的表现不好,也就是说,制度虽然渐趋完备,但是实施却不好。

例如,一级指标"依法行政的制度体系"中作为重点观察对象的行政规范性文件。早在2004年国务院《全面推进依法行政实施纲要》中,就提出要扩大政府立法的参与度,实行立法工作者、实际工作者和专家学者三结合,建立健全专家咨询论证制度。起草作为行政管理依据的规范性文件草案,要采取多种形式广泛听取意见。要积极探索建立对听取和采纳意见情况的说明制度。作为行政管理依据的规范性文件通过后,应当在政府公报、普遍发行的报刊和政府网站上公布。规范性文件施行后,制定机关、实施机关应当定期对其实施情况进行评估,并将评估意见报告制定机关;制定机关要定期对规范性文件进行清理。在法治政府评估指标体系中,该三级指标分为两类具体评价标准,一个是是否建立相应的制度,包括行政规范性文件制定程序和定期清理制度;另一个是制度的实施情况,包括行政规范性文件是否切实听取意见,行政规范性文件是否切实做到"三统一",行政规范性文件的公布率是否达到100%,行政规范性文件的备案审查制度实施情况以及定期清理制度实施情况。前者是制度性指标,形式意义色彩更浓,后者是实施性指标,更偏重于实质意义。从三级指标"行政规范性文件制定程序制度"的情况来看,旨在完善行政规范性文件制定程序的制度不断完备,其得分率从2014年的39.75%到2015年的44.50%,再到2016年的84.40%,同比上升近1倍。2014年的评估中,52个城市建立了5项以上的相关制度,2015年的评估中,有85个城市建立了5项以上的相关制度,到2016年,共有95个城市建立了6项以上的相关制度,到2017年,建立6项以上相关制度的城市达到97个。由此可见,行政规范性文件制定程序渐趋完备,在被评估城市中普及率很高。但是,从实施性指标的表现来看,这些制度的实施效果并不好。例如,在行政规范性文件制定中是否确实听取意见这个三级指标中,2014年评估的得分率为16.6%,2015年降至8.4%,2016年虽然提升到26.5%,但是仍有60个城市得0分,2017年仍有52个城市得0分,超过半数的城市没有建立规范性文件征求意见的专栏或没有在制定过程中征求过社会公众的意见。行政规范性文件的公开程度也比较低,2016年评估的得分率为56%,有12个城市得0分,2017年有9个城市得0分。将制度性指标和实施性指标进行对比,能更

加直观地发现其中的问题。例如,行政规范性文件定期清理制度在被评估城市中普遍建立,2016 年评估时,已经有 95 个城市建立了定期清理制度,但是只有不到 7 成的城市实际实施,截至 2017 年评估时,仍有 33 个城市得 0 分。

行政规范性文件相关制度落实欠佳的原因主要有:第一,主管部门不明确,行政规范性文件虽然由法制部门负责合法性审核,但是各个部门都制定规范性文件,由哪个部门负总责并不明确。虽然 2010 年的《国务院关于加强法治政府建设的意见》规定了三统一制度,法制部门通过统一登记、统一编号、统一发布,发挥其整合作用,但是实践中落实得并不好。第二,缺乏明确的制度推进。目前关于行政规范性文件的制度以地方立法为主,中央层面上没有统一规定。这也是造成规范性文件的界定标准不清楚,实践中容易逃逸在制度之外的原因之一。第三,规范性文件的违法问题虽然严重,但是并未在复议和诉讼案件中充分暴露,复议和诉讼中虽然可以附带审查规范性文件,但是截至目前,真正进入行政复议和行政诉讼的数量仍然极为有限,倒逼作用不明显。第四,社会参与规范性文件制定的程序不清晰,规范性文件的制定基本上处于行政系统"垄断" 的状态,社会参与度极低,公众认知度和认可度均不高。

行政决策民主化程度不高直接影响公众的感受。2014 年至 2016 年社会公众调查显示,公众普遍认为重大行政决策的民主程度不高。如调查"当地政府在重大决策时听取老百姓的意见和建议的情况怎样"时,2014 年得分率为 56.13%,2015 年得分率为 51.79%,连续两年在 10 个问题的得分率中排名最后,2016 年得分率为 60.55%,在 18 个问题中得分率排倒数第二。由此可见,社会公众最不满意的是政府重大决策中听取公众意见不充分。与之相对应的是,"重大决策征求公众意见制度的建立情况"这一客观指标 2014 年平均得分率为 75.4%,2015 年平均得分率为 81.3%,2016 年平均得分率高达 86.50%。2016 年评估中发现,已经有 56 个城市建立了完备的征求公众意见的制度。将制度建设的指标和公众评价指标进行对比可以发现,各地政府虽然形式上建立了有关行政决策的制度,但是实施不好,社会认可度低。从"行政决策" 一级指标的评估结果来看,"行政决策" 的得分率不高,三年中得分率的增长幅度也很小。因此,"行政决策" 无论是形式上还是实质上均进展缓慢。其原因至少包括两个方面:第一,缺乏专门的规定,中央关于重大决策的程序规定缺位,各地虽有制度,但是效力不高。第二,重大行政决策中人治的色彩仍然浓厚。

通过评估,我们发现主观指标和客观指标之间没有相关性。从九个一级指标的内容看,前八项指标客观性比较强,很多指标都是以"有无"或者"频次”等进行客观衡量的。第九项指标的社会公众满意度调查，相对于前八项指标，主观性更强。将第九项指标的得分情况和前八项指标运用 SPSS22.0 版本分别进行相关性的分析，所得的数据见表 7。

表7　指标9与其他指标相关系数

年份	1 职能履行	2 组织领导	3 制度建设	4 行政决策	5 行政执法	6 政务公开	7 监督问责	8 争议解决
2014	0.0240	0.0119	0.0223	0.1819	0.0797	0.1895	0.2348	0.0944
2015	0.0852	-0.0802	-0.0761	-0.0910	0.0630	0.2006	0.0947	0.0017
2016	0.1507	0.2401	0.3417	0.1292	0.3472	0.3005	0.2073	0.1282
2017	0.0874	0.1833	0.2815	0.2062	0.3358	0.1485	0.3754	0.4037

从对政务服务、行政决策、行政执法、政务公开等方面的调查情况来看，公众满意度最高的是服务的便民程度。“到当地行政机关办事的方便程度”，2014 年的得分率为 68.48%，2015 年为 64.86%，在 10 个问题中排名都是第一。2016 年为 65.28%，在 18 个问题的得分率中排名第六。虽然“政务公开”在客观评价中得分率很高，但是社会满意度调查显示，“当地政府政务公开（信息公开）的情况怎样”在 2014 年的得分率为 62.71%，在 10 个问题中排名第六。2015 年的得分率为 58.97%，在 10 个问题中排名第五，2016 年的得分率为 64.83%，在 18 个问题中排名第九，整体上只处于居中位置，社会公众的评价一般。分析其主要原因在于，社会公众对于政府法治水平的感知更多基于个人体验，公众更倾向于政府法治水平的提升能为自己的工作和生活带来哪些实质性的改善，公众并不会因为政府形式上的法治建设而对政府的法治水平更满意。

法治发展是一个世界性的问题。不同的国家因政治、经济、文化、传统等因素的影响并无固定的发展模式。我国区域之间的经济社会发展水平存在较大的差异，必然影响或者制约区域法治发展的进程和效果。区域法治发展的不平衡和不均衡作为一个客观存在，既是中国法治发展的基本特征，也是影响法治道路选择的重要变量。因此，必须探索区域法治发展的特点和规律，找到促进法治政府建设的着力点，进而走出中国特色的法治发展道路。

当代中国法治共识的形成及法治再启蒙*

顾培东

四川大学法学院教授、博士生导师。

引　言

站在中国法治建设恢复三十多年的端口，无论是回溯既往历程，抑或审视当下现实，不难看到，在影响和制约我国法治建设的诸因素中，全社会对法治的共识度较低或者说社会成员法治共识的缺乏，或许是最值得重视的一个问题。这里所说的法治共识的缺乏，显然不是指在“中国要不要实行法治”问题上的认识和主张不一致，而是对于“什么是法治”以及与此直接相关的“什么是中国应当实行的法治”和“中国如何实现法治”等基本问题，全社会缺少必要程度的共识。围绕这些基本问题，意识形态领域、学术研究层面以及社会公众的主张与见解中，都存在较为明显的分歧。这种分歧不仅发生于不同社会阶层或群体之间，也存在于同一阶层或群体的不同成员之中，甚至还出现于同一主体在不同时期、不同场合或者在扮演不同社会角色、以不同身份出场时的认知和表达之中。从近些年人们对待某些公共政策的立场和态度，对国家法治或司法现状的认识和评价，特别是对一些极端性社会事件的公共表达及社会情绪中，能够明确地感受到这种分歧的存在。并且，从实际情况来看，这种分歧具有进一步扩大的趋势或可能。

毫无疑问，法治共识的缺乏不仅会影响和制约中国法治的进程，也会影响对中国法治现实的客观评价，进而还会实际影响全社会对中国能否实现

---

* 本文原载《法学研究》2017 年第 1 期。

法治的信心。从更广泛的视野来看,法治问题上的这些分歧既是当代中国社会意识形态或社会主张多元化的结果或表征,同时,基于法治在当代中国的特殊地位,这些分歧对整体社会共识的提升也会产生较大的影响。[1] 因此,如何减少或缓释社会成员在法治基本问题上的分歧与对立,推动全社会法治共识的形成,事实上已成为我国法治建设的重要现实任务。[2] 本文拟梳理并揭示法治基本问题上分歧的主线,分析其间的实质性分歧及其原因,并以此为基础,尝试提出通过法治再启蒙以推动我国法治共识形成的理论构想。

一、两种法治观念:理想主义法治与实用主义法治

我国不同社会主体对于法治基本问题的认识、见解或主张,大体上可概括为理想主义法治与实用主义法治(亦可名之为"法治理想主义"与"法治实用主义")两种法治观念的差异或对立。在法治基本问题上的分歧,大致都是在这两种法治观念基础上展开的。

(一)法治意识形态中的普遍分歧

理想主义法治观与实用主义法治观之间的分歧,实际上在近现代以来各国法治意识形态中具有一定的普遍性。在法治理论领域,这既体现为不同理论流派的法治主张及偏好和取向,也体现为不同学者对法治历史过程及现实状态的认知视角和分析框架。

英国学者西恩·科勒把现代法治理论或法治思潮区分为"实证主义"和"理想主义"两大对立的类别。科勒认为,实证主义和理想主义可以被看作对传统思想理论化和严整化的尝试,它们以不同的方式描述了由大量规则构成的法律秩序,它们"无论被怎样标签和分类,不仅代表两种对立的理论传统,而且是现代政体面对的真实政治选择"。科勒强调,"实证主义和理想

[1] 当代中国社会共识问题已经引起学术界的广泛重视,政治学、伦理学、社会学界都从不同角度对社会共识的形成问题进行了探讨。参见樊浩:《中国社会价值共识的意识形态期待》,载《中国社会科学》2014 年第 7 期;周显信、叶方兴:《政治共识:一种政治社会学的分析视角》,载《马克思主义与现实》2012 年第 3 期;童世骏:《关于"重叠共识"的"重叠共识"》,载《中国社会科学》2008 年第 6 期;王文东:《当代中国发展语境中的正义共识研究》,人民出版社 2010 年版。

[2] 美国著名社会学家李普塞特认为:"所有的复杂社会都是以内部高度的紧张和冲突为特征的,所以达成共识的制度和价值观对这些社会的生存来说是必要的条件。"参见[美]西摩·马丁·李普塞特:《共识与冲突》,张华青等译,上海人民出版社 2011 年版,第 1 页。

主义不是对社会制度的对立分析,而是对法治观念的对立解读。理想主义倾向于认为,依法治理是对政府干涉普通公民道德生活权力的一系列限制。实证主义通常将法律看作追求和实现集体目标的工具”。[3] 需要注意的是,科勒所使用“实证主义”的概念,与奥斯丁、凯尔逊等人所创立的分析实证主义有重要区别。科勒所注重的是法治的工具性特征和规则的治理功能,因此,将这种“实证主义”理解为一种实用主义并无不妥。美国学者塔玛纳哈把美国法治意识形态的分歧概括为“法律工具主义”与“法治理想主义”的对立:“在深层的美国法律文化中,存在两种具有张力的核心观念;法律是一种工具,法律是一种法治理想。尽管两者长期以来在张力状态中一直共存,但有迹象表明,工具主义法律观正在对法治理想法律观形成巨大挑战。”[4] 萨默斯进一步认为,美国法律的深层理念及法律文化是实用主义、社会法学和现实主义法学所共同汇集的“实用工具主义”,而与之相对立或并存的则是自然法学派、分析实证主义和历史法学派等西方传统经典法治理论或思想,[5] 后者通常被认为是西方法治理想形态的共同理论渊源。与此相类似,格雷从形式主义和实用主义对立的视角看待美国法治意识形态的分歧。[6] 在格雷看来,以兰代尔的主张为核心的形式主义代表了“19、20世纪美国法律思想中的古典正统”,这种“古典正统”把法律视为与几何学等同的“法律科学”,认为法律可以像几何学那样得到严谨的运用。这种形式主义实际上是一种理想主义色彩极为浓厚的法治意识,而与之对立的则是以霍姆斯为代表的法律实用主义,实用主义实际上主导着现代美国的法治思潮。

上述学者虽然在概括和表述法治意识形态二元对立时所使用的概念有所不同,但就概念的实际内涵与意蕴而言,大致可以被分别归为理想主义法治和实用主义法治。在此意义上说,理想主义法治和实用主义法治代表着

---

〔3〕 [英]西恩·科勒:《实证主义、理想主义和法治》,张丽清译,载张丽清编译:《法治的是与非——当代西方关于法治基础理论的论争》,中国政法大学出版社2015年版,第2、4、42页。

〔4〕 布赖恩·塔玛纳哈:《法律工具主义与法治的张力》,田桂花译,载张丽清编译:《法治的是与非——当代西方关于法治基础理论的论争》,中国政法大学出版社2015年版,第43页。塔玛纳哈并不否定工具主义的作用,但对工具主义对法治所产生的危害保持着警惕,主张应在一定的环境或场合下,为工具主义设置必要的边界和限制条件。参见[美]布赖恩·Z.塔玛纳哈:《法律工具主义:对法治的危害》,陈虎、杨洁译,北京大学出版社2016年版,导论部分。

〔5〕 [美]罗伯特·萨默斯:《美国实用工具主义法学》,柯庆华译,中国法制出版社2010年版,第2页以下。

〔6〕 [美]托马斯·格雷:《美国法的形式主义与实用主义》,田雷等译,法律出版社2014年版,第36页,第四章“霍姆斯与法律实用主义”。

近现代以来两大不同的法治思潮或法治观念，而两者之间的分歧与对立则显示着近现代法治发展的内在张力。

实际上，理想主义法治观与实用主义法治观之间的分歧之所以具有普遍性，更直接的原因在于法治本身的理想性与工具性或实用性的双重特质。作为一种社会理想，人们对法治总是付诸丰沛的理想化期待，法治主义者往往都具有厚重的理想情怀。作为一种社会治理的实用工具或方式，法治又必须具备明确的实用功能，任何法治实践者在面临具体问题时，都很难避免采取实用主义态度。

过去的三十多年中，特别是近些年来，我国法学界也有不少学者尝试对我国法治意识形态进行类型化分析，亦有学者从法治共识角度看待消弭这种分歧的现实意义。[7] 然而，迄今为止的研究和讨论大多借用形式法治与实质法治这对范畴，以此作为对我国法治类型及法治意识形态分歧进行分析的视角。[8] 高鸿钧等人认为，形式法治与实质法治在我国都具有实际影响，而基于对"实质正义"的追求和秉持，应当把实质法治作为我国法治的主要选择。[9] 陈金钊、黄文艺等人则主张，从我国历史传统和现实境况出发，形式法治更应成为我国法治的选择，形式法治的意义应当被正确理解，并应得到更高程度的肯定。[10] 江必新认同形式法治与实质法治都是我国法治面临的实际选项，提出了确立"经由形式正义的实质法治观"的主张，意图在形式法治与实质法治中寻求一种妥协，消弭两者之间的冲突。[11] 强世功为建构其"政党法治国"的理论体系，对法治类型进行了重新划分，并把中国法治秩序的现实状况描述为"在旧法治与新法治之间钟摆"，而其视野中的"新法治"与"旧法治"，在实践层面上的重要表现形态依然是形式法治与实质法治。在他看来，"中国法治发展呈现出新、旧法治两种理念互相交织的图景。形式法治和实质法治……始终处于钟摆运动状态，形成了中国法治

---

〔7〕 陈金钊：《法治共识形成的难题——对当代中国"法治思潮"的观察》，载《法学论坛》2014 年第 3 期。

〔8〕 季卫东希图构建"某种具有政府、市场、社会三元结构的国家观"作为"未来中国的法律意识形态"。其实，"三元结构"是包括中国在内的现代国家的一种客观现实，即便其作为一种国家观，也代替不了法律意识形态本身，从而也不能成为消弭法治意识形态分歧的基础。参见季卫东：《论法律意识形态》，载《中国社会科学》2015 年第 11 期。

〔9〕 "在我们的思虑中，从根本上更倾向于采纳'实质法治'概念。"参见高鸿钧等：《法治：理念与制度》，中国政法大学出版社 2002 年版，第 182 页。

〔10〕 陈金钊：《对形式法治的辩解与坚守》，载《哈尔滨工业大学学报》（社会科学版）2013 年第 2 期；黄文艺：《为形式法治辩护》，载《政法论坛》2008 年第 1 期。

〔11〕 江必新：《严格依法办事：经由形式正义的实质法治观》，载《法学研究》2013 年第 6 期。

发展中的内在张力"。[12] 强世功主张用"政党法治国"的建构来整合包括形式法治和实质法治在内的各种矛盾和冲突。

形式法治与实质法治作为法治理论的一种分类,不失为分析我国法治意识形态的一个有意义的视角或框架,但相比之下,理想主义法治与实用主义法治或许更能准确而全面地概括我国法治意识形态的类型,尤其是更能恰切地反映当下我国社会中法治意识形态上的实际分歧。首先,形式法治与实质法治是在纯学术意义上提炼出的概念,其含义需要借助于相应知识谱系才能够有所理解,[13] 因而作为一种分析角度,它往往只能融通于学术界。与之不同的是,理想主义法治与实用主义法治虽然也有确定的理论和知识背景,但它们是一对描述性概念,其相对直白的表达更容易为社会不同层面所理解,其理论及知识意涵同社会公众的直觉或经验具有很高的吻合度,从而更能准确地揭示和反映不同层面社会成员对法治的观念或主张。其次,形式法治与实质法治概念在传播和运用过程中,其内涵不断出现变异,尤其是不同主张者为证明自身主张的正确性和合理性,或为了避免异见者的攻讦,对两者的含义进行了各式各样的包装或取舍,[14] 在很多语境中已丧失了两者原有的意蕴,模糊了两者之间的界限,从而也在很大程度上失却了彼此守持或舍弃的真实意义。相比之下,理想主义法治与实用主义法治之间差异性识别的参照较为明显,即使在最质朴的意义上理解,也能够认知两者之间的差异与分歧所在。最后,理想主义法治与实用主义法治具有广泛的覆盖面,能够涵盖当下我国法治意识形态中包括形式法治与实质法治在内的各种歧见与冲突,诸如普世论、普适论与国情论、特色论,[15] 引进移植论与本土资源论,[16] 法治主要功能的限权(力)论与国家治理论,[17] 能动(司法)论与(司法)克制论,唯法律效果论与综合效果(法律效果、社会效

[12] 强世功:《从行政法治国到政党法治国——党法和国法关系的法理学思考》,载《中国法律评论》2016 年第 3 期。

[13] [英]保罗·克雷格:《形式法治与实质法治的分析框架》,王东楠译,载姜明安主编:《行政法论丛》(第 13 卷),法律出版社 2011 年版。

[14] 例如,一般认为,形式法治不太关心法治的价值。"价值无涉"既是形式法治的特征,也是形式法治广受批评之处。而黄文艺在"为形式法治辩护"时,则依据富勒、罗尔斯等人的理论认为,形式法治并非与价值无涉,内含着对价值的考量与追求。参见黄文艺:《为形式法治辩护》,载《政法论坛》2008 年第 1 期。

[15] 张志铭、于浩:《共和国法治认识的逻辑展开》,载《法学研究》2013 年第 3 期。

[16] 相关观点参见苏力:《法治及其本土资源》,北京大学出版社 2015 年版;凌斌:《中国法学时局图》,北京大学出版社 2014 年版,第 5 页以下。

[17] 张文显:《法治与国家治理现代化》,载《中国法学》2014 年第 4 期。

果、政治效果)统一论,[18]乃至法教义学与社科法学等,[19]都能够分别从理想主义法治观与实用主义法治观的分歧与对立中找到它们的源头或归宿。至于形式法治与实质法治,就其各自的渊源及取向来看,前者与理想主义法治观密切相连,后者则为实用主义法治观所包纳。基于上述,无论从学术研究的要求来看,还是从对中国法治意识形态或法治思潮真实状况的尊重出发,都应当把关注的焦点集中在理想主义法治观与实用主义法治观之间分歧的主线上。

(二)理想主义法治观及其在我国的现实基础

理想主义法治的含义,主要是在亚里士多德有关法治的经典命题,即“法的统治”和“良法之治”基础上展开的;[20]由“法的统治”和“良法之治”所推演出的法治的一系列应然要素及应有状态,成为理想主义法治观对法治的基本认知和理解。这主要包括:(1)社会行为和社会关系由法律加以规定或调整,法律为人们的社会行为和社会关系提供全面的依据;法律与宗教、道德共同构成完密的社会规范体系。(2)法律是具有普遍性、明确性、强制性且内在逻辑统一、严密完整的规范体系,因此,法律实施过程就如同“自动售货机”:一边输入事实及法律,一边输出判决。(3)法律体现着正义、平等、民主、自由、秩序、效率、安全等人类社会所希求的一切价值、福利等善品;法律的实施意味着这些善品都能得到满足或实现。(4)独立的司法机构及体系承载着法律实施的职责,司法机构及司法人员独立于各种社会势力,尤其是独立于政治力量,司法行为不受任何其他势力的影响与干预。精英化、地位崇高、待遇优渥且公正无私、聪明睿智的法官群体,独立执掌司法权。(5)各种社会纠纷,包括政治争议都能够通过司法得到解决,司法成为社会纠纷的主要和最终解决渠道,司法是公正的最后防线。(6)政府权力得到严格限制,政府行为必须有明确的法律依据;社会成员自觉服从法律,尊重法律权威,尤其是尊重司法权威。概括地说,理想主义法治观是关于法治

---

〔18〕 相关观点参见陈卫东:《司法机关依法独立行使职权研究》,载《中国法学》2014年第2期。

〔19〕 相关观点参见谢海定:《法学研究进路的分化与合作——基于社科法学与法教义学的考察》,载《法商研究》2014年第5期;宋旭光:《面对社科法学挑战的法教义学——西方经验与中国问题》,载《环球法律评论》2015年第6期;孙少石:《知识生产的另一种可能——对社科法学的述评》,载《交大法学》2016年第1期。

〔20〕 “法治应包含两层含义:已成立的法律获得普遍的服从,而大家所服从的法律本身又应该本身是制定得良好的法律。”参见[古希腊]亚里士多德:《政治学》,吴寿彭译,商务印书馆1965年版,第199页。

的一幅理想图景,它汇聚了人们对法治的诸多美好想象与期待,它主要体现的是人们在法治问题上的一种智识建构。

理想主义法治观在我国的生成和弥散,具有特定的历史原因及广泛的社会基础。

首先,法治是作为一种社会理想而符号化地进入我国社会成员思维和心理层面的。在经历了长期“人治”历史过程的中国社会中,人们很自然地把法治看成一种绝对的善品,把改变国家、民族乃至个人命运的希望寄托在法治这种全新的社会实践之中,从而在“法治”这个符号中填充了各种美好的想象,这就使人们观念层面上所理解的法治不能不具有浓厚的理想化色彩,理想主义法治也借此获得了普遍性的社会基础。

其次,同其他新兴法治国家一样,我国主导政治力量在推动国家法治化转型、完成法治化基本建构的动员中,往往也自觉或不自觉地美化法治的社会效用,突出宣扬法治的积极意义。其结果,一方面使“法治”成为主流意识形态中一个意义被固化了的口号,对法治这一复杂社会实践的探索和追求被简化为对“法治”这一口号的崇尚与信任;另一方面又使社会成员把这些理想的实现,理解为主导政治力量向全社会所做出的可信赖的政治承诺,从而又进一步滋育了全社会对于法治的理想化思维。

再次,在我国法治初创阶段,法治的启蒙仍然主要依托于学术理论界对法治知识的介绍和传播。而从实际情况来看,我国学术理论界在进行介绍和传播时,自身亦处于启蒙状态,对法治的认知同样失之肤浅。这不仅使介绍和传播的内容十分粗略,无力更多地涉及法治的复杂层面,更重要的是,由知识精英作为主要构成的学术理论界,较之普通公众具有更突出的理想主义情结,[21] 从而更偏向于从理想化角度对法治知识进行筛选和过滤,并依此向全社会进行介绍和传播。从另一个角度来看,在法治知识渊源方面,从古希腊、古罗马经由中世纪到近代所形成的自然法学、理性主义、科学主义对于法治的解说,从来都是法治启蒙所运用的天然材料;至于现代社会中法治所呈现出的复杂性,特别是后现代社会中法治实践所产生的变异以及对此的理论认知,在法治初创阶段不仅很难进入法学理论界的视野,更难以为社会公众所普遍接受。

最后,近几十年来,西方社会对我国的深刻影响也是理想主义法治观在我国得以生成和深入的重要因素。一方面,在全球化过程中,西方国家向包

---

〔21〕 相关研究参见[法]雷蒙·德隆:《知识分子的鸦片》,吕一民、顾杭译,译林出版社 2012 年版,第三、四章;毛丹:《理想主义的改塑与解构》,载《上海社会科学院学术季刊》1996 年第 3 期。

括中国在内的新兴法治国家输出的“法治”,其内容或要素通常正是理想主义的;[22]“华盛顿共识”中有关“法治—司法”共识即是以理想主义法治模式作为基础的。[23] 尽管美国在国内主要奉行的是实用主义法治思维或路线,但基于其作为“法治样板国”[24]和全球法治普世价值“传教士”[25]的角色自认和自许的需要,其主流意识形态的宣传特别是在对外进行法治意识形态输出过程中,所推崇的仍然是理想主义法治。[26] 另一方面,在当代中国公共语境中常被提及的美国等西方法治国家,同时又是经济发达、自由开放度较高的国家,这使理想主义法治与“经济发达”和“自由开放”之间似乎自然地形成一种彼此互证,两者之间线型因果逻辑深深地锁定在很多中国人的认知之中。[27] 人们对物质富足和个人自由的追求不可避免地衍化为对理想主义法治的向往和欣赏,这又进一步强化了理想主义法治观在中国的现实基础。

(三)实用主义法治观及其在我国的现实基础

有关实用主义法治的学说渊源,不同学者有不同的解释,但学者对实用主义法治基本内涵的认知基本相同。格雷把实用主义法律的要义归结为两点:“第一,法律是由实践所构成的——语境化的、嵌入性的,植根于共享的

〔22〕 美国学者楚贝克和加兰特概括了西方向发展中国家推荐和输出的“自由主义法治模式”,其核心特征和主要内容与本文前面提到的理想主义法治观的特征及内容大体相同。他们认为:输出工具主义的法律观是颇为危险。当国家被专制群体所虏获时,主要作为工具意义上的法律便不能够起到约束作用。由于缺乏自身的价值或目标,法律会变成掌控国家的人所玩弄的工具。参见[美]塔玛纳哈:《法律与发展研究的经验教训》,载《厦门大学法律评论》(第27辑),厦门大学出版社2016年版。

〔23〕 相关研究参见高鸿钧等编:《法律全球化:中国与世界》,清华大学出版社2014年版;高鸿钧:《全球视野的比较法与法律文化》,清华大学出版社2015年版;[德]贡塔·托依布纳:《魔阵?剥削?异化——托依布纳法律社会学文集》,泮江伟等译,清华大学出版社2012年版,第一编“法律全球化”。

〔24〕 [美]络德睦:《法律东方主义》,魏磊杰译,中国政法大学出版社2016年版,第9页。

〔25〕 高鸿钧:《美国法的全球化:典型例证与法理反思》,载《中国法学》2011年第1期。

〔26〕 相关研究参见[美]乌戈·马太、劳拉·纳德:《西方的掠夺——当法治非法时》,苟海莹译,社会科学文献出版社2012年版;[葡]博温托·迪·苏萨·桑托斯:《迈向新的法律常识——法律、全球化和解放》,刘坤轮、叶传星译,中国人民大学出版社2009年版。

〔27〕 当今世界出现的全球化进程,是以经济全球化为基础和核心的。在很多人看来,全球化似乎就是指经济全球化、世界经济一体化,这或许与经济全球化是当今全球化进程中最为突出的特征有关。从这个角度来看,把法治发展水平与经济发达程度联系起来有一定的客观性和必然性。参见冯玉军:《全球化中东亚法治:理论与实践》,中国人民大学出版社2013年版,第104页以下。

期待内;第二,法律是工具性的,一种实现社会所欲求之目标的手段,可加以调整的服务目标。"[28]萨默斯对实用工具主义作了更全面的解析,认为实用主义法治的含义及特征主要是:[29](1)法律本质上是一种工具,是被人们设计出来的经世济用的工具,既非官方依据自然法制定出的一般规范,也非带有历史特征的社会现象。(2)法律的内在生命是经验,而不是逻辑,也不是诸如规则、权利、义务等概念或术语,亦不是抽象的"正义"或"善"等理念或价值。在基本方法上,实用主义是经验性的、反形式化的。(3)高度重视法律的目的性,主张"法律作为社会工具,其存在是为了服务于目的","所有法律形式本质上均是服务于目标的工具"。法律实用主义理论的目标不是单一的,而是结构性的,人们需要区分不同的目标层次,并在手段目标体系中进行升序排列,处于较低层次的目标要服从于较高层次的目标。(4)注重法律的可预测性和对社会行为的引导和激励效应。实用主义基于对法律目的性的重视,强调法律必须具有明确的可预测性,这种可预测性不只是产生于法律条文的具体规定,而更在于法律条文在法院裁判中如何被使用,长期的司法实践才是社会对法律规则的识别和预测的依据。与此相应,法律的可预测性能够为人们的社会行为提供正确的引导和激励,使法律的规范效力从个案延伸至全社会。(5)关注法律适用的具体情境。在法律分析中,比统一的概念和术语更为重要的是事实、情境、效果。情境是法律能够具体、恰当地适用,并能够更好地实现法律目的的客观基础。强调不同情境下对法律的灵活适用,较为集中地彰显和体现了实用主义法治观务实化的态度、对法律工具特性的秉持以及能动地追求法律实施效果的精神。

总体来说,实用主义法治观并不是用某些预设的要素、原则、条件或状态作为法治或实践法治的标志或标准,也不把法治看成一种抽象的社会理想或价值而期待人们去信奉或信仰。实用主义法治观以功利主义为其哲学依据,从有效地解决具体情境中的实际问题,使法律服从或服务于法律所应当承载或达至的社会使命或目标出发,工具化地看待法律的性质和功能。

实用主义法治观在西方的兴起,与现代西方社会发展的复杂性密切相

---

〔28〕 [美]托马斯·格雷:《美国法的形式主义与实用主义》,田雷等译,法律出版社 2014 年版,第 2 页。

〔29〕 [美]罗伯特·萨默斯:《美国实用工具主义法学》,柯庆华译,中国法制出版社 2010 年版,第 2 页以下、第 49 页以下、第 145 页。

关。[30] 在以科学主义思维整合社会并依照类似几何推导的方式程式化地适用法律的尝试失败后,面对日趋变化的社会状态、日益复杂的社会关系,以及日渐突出的法律刚性与社会情境多样性的冲突,实用主义不能不成为西方国家的重要选择。

实用主义法治观在我国的兴起与西方国家有相同的原因,同处于当代社会背景之中,社会发展所共同面临的复杂性,迫使我国在法治建设的总体思维和具体实践中采取实用主义的立场和取向。然而,我国社会的一些特殊因素,也进一步放大了实用主义法治在我国的需求,深化了实用主义法治在我国的现实基础。

第一,正如强世功所分析的,在"党国一体"的体制下,法律的实际运作是在执政党政策的指导下进行的。[31] 也就是说,政治权力无论是在法治创立和推进还是在法治的具体实践中,都具有重要的主导或影响作用。虽然政治行为需要受到法律的约束,但法治毕竟是在政治的整体框架以及现实政治生态中存在和实行的,政治的时空限度及其现实性,决定了主导政治力量在法治问题上必然采取实用主义的立场和态度。唯有如此,才能把法治的功能和作用与主导政治力量的政治目标统一起来,把法治与其他政治方式和手段结合起来。

第二,尽管我国学术界对法律的本质与功能有诸多解释,但主流意识形态所主张或认同的法律观仍然是马克思、恩格斯和列宁的"意志说"和"工具说",亦即法律是统治阶级意志的体现,是统治阶级实现其统治的工具。[32] "意志"是"工具"的基础和依据,"工具"则是"意志"的具体实现方式。这种"意志说""工具说"与霍姆斯等人的实用主义法治观虽然出自不同的论证基点与逻辑,但两者对法律工具性特征的揭示与描述则有殊途同归之效。

第三,我国法治不是在西方传统民主分权体制和资本主义经济条件下

---

〔30〕 [美]理查德·波斯纳:《波斯纳法官司法反思录》,苏力译,北京大学出版社2014年版,第三章"复杂性的挑战";[美]理查德·波斯纳:《超越法律》,苏力译,北京大学出版社2016年版,第十九章。

〔31〕 强世功:《从行政法治国到政党法治国——党法和国法关系的法理学思考》,载《中国法律评论》2016年第3期。

〔32〕 相关研究参见吴建敏:《实践法学:对马克思思想的新阐发》,河北人民出版社2009年版;公丕祥、龚廷泰编:《马克思主义法律思想通史》,南京师范大学出版社2014年版;邱昭继:《法律的不确定性与法治——从比较法哲学的角度看》,中国政法大学出版社2013年版,第186页以下。

运行的,西方法治理论中有关“分权是法治的重要前提”“法治与资本主义具有天然联系”等结论不仅在我国受到根本挑战,而且主导政治力量对这些“西方经验”或“西方定律”保持着本能的警惕。如何在这样特定的政治、经济等社会条件下走出一条自己的法治道路,其间必然包含着很强的探索性。〔33〕这不仅需要面对中国实际问题务实地创新,也必须以实用主义的态度对待域外的制度与实践,对之进行恰当的选择与取舍。

第四,与一些国家法治发展的历史过程相比,中国法治建设无疑是“超越式”的,需要在短短的几十年中,走完其他国家数百年甚至更长时间走过的路程。这种“超越式”发展固然是一种积极性事实,但“超越式”发展所带来的“历时性与共时性”之间的矛盾,则构成中国法治建设中的重大难题。中国法治所要解决的社会问题是一些国家在长期历史过程中逐步解决的问题,而当代中国法治所面对的社会问题,既有现代属性,又有不同程度的前现代或后现代色彩,各类问题共时性地成为法治所要解决的对象。而且,法治自身的发展也有其客观上的阶段性。诺内特、塞尔兹尼克认为,法治可分为压制型法、自治型法和回应型法三个类型,〔34〕这三个类型也可以说是法治发展由低至高逐步递嬗的三个历史阶段。依此观点,我国在刚刚完成压制型法律体系的构造,自治型法尚很不成熟的情况下,大量面临的却是回应型法所要解决的问题,需要构建回应型法的体系、结构及机制,这种超越本身也构成了法治建设的一种困境。由“超越式”发展所带来的这两方面问题,都迫使我国法治无法仿效或追求某种既有的或理想的法治模式,而必须从国家治理的实际需求出发,在法治建设或具体实践中贯彻实用主义精神。

第五,我国是单一制国家,所采用的是全国统一适用的法律体系。而近几十年来,地区、阶层以及群体之间在经济、文化等方面的发展差异甚大,社会分化严重,同质化程度很低,加之社会转型期社会生活中的各种变异较大,各类社会矛盾亦十分突出,这些因素对法律制定和法律实施都带来很大困难,特别是执法和司法过程中需要考量多种后果,权衡多种利弊,综合分析法律实施的具体情境以及不同情境中法律实施所可能产生的不同效果。前些年,最高人民法院提出“能动司法”的司法取向和理念,引起了多方面的

〔33〕 顾培东:《中国法治的自主型进路》,载《法学研究》2010 年第 1 期;凌斌:《法治的中国道路》,北京大学出版社 2013 年版,第 24 页以下。

〔34〕 [美]P. 诺内特、P. 塞尔兹尼克:《转变中的法律与社会:迈向回应型法》,张志铭译,中国政法大学出版社 2004 年版,第二、三、四章。

争议,[35]但无法否认的事实是,以“能动”为重要特征的实用主义执法、司法方式,已成为当下中国执法和司法过程中的常态现象。这又从另一个侧面说明了当代中国社会对实用主义法治观的现实需求。

第六,实用主义法治观在我国得以盛行还与另外两个因素密切相关:其一,我国是具有长期“人治”传统的社会。客观地说,人治方式及人治思维与实用主义法治之间有一定的相通之处,[36]或者说,人治方式和思维与实用主义法治观之间的隔膜其实很薄。因此,对“人治”的依恋很容易体现为对实用主义法治观的接受,至少人治方式和思维所形成的惯性,客观上会提高实用主义法治观在我国社会的接受度。其二,我国同时又是高度重视人脉关系的人情社会,以各种人脉关系为纽结,以人际情缘为介质的社会活动与交往,能够在很大程度上消解规则的约束力,柔化规则的刚性。[37]实用主义法治观更容易在这种社会环境中得到推崇并被利用。

二、理想主义法治观与实用主义法治观的实质性分歧

理想主义法治观与实用主义法治观在内涵上既有一定的重叠,又必定有重要分歧。然而,“理想主义法治观”或“实用主义法治观”都是笼统的概念,在各自范畴中,又有不同的类别,只有通过对这些类别进一步解析,才能更清晰地凸显两者之间的实质性分歧。

(一)理想主义法治观的分类

理想主义法治观可以分为朴素的理想主义、偏执的理想主义和理性的理想主义三类。

朴素的理想主义法治观主要产生于社会成员对法治这一社会理想或公

〔35〕 相关研究参见顾培东:《能动司法若干问题研究》,载《中国法学》2010年第4期;吴英姿:《司法的限度:在司法能动与司法克制之间》,载《法学研究》2009年第5期;李清伟:《司法克制抑或司法能动——兼论公共政策导向下的中国司法能动》,载《法商研究》2012年第3期;姚莉:《当代中国语境下的“能动司法”界说》,载《法商研究》2011年第1期;公丕祥:《当代中国能动司法的意义分析》,载《江苏社会科学》2010年第5期。

〔36〕 有关我国“人治”传统的研究,参见温克勤:《说“人治”》,载《道德与文明》2002年第2期;田广清、周维强:《论中国人治传统的经济根源》,载《社会科学战线》2003年第4期;明延强、林存光:《人治主义,抑或人本主义?——儒家政治思想观念的一个分疏》,载《政治学研究》2007年第1期。

〔37〕 有关“人情社会”与“法治社会”关系的研究,可参见王洁:《从“人情社会”到“法治社会”》,载《人民论坛》2015年第32期;张秀琴等:《人情社会与理性社会》,载《理论月刊》2009年第6期;陈刚:《法治社会与人情社会》,载《社会科学》2002年第11期。

共善品的良好愿望。这种法治观虽然包含对"法治"这一现象或社会实践的某些确定性认知,但这种认知是极为粗略的。首先,它是一种简单化的法治思维,认为法治只是一个固定的、简约化的制度体系及运行模式,或者是一种确定的程式化的社会治理方式。法治一旦实行,这些制度体系、运行模式或方式就会产生预期效应。因此,只存在要不要实行法治的选择,而不存在如何实行法治的问题,至少后者不是最重要的问题。在此思维下,法治实际建构及运作过程的复杂性很少被虑及。其次,它往往是一种"纯善"法治思维。基于对法治理想的信任,这种法治观认为法治所带来的只会是利益和实惠,因而一方面为法治设定较高的致善期待,另一方面则忽略在法治条件下主体所应受到的约束和所应承担的责任。最后,它是一种"全能型"法治思维,认为法治能够解决社会生活中的各种问题。因此,一方面把解决社会生活中各种问题的希望寄托于法律手段的运用,遇有任何新的问题出现就要求立法,遇有任何矛盾和冲突就呼吁司法;另一方面则把社会生活中一切负面性问题都归结于法律或法律手段运用的缺失,"法治不健全"往往是这个群体对社会生活中一切负面性问题的最终归因和最简略的批评。朴素的理想主义法治观主要存在于社会底层成员之中,他们远离法治的决策中心,甚至远离执法或司法的具体过程。然而,并不能因此忽略这一群体对法治运行的实际作用。他们对国家法治的走向以及法治现实问题,特别是对重大法治事件,保持着自己所特有的认识和态度,也保持着在不同范围内进行议论和评价的愿望与能力,特别是有可能借助于自媒体而形成公共表达,由此对社会各方面形成不同程度的影响。

偏执的理想主义法治观的重要特征,在于以"原旨主义"[38]的态度和立场,坚持或崇奉在西方经验基础上形成或抽象出的法治模式,并依此作为判断我国法治是非成败的标准与依据。这种法治观主张各国在法治价值、原理、制度、程序甚至技术方面的普适性(实际上所坚持的是西方某些理论、经验及实践在中国的适用性),同时贬低甚而反对在法治问题上对中国特色及国情的强调。基于这样的观念,偏执的理想主义法治的主张者,在现实中所扮演的主要是批评或批判者的角色。他们常常把自己放置在正统或正宗法

---

〔38〕 原旨主义是美国宪法解释的一种理论,"主张解释宪法时要依据制宪者的原初意图或者宪法文本的原初含义"。参见侯学宾:《美国宪法解释中的原旨主义——一种学术史的考察》,载《法制与社会发展》2008 年第 5 期。拉里·克雷默指出:"并不存在实用的原旨主义,因为原旨主义的定义就是不实用的,法律实用主义与原旨主义有冲突。"参见[美]拉里·克雷默:《"原旨主义与实用主义"谈论小组》,载[美]斯蒂芬·卡拉布雷西编:《美国宪法的原旨主义》,李松锋译,当代中国出版社 2014 年版,第 110 页。

治的倡导者、维护者的制高点上,俯视并批评中国法治的诸方面现实;同时,又以理想主义法治代言人的身份,把被代表者的主张与诉求表达到极端的地步,并以其"知识权威"为这些主张和诉求提供"智识"支撑。偏执的理想主义法治主张者主要出自知识精英阶层。这种法治观念的形成,除了受社会理想和知识汲取偏向的影响外,也与他们对知识分子道德传统和人文主义批判立场的体认或自许密切相关。客观上说,法治初创国家在实践中存在的一些非理性现象,也为这种批判留下了较多的空间,从而加大了这种法治观的社会影响。此外,在普通社会成员中,也不乏偏执型理想主义法治观的持有者,他们的偏执主要根源于盲目推崇被美化了的西方法治模式,而这种推崇又多少出自对西方生活的仰慕;同时,对自身所处现实境况的不满,也可能会成为孕育并支持这种偏执的重要因素。

理性的理想主义法治观对法治的复杂性以及各国法治实践的多样性,具有较为清晰的理解和认知,但在对中国法治基本问题的主张上,有特定的偏好。在法治道路的选择上,它虽然并不认同照搬西方意识形态所推崇的法治模式,但更倾向于广泛吸收西方法治的文化与经验,提升中国法治与西方主流国家法治的相融性,为彼此认同以及国际交流与合作提供更好的基础。在法治的功能上,它认同法治在现代国家中的治理功能,但更重视法治对于政府权力的限制和制约功能,强调以权利制约权力和以权力制约权力,特别是对人治思维和人治方式的复萌抱有高度的警惕。在实质正义与形式正义的选择上,它虽然不排斥对实质正义的追求,但更偏向对形式正义的维护,强调程序的重要性,主张维护形式正义是维护实质正义的前提,信奉"只有正确的程序才会有正确的实体结果"。在社会规则的作用上,它承认多种规则在规范社会生活中的作用,但更突出强调法律手段的作用,尤其强调司法在解决社会纠纷中的作用,并且主张更多地运用裁判而不是调解方式处理具体案件。在司法发展方面,它重视正规化、程序化、职业化、专业化建设,独立的司法、精良的职业队伍、程序化的运作是其对司法运行的想象与追求。理性的理想主义法治也主要存在于知识精英阶层,甚至可以说,知识精英阶层中更多的是这种法治观的主张者或持有者。这个群体在法治建设中既扮演批评或批判者的角色,也扮演倡导者、域外法治文化的传播者和重大法治决策阐释者的角色。

(二)实用主义法治观的分类

实用主义法治观可分为朴素的实用主义、放纵的实用主义和理性的实用主义三类。

朴素的实用主义法治观主要体现为以一般经验和普遍良知为基础或依据,以追求具体行为的实际效果为目标,功利化地对待法律的立场和态度。首先,朴素的实用主义对法律的认同很大程度上取决于其在社会生活中所形成的一般经验和普遍良知,只有当法律或依据法律所做出的判断、所形成的处置方式契合于这种经验与良知时,才会得到他们的认同或尊重。某些基于法律内在原理而产生的技术性要求或原则,如“一事不再理”“诉讼时效导致程序性失权”“两审终结”“自然事实不能简单等同于法律事实”“疑罪从无”等,则往往难以为朴素的实用主义法治观所接受。其次,朴素的实用主义法治观注重对效果的追求,因而对程序、过程、手段的合法性缺少应有的重视,甚至会认为,只要目的正确、效果显著,程序、过程和手段即便不完全符合法律规定,亦可原宥或忽略。对所谓“良性违法”〔39〕的认同和接受,是这种法治观的最显著特征。朴素的实用主义法治观主要存在于基层社会管理者,甚至一些基层行政执法者或司法者之中。在基层社会治理过程中,相关行政管理以及执法或司法行为较为粗糙,时效要求较高,对形式或程序的重视程度较低;而且,基层社会管理所处的环境对程序等法律技术上瑕疵的辨识能力不高或敏感度不强,从而使某些违反程序的行为或不合法的手段获得了一定的存在空间。朴素的实用主义法治观在普通社会成员中亦有较大的影响,很多人在实际面临涉法问题时,所采取的往往正是这种实用主义的态度。

放纵的实用主义法治观是一种为达到某种“正确”目标或实现某种“正当”目的而淡漠法律甚至超越法律规定的主张和态度。放纵的实用主义法治观与人治观的共同之处在于对规则的漠视;所不同之处仅在于,前者往往不会公然、直接地挑战法律的规定,而更多的是通过规避、曲解或错误适用法律等方式,消解法律的约束力。因此,从本质上说,放纵的实用主义法治观是人治思维和方式在当下法治大环境或气候下的一种延续,是人治的一种现实形态。与人治相同,放纵的实用主义法治观往往也是以某种权力作为支撑的,权力不仅为这种放纵提供了心理基础,也为其得以放纵提供了现实条件。因此,放纵的实用主义法治观主要存在于具有一定位势的权力主体,尤其是主政一方事务的党政要员。由于人治传统的深刻影响,加之党政权力与司法权、执法权之间合理的权力格局尚未实际形成,政治民主生态亦

---

〔39〕 对“良性违法”的讨论,参见陈甦:《构建法治引领和规范改革的新常态》,载《法学研究》2014年第6期;勒相木、王海燕:《改革与法治“二律背反”及其消解方式》,载《贵州社会科学》2014年第2期。

不够完善,在“维稳”及“反腐”压力较大、经济发展矛盾较为突出的背景下,放纵的实用主义法治观在当下中国社会中的实际影响尚无法低估。特别是,这种法治观往往直接与权力相结合,很容易借助权力的运行而体现为具体实践,而权力主体的这些意识和行为也会对其他社会成员的法治认知以及对法治的信心产生重要影响。

理性的实用主义法治观虽然也以明确的功利观看待法律的工具性质,追求法律在具体情境中的实际效果,但这种法治观以承认法律规则、包括程序性规则的约束力为基本前提。在法律框架内追求法律行为的实际效果,是理性的实用主义法治观的最重要特征。理性的实用主义法治观有其确定的偏向:在实体与程序的关系中,它更偏重于对实体的关注;在实质正义与形式正义之间,它更偏向于对实质正义的重视;在法律适用方面,它不简单地关注法律适用的准确性,更重视法律适用的适当性,而这种适当性很大程度上依据对法律适用综合效果的考量;在思维方式上,它对待任何问题,不是以某种先在的理想模式为追求目标,而始终立足于找准现实问题和解决现实问题,围绕问题的有效解决而思考法律的运用;在处理问题的方式上,它更注重各种利益关系的平衡。由于当代中国社会的复杂性和社会生活的多样性,加上社会转型及社会改革所引起的社会情势的急剧变化,立法与社会生活脱节或不相适应的情况较为常见,理性的实用主义法治观对“良性违法”保持着审慎的宽容;在对特定的“良性违法”行为的社会接受度、理解度具有确定预期的前提下,这种法治观能够包容“良性违法”行为的存在与发生。理性实用主义法治观的主要群体,是从事具体实践的执法、司法人员以及其他不同层级的社会管理者。对法律规则及其约束力的了解和尊重、长期工作实践所积累的社会经验以及直接面临解决具体问题的实际压力,共同成为这种法治观生成及践行的基本缘由。由于这种法治观将务实的精神贯彻于法治实践的具体过程中,相对于其他法治意识或观念,更容易获得广泛的社会认同。

(三)理想主义法治观与实用主义法治观的实质性分歧

从前面的分析不难看出,理想主义法治观与实用主义法治观作为当代中国两大主流法治意识形态,两者之间其实是有一定重叠共识或共识基础的。这不仅在于在推动当代中国法治化的基本目标上,两者的愿望是一致的,更重要的是,理性的理想主义法治观与理性的实用主义法治观之间虽然有不同的偏好和取向,但彼此重合或相容度较高,而且,两者之间能够形成合理的张力,在彼此的作用下矫正法治现实中的各种偏差,从而有利于法治事业的健康推进。与此相近,朴素的理想主义法治观与朴素的实用主义法治观也有很大的相容空间。从现实来看,由于这两种法治观念都与社会成员的直接感受与基本良知相关,因而相互转化的可能性较大,甚至同一主体在面临不同境况时(特别是在与己无关或自涉其中这两种不同境况下),常常徘徊或跳跃在朴素的理想主义法治观与朴素的实用主义法治观之间。在此意义上说,朴素的理想主义法治观与朴素的实用主义法治观的分歧和对立也是有限的。

理想主义法治观与实用主义法治观的实质性分歧在于,偏执的理想主义法治观与放纵的实用主义法治观之间的尖锐对立。这种对立可以从三个层面审视:其一,偏执的理想主义法治观与放纵的实用主义法治观之间没有任何共容之处。偏执的理想主义法治观所信奉的一整套法治主张,是放纵的实用主义无论如何都不能接受的;而放纵的实用主义法治观对待法律的立场和态度,也正是偏执的理想主义所殊死抗争和无情批判的对象。其二,正是由于偏执的理想主义法治观与放纵的实用主义法治观的存在,加剧了理想主义法治观与实用主义法治观之间的分歧与对立。一方面,偏执的理想主义法治观把某种法治模式以及法治的某些原则或形式张扬到极端的地步,不仅严重脱离中国国情,难以为我国基本政治制度和主流意识形态所接纳,也与实用主义法治观主张者的实践性认知及基本生活经验相背离,从而降低了这一群体对理想主义法治观的认同度和接受度;另一方面,放纵的实用主义法治观对法律规则的淡漠甚而无视,很容易唤起人们对“人治”痛楚的记忆,损伤社会成员对法治的信心,也为理想主义法治观的守持者提供了批判的对象与理由,加大了这一群体对实用主义法治观的排拒与警惕。其三,偏执的理想主义法治观与放纵的实用主义法治观对理想主义法治观与实用主义法治观两大阵营的内部结构,也产生着重要影响。偏执的理想主义法治观由于其过于虚空化以及一贯采取否定现实的批判性立场,强化了实用主义法治观阵营对实用主义法治的偏向性守持,特别是增加了朴素的实用主义法治观对放纵的实用主义的容忍,并使一部分朴素的实用主义者转变为放纵的实用主义的支持者。放纵的实用主义法治观因为其对法律规则的轻蔑而刺激了部分朴素的理想主义法治主张者走向偏执,并逐步成为偏执的理想主义法治的信奉者或拥戴者,增大了偏执的理想主义法治观的力量。所有这一切,都不言而喻地加大了理想主义法治观与实用主义观在全社会的分歧与对立。

三、法治知识传播与交流中的智识屏障

理想主义法治观、实用主义法治观以及它们的各个类型,都是对法治这一现象的不同认知和理解。这种认知和理解与主体自身的多种因素相关,如政治倾向、社会地位、利益立场、生活经历、思维方式、职业状况、环境影响等。就此来说,虽然社会成员个体对法治的认知和理解会随着某些因素的变化而改变,但就社会整体而言,只要社会结构不发生太大变化以及个体的这些因素差异化地存在,法治的共识就难以真正形成。然而,现实中能够穿透所有这些因素而影响不同主体对法治认知和理解的一个重要方面,却往往被人们所忽略,这就是人们对于法治现象的本相或者有关法治的基本知识的了解与掌握;换句话说,社会成员的法治观与他们对法治基本知识或法治本相的实际了解具有很大的相关性。根据罗尔斯的"重叠共识"理论,[40]持有不同观点或立场的人们,仍然可以合理的态度或方式去探寻"视域融合",即便是政治倾向、社会地位等诸种因素会影响不同主体在法治问题上的偏好,但如果全社会对法治基本知识或法治的本相有相对全面而真实的了解,全社会法治共识的基础也会大大增强。[41]

在过去几十年中,我国法治知识传播与交流中存在一定的偏失,在不同程度上遮蔽或扭曲了法治现象的本相,影响了全社会对法治全面而真实的了解。造成这种结果的原因在于,我国法治知识的传播中存在多个层次的智识屏障。

第一,西方法治国家与我国社会之间的屏障。尽管有信息高度发达、西方文献大量传播进来等便利条件,但迄至今天,我国社会对西方法治理论及法治实践的了解仍然可以说是粗浅的。由于意识形态领域内渗透与反渗透的角力始终存在,在反渗透的过程中,作为被否弃对象的西方法治往往被标签化、简单化地抽象为"宪政""三权分立""多党轮流执政""司法独立"等几个干瘪的概念,而西方法治丰富的实践形态并未能得到全景化的呈现。法学理论界(尤其在法制恢复建设的早期)在介绍西方法治时所主要依据

〔40〕 [美]约翰·罗尔斯:《作为公平的正义——正义新论》,姚大志译,上海三联书店2002年版,第55页;[美]约翰·罗尔斯:《政治自由主义》,万俊人译,译林出版社2000年版,第141页以下。

〔41〕 "如果人们不过多地关注于某一特定价值的文化根源,而是该价值意图表达或实现什么,那么调谐不同的价值是有可能的。"[南非]海伦·基普、[南非]罗布·米奇利:《ubuntu – both在塑造共识的南非法律文化中渐显作用》,载[荷]布鲁因斯马、[意]奈尔肯编:《法律文化之追寻》,明辉、李霞译,清华大学出版社2011年版。

的,也是被西方国家意识形态化了的西方法治的经典理论,这种理论淡化了法治的复杂状态和法治现象的多样性,未能充分反映法治在当代社会中的重要变化和发展,也未能系统地展示当代西方国家中社会发展与法治实践之间的互动关系。这意味着,在当代中国社会很多人所认知的西方法治——无论持批判、否弃的立场还是持欣赏、向往的态度——往往是不真实或不全面的。

第二,新兴法治国家与我国社会之间的屏障。或许与人们在潜意识中把美、英等西方国家作为法治的"正面样板"或"负面参照"相关,我们对域外法治的关注通常都局限在这些主要国家上,而新兴法治国家法治化的实践以及在此基础上提炼出的理论与知识则很少进入我们的视野,由此形成了这些国家与我国社会之间的智识屏障。然而,无论是基于战后民族国家独立运动,还是苏东社会主义阵营的解体,抑或一些国家强权专制的瓦解,近几十年来,绝大多数发展中国家都开启了法治化的进程。新兴法治国家在法治化道路过程中不仅提供了经验或教训,也贡献了不少理论与知识(尽管很大部分产生于西方学者的总结和与提炼)。[42] 这些理论与知识对于同属于发展中国家、后起法治国家的中国来说,具有重要的启示意义。尤其是关于如何在全球化趋势中自主地推进本国的法治进程,如何处理域外制度与本土经验之间的关系,如何在非西方式民主体制下实行法治等,很多国家的经历能够拓展我们对法治的认知,深化我们对法治的理解,至少可以打破我们对某种确定的法治模式的想象。遗憾的是,关注焦点的偏失,很大程度上使我们在法治认知中失去了这些可贵的知识资源的参照。

第三,国内法学理论界与其他社会主体之间的屏障。在法治初创国家,法学理论界无疑是法治知识的主要传播者。然而,我国法学理论界有关法治知识的启蒙与其他社会群体实际上同处于一个时点上,由其传导出的法治知识难免粗略。近几十年来,尽管法学理论界对法治的认知在不断深化,但这种进步更主要体现在学术理论界内部的学术交流中,并未以恰当的方式与社会各个层面进行必要的沟通,法学理论界对法治的认知仍然属于法

---

〔42〕 [意]简玛利亚·阿雅尼、魏磊杰编:《转型时期的法律变革与法律文化——后苏联国家法律移植的审视》,魏磊杰、彭小龙译,清华大学出版社 2011 年版;[葡]博温托·迪·苏萨·桑托斯:《迈向新的法律常识——法律、全球化和解放》,刘坤轮、叶传星译,中国人民大学出版社 2009 年版;[美]艾德加多·巴斯卡哥利亚、威廉·赖特利夫:《发展中国家的法与经济学》,赵世勇、罗德明译,法律出版社 2006 年版;[美]塞德曼:《发展进程中的进程与法律——第三世界问题的解决和制度变革》,冯玉军、俞飞译,法律出版社 2006 年版;[美]P. 艾伯·邦茨—辛普森:《第三世界的法律与发展》,洪范翻译小组译,法律出版社 2006 年版。

学知识精英的一种"私属",未能转化为社会公众的普遍常识。另外,法学理论界在摆脱苏联的国家与法理论的影响后,所接受的法治理论和知识主要是西方法治的经典理论,此后虽然也逐步接触当代西方各种理论流派的主张和观点,但西方法治的经典理论已经牢固地根植于很多法学人的思维之中,成为一种确定化的知识见解,并在不同场合下直接或间接地向社会传递,由此所释放出的仍然是西方法治经典理论中的一些讯息或精神。

第四,社会管理层与普通社会成员之间的屏障。这一层屏障不仅产生于两个社会群体掌握法治知识的能力的差异,更主要产生于两者对法治知识汲取的不同偏向。无论宣传口径怎样,社会管理层更愿意强调法治是一种社会治理工具,是维护社会秩序、特别是维护社会稳定与安定的主要手段。在社会管理者的愿望和偏好中,法治的主要意蕴是社会公众能够自觉地服从法治之下的社会管理,以形成社会管理者所希望看到的某种社会秩序。而处于被管理者地位的普通社会成员(尽管在主流意识形态的叙说中,他们也是参与社会管理的主体,但在现实管理机制中,他们更主要的场景身份是社会管理的对象),他们对法治的理想化愿望是限制和规范管理者的行为,法治能够成为"治官限权"的利器,并希望在一切可能的情况下,法治都能够成为他们对抗管理者某些于己不利之行为的手段,维护其自身的权益。这种对法治功能的不同需求或取向同样构成了两者之间在法治智识上的屏障。

第五,法学理论界内部的智识屏障。虽然法学理论界所面对的法治知识资源以及汲取这些资源的条件与能力几乎是相同的,但由于不同学者在学术偏好或社会主张等方面存在差异,各自对法治知识的了解和掌握并不完全一致,在法学理论界内部同样存在一种无形的智识屏障。即便在与法治理论最为亲近的理论法学界,也能清晰地看到这种屏障以及与此互为因果的内部分化。首先,近十多年来,一部分在理论法学界具有重要地位的学者,依据"学而优则仕"的逻辑,先后进入权力阶层。无论他们对法治的真实认识以及"入仕"前的学术观点怎样,其现实身份与地位决定了他们对法治的阐释必然与主流意识形态的宣传保持完全一致。他们在法治问题上的公共表达与其说是一种学术研究,毋宁说是一种公共宣传的强化,其话语立场及内容已很难被置入学术场域进行讨论与交流。虽然这部分学者对于中国法治现实而言或许是不可或缺的,但他们与其他学者在知识汲取和利用方面的分界已然十分明显。其次,一部分学者执着地守持着他们的"法治梦想",毫不妥协地维护着他们心目中法治的"纯洁性",而他们所念兹在兹的"法治",其实主要仍然是西方经典法治理论所构画的法治图景。这部分学者虽然也知晓并且也接触法律实用主义、现实主义、社会法学派、法律经济学以及批判法学派等与经典法治理论所不同的理论与知识,但他们并不认为这些理论和知识已经(或可能会)成为法治理论的主流;相反,更警惕这些理论和知识会成为"法治"在中国发生异变的理论支撑,因而有意或无意地排拒这些理论与知识。面对法治现实,他们既是建构者,也是批评者,但无论建构还是批评,他们都是在主流意识形态所设定的可能空间内,顽强地维护着他们对法治的那种认知。最后,还有一部分学者,主要是中青年学者,他们更愿意关注和重视当代西方各国法治变化的趋势,关注并接受以实用主义为代表的法治理论与知识,还广泛地运用这些理论与知识分析中国法治现实中的某些现象,在推动本土法治经验的理论论证和检验方面体现着自己的努力。然而,或许与这部分学者资历较浅相关,他们对中国法治现实的研究往往带有一定的碎片化特征,缺少对中国法治问题的系统分析和整体把握;他们的声音在法学界也仍然较为微弱,其认同程度尚待提高。法学界的这种分化实际上也是对法治知识整体性的一种分割,其进一步的后果便是全社会很难从法治基本知识的主要传播者——法学理论界得到关于法治的真实而全面的讯息。

上述几个层次智识屏障的存在,造成了当代中国社会对法治知识或法治本相了解或掌握的偏误,并进而使各主体之间在一定程度上失却了法治共识形成所必要的知识基础。

四、法治的再启蒙

以上分析表明,在我国恢复法治建设三十多年的今天,全社会对于法治的基本知识、对于法治本相的了解仍然是不够真实、不够准确、不够全面的。[43] 因此,在法治问题上,仍然需要在全社会各个层面进行一次全面的再启蒙。而之所以是"再启蒙",是因为三十多前年面临"法治"与"人治"的选择,我们已经经历了一次启蒙,[44] 再启蒙是对法治认识的进一步深化。

---

〔43〕 近些年,我国法理学界不少学者对"法治"的一些问题进行审视和研究,其中体现出学者们对恢复法治本相的关切,较有代表性的成果有:张志铭、于浩:《共和国法治认识的逻辑展开》,载《法学研究》2013 年第 3 期;胡水君:《中国法治的人文道路》,载《法学研究》2012 年第 3 期;汪习根:《论法治中国的科学含义》,载《中国法学》2014 年第 2 期。

〔44〕 相关情况参见尤俊毅、舒中晴:《"人治与法治"的大讨论》,载郭道晖等主编:《中国当代法学争鸣实录》,湖南人民出版社 1998 年版;沈国明:《"人治"与"法治"》,载《社会科学争鸣大系·政治学法学卷》,上海人民出版社 1991 年版,第 234 页;编辑组:《法治与人治问题讨论集》,社会科学文献出版社 2003 年版。

再启蒙的内容似应侧重于下述诸方面。

第一,“法治”意涵的非统一性。迄今为止,“法治”一词并没有恰切的、为世人所普遍接受的定义。相关国际组织或会议曾为统一“法治”的含义做出过诸多努力,[45]但最终并未能达至“天下统一”的效果。如同有“一千个人,就有一千个哈姆莱特”一样,有多少人,就有多少种法治。[46] 法治意涵的多义性并不意味着“法治”虚无缥缈没有其基本的内在规定性,而是表明不同的人、不同的国家或其他不同主体对法治会有不同的理解和认知,不同国家的法治可以有其不同的实践内涵。因此,在不能够用恰切的语言去揭示或描述“什么是法治”而又必须对此做出回答的情况下,或许只能用一种迂回的方式,亦即从法治这一人类文明的现象或现代国家治理的方式与特定国家的具体联系中,描述性地把握在特定国家中的“法治是什么”。依此方式来定义当代中国法治,相应的表述似应是:中国特色社会主义法治是当代中国依据自身的社会条件和现实处境,立基于社会发展的要求和国家的历史命运,从有效实现国家或社会治理的要求出发,而对法治这一人类文明的现象及现代国家治理方式的独特理解和认知、独特探索与实践。需要说明的是,这一定义中的法治既是情境化的,也并非“存在即合理”、所思所做即法治。它包含“依据中国社会的现实条件与处境”(客观依据)、“有效实现国家或社会的治理”(现实目标)和“法治作为人类文明现象及现代国家治理方式”(基本参照)这三个维度的考量。这三个维度是当代中国法治保持其合理性的重要定准。在法治再启蒙中,既要让全社会了解“法治”一词意涵的非统一性,又要使全社会对“什么是中国特色社会主义法治”在概念层面上有较为一致的认知。

第二,法治形态的多样性。与法治意涵的非统一性相联系,法治形态也必然具有多样性。近现代各国法治实践表明,各国的法治实践既有相通、相

〔45〕 如1959年在印度召开的“国际法学家会议”上通过的《德里宣言》确认了法治的一些基本原则。联合国也对法治做出过解释:“对联合国而言,法治概念指的是这样一个治理原则:所有人、机构和实体,无论属于公营部门还是私营部门,包括国家本身,都对公开发布、平等实施和独立裁断,并与国际人权规范和标准保持一致的法律负责。这个概念还要求采取措施来保证遵守以下原则:法律至高无上、法律面前人人平等、对法律负责、公正适用法律、三权分立、参与性决策、法律上的可靠性、避免任意性以及程序和法律透明。” See Report of the Secretary - General: The Rule of Law and Transitional Justice in Conflict and Post - conflict Societies(2004).

〔46〕 有关法治的多样性,塔玛纳哈指出:“全世界依赖法治的各国公民,很少有人精确地阐释法治的涵义”,“有多少人在捍卫法治,几乎就有多少法治观”。参见[美]布雷恩·Z. 塔玛纳哈:《论法治——历史、政治和理论》,李桂林译,武汉大学出版社2010年版,第45页。

同的一面,也有不同、相异的一面,由古至今,不存在一个"正宗""正统"或标准化的法治模式。这也意味着,不同的意识形态、不同的政治制度以及不同的经济文化发展水平的国家,都可以选择法治作为国家或社会治理的方式;法治的实行并不必然以某种特定的意识形态、政治建构或经济文化发展水平为前提。不仅如此,这些社会条件的差异正是不同国家在法治实践中创新,进而形成不同法治形态的客观基础。在此方面,不仅英、美这些法治发达国家的历史经历已经显示了较为明确的结论,[47]很多新兴法治国家也提供了诸多有益经验。在非西方式民主政体下实行法治,已经成为法治在现代或当代发展过程中所面临的重大现实主题和重要实践。[48] 因此,要通过法治再启蒙,消除只有西方民主分权制度的政治建构才能实行法治或才更有利于实行法治的认识偏见,同时也要看到在中国特定社会条件下探索法治道路的艰巨性和复杂性,把全社会思考的重心引向探索如何在中国特定社会条件下实行法治,创造并形成一种新的法治形态,借此丰富人类法治的实践内涵。

第三,法治的内在规定性。虽然"法治"一词没有统一的定义,但并不表明法治没有其内在的规定性。从亚里士多德到戴雪,直至很多当代西方学者,都力图通过列举一些因素、原则或标准等作为法治的"基本特征"或"必备构成",以维护法治的内在规定性,并使"法治"一词在公共交流中保持其语义的基本相通性和识别度。[49] 我国学者也在此方面有过一些探索。但遗憾的是,学者们为维持各自学说或流派的自洽性而形成的偏向又实际破坏了在此方面的共识基础。对法治内在规定性的认识,不仅要超越理论学说和流派的偏向,还要考虑特定国家的具体情况。不同政治建构下,法治的内在规定性也会有所不同。从我国现实出发,我国法治的内在规定性至少应包含这样三个方面:[50]一是在国家和社会主要领域、主要社会关系及社会活动中,保持法律的基本规范和调节作用。尽管我国具有法律以外的丰

〔47〕 关于英国和美国的法治模式的差异,参见[美]理查德·A. 波斯纳:《英国和美国的法律及法学理论》,郝倩译,北京大学出版社 2010 年版。

〔48〕 [美]巴里·海格:《法治:决策者概念指南》,曼斯菲尔德太平洋事务中心译,中国政法大学出版社 2005 年版,第二章"非西方法律传统和法治"。

〔49〕 相关研究参见[美]弗雷德里克·肖尔:《依规则游戏:对法律与生活中规则裁判的哲学考察》,黄伟文译,中国政法大学出版社 2015 年版,第 191 页以下。

〔50〕 梁治平认为:"法治包含以下基本内容:一、法律'具有稳定性、连续性和极大的权威'。二、国家政治、经济、文化和社会生活必须'有法可依'。三、法律一经制定,就要严格地实施和执行。四、司法机构必须保持'应有的独立性','忠实于法律'。"梁治平:《法律何为》,广西师范大学出版社 2013 年版,第 394 页。

富的规范资源,如"党法"、政策及道德习俗等非正式制度,但法律的主导地位应不断得到强化,同时,在规范位序上,不能把其他规则置于法律之上。二是社会成员应严格遵循法律,尤其是公权力应带头依法行事。无论出于什么样的目的、基于什么样的理由,也无论在什么样的情况下,生效法律不能规避、不得违反,更不能公然对抗。依此要求,所谓"良性违法"亦不应得到承认或默许。三是保持并维护司法机关在具体司法事务中的自主权和自决能力。任何人都无权在具体司法事务上对司法机关发号施令,而应自觉维护司法权威,并以司法权威为核心构建全社会的权威体系。这三个方面可以说是在当代中国实行法治的底线。所以,法治再启蒙的最重要任务就在于强化社会成员尤其是公权力的规则意识,把遵循法律规则作为践行法治的最基本的要求。

第四,法治功能的局限性。法治作为人类的一项社会实践,其功能具有一定的局限性。这种局限性主要体现于:其一,任何社会中,法律都不足以为社会提供充分、恰当的规范资源。立法行为是极为复杂的创造性活动。受立法者认知水平、社会经验积累、语言表达和概括能力,以及立法过程中各主体利益博弈和立法程序等多种因素的影响和限制,相对于社会活动的规范以及社会关系调整的需求来说,立法始终是欠缺的。[51] 其二,某些社会生活的领域,并不适合于法律手段的运用。法律的强制性要求并不能在这些领域得到实际执行或贯彻,法律手段的运用所产生的成本与其效果之间并不匹配,或者法律手段的有限性致使其与所欲产生的效果之间不能有效对应,[52] 这些都会导致人们放弃对法律手段的选择。[53] 其三,即使在法律适用的具体情境中,也会因某些因素而使法律实施变得困难。面对众多不相一致且彼此冲突却均有一定合法性的诉求,法律不可能使这些诉求都得到满足,这又使法治的功能被实际减缩。[54] 在法治再启蒙过程中,恰当揭示法治功能的这些局限性,有助于消除对法治过度理想化甚而虚幻化的

---

〔51〕 相关研究参见[美]罗伯特·萨默斯:《美国实用工具主义法学》,柯庆华译,中国法制出版社2010年版,第2页以下,第十二章"法律的有限功效";[日]长谷部恭男:《法律是什么?——法哲学的思辨旅程》,郭怡青译,中国政法大学出版社2015年版,第135页以下。

〔52〕 [美]罗斯科·庞德:《通过法律的社会控制? 法律的任务》,沈宗灵、董世宗译,商务印书馆1984年版,第29页以下,第112页以下。

〔53〕 [美]罗伯特·C. 埃里克森:《无须法律的秩序:相邻者如何解决纠纷》,苏力译,中国政法大学出版社2016年版,第299页;[美]埃里克·A. 波斯纳:《法律与社会规范》,沈明译,中国政法大学出版社2004年版,第5页以下。

〔54〕 [美]尼尔·K. 考默萨:《法律的限度——法治、权利的供给与需求》,申卫星、王琦译,商务印书馆2007年版,第八章"人数、复杂性与法治"。

认识,引导全社会理性地看待法治的实际作用。

第五,法治施行的复杂性。从技术层面说,这种复杂性主要根源于法治其实是充满内在悖论的社会实践或社会现象。不仅法治所欲维护的各种价值之间存在某种程度的冲突,如自由与秩序、平等与自由、公平与效率等在某些具体的场域中往往不可兼容并存,[55]而且法律的基本特性之间也具有一定的排异性,如法律适用的普遍性与实质正义所需要的个殊性、法律的强制性与化解矛盾所需要的妥协性、法律的稳定性与法律因应社会情势变化的适应性、法律适用中个案的公正性与由此产生的对社会行为的引导性等。对当代中国来说,问题不仅仅在于法治这些固有的悖论或矛盾,还在于这些悖论或矛盾的内在紧张与冲突在中国特定社会条件下变得更为突出。社会发展的不平衡、社会成员之间严重分化、社会诉求多样化、社会意识及文化观念多元化以及社会转型和变迁加剧等因素,使法治的施行变得更为复杂。因此,增加社会各个层面对法治施行复杂性的了解,也是法治再启蒙的一项重要内容。

第六,法治发展的时代性。纵览人类文明发展的过程,法治在不同历史时期经历了重大变化,体现出很强的时代性特征。当代法治的现实状态,不是亚里士多德时代"法的统治"与"良法之治"那样简单的箴言所能概括和描述;当代法治的主要功能,不是《自由大宪章》时代法治被用作新兴资产阶级对抗和限制王权的手段与工具;当代法治的运作,不是 17、18 世纪科学主义主导下机械结构式的程式化过程。法治发展的这种时代特征表明,西方法治历史上的经典命题以及重要经验,并不能成为当代中国法治的教谕或摹本,西方法治启蒙的一整套知识,也很难充当中国法治启蒙的理性工具,难以有效解决中国法治的启蒙问题。在法治的再启蒙中,更应把关注的焦点集中在包括新兴法治国家在内的各国法治发展或运行的现实状态,注重法治在现代国家和社会治理中的实际功能与经验。

第七,法治对人的依赖性。在经验或常识中,法治对人的依赖性并不成为问题,但长期以来"法治就是法的统治"这个经典命题成为很多人对法治的基本信念,给人们认知法治带来了某种迷思。在"法治就是法的统治"的命题下,人的作用往往被遮蔽了,法治被简单化地理解为一个程式化"照章行事"的过程,似乎只要完成了法律的制定,法治的一切便可实现。在法治再启蒙中强调法治对人的依赖性,必须认识到,法治是通过人的具体实践活

---

〔55〕 法治不能确保共同善的每一个方面,有时候它甚至还不能保障共同善的实质。参见[美]约翰·菲尼斯:《自然法与自然权利》,董娇娇等译,中国政法大学出版社 2005 年版,第 219 页。

动实现的,因此,在高扬的法治大旗下,人仍然是法治实践中的核心要素。法治化的水平、法治的进程乃至是否真正实行法治,都取决于人。只有作为主体的人具有正确的法治意识,才可能实现国家的法治化;反之,如果仍然以人治思维和方式对待和处理各种事务,无论法治大旗举得多高,法治也不可能真正实现。同时又应看到,即便有完备精细的法律规定,在法律实施中同样需要人的能动作用,没有这种能动作用,法治亦难免会成为空泛的口号或者脱离社会发展的实际要求。正因如此,在法治再启蒙中,要在"人治"与法治对人的依赖性之间做出正确鉴别,既不能把"法治"看成可以排斥人的因素的客观化过程,也要警惕基于法治对人的依赖性而使法治衍化成不同形式的"人治"的危险。

前述七个方面都是法治理论中最基本的常识。也正因为其属于常识范畴,才会在"启蒙"或"再启蒙"的意义上提出。之所以需要通过再启蒙而强化对这些常识的认知,是因为从全社会来看,这些常识的普及程度尚不广泛,很多人对法治本相的认知尚不全面;尽管这些常识为一些人所了解,但并没有真正融入其对法治的整体思考,受个体取向或偏好等因素的影响,他们往往撷取这些常识中的某些部分,而未能综合其各个方面并借以修正或调校自身的取向与偏好。通过法治再启蒙而重申这些常识的作用在于,把理想主义法治观与实用主义法治观建立在对这些常识的共同认同和认知之上,使之成为不同主体法治意识形态的"最大公约数",从而扩大两种法治观的重叠面,[56]缓释或减少两种法治观之间的内在紧张与冲突,推动全社会法治共识的形成与提升。更具体地说,通过再启蒙,矫正和抑制偏执的理想主义法治观,遏止和抵制放纵的实用主义法治观,引导提升朴素的理性主义法治观与朴素的实用主义法治观向理性转化,保持理性的理想主义法治观与理性的实用主义法治观在我国法治进程中的合理张力。

五、法治再启蒙中法学理论界的作为与担当

法学理论是以法治为主要研究对象的理论门类。法学理论界是法治再启蒙的主要力量,在再启蒙中也担负着重要的任务与使命。

从现实情况来看,我国法学理论界,特别是法理学界,在推动我国法治初始启蒙(以撰写并出版各种版本的法学教材或译介西方法学的论著为主

---

〔56〕 依据罗尔斯的"重叠共识"理论,即便是观点不同,也应从各自角色出发或通过采纳彼此视角而支持共同的规范。参见童世骏:《关于"重叠共识"的"重叠共识"》,载《中国社会科学》2008 年第 6 期。

要内容或标志)后,处于较长时期的彷徨与困惑之中。这种彷徨与困惑是因为,面对西方传统法学理论及知识谱系,中国法学尚不具有对其突破或创新的能力;面对中国法治现实,很多法学人既难以选择参与的姿态与方式,又缺少系统和全面把握并提出真知灼见的功夫与本领。[57] 事实上,法学理论界的这种彷徨与困惑也与本文所探讨的法治观念的分歧密切相关,正是这种分歧加大了学者之间的分化,增加了法学理论界与实务界及其他社会层面之间的疏离。因此,法治再启蒙不仅为法学理论界设定了共同的任务与使命,也为中国法学理论的发展提供了重要的契机。

首先,法学理论界应通过对前述法治基本知识或法治的客观本相的认同而达成一定程度的共识。法学理论界的共识不仅是全社会法治共识的重要组成部分,而且对推动全社会法治共识的形成具有重要影响作用。虽然在法学理论层面形成"统一"的法治主张既不可能亦无必要,但无论如何,在法学理论语境中,认知和讨论法治的知识背景应当有一定共通性,探讨交流和沟通的渠道应当是畅通的。在此方面,法学人应审视并勇于放弃基于某种狭隘的现实功利的考量而形成的偏颇执持,或基于某些陈旧理论或知识而形成的前见。从社会角色分工来看,在实用主义事实上成为我国法治实践主要取向的情况下,法学人应更多地保持对理性的理想主义法治观的坚守,借以矫正实用主义法治观所可能产生的偏差,尤其应避免成为放纵的实用主义的附庸。

其次,应在学术理论语汇与主流意识形态宣传话语之间寻求一种普通社会公众所能够理解和接受的话语表达方式。法学理论研究者需要诚恳地、诚实地把法治常识和法治的本相真实而全面地传播给社会各个层面,构造出一种社会公众依其直觉和经验即能理解的法治知识传播语境,力求把法治的基本知识转化为社会公众的一般性思维。[58]

再次,充分利用并进一步拓展法治理论的传播途径与方式。法治再启蒙的途径与方式决不应仅限于法学教科书或各种讲堂,应积极寻求法学理论界与公众交流的有效接口。当下,一种可行的路径是,借助于相关公共政策的出台以及一些热点事件,利用网络平台,法学学者通过平实且专业化的

---

〔57〕 有关我国法学研究的发展历程,可参见陈甦主编:《当代中国法学研究(1949—2009)》,中国社会科学出版社2009年版。

〔58〕 阿蒂亚主张学术界应"通过拒绝自身方法和定位的过分学术化来表明其所具有的实用主义力量"。参见[英]P. S. 阿蒂亚:《英国法中的实用主义》,刘承韪、刘毅译,清华大学出版社2008年版,第69页。

解析,以及平等的沟通式讨论,向社会提供一种理性地看待相关问题的视角和方法,释放恰当的法治讯息,潜移默化地引导和推动全社会正确法治观的形成,特别是不能让某些偏激的观点成为社会各方面对法学界主张的辨识,防止对社会形成更深的误导。

最后,在法治再启蒙中探索中国法治理论体系文本化的构建。客观地说,我国法学界尚未推出能够系统描述中国法治实然运作状态并全面阐释中国法治运作机理的理论著述。法治再启蒙的过程也是法学理论界对法治这一现象重新审视的过程,这一过程必然贴近或融入对中国法治现实进一步的思考。因此,以法治再启蒙为契机,有可能动员和集中法学理论界的主要研究资源,探索中国法治理论体系的文本化的构建,进而为中国法治理论体系的真正形成奠定基础。在此意义上说,法治再启蒙也能为中国法治理论的建设或深化提供重要杠杆。

学术讨论

2017“中国法治实践学派书系”新书发布会

- “中国法治实践学派书系”的目标
- “中国法治实践学派书系”展示中国法治理论风貌
- 我坚定支持中国法治实践学派

2017中国法治实践学派论坛

- 中国法治实践学派的精神就是求是笃行
- 把学术理想建立在实践基础上
- 中国法治实践学派是法治中国建设的实践派
- 中国法治实践学派恰逢其时
- 中国法治实践学派大有可为
- 中国法治实践学派的意义
- 中国法治实践学派的产生及其理论使命
- 大数据法治与中国法治实践学派的新机遇
- 如何推进发展中国法治实践学派
- “知行合一”理念下的法治实践推进方略

- 中国法治实践学派需要四梁八柱
- 中国法治实践学派的当为和不为
- 实践视野下的规则意识
- 法治是动态的实践
- 什么影响了中国法院的司法效率
- 以中国法治实践学派的实践精神推动司法改革
- 律所、律师怎样推动国家的法治进程
- 法治评估与法治中国建设
- 法治评估的核心主题与发展道路
- 从法治评估到评估法学
- 法治评估知识的生成逻辑及实践反思
- 河北省设区市法治建设指数评估研究
- 地方法治建设评估的三个视角及发展方向

2018 中国法治实践学派论坛

- 勇往直前,不负时代重托
- 中国法治实践学派:兴起、使命与未来

- 法治传统与法治实践
- 法治实践与法学理论的辩证机制
- 中国法治实践学派与法治中国的内在关联
- 实践法哲学大要
- 新时代的学术要求与中国法治实践学派
- 中国法治实践学派的辩证意蕴
- 实践主义法学研究范式
- 中国法治实践学派的现实表征
- 论建设法治政党
- 中国法治实践研究的反思
- 转型中国的乡村自治略述
- 从实践细节出发寻求法治的原理和路径
- 协力推进中国法治实践学派发展
- 坚持新时代法学研究的实践导向
- 我对李步云老师《迈向法治新时代》一书的一点认识

- 关于中国法治实践学派的若干解释
- 科学的法治评估推进法治中国建设
- 现代法治实践中的法治评估
- 量化指标规范法律权力
- 法治评估的“河北做法”
- 大数据时代下的法治政府评估创新应用
- 法治评估的偏好及大数据在其中的应用

“中国法治实践学派书系”的目标

钱弘道

浙江大学教授、中国法治研究院院长。

五年前，也就是中共十八大召开的2012年，我们提出中国法治实践学派概念。

两年前的9月，我们在河北正定召开“中国法治实践学派论坛”期间，决定编辑出版“中国法治实践学派书系”。今天，“中国法治实践学派书系”第一批五部著作终于展现在读者面前。在这里，我要感谢人民出版社的领导和编辑的大力支持，感谢前辈法学家的鼎力支持，感谢中国法治实践学派各位同仁的齐心协力，感谢各界人士对中国法治实践学派的关注与支持！当然，我们必须感谢这个千载难逢的时代！

“中国法治实践学派书系”具有一种真切的理论关怀。

中国法治实践学派要成为真正意义上的学派，就要有自己的理论系统。我们希望通过这套“书系”去推动中国法治实践学派理论系统的形成，希望通过这套“书系”集中展示中国法治实践学派的基石范畴、理论范式和方法论，希望通过这套“书系”集中展示中国法治的理论风貌。因此，这套“书系”不是一般意义上的学术成果编辑出版，而是承载着一种创新中国法治理论的关怀、追求和使命。首批推出的李步云教授、张文显教授、公丕祥教授，他们正是为中国法治理论做出重要贡献的代表。

“中国法治实践学派书系”具有强烈的实践关怀。

这套“书系”的一个最大特色就是“实践导向”。这套书系是紧扣“中国实践”的，是接中国“地气”的，是解决“中国问题”的。李步云教授、张文显教授、公丕祥教授的著作，都体现了一种“实践性”，都体现了对现实中国的关怀，都体现了对中国法治命运的关怀，都体现了对生活在这个世界上的人的关怀。理论关怀包含实践关怀,实践关怀孕育理论关怀,这是我们编辑出版"中国法治实践学派书系"的一个基本认知。中国古代的"知行合一"精神体现了理论关怀和实践关怀的统一性,中国法治实践学派就是要传承这样一种传统。中国法治实践学派倡导法学家走进实践,以实践为师,在深入实践中总结经验、创新理论。我们编辑出版"中国法治实践学派书系",就是要把具有强烈实践关怀、具有鲜明"实践"特点、真正体现"实践主义法治"的优秀著作推荐给读者。

"中国法治实践学派书系"具有当仁不让的世界关怀。

中国法治实践学派是中国的,也是世界的。"中国法治实践学派书系"对中国的意义也就是对世界的意义。我们要通过这套书系为世界展示中国的法治经验、中国的思想元素、中国的法治理论。我们要通过这套书在世界发声,这种发声是基于中国自身的世界关怀。我们有自己几千年的文化传统,有自己丰富的哲学资源,有自己伟大的法治实践,有自己庞大的具有理想主义情结和现实主义情怀的法学家队伍,我们有足够的对世界发声的资本。我们没有必要妄自菲薄,我们不能让学术被西化的话语模式所控制,我们必须拥有世界法治话语权,我们必须对世界法治文明做出应有的贡献。

"中国法治实践学派书系"每年出版5卷,计划10年出版50卷。我们会努力推出英文版。"中国法治实践学派书系"的目标是成为集中反映中国特色社会主义法治理论建设、深入解决中国法治实践难题、代表中国法治研究水平、具有广泛影响力且集大成的学术出版物,成为中国向世界集中展示法治研究成果的载体。中国法治实践学派诞生于中国大地,是法治中国伟大实践的理论回应。中国法治实践学派以中国法治为问题导向,以实践哲学为理论基础,倡导知行合一的求是精神,代表了法学研究方法论的新变革,预示着新法治理论范式正在形成。

历史赋予我们重任,我们不会推卸责任。在前行的道路上虽然有许多困难,但我们有足够的信心和勇气去克服困难。我们会脚踏实地,我们会一步一个脚印,我们会不辞辛劳。我们坚信,有大家的共识,有大家的雄心壮志,有大家的共同努力,有全面深化改革、全面推进依法治国的时代背景,我们的目标、我们的理想一定能够实现!

“中国法治实践学派书系”展示中国法治理论风貌*

陈鹏鸣
人民出版社副总编辑。

各位领导、专家,新闻界的朋友们:

大家上午好!

在全国人民喜迎党的十九大即将胜利召开之际,很高兴回到母校浙江大学,参加“中国法治评估高端论坛暨中国法治实践学派论坛”。我是1993年从杭州大学历史系硕士毕业,感谢院校合并,我才得以高攀自称为浙江大学的校友。请允许我代表人民出版社对本次论坛的召开表示热烈的祝贺!在本次论坛召开之际,我社出版的“中国法治实践学派书系”(第一辑)与读者正式见面。

“中国法治实践学派书系”的出版目的是深入学习贯彻习近平总书记有关全面依法治国重要讲话精神,强化中国法学研究的实践转向,展示中国法治理论的风貌,传播法治精神,支持中国法治的具体实践,扩大中国在世界上的法治话语权。“书系”由全国政协原副主席、北京大学罗豪才教授任顾问,国内一批著名法学家任学术委员会委员;钱弘道教授任编委会总编,武树臣、邱本、Susan Tieferbrun 等国内外著名学者担任副总编。“书系”计划连续十年、每年精选五部实践学派的代表性著作出版。我们希望通过十年的努力,使“书系”成为集中反映中国特色社会主义法治理论建设、深入解决中国法治实践问题、代表中国法治研究水平、具有广泛影响力的学术精品,成为向世界集中展示我国本土法治研究成果的学术经典。“书系”第一辑收录了四位作者的五部著作,分别是:李步云教授《迈向法治新时代——我的治学理念和实践 》、张文显教授《法治的中国实践和中国道路》、公丕祥教授

---

* 本文系陈鹏鸣在《中国法治实践学派书系》(第一辑)新书发布会上的发言。

《大变革时代的中国法治现代化》以及钱弘道教授《中国法治实践学派的基本精神》和《法治评估及其中国应用》。四位作者均是学界乃至社会上有广泛影响力的法学名家,他们的五部著作都具有鲜明的问题导向,注重对中国法治具体实践问题的探索,注重法治理论的实际效果,能够代表"中国法治实践学派"的实践主义精神和求是精神。我相信,这套"书系"的出版必将对法治中国建设发挥积极的推动作用。我也希望,有更多的专家学者立足于中国国情,求真务实,共同构建起中国特色的法学、法治话语体系。

杭州是"中国法治实践学派"的萌生地——多年前,正是在这片土地上孕育诞生了中国内地首个法治指数、中国首个司法透明指数以及首个电子政府的具体实验。时任浙江省委书记的习近平同志在这里还曾主持实施了"法治浙江"的实践。2012年,浙江大学钱弘道教授率先提出"中国法治实践学派"这一学术概念,得到许多法治研究者的赞同和响应。党的十八届四中全会提出了建设中国特色社会主义法治体系,绘就"法治中国"路线图,开启了中国法学面向问题、强调实践的研究新范式,开始了从法律转向法治、从规则转向实践的新变革。正如张文显教授所指出的:"中国法治实践学派可以说是这种转向的学术概括和提炼,非常及时。它更重要的意义是从学派角度提出一种方向,树立一面旗帜,倡导一种精神,这样就更能凝聚力量,为全面推进依法治国的伟大实践提供理论支撑。"

杭州地灵人杰。"东南形胜,三吴都会,钱塘自古繁华。"清代浙江会稽(今绍兴)有位著名学者章学诚,在《文史通义》里最先提出"浙东学派"的概念,认为学术研究应该经世致用,不可"空言著述",更不可"舍今而求古,舍人事而言性天",换句话说,就是学术研究不要为学术而学术,而要为解决现实问题服务。其实,经世致用一直是中国古代读书人的共同理想与追求。曾担任过杭州刺史的唐代诗人白居易说:"文章合为时而著,歌诗合为事而作。"说得也是这层意思。中国法治实践学派以解决中国法治问题为出发点,以中国法治为研究对象,以实践、实证、实验为研究方法,注重现实、实效,致力于开拓法治研究的新路径。我认为,从某种意义上说,中国法治实践学派就是我国古代经世致用学术传统在当今法学研究领域的发扬光大。

人民出版社是党和国家最重要的政治性、公益性、理论性出版单位。从1921年9月建社至今已走过96年的历程。96年来,人民出版社始终坚持"为人民出好书"宗旨,出版了大量马克思主义经典著作、党和国家重要文件文献、法律法规,以及代表国家哲学社会科学领域最高水平的学术专著,如新中国第一部宪法——《中华人民共和国宪法》就是1954年9月由我社出版发行的,当时使用的是竖排繁体字版。此外,如《中国通史》《世界通史》

《中国学术通史》《中国民俗史》《中国哲学史新编》《希腊哲学史》《柏拉图全集》等,众多名家大师的扛鼎之作奠定了人民出版社在哲学社会科学出版领域的重要地位。

值此"中国法治实践学派书系"出版之际,我代表人民出版社向"书系"编辑委员会、顾问和学术委员会的专家学者们致以最诚挚的谢意! 向"书系"第一辑的四位作者表示衷心的感谢! 希望有更多专家学者的专著能够入选书选,共同为中国法治实践学派的繁荣发展添砖加瓦。

接下来,我社要全力做好"书系"的宣传与发行工作,让更多的读者知道这套"书系",阅读这套书,充分发挥其社会效益。我相信,在各位专家的大力支持和关心下,"书系"的宣传和发行工作一定能够取得圆满成功。

最后,祝本次论坛取得圆满成功!

谢谢大家!

我坚定支持中国法治实践学派*

李步云

中国社会科学院法学研究所荣誉学部委员。

尊敬的宋海教授、张文显教授、钱弘道教授、人民出版社两位记者同志和浙江大学校领导同志，以及各位专家学者和年轻的朋友：

大家好！

会议安排我在这次论坛做第一个发言，下面我谈一点认识。我了解到，钱弘道教授和其他几个朋友率先提出要在我们国家倡导成立一个"中国法治实践学派"，这和他以前进行的余杭指数研究是有密切联系的。余杭指数的活动是法学研究和法学实践的一个很成功的实例，它在这里面表明我们的法学、法治建设也应该有自己鲜明的特色；在此基础上，他们提出了中国法治实践学派这个概念。在座的张志铭教授也比较早地出过一本书，将上海市的法治与世界大城市比较研究后，提出了上海应该怎么进行。这个书出版了，也算相对比较早的。钱教授的余杭指数活动，我从头到尾都参加了。所以当他提出了"中国法治实践学派"这个概念以后，在北京第一次会议，在与会专家有的保持沉默、不表态，也有个别人起来反对说"你搞这个干吗呀，有什么意思"时，我当时却是坚定地表示支持。我之所以支持，是因为这个学派的宗旨，应该说和我终身所从事的法学研究的基本理念是高度吻合的，所以我最早就知道它。这次，出版社和钱弘道教授的班子叫我参加第一辑，我就很痛快地答应了。"中国法治实践学派书系"第一辑我的这本书名叫《迈向法治新时代——我的治学理念和实践》。

我要讲的话，实际上在书的序言里就说清楚了，在这里我没有太多的补

* 本文系李步云先生在2017年"中国法治实践学派书系"新书发布会上的致辞。

充,我就简单地说几点。一方面,怎么概括这个学派。我到今天早上才看到,我们的五本书,书封面概括的那几条,大致上能够概括现在我们提出的"中国法治实践学派"的基本特征。这个,我先念一下,有个别地方大家还需要进一步思考。"法治中国伟大实践的理论回应",这是总的标题。下面是第一条,"以中国法治为问题导向";第二条,"以实践哲学为理论基础";第三条,"倡导知行合一的精神";第四条,"代表法学研究方法论的新变革";第五条,"预示新法治理论范式正在形成"。我是基本上同意的,但这里有一个地方,我建议可以修改一下:倒数第二条,它"代表法学研究方法论的新变革",我觉得改为"新发展"比较好。因为现在这个书里提到的几十个学术委员,他们代表着中国法学界的一些经验,他们实际上已经是中国法治实践学派的实践者,所以可以考虑将"新变革"改为"新发展"。因为这样的学派、主张和这样的方法论实际上是存在的,而且我的看法占主流,而不是相反的对立面占统治地位。因为这一批研究可以反映出他们本身就是继承了中国法治实践学派的试验者。

另一方面,中国法治实践学派的哲学基础,用"实践"两个字来回答,也可以,我做个解释回应一遍。关于法治实践学派,我很感激《中国社会科学报》,发表了我和钱弘道、邱本和武树臣老师几篇文章。在我的印象里,中华人民共和国成立以来,我们的基本倾向是,不管什么学派,都提倡搞一个学派——我们就一派,马克思主义学派。除马克思主义外,其他都是非科学的。就是不再提倡学派这个概念。那为什么要提倡学派的好处呢,这是人类文明发展史证明了的真理,证明了毛主席的那句概括——"百花齐放,百家争鸣"。这反映了一个国家,一个社会,文学艺术和社会科学发展的铁的规律。"双百方针"我们现在相对讲的少一点。现在我们在这个情况之下,提倡搞学派。对于未来,我还用"百花齐放,百家争鸣"这个方针,所以在这个意义上,我当然很快就支持了,搞这个学派有好处,支持这个中国法治实践学派,我态度很坚定。

第二个这个学派是和我穷尽一生去从事的治学理念有密切的关系。关于我的治学理念,我曾经写过一篇很长的文章叫《我的治学八字经》,把我的治学理念概括为八个字。《人民日报》经常问我要文章,但我没那么多时间写啊。有一次要的很急了,我说我给你一篇文章吧,你看一看行不行,就是把我那个《我的治学八字经》,谈我的体会,概括为八个字。后来《人民日报》居然用我的名义发表了,把"我的"去掉,治学八字经,而且画龙点睛加了八点:"求实"是治学的根本,"创新"是治学的追求,"严谨"是治学的品格,"宽容"是治学的美德,前面求实、创新、严谨、宽容这八个字是我的。大家治学应该本着这个八个字。前不久,在我的老家,有个人反对,他说把求实作为追求,把创新作为根本,我实际上是不同意的。应该把求实作为根本,把创新作为追求。这个“求实”的概念就是我们今天讲的实践学派的含义,意思是一个意思,没什么不同。我们今天提的这个中国法治实践学派的哲学基础是马克思主义。

我理解的马克思主义的哲学世界观,有广义和狭义,狭义指的是辩证唯物论,唯物辩证法。这是对自然界、社会、人们的观念都适用的普遍规律,这是狭义的,一般是这方面来讲。但是广义讲呢,历史唯物论,人本价值观,这也是我们的二十四个社会主义核心价值观。但我说,再高度概括的话,可以概括为以人为本。我们的一线工作都是为人民服务,为人民谋利益。那二十四个词最核心的还是以人为本。所以我主张以人为本作为我们社会主义马克思主义者核心价值观来命名都可以,就是人本价值观。我们这个学派应该是以马克思主义哲学为基础,代表了唯物论的问题。我之所以长期以来有这八个字,也是与我的老师张友渔有关,我给他写过一个传——发表在一个学术大会上。这八个字实际上是我体会总结他的经验。后来考虑这八个字好像和我一辈子做学问也相同,也学了他这八个字,后来变成我的治学八字经了。实际上我说这是我的老师张友渔,我总结他的。他有两个“教条主义”,一个“土教条”和一个“洋教条”。这个“土教条”和“洋教条”之分,也是我的导师张友渔最早提出的一个新概念。什么叫马克思主义?恩格斯有一句话,他说马克思主义不是一系列现成结论的教条,而是一种方法。即它的世界观和方法论是马克思主义最核心的东西。以及根据实际情况用辩证唯物论,唯物辩证法来分析、总结、概括一切事物的本质和规律。这是马克思主义最核心的东西,不是一系列这样那样的结论,而是一种方法。这个话马克思全集里都有的。说的干脆利索,马克思主义不是一种现成结论的教条,而是一种方法。而过去我们的土教条,就是马克思主义法学,把马克思主义巨著和一些领导人的话编成一个集子,就是马克思主义哲学。还有论证的时候,因为马克思说过,所以我这个话就对了。把马克思主义的话作为自己的论据,这就不对了。马克思主义可以引用吗?可以引。说马克思或者某个领导也这么说过,说明他看这个问题我和他看法是一样的,我能把它作为一个论据,因为谁说了,所以我说是对,这是典型的土教条。洋教条有没有这种现象呢?在年轻人中比较多。西方的月亮比东方圆,凡是西方的东西都是好的,凡是资本主义讲的话都是对的,囫囵吞枣,照搬西方的制度。这样的教条主义就是洋教条。这两种教条主义都是我们中国法治实践学派应该反对的,作为一个对立面来反对。我在重庆写过一篇文章,总结我们为什么六十年，民主法治，特别是法治，到“文化大革命”时是“和尚打伞——无法无天”，导致“文化大革命”这么一场大灾难。民主法治不健全。那么，这里面从学术角度来说有五个方面。第一，法律虚无主义；第二，法学教条主义；第三，法律实用主义；第四，法律主观主义；第五，法律工具主义。所以我今天要进一步说，我们这个学派不仅要反对法律教条主义，还要反对其他四个主义。因为它们都违背了马克思主义最核心的世界观和方法论。所以，必须有个对立面。另外，有的地方我们要看到，举个例子，有些人不要单独画线，要大力讨论。例如关于这五本书，就要提到昨天《法制日报》同志的观点，他说我们新闻界来评论我们学术界是可以的。这是提倡评论与争论。举个例子，在法治里面有法治与人治大讨论，那时讨论了上千篇文章，法学界划分成了三大派。一派是依法治国，反对人治，倡导法治，第二种，法治人治应该结合，单独提依法治国不对。这个倡导的人也相当多。第三种观点，法治是西方的概念，法律也是人制定的，哪个国家不是人治。法怎么治，死的东西怎么治，所以这是骗人的东西，是西方的我们不能用。我们只提倡“刀制”，健全社会主义“刀制”就可以了。四中全会前，中央办公厅法规局给我打电话，说李老师，四中全会要开了，中央派我们来听听您的意见。结果，来了四大家，我很感动。中央办公厅的法规局、全国人大法制委、国务院法制办、军委法规局，四大家一家派一个人来听我的意见。关于四中全会还在电话里跟我说，四中全会现在讨论的是，现在还有人提倡“刀制”。不要提法治，提“刀制”就可以了。四中全会这个还有，但也还有意见不要把党法党规写进这个文件。到四中全会还有“刀制”这个看法。

我们不要轻易就去划派，这是我的一个建议。另外，我个人未来一定会更多支持我们的活动。我也希望我们学术界的朋友多来关注这个问题。实践就是马克思主义，中国法治实践学派代表了马克思主义指导的有中国特色的法治理论的主流派；这既是我的观点，也代表了主流。要允许各种不同意见的存在，允许百家争鸣嘛。提倡有不同意见都可以讲出来，应该提倡这种风气，这是我想讲的东西，谢谢大家！

中国法治实践学派的精神就是求是笃行

张宏建
浙江大学副校长。

尊敬的宋海副主席，尊敬的张文显副会长，各位专家、各位来宾：

大家上午好！

金秋九月，我们齐聚美丽的月轮山，举行中国法治实践学派论坛、“中国法治实践学派书系”新书发布会及中国法治评估高端论坛。首先，我谨代表浙江大学对与会的各位领导、各位专家表示热烈的欢迎！向大家长期以来关心支持浙江大学改革发展表示诚挚的感谢！

2014 年，党的十八届四中全会作出了全面推进依法治国的重大战略部署，强调要“围绕社会主义法治建设重大理论和实践问题，推进法治理论创新，发展符合中国实际、具有中国特色、体现社会发展规律的社会主义法治理论，为依法治国提供理论指导和学理支撑”。

中国法治实践学派是今天会议的关键词。中国法治实践学派的出现适应了法治理论创新的需要，主要任务就是要为全面推进依法治国提供理论指导和学理支撑。今天，“中国法治实践学派书系”第一辑隆重推出，其中有张文显教授的《法治的中国实践和中国道路》，这个书名非常好，我觉得这个书名很好地概括了中国法治实践学派的内涵。

浙江大学是一所综合型、研究型、创新型的大学。在 120 年的办学历程中，始终以海纳百川、启真厚德、开物前民、树我邦国为己任，坚持以人为本，整合培养，求是创新，追求卓越的教育理念。中国法治实践学派的精神与浙江大学的校训“求是”完全一致。“求是精神”是浙江大学精神文化核心，也应当是中国法治实践学派的核心精神。求是，就是要“博学之，审问之，慎思之，明辨之，笃行之”，尤其是在今天，浙江大学正努力加快成为世界一流大学和进行一流学科建设,为实现中华民族的伟大复兴贡献自己的力量,“笃行”则显得更加重要。

中国法治实践学派概念的提出和工作的推进有浙大学者的贡献,我感到非常欣慰。这一点,与习近平同志主政浙江时实施“法治浙江”战略密切相关。浙大学者和全国其他高校科研机构共同努力推出了中国第一个法治评估体系、内地第一个法治指数、司法透明指数、电子政府发展指数,进而提出中国法治实践学派,并且在全国一些地方建立中国法治实践学派研究或调研基地,每年编辑出版《中国法治实践实践学派》,今天又推出“中国法治实践学派书系”,可喜可贺!

我们期待中国法治实践学派不断发展、壮大,我们期待中国法治实践学派为中国法治理论创新、全面推进依法治国贡献力量,我们期待中国法治实践学派为世界法治文明作出应有的贡献!

祝会议圆满成功!谢谢大家!

把学术理想建立在实践基础上

宋　海

全国政协常委、副秘书长、民建中央副主席。

尊敬的张文显副会长、李步云教授，尊敬的张宏建副校长、武树臣教授、杨海坤教授，各位专家学者，各位朋友：

我很高兴参加 2017 年中国法治实践学派论坛、“中国法治实践学派书系”新书发布会以及中国法治评估高端论坛。今天，三个会议放在一起开，很有特色，很有创意，内容一定很丰富。

前些日子，弘道教授邀请我出席今天这个活动。我非常赞赏他致力于中国法治实践学派的工作。一个时代，如果一群学者能创立一个学派，这是一件了不起的事业。中国古代，创立儒家、道家学派都是圣人的事业。我是从事金融研究的，我在担任深圳市副市长、广东省副省长期间，一直主管金融。金融和法治不能分家，金融必须法治化。从某种意义上说，我今天专门从黑龙江赶来出席这个活动，还得赶回黑龙江，是表明我对中国法治实践学派的一种支持态度，表明我个人也非常愿意为中国法治实践学派出点力，做点贡献。

创立学派需要一群志同道合的学者。从 19 世纪末开始，经济学领域出现了著名的奥地利学派。奠定该学派基础的是卡尔·门格尔在 1871 年出版的理论著作《国民经济学原理》。奥地利学派就是由一群志同道合的研究者，运用个人主义方法论研究社会发展。这个学派的研究成果后来成为当代西方经济学最直接的基础。我已经看到，中国法治实践学派已经聚集了一批非常优秀的学者，而且还得到了李步云教授、张文显教授、公丕祥教授、武树臣教授这样的法学大家的鼎力支持。我认为，中国法治实践学派这个学术群体现在就好比当年奥地利学派的最初阶段，方兴未艾，正在茁壮成长。今天,人民出版社隆重推出的“中国法治实践学派书系”,也可能和当年的《国民经济学原理》一样,将为这个朝气蓬勃的学派奠定基础。我们现在看到第一辑五本,十年后五十卷,那可真是一套大型书系。到那时候,我们用“蔚为壮观”这个词来形容恐怕也不会过分。到五十卷都出齐的时候,中国法治实践学派在世界上的地位也可能就奠定了,中国法治实践的成就也可能让世界刮目相看了。

任何学派都有自己的方法论,这个学派的方法论,我注意到是用“实践、实证、实验”三个词来概括的,这三个词恰恰是传统法学研究缺乏的。大家知道,经济学有实证的方法,我从事金融研究离不开实证方法。我每年主持所有课题,都必须经过大量调研,我们的大量时间是在调研中度过的。离开调研所获取的鲜活素材,我们就很难做出能解决现实问题的文章。比如地方债的问题,你不去调研,书本上很少有你想要的东西。经济分析方法渗透社会科学各个领域,同样给法学带来重大影响,产生了经济分析法学流派或者法律经济学流派。弘道教授就是研究法律经济学出身的。弘道本人,毫无疑问,一定深受经济分析方法的影响。中国法治实践学派的产生也应当受到了经济学实证方法的深刻影响。

弘道教授是我们中国民主建国会的中央委员。民建主要是由经济界人士和专家学者组成的参政党。大家都知道黄炎培先生,在 1945 年抗战即将结束的时候,他曾向毛泽东主席提出了著名的“历史周期律”之问,黄炎培就是民建的创始人。我和弘道教授很熟,对弘道教授不遗余力推动中国法治实践学派发展的工作也已经关注很长时间了。民建中央全会分组讨论,我们每年都在一个组,他几乎每次都坐在我旁边,他每次发言都很精彩,很有思想。大家都称他“钱指数”。这个指数很有讲究,因为它是用数据说话,经济学重视数据说话,奥地利学派后期的很多学者拒绝使用新古典主义经济学中的数学与统计学方法,从而逐渐被经济学主流所淘汰。法学界长期以来对数据是忽略的。现在看来,中国内地第一个法治指数的确开了中国法治量化先河。弘道教授从量化法治开始,现在又提出并启动大数据法治和智慧法务实验,及时把握了大数据、人工智能跟未来法治系统工程之间的关系。做学术需要这样的预判。对这样以问题为导向的研究,对这样的实证和实验式的研究,对这样的走进实践的行动,我们应该大力支持。从某种角度看,这样的实践转向,就意味着法学方法论正在发生变革。

习近平同志主政浙江推出“法治浙江”到担任总书记提出“法治中国”这个时间段,正好与法学界的一批学者启动法治指数测评实验到提出中国法治实践学派同步。这说明这个时代为法学家创造了用武之地,创造了学派产生的条件。中国法治实践学派从2012年被提出至今五年,正好是党的十八大之后的五年。中国法治实践学派论坛、“中国法治实践学派书系”选在党的十九大前召开,既是对过去五年法治理论创新的一种总结,也是对未来法治理论创新的一种远大谋划。“中国法治实践学派书系”可以看作人民出版社和法学界的同志们为十九大召开准备的一个好礼物。

中国学术需要复兴。这个复兴需要王阳明的知行合一精神。中国法治实践学派明确把知行合一精神作为坚守的信条,这是从传统汲取营养。中国法治实践学派在强调注重实际的同时,也不忽视对西方学术流派的借鉴,这是做学术的科学态度。我们的经济学、法学以及其他学科都不能跟在别人后面追,我们必须走到前面去。我们应当有这样的学术雄心。在这方面,中国法治实践学派开了个好头。我们每个学者都要树立这样的理想和情怀,这个理想和情怀必须建立在一个基础上,这就是两个字“实践”!让我们共同努力,携手奋斗,为法治中国伟大事业奉献我们的力量!

最后,预祝会议圆满成功!

谢谢大家!

中国法治实践学派是法治中国建设的实践派

张文显

中国法学会副会长兼学术委员会主任、浙江大学文科资深教授、浙江大学光华法学院名誉院长。

各位嘉宾：

大家上午好！

在全面推进依法治国、建设现代化法治强国的新征程中，在党的十九大前夕，在世界闻名的美丽城市杭州，在美丽的浙江大学光华法学院，2017 中国法治实践学派论坛、“中国法治实践学派书系新书发布会”、中国法治评估高端论坛在杭州隆重举行。我谨代表中国法学会表示热烈的祝贺！

去年 4 月 23 日，我在南京参加了中国法治实践学派江苏研究基地的揭牌仪式。我在揭牌仪式的座谈会上谈了一点关于中国法治实践学派的认识，后来发表在《光明日报》上。我主要谈到中国法治实践学派要真正成为学派的三个标准：第一个标准，这个学派一定要有自己的理论范式和理论模型；第二个标准，就是它必须有自己的基石范畴，或者说有它的理论底座；第三个标准，一定要有革命性的方法论变革。每一种理论的革命都是以方法的革命为先导，以概念的革命为标志。令人欣慰的是，一年多过去了，中国法治实践学派学术群体在回答这三个问题方面，做了大量推进工作，取得了许多成绩。大家从刚才播放的视频中也看到了，许多法学家加盟中国法治实践学派，支持中国法治实践学派，深入中国法治实践，积极破解法治中国难题。《浙江大学学报》（人文社科版）开辟了“中国法治实践学派专栏”，法律出版社每年推出《中国法治实践学派》这本著作，人民出版社现在又推出了“中国法治实践学派书系”，中国法治实践学派地方性研讨会和全国论坛相继举行。这一系列的法治实践推进、理论研究深入、学术活动开展等表明,中国法治实践学派的学术群体的工作是值得充分肯定、值得高度关注的。特别是人民出版社推出“中国法治实践学派书系”,计划 10 年内出版 50 卷,这是一个很大的理论工程,这是需要勇气和精神的。我完全赞同“书系”的这样一个目标:成为集中反映中国特色社会主义法治理论建设、深入解决中国法治实践难题、代表中国法治研究水平、具有广泛影响力且集大成的学术精品,成为向世界集中展示中国法治研究成果的学术经典。

作为一个中国法治实践学派的观察者、鼓吹者和推进者,我想在理论认知上谈四个方面的问题:

第一,我对中国法治实践学派的总体印象。印象西湖的演出本身就是对杭州精华的刻画,那么,中国法治实践学派或者实践法学派是不是可以用这样三句话来刻画?

第一印象是中国法治实践学派以实践问题为导向,关注实践、贴近实践、服务实践、研究实践问题,提炼研究的成果可以还原为实践,这一点非常重要。江泽民主席和胡锦涛主席在过去的演讲当中,在党的十六大、十七大、十八大的报告中都有的提法是:推进理论创新和理论创新基础上的制度创新和实践创新。值得注意的是,在“7 · 26”讲话当中,习近平总书记用了一种新的话语“要大力推进在实践创新基础上的理论创新和制度创新”,这个提法表明了对实践的关注、对实践的自信。我想我们这个学派以实践问题为导向是一个鲜明的特征。

第二印象是中国法治实践学派是以“实践理性”为利器,也就是说,以实践理性作为分析工具,作为战斗力生成的武器。任何一个学派都有其最重要的,作为学术发展的重器,我认为实践理性,特别是以中国特色社会主义法治理论为核心的实践理性,应当成为当代中国的法理体系重要的分析工具和解决问题的理论模型、理论模式。

第三印象是中国法治实践学派是以实践话语为标识的。一个学派和另一个学派最重要的区别在哪里呢?就是话语体系不一样,而话语体系不一样的背后是什么呢?是其对很多问题的理解体系不一样、方法不一样、关键词不一样,或者说核心概念不一样。在这样不同的基础上形成了各具风格的话语体系,我们说经济学中的这个学派、那个学派,法学中的这个学派、那个学派,核心的标志就是不同的话语体系。我们现在讲要大力加强中国特色社会主义法治话语体系,也就是要确立一个与西方的法治话语体系不同的,但可以竞争的这样一条理论和学术道路。这是我谈第一个方面——中国法治实践学派的印象。

第二,中国法治实践学派的哲学基础就是实践哲学,或者说是法学中的实践主义。我认为在这个意义上,中国法治实践学派是21世纪的法律现实主义运动,是中国化的法律现实主义。法律现实主义发生在20世纪20年代,是一个影响了整个世界法学一百多年的学术流派——影响了学术、影响了司法实践和法治实践。这个比喻是不是准确?可以从以下三个方面来解说:其一,奉行实践主义哲学,用实践和实践主义来阐释法学的核心概念——法律、法治和法理。实践主义是如何理解法律的呢?我认为,从实践主义的角度来讲,法律就是定分止争的实践规则。定分止争是先秦思想家对法律的经典理解,"定分"是分配权利和义务,划定权利和义务的界限,由此预防纠纷的发生,有了纠纷就能够及时地化解。法律说到底是预防和化解社会矛盾纠纷的实践规则。其二,实践主义是怎么解释法治的呢?法治是治国理政的实践活动,因为法治都是与制度文明相联系的。我们讲到法治的时候,自古以来,基本上都是在治国理政的范畴内来讲法治,无论是先秦思想家还是柏拉图、亚里士多德讲法治,基本上都是在理想国的范畴内,都是在实现国家治理的范畴来讲。那么,现在我们中国法治实践学派研究的中国共产党依法执政,党领导依法治国,各级政府严格执法、依法行政,司法机关公正、独立、权威的刑事审判权、检察权和其他的权力,还有像其他的法治监督、公共治理等,都是在治国理政的范畴内来理解法治的。其三,从法理角度来看,最近我写了一篇文章,就讲法理是法理学的中心主题和中国法学的共同关注,法理毫无疑问是法学理论体系当中一个非常重要的具有基石性的概念,实践主义对法理的理解就是,法理是良法善治的实践理性。良法善治,怎么样用我们的实践经验,用我们的实践动力去推进良法的实现,并且用良法促进善治和良政,我想这个应该是中国法治实践学派非常崇高的目标,这是我谈的第二个方面——中国法治实践学派的目标。

第三,中国法治实践学派说到底就是法治中国建设的实践派,是中国特色社会主义法治的建设者、推动者、创新者、捍卫者。作为建设者,其积极地参与法治国家、法治社会、法治经济、法治文化、法治军队、法治政府,参与国家层面、区域层面、地方层面的法治建设;作为法治建设的推动者,其以法治评估、以立法咨询、以对法治过程当中问题的揭露和分析来推进法治的进程,矫正法治发展的方向。作为法治的创新者,其注重在实践基础上的理论创新,而不是脱离实践的理论创新,不是夸夸其谈的、空想主义的法治主义者,而是脚踏实地的、求真务实的法治创新者,以自己的创新来引领公众的法治思潮,引领公众的法治舆论。作为法治的捍卫者,坚定不移地走中国特色社会主义法治道路,巩固和发展改革开放40年、依法治国20年、全面依法治国5周年所取得的一系列重大成果。中国法治实践学派让法治永远前行,而不是后退;让人治逐渐消灭,而不是死灰复燃。我想这些都是中国法治实践学派非常鲜明的地方。作为法治中国建设的实践派,这样就和其理论研究的导向完全是一致的。

最后我想讲一点就是,还要考虑一下中国法治实践学派的理论宣言、纲领,或者至理名言。在这些方面可能我读的非常有限,实际上我知道钱弘道先生早就有宣言、纲领之类文件的印行,但是现在还不够普及。所以我想怎么样把中国法治实践学派的宣言、纲领、至理名言更广泛地宣传出去,得到社会的广泛认同。过去我们提权利本位学说的时候,也有人说这是一个权利本位的学派,当时有两句话在我们的中心网站上经常挂着:"权利神圣是我们的坚定信念;为权利而呐喊是我们永恒的责任。"我想,中国法治实践学派是不是也应该凝练出来这样一些东西,鼓舞人心,凝聚共识,从而得到更大的发展。

最后我想讲一下,最近"双一流"建设之后,确定了一流学科、一流大学和建设一流学科的大学。因为我本人也是"双一流"专家委员会的成员,媒体对我进行了专访,标题是《在科学和法治的轨道上推进中国特色世界一流法学学科建设》,也就是说,应该在科学和法治的轨道上推进"双一流"建设。我想举一个耶鲁大学的案例,这个案例对我们中国法治实践学派也会有启发。我们都知道耶鲁大学创办于1824年,但是在整个19世纪,它的法学院基本上是一个默默无闻的小学院,只能给康州培养小律师,但是20世纪20年代耶鲁法学院和哥伦比亚法学院一起发起了法律现实主义运动,提出了法律现实主义法哲学和司法学。法律现实主义思潮和运动颠覆了法律的形式主义和教条主义,对美国乃至世界的法学界、法律界产生了深刻影响,这就使耶鲁法学院名声大振,一夜之间成为美国最顶尖的法学院。从此以后,耶鲁法学院一直强调教师必须具备一流的学术背景、创新能力和学术声誉。遴选教师最重要的标准就是胜任者至少在该学科专业领域位居全球前三名,因此它汇集了美国和全球著名的学者,尤其是在法理学、宪法学、法律史、国际法、人权法、法律与经济等法律思想领域,招聘了全球最著名的学者,把哈佛大学、哥伦比亚大学顶级的学者都挖到了耶鲁大学法学院。

这样一个案例给我们一个什么启示呢?我们中国法治实践学派能不能以自己的兴起来产生这样重大的效果,影响世界的法学思潮,为浙江大学的崛起、为浙江大学光华法学院的崛起营造一种强大的思想基础或者思想的导引。这是我谈的一个简单的感想,不对的地方请大家批评指正!

中国法治实践学派恰逢其时

武树臣

山东大学法学院人文社科一级教授、中国法律思想史专业委员会会长、中国法治研究院副院长。

各位老师，各位同学：

大家好！

刚才听了几位领导和学者的发言，我获益良多。借这个机会，谈一点不成熟的感受吧。最近一周，在中国学术界出了三件事。第一件事就是我们所在的浙江大学推出了网络学术成果的评估办法，我非常赞成。今天的学术界缺少的是实践学风，膨胀的是以文章论英雄，用文章要求老师可以啊，要求学生也是这样，在职博士读书，要发表两篇文章，连老师发文章都很困难，你这不是逼学生么？这叫良法吗？这个法不好。有一句古文，“生不用封万户侯，但愿一识韩荆州”。我们今天的“韩荆州”就是那些有级别的杂志社的编辑。这个规定不好。所以我说，浙大的这个奖励网络学术成果的制度尽管设计得不是很充分，程序上也有这样那样的问题，将来实行起来也可能有各种困难，没有关系，逐步完善，它的精神就是制度创新。

第二件事，9 月 19 ~ 22 日在我们山东曲阜召开的第八届国际儒学大会，这次会议规模很大，来了 34 个国家的九十多个学者。这次儒学大会围绕“儒家思想与人类命运共同体”主题，共同探讨了“儒家伦理与人类的共同价值”“传统文化传承发展的现代路径”等议题，非常有现实意义。我们今天推进法治建设，法治建设和法治本身都有一个价值方向的问题。亚里士多德说，法治的第一个内涵是“法律得到普遍的遵守”；第二句话非常重要，就是人们遵守的前提是，你这个法律本身必须是良好的法律。用什么来保障良好的法律，就是价值观。儒学精神当中哪一项原则可以成为这种价值观呢？这就是“仁”。这些年来，我们对儒学的评价，一反百年以前“五四文化运动”以来对儒学的那些反反复复的评价,一会儿是批评,一会儿又尊孔读经,反反复复,没有重视“仁”的价值。我们最先觉悟的一些知识分子,看到了西方先进的制度文化,放眼西方,回过头来看我们的祖先,看我们的传统文化,不行,看人家很好,回头脚一踢,把我们的文化抛弃了。所以,今天我们是在传统文化断层的基础上来搞法治建设,何其难也。2008 年我国台湾地区台北地方法院对马英九做台北市市长时的特别公费做出一个判决,我不知道同学们看了没有。判决书前面有上千字的论述,从概念分析入手,说明台湾地区的特别公费,相当于北宋的公使钱。这个法官法制史学得很灵活,说公使钱是国家政府给地方官员的一种补贴,相当于一种津贴,可以用来买房子买地,馈赠朋友,都可以,不是贪污。我国台湾地区的特别公费、特殊奖励、特殊补贴什么的,就是北宋的公使钱,这笔钱可以打入他的账号,他可以炒房子、进行金融投资。因此,获得这个公使钱不算贪污。马英九当然不构成贪污,无罪。民国的法律传统和以前的法律传统没有断绝。民国之后袁世凯有一个告令,说清末修律的那些草案和已经公布的法律,凡与民国宪政精神不相违背者,均属有效。这就使民国以后的法统和中国古代的法统连接起来。我们的传统是断了的,而且断了多次。我们是在这样一个文化传统被切断的条件下,来研究中国的法学,来进行法治建设,来塑造我们的中国法治实践学派,就比较难,无法从传统中汲取营养。

第三件事就说今天这个会。这个会开得很好!李步云老师是我们老师一辈的学者,能够亲临现场来讲话,支持我们这个工作,非常好!今天这个会议首先涉及的一个问题就是学派。我给同学们提个问题,你们知道什么叫衣服么?衣服的概念是什么?如果说衣服的概念是以西服作为唯一标准的话,那中国的长袍马褂还能叫作衣服吗?于是我们讨论学派概念的时候,一方面可以借鉴国外的关于学派的标准、内涵、外延,可以借鉴,同时也要回过头来看看我们中国古代的学派,它们是什么标准,它们有什么风格,它们的学风是什么?我们回过头来看我们春秋战国时期的诸子百家,他们是为了解决社会的无序和战乱,要重新建立一个国家秩序、社会秩序、家庭秩序。儒家是在宗法血缘的基础上,以恢复贵族政体为手段,来重建国家秩序。法家则是清理血缘废墟的基础上,在个体小家庭的基础上,甚至是在陌生的个体自然人的基础上,建立超血缘的新型国家。有点儿像在个人和国家之间建立一个最简洁的权利义务关系。那时候的学派是紧紧伴随着社会发生的现实问题,来提出自己不同的见解。而且各家学派都非常注重实施。有一句话叫作“孔席不暖,墨突不黔”,孔子带着学生周游列国,早上鸡叫头遍的时候,席子还没有睡暖和,就打起背包周游列国去推行自己的主张。墨家的锅灶还没有被烟熏黑,就出发实行自己的主张。因此,我们用中国文化的眼光来看我们中国古代的法学,就不会产生那些偏激的观点,那些产生偏激观点的学者,没有好好研究中国的东西,就得出了这样那样的结论。作为老师,首先要给同学们真实的知识,同时要教给同学们实践的作风,这样做才是负责任的。我们历代的法律家、思想家、经学家,包括后来的新学也好,理学也好,同学们你们看看,朱熹是办过案的,是写过判决书的,我们很多知名的文人特别是两汉经学家,同时又都是法律注释家,那时候我们的学风就是坐冷板凳的,坐冷板凳是指去田野里考古、研究历史。今天的法学家不提倡坐冷板凳,要坐热板凳,我们投身到法治建设中去汲取新鲜营养。法律实践部门每天都有新的事件产生,应当去学习研究。但是对不起,法院的同志说,我们很忙,没有时间研究。我 1997 年到法院,我们民事二庭办案最多的一个同志,北大毕业生,女孩子,有一年在顺义办了 420 件案子,太忙了,每天有各种任务,每天遇到我们想象不到的事件,要寻找我们的课本里、专著里没有见到过的解决问题的方法。我刚到法院去参观,资料室里没有一册法学类杂志,我马上写了 38 种法学类杂志,让工作人员两个月之内采购补齐。不久工作人员打电话说:"武院长,杂志都到了,您来看吧。"我说:"不是我看,你发个通知吧,请全院法官来看。"过了一段时间,我了解到,有人看吗?没有。为什么?法院实践遇到的问题,在这些书本中找不到。于是,在我们中国的法律界里形成了"两张皮"。形成了法学研究者、教育者和实践部门包括法院检察院律师队伍"两张皮"。这边是本本主义,那边是经验主义,我们用本本主义教育出来的学生进入社会以后,理论尚且不完备,更不用说阅历经验都很缺乏。这些年来我们的硕士生到法院去了一批又一批,我在法院的那几年,每年 30 个、40 个、50 个,他们没有经验,没有阅历。如果我们的老师没有实践知识结构的话,从课本到课本,我说这个老师,我没有贬义,用老百姓的话来说就是"生瓜蛋子",那样培养出的学生,没有阅历,本本也没有掌握完全,作为"生瓜蛋子"的学生,他们到了法院,就是"生瓜蛋子"法官。这两年我们看到不少由那些"生瓜蛋子"做出的特别生硬让老百姓无法理解的裁判,是吧?归根结底是因为他们老师没教给他们这些经验、这些知识。法律是什么?法律是地方知识和经验,法律是生活,离开经验和生活,这样的法律是欠缺的、非良好的。

钱弘道教授提出"中国法治实践学派",真的是太好了。敢为天下先,但是提得还是有些晚了,提晚了不怪你,(因为我们法学的一直成熟度不够)我们本应该产生不同的学派,现在我们产生了法治实践学派,我们觉得很自然,但现在其他学派都没产生时,你产生了,不免有人觉得愕然:怎么回事?

你想干什么？我们为什么前些年没产生学派,原因很多。

第一,我们的法学教师们“师心不足,匠心有余”,他认为自己是法学家,是教授,但是他们心里总有个括弧(我是研究劳动法的教授,我是研究婚姻法的教授)。别的他就不干预了,不研究了。这怎么行呢？如果你培养的学生也是只明白一种法律领域的知识,将来能当个好法官吗？日本的法官那是抓阄的,遇到刑事案件就审刑事案件,遇到民事案件就审民事案件,遇到公司法案件就审公司法案件,遇到破产案件就审破产案件。

第二,没有师承关系、研究的脉络和知识体系,没有形成一个系统。很多学校的规定是博士生毕业后不能留下,要“曲线救国”,为什么？要防止近亲繁殖。这些法都不一定是好的法。

第三,缺少法律实践的土壤。没有土壤是长不出庄稼的。我们提出法治实践学派的目的,就是要提倡老师们到实践部门去,因为其一,法律本身就是实践的成果;其二,我们今天的法治建设是从上而下,你就要放下你的身段,不要怕到法院去讲座,怕人家法官问你这个问题那个问题你答不出来很丢份儿。没关系,我们的法官很懂道理,要到实践部门去发现问题,帮助他们解决,不要自以为我是老师,不要居高临下,到了实践部门你就知道了,有很多问题你是解决不了的,凭我们这些本本知识是解决不了的。因此,钱弘道教授打出一面旗帜,提倡法学教师、学者要走出书斋,到实践部门坐热板凳,和我们国家轰轰烈烈的法治建设结合在一起,共同推动这个社会向前发展。

谢谢大家!

中国法治实践学派大有可为

杨海坤

山东大学人文社科一级教授、中国法学会行政法学研究会顾问。

首先祝贺论坛的成功举办，祝贺中国法治实践学派五本书发布会的成功举行！今天上午的论坛对我来讲受益匪浅，听了宋海副主席淳厚务实的讲话，张文显教授高屋建瓴的讲话，钱弘道教授热情洋溢的讲话，李步云教授志在千里、语重心长的讲话，特别是刚才武树臣老师言简意赅、深入浅出、侃侃而谈，其中对法学教育要务实的观点和对法治实践学派的评价是尤其到位的。

由于发言时间只有十分钟，接下来我简要谈谈。

第一点，中国法治实践学派异军突起、独树一帜绝非偶然，有深厚的时代背景。中国法治实践学派实际上全称可叫作"中国特色社会主义法治实践学派"，它是以中国法治实践为研究体系，以探寻中国法治发展道路为目标，以创新法治中国规范体系和理论体系为具体任务，以实践、实证、实验为研究方法，注重实际、实效，具有中国特色、中国风格、中国气派的学术流派。这是钱弘道教授给予的定义，我认为这个学派的定义和定位还是很高的。以中国法治问题为导向，在法治领域里强调实践的法学学派，体现了理论、制度和道路在实践中的统一，是贯穿中国立法、司法、守法、法律监督全过程的。

第二点，中国法治实践学派注重实践，关注实效，但并不否认理论，而恰恰是有深厚的理论基础的学派。没有理论指导的实践，是盲目的实践。中国的法治实践学派的魅力，恰恰在于它具有自己的哲学基础和理论基础。李步云先生强调中国法治实践学派理论基础是马克思主义，我赞同这一说法。我补充一句，最直接的哲学基础是马克思主义，或者说辩证唯物论；在更广泛的意义来讲,从中外历史进步的文明思想来讲,特别是刚才武教授说到的中国传统哲学思想、法律思想的精华,以及前面很多学者提到的知行合一的实践传统,是我们法治实践学派的理论根源。刚才张文显同志讲到,中国化的法律实践主义、现实主义,我觉得,法治实践学派是一个充满理论色彩的实践学派,同时也是一个基于实践,实现制度创新、理论创新的实践学派。我注意到这个论坛上,有一个河北的同志写了《法律实践主义原论》,虽然没细看,但确实是一篇用心之作。我 30 多年来从事行政法学研究所取得的成绩,一方面有法学理论方面的建树,另一方面实践恰恰是我们行政法学体系走向成熟的根本动力。例如,对行政行为的研究、行政审判实践学派的研究、对法治政府评估体系的研究,这一系列都是具有十分鲜明实践特色的应用性课题。这次发布的一期《中国法学评论》,关于中国法治政府转型的有五六篇文章,其中有几篇是我很熟悉的同志写的,这些都是我们实践法学派的结晶。

第三点,党的十八届四中全会决定赋予了我们法治实践学派新的动力、新的空间、新的愿景。这是首次把法治实践作为主题的中央全会,它的决定也是中国社会主义建设发展史上第一个专门讨论社会主义法治建设根本性、全局性、长远性问题,做出深入阐述和顶层设计的纲领性文献。决定推出了 190 多项重大改革措施,关系到依法治国的各个方面、各个环节。我很欣赏钱弘道教授说的一句话:“书本中的法律不等于实践中的法律。”行动中的法律跟书本中的法律还是相差很大的距离。所以我认为,实践法治跟理论法治是相互印证的、互相关联的、不可分割的,但是实践法治的概念与空头法治、口号法治、清谈法治、教条法治等贬义的概念,我认为是对立的。现在的问题恰恰是在局部存在理论和实践的脱节,口头法治、口号法治有意无意地使实践与理论脱节。例如,口头上说依宪治国、依宪执政,但是实践中我们看到宪法仅仅被看作一张纸,在实际中我们会看到漠视、限制甚至扼杀公民的自由民主权利的情况,这种现象还是不同程度地存在,包括人民的财产权、人身权、选举权、知情权、表达权、监督权等方面。如果我们说了很多依宪治国、依法治国,却出现一些反常的做法,出现背道而驰的现象,这就值得作为问题来研究。我想当前我们的法治实践学派更要强调法治、民主和科学的关系,因此法治实践学派应该是民主科学的法治实践学派,如果离开了民主科学,这个法治实践是没有生命力或真正体现中国特色社会主义的。有的法律规定和法律理论不实践、不执行、乱实践包括野蛮执法这种情况,让人忧虑。所以我们进行法治实践的目的是要和法治越来越接近,不要把理论跟实践做成“两张皮”,这个原因一定要找到并解决。

最后一点，法治实践学派任重而道远，特别是迎接大数据时代、人工智能时代大有可为。大数据的法治是量化法治跃升阶段，是新型法治、智慧性的、效率性的法治。数据时代已经开始，在医学上已经有很好的应用，如跨地区进行医疗诊断等。这次论坛中很多人写到互联网时代电子立法公众参与问题的实证研究，也包括大数据在法治评估中的应用前景和限制、反腐败依据研究等。

法治实践学派方兴未艾，我愿意提供力所能及的助推。我对法治实践学派从浙江这里落地生根、最后推向全国抱有很大希望。这个学派曾经说道，中国不仅应该成为世界经济强国，也会成为世界政治强国、世界法治强国。我希望法治实践学派的发展不求名、不求利，唯求实。这个学派的发展，不仅需要像李步云教授这样的老一辈法学家的大力扶持，更需要年富力强的法学工作者、法律工作者参与。我们作为法律学人的一个期待，就是党的十九大将会开创一个全面依法治国的、更加灿烂光明的新时期，使中国真正成为一个受世人尊重、钦佩的法治强国。

中国法治实践学派的意义

张志铭

中国人民大学法学院教授、华东师范大学法学院名誉院长。

首先非常感谢能参加此次论坛和新书发布会，这启发了我的思考，就此次论坛我谈下我的看法，题目为《中国法治实践学派的意义》。

到目前为止，中国法治实践学派从现象上观察，大家可以看到，这次活动是很重要的安排，聚集了特色鲜明的学者关于法治研究的成果，这群学者包括李步云教授、张文显教授、公丕祥教授、钱弘道教授，他们是兼具理论学养和实践情怀的、身体力行的、具有理论素养和实践光环的学者。

法治实践学派是以评估量化作为切入中国法治的路径，以实践为趋向不断丰富中国法治的内涵，以此构成学派上的意义。从现象的角度上讲，中国法治实践学派已然呈现给大家。然而，我们在谈实践法治的时候，它是有形的，像司法透明指数、法治评估体系、法治指数、余杭指数、智慧法务、大数据法治、量化法治的概念等研究，具有清晰可辨的行为和成果。

那么，怎么来看这样的法治实践学派？我想从不同的角度做出自己的评价，因为我写过一篇论文——《共和国法治的逻辑展开》，从 1949 年作一个回溯，在这几十年里做一个概括，第一点是法治证明，第二点是定义法治，第三点是量化法治。大家可以回顾一下，法治的概念联系在一起，我们可以顺着这个线索，在这几十年可清晰地发现，20 世纪 70 年代以来法学界做了什么？法律的本性、法律的积极性、法律的继承性，无非就是证明法律是正当的，我们要运用它治理国家、治理社会。进一步，我想在法治体系化的意义上展开，法律不仅作为一种规则，也是一种制度。在法律制度效应上，作了非常充分的认证。这个时期有很多命题，市场经济就是法治经济，民主政治就是法治政治,诸如此类的命题,这都是法治的正当性证明。

依法治国,建设法治国家,这样一个提法已经写入宪法。我认为它已经完成了这样一个过程,成为这个社会的一个正当性话语和正当性符号。那我们在梳理的过程中,主张法治、重视法治就是正当的,谁也不会再否定法治,它是一个完成时,法学界的学者们为此付出了非常大的努力。

这个阶段完成后,我们很急切地定眼看一看,到底什么是法治?我们做出的分解是很清晰的,分为普世主义法治观和国情主义法治观。那么普世主义法治观,法治是舶来品,实际上从西方现代化开始,显然它在西方世界起了主导作用,随着"一战""二战"的结束,在组织结构上,这样的法治话语在全球普遍开来,就这样就被认为是普世主义的法治。这些年里做的理论研究结合中国国情,提出了中国特色社会主义的法治道路,即应怎样立足于中国国情而定义法治。就像武树臣老师讲到的不只是西服称为衣服,而中国的长袍马褂也是衣服,所以这就是国情主义法治观。这样的定义造成法学界的分解。在这种情况下,出现了技术上的创新,称为量化法治,在立场上的分析方面,我们是僵持不下的,有一批人从技术的角度用技术推动中国法治事业。在技术层面上、量化法治的层面上,我们需要法治的基本操作定义,如果是这样,在我看来中国法治实践学派也许应叫作"第三条道路",它不是简单地强调中国特色,不是对西方的普世主义简单地注入中国特色和中国的元素,而是超出这两者之间并形成更高的立场视角。非是非彼,亦是亦彼,究竟什么为法治实践?在这个意义上讲,弘道教授所倡导的中国法治实践学派肯定不是一种随机随意的选择,而是一个有很高境界的,可以让我们摆脱之前法治上的困境,具有更多建设性的理论。从这个意义上来讲,我们有一种倾向,希望我们对弘道的法治实践结果的意义有一种描述,我们在结果上有一种刻画,实践不是一种固化结果形态,形成某种结果结构构成的方式,而实践主义主张实践主义哲学,它可能最大的意义不是一种静止结果意义上的刻画,而是不宜对这个学派做过度的结果意义上的刻画。它主要是在中国这样一个法治量态的形成上是一种路径、一种方式。所以我们关于法治实践的理解呈现一种开放性,同时我特别强调实践概念必须要有一个时空坐标,标准是只有领略不同的时空坐标,才可能成为一种确实可行、实际有效的概念。

我的结论就是中国法治实践学派的方向是非常正确的,而且至今是初见成效的。我相信经过不懈的努力,肯定是必有所成、必有大成!所以我衷心地祝贺并表示深切的期待,谢谢大家!

中国法治实践学派的产生及其理论使命

武建敏

河北经贸大学法学院教授、中国法治研究院院长助理、中国法治实践学派研究基地(河北)副主任兼秘书长。

大家下午好!

我首先向李步云先生表示崇高的敬意!他中午也没有休息,按时赶到会场,真的是让人钦佩!

我为本次会议写了一个文章,叫《法律实践主义原论——中国法治实践学派的理论系统》,但是文章比较长,没法在短时间内讲完,我就讲一下与文章相关的东西,或者说文章里没怎么提的东西。

首先,第一个方面讲一下背景,即中国法治实践学派产生的背景或缘由。我在这里所说的背景,可能作为学派的提出者钱老师并没有说过,这是我的一个解释。我个人认为,中国法治实践学派的提出在中国法学家及整个中国学术界实际上是一个自然而然的过程,不是空穴来风,也不是勉强为之。为什么这么说呢?第一个缘由就是我们这么多年对传统的挖掘。实际上,我们开始深入诠释传统文化的实践本性,例如我们对儒家文化的把握,我们对儒家哲学的现代解释,都体现了生活化的实践特质,我们把儒家文化看作实践理性,将儒家哲学解释为实践哲学。对传统方面的把握和诠释,从根本上讲我觉得已经做得差不多了,已经为我们中国法治实践学派的发生奠定了良好的传统基础,因此说中国法治实践学派的产生是文化诠释达到一定程度后自然而然的结果。

另外,我们当代中国的学术界,特别是哲学界对实践哲学的研究从20世纪90年代开始到现在已经形成了一种气象,这一点也是毫无疑问的。在我的印象中,最早讲"实践论"的是吉林大学的高清海先生,因为我当时也在长春,1992年高老师在吉大南区的一个学术报告中凸显了"实践概念",这不是传统认识论意义上的"实践",而是哲学思维方式意义上的"实践",但是在当时没有叫实践哲学,而是叫"实践观点"或者"实践论"。当时给我们讲列宁《哲学笔记》的胡海波老师正在追随高老师读博士,他给我们系统地讲授了高老师的思想。高清海老师是张文显老师的导师。我觉得高老师的思想对法学的意义是非常重大的!我个人认为,张文显老师提出的权利法学,其实就是高先生的哲学主体自我意识的思想在法学当中的一个表达。一个在吉大哲学系,一个在吉大法学院,这是一种呼应,思想之间的联系是非常自然的。当然,后来我们中国的哲学界对于实践哲学的研究已经不是仅仅停留在马克思主义哲学当中,实际上,在西方哲学、中国哲学,包括伦理学当中,都突出了实践哲学的主题,它成为哲学界一个非常普遍的表达。例如,这些年对亚里士多德实践哲学的研究,我觉得对我们非常重要,对我们中国法治实践学派的启迪应该说是最大的。实际上,是亚里士多德第一次比较系统地阐释了实践的概念。到后来包括马克思哲学在内的许多西方哲学家都讲"实践""实践理性""实践哲学"。当然,马克思主义哲学首先是西方的哲学,我们应该把它放到西方哲学的视域中去理解和把握,马克思主义哲学,尤其是马克思本人的哲学其实就是实践哲学。我们这样解释马克思主义哲学和西方哲学是非常必要的。我觉得这同样是一个自然的铺垫,为中国法治实践学派铺垫了理论基础。

在十多年前,钱老师开始做余杭法治指数,这是实践上的累积,是行动上的铺垫,在累积了十年之后,难道我们不可以提出一个学派吗?所以我觉得中国法治实践学派的提出从背景上来讲是一个自然而然的过程,而绝不是牵强而为之。这是我讲的第一点。

第二个方面我讲思维,即中国法治实践学派的思维。我觉得中国法治实践学派要有我们自己的理论,无论是要确立一种法学上的理论范式也好,还是确立基石范畴也好,这里都必然会孕育一种与众不同的思维方式、思维观念。脑袋决定一切。我有时候想,是主观决定客观而不是客观决定主观,当然对这样的话语不能做绝对的理解。我们从思想方式角度来讲,实践概念在根本意义上颠覆了我们过去二元化的思维模式,实际上是"从两极到中介"的思维方式革命。孙正聿教授就谈过这个问题,所以实践这个概念很重要。实践概念是中介了唯物和唯心、理论和实践的对立。简单地说,就是当你从实践这个立场去看问题的时候,没有唯物主义,也没有唯心主义,唯物和唯心的提法本身就是有问题的。应该这样去理解,实践概念是很重要的哲学思维方式上的一个转变,甚至是一场革命。我们过去总讲理论联系实践(实际),我认为这是有问题的。邱老师刚才也说了,这种思维实际上已经把理论和实践给分开了,而这里的分开就是两极对立,是二元思维,而不是实践思维,实践思维是要摒弃两极思维和对立思维,所以我们说理论联系实践(实际)是一种有问题的提法。你在思维当中已经将两者分开了,分开之后还要往下再推,你想想能推好吗?不太可能的!你在思维方式中已经把它们分开了。所以说我们要讲"合",要重新深入挖掘实践概念,实践思维是非常重要的。包括辩证法也是实践的,辩证法就是实践的辩证法。辩证法、实践、实践智慧,它们都是有机地统一到一起的。辩证法在本质上只能是实践,而辩证法最高的境界就是实践智慧。所有这些,我觉得都是我们在中国法治实践学派理论体系的完善当中要去做的一些工作,这是我讲的第二个方面。

第三个方面,我讲的是辐射。什么是辐射呢?就是说中国法治实践学派要确立自身的法哲学,要为我们中国的法学界,乃至世界的法学界提供一种法哲学理论。而这种法哲学理论一方面应该辐射到我们的法治行动当中,例如钱老师及其团队做的指数和评估,这是一系列参与法治的行动,背后一定是理论和实践不分的这样一种思想立场,这个很重要。另一方面,我个人认为中国法治实践学派的法哲学理论,更应该辐射中国的法理学理论以及部门法学研究。也就是说,我们要创造一种真正有用的法哲学理论,然后这种理论要发挥自身的辐射作用。例如,过去的法理学研究基本上是没用的,高喊着自由主义的口号,其实理论上是没有建树的,也没有真正理解实践概念,无用的法理学是抽象的,有用的法理学一定是具体的,这需要我们认真把握实践哲学。中国法治实践学派的法哲学要向法学各领域辐射。我们也要形成自己的法律解释学,因为是以实践概念为前提,我们可以叫作实践诠释学。基于我们对实践概念的理论诠释,我们要生成中国法治实践学派的自主性理论,我认为这是一个水到渠成、自然而然的问题。另外,我们学派的理论也要向部门法学辐射,部门法学过去都是在研究规则,但是我们也许更应该去研究"规则是如何运用的","规则如何运用的问题"其实就是实践的问题,部门法学要实现解释学转向,也就是实践转向。不仅如此,我们学派的法哲学还要辐射到法学教育当中,生成自身关于中国法学教育的改革模式,走向实践智慧,同样是我们法学教育改革的取向。一个学派当然要生成自身的教育理念,学派往往具有一种教育的功能。总而言之,我们一旦有了自身的理论,就要发挥它的辐射功能,这应该是一个自然而然的过程。

好,我就讲这么多。谢谢大家!

大数据法治与中国法治实践学派的新机遇

朱新力

浙江大学光华法学院教授。

尊敬的李步云老师，尊敬的张文显老师，尊敬的各位专家学者：

这个阶段叫闭幕式，叫学术回应。我没有资格，两位著名的专家会做学术回应。我就讲三点体会，五分钟时间。

第一是要祝贺弘道兄，他是我的同事。2012年他开始提出中国法治实践学派的时候我就在一旁看着，看他怎么做。因为只要开会，他一定会叫上我，只要有时间我都去学习。我大概可以作为一个见证者，到今天为止，他已经完成了第一阶段的伟大任务，就是把这个学派提出来，得到了许许多多著名专家的支持。可喜可贺。这是第一点。

第二点，我就在想，既然第一阶段完成了，那第二阶段应该干什么呢？我们整个人类社会，如果从技术角度分析的话，第一个阶段叫农耕时代，第二阶段叫工业时代，第三阶段叫信息时代，就是我们现在正跨越的。工业时代的发达国家有三个基本指标：第一经济一定是市场化的，中国已经尝到了甜头；第二个政治肯定是民主化的；第三个社会必须是法治化的。中国目前的建设毫无疑问也是围绕这三个特点展开的。那么，法治的中国学派到底能不能成立？如果你要讲中国气派、中国风格、中国特色，现在都有。但是我们冷静下来思考，目前中国法治实践学派要解决的问题，是现有西方发达国家法学流派不能解决的吗？有没有不能解决的问题，如果没有，这个学派怎么成立？如果有，是什么？它解决了哪些问题？它对已有学派的哪些方面有突破？我看到张文显老师写过一篇文章很感动，文章讲到：一个学派要成立，必须要有自己的范式，必须要有自己的动机，必须要有自己的方法论。如果这三者都具备了，才能成为一个学派。刚好这次也是五本新书的发布会,这些著名的大家做了非常多的研究,那么第二阶段的工作——我们能不能有人对研究进行梳理,从而提出西方法学流派没有解决的问题、新思路、新方法、新范畴?这是我第二点想强调的。

第三点就是提供一个建议。我一直坐在下面听,心想,现在要创造中国法治实践学派的机会倒是真的到了,为什么呢?因为我们进入信息时代,这个时代是全世界都没有遇到过的,那么这个时代带来的新的变化可能是新学派产生的极大机遇。如果这方面有所突破的话,这对整个人类法治文明的贡献将是原创性的。具体会有哪些变化,由于时间关系我就不细说了,此处简单提几点。

首先,法学的基本理论假设是:人人都是坏蛋,所以我研究行政法的认为,行政法第一要务是控权——控制有权的人不滥用他的行政权,原因有二,一是行政机关及其工作人员掌握着自由裁量权;二是官员是人,而人就有人性的弱点,所以你必须控权。控权的目的当然最终是保护相对的合法权益不受侵害。这样一种理论假设在工业时代完全流行,毫无疑问是我们的基石。但是到了信息时代,由于科技的发达,人民的任何行为、政府的任何行动都将留下痕迹,行政法的基本理论假设将从人性有弱点转变为诚信。虽然人在自然属性上,人性的弱点是无法改变的,但是法学的理论假设将可能改变为诚信,这是第一点。

其次,在我们整个工业时代,所有的组织系统,无论是企业还是国家的组织机构,全是金字塔形。因为科技的发展,信息时代的组织结构将发生翻天覆地的变化,因为万物互联使整个金字塔结构崩溃了,行政机关的结构将变成由中心往外辐射状,它是扁平的。这种变化导致治理组织机构的大变革,它就需要一个全新的应对。

再次,我想说的是整个治理。大家可以看到,工业时代,无论你再怎么强调相对人参与、人民有知情权等,但始终还是以公权力为中心来展开的治理,公权永远是主场。而到了万物互联时代的今天,以大数据、云计算、人工智能等为综合科技革命为特征的今天,大概我们能感觉到,治理真的是要共同来展开的,可能是不分主次的,甚至是以相对人为中心的。

最后,我来强调第四点变化,这是我新近的一个领悟。大家可以看到,信息时代来临以后,我们每一个行业都开始出现全球行业的平台化。比如淘宝平台,本来我们买东西到百货大楼,全世界有无数百货大楼,那么现在就淘宝一个平台把全世界所有线下的百货大楼全部打垮了。你要进行买卖的话,对不起,到淘宝平台去解决。这种平台使买卖进入一个完全集中化的状态当中。我们再看,今天的阿里巴巴搞的支付宝、蚂蚁金服让全球的互联网金融进入唯一或少数几个平台上。因为主权的原因,美国的亚马逊占领了美国的商品交易平台,中国的阿里巴巴占领了中国的商品交易平台。现在阿里巴巴向世界扩张很厉害,如果不是主权原因,那全球真的只会有唯一的互联网商品交易平台。阿里巴巴的支付宝和蚂蚁金服也会毫无疑问成为全球的金融服务平台。另外,现在我们大家共同交流的一个社交平台就是微信,在美国是 Facebook。我们在设想,将来一定会有一个互联网法律平台,到时候所有人要解决法律问题都会寻找这个平台,从里面寻找答案。那么这样的平台出来以后,整个法律服务和研究领域会是一个什么情景?到时我们法学的整个研究范式、研究方法等都会发生革命性变化。如果可能的话,我给弘道同事提个人建议,可不可以花大力气在这个方向上。

谢谢大家,我就说这些!

如何推进发展中国法治实践学派

邱　本

温州大学法政学院教授、中国法治研究院副院长。

现在经常进行各种学术评价，如学术论著评奖、评“长江学者”、评“杰出青年法学家”等。那么该如何进行学术评价？这里就涉及学术评价标准问题。在我看来，主要有以下四条：一是是否提出了自己的理论内核，二是有无自己的学术体系，三是能否开宗立派，四是有无社会贡献。

毋庸讳言，上述标准是很高的，许多人难以企及。但每一个学者应努力追求，虽“身不能至但心向往之”。我们正是基于此而尝试提出了中国法治实践学派。

中国法治实践学派的提出并非空穴来风。这并不意味着，以前中国就没有“法治”(制)实践，相反，传统中国有几千年的“法治”(制)实践，中华人民共和国成立以后也有几十年的“法治”(制)实践，十八届四中全会还提出“发展符合中国实际、具有中国特色、体现社会发展规律的社会主义法治理论”，要“加强法学基础理论研究，形成完善的中国特色社会主义法学理论体系、学科体系、课程体系”。它们是中国法治实践学派的渊源基础和促成要素，但人们确实没有明确提出过中国法治实践学派这一重要概念。对于传统中国几千年的“法治”(制)实践和新中国几十年的“法治”(制)实践进行梳理、总结和概括，必然会水到渠成、顺理成章地形成中国法治实践学派。迄今为止，我们仍然认为中国法治实践学派是对此最为恰当的表述。

学派的形成是学术规范的最终形成结果，也是学术发展的最大成就，还是学术研究的最高肯定。提出和发展一个学派是伟大的创举，但也充满着筚路蓝缕的艰辛。中国法治实践学派提出好几年了，书也出了好几卷了，但

我们不能停留在只喊口号的阶段,沦为"标题党",而需要大力推进发展中国法治实践学派。这需要从以下几个方面不懈努力:

一、确立基本范畴

康德说:"直观无概念则盲,概念无直观则空。"马克思说:"哲学家只是用不同的方式解释世界。"恩格斯指出:"一门科学提出的每一种新见解都包含这门科学的术语的革命。"[1]马克斯·韦伯说:"概念是全部科学知识中最重要的工具。"[2]伊斯顿认为:"科学最重要的任务,亦为长期的任务,就是要找到用作分析的正确概念。"[3]库恩总结道:科学发展就是范式转换或革命。[4]

这些观点都强调概念、范畴的重要性。范畴是最基本的概念,基本范畴构成一门学科的理论框架和解释原则,也确立着该学科的学术范式。但目前,我们的法学还基础薄弱、理论贫乏、理性不足,其中一个重要原因就是没有明晰、科学、坚实地确立一些基本范畴。如中国法治实践学派,最起码涉及三个关键词,也是三个基本范畴,即"中国""实践""学派"。这三个关键词或基本范畴都需要明晰、科学、坚实地予以确立。它们是中国法治实践学派的三大基本范畴,也是中国法治实践学派的三大基石。可以说,我们能否正确确立这三个基本范畴,直接决定着中国法治实践学派能否科学地建立起来。

二、构建理论框架

学派是学术思想、学术理论、学术体系的集大成者,当然要有思想、理论,并且是体系性的思想、理论。只有如此,方能称之为学派。同样,中国法治实践学派要称为学派,也要有自己体系性的学术思想、学术理论。没有思想体系、理论体系,就没有学派。如果中国法治实践学派提不出自己的学术观点、学术命题,不能在此基础上形成自己的思想体系、理论体系,那就形成不了一个学派。

但目前我国的法学理论水平还不高,不少方面甚至还缺乏理性。张文

---

〔1〕《马克思恩格斯文集》(第5卷),人民出版社2009年版,第32页。
〔2〕[德]马克斯·韦伯:《社会科学方法论》,华夏出版社1999年版,第15页。
〔3〕[美]伊斯顿:《政治生活的系统分析》,华夏出版社1999年版,第14页。
〔4〕[美]托马斯·库恩:《科学结构的革命》,北京大学出版社2012年版,导读,第16页。

显老师指出,我国的“法学基础理论研究还很薄弱”,[5]并认为“法理是法理学的中心主题和法学的共同关注”,[6]中国法学应该也正在走向理论化、理性化的发展阶段。本人也曾呼吁要“增强法学的理论感”,[7]并认为“法学应该是一门最讲理的学问”。[8]过去,张文显老师曾提出过“权利本位”等重要的法学理论,为推动中国法学发展和中国法治建设做出了重大贡献。今天,中国法治实践学派应该承前启后、继往开来、再接再厉,努力提出和构建自己的理论框架。为此,我们要在理论上下大功夫,做到言之有理、以理服人。

三、寻求科学方法

学派本身就内含和体现着学术方法,许多学派还直接以其研究方法而名之,如历史法学派、分析法学派、社会法学派等。许多学派之所以能够创立,一个重要原因就在于它们借鉴转化或发展创新了研究方法,实现了方法论上的革命。

现在通行的研究方法是,先查资料,大量阅读,“竭泽而渔”,旁征博引,“句句都有来历”。这种方法当然科学严谨,但也有问题,在某些方面已经成为了一种“新八股”或“学八股”,其中最大的问题是常常束缚人的想象力和创造力。但想象力和创造力比知识更重要。许多创新创造恰恰是在遗忘一切、空空如也、回归自我之后的遐想、灵感、顿悟。现象学的“悬搁”就是如此——一切都悬搁起来,存而不论,直面事实、实际、实践。这正是中国法治实践学派所应遵循的科学方法之一。

学术研究要有自我意识。不仅哲学是自我意识,一切科学都是自我意识,一切真知灼见更是自我意识,有无或多少自我意识是决定学术研究水准的前提意识。20 世纪初,一批学成归来的留学生在国外受过严格的学术训练,并获得了博士学位,但他们回国以后大都以中国问题为研究中心或重点。如冯友兰研究中国哲学史,费孝通研究乡土中国,包括主张西化的胡适也是如此。其中有一种普遍规律——他们学习西方的科学方法来研究中国特有的问题,方法是西方的、普遍的,但问题是中国的、特有的。沈宗灵先生与张文显老师有一次谈话也谈到这个问题。他们说,任何国家的法学研究

---

〔5〕 张文显:《法学基础理论研究还很薄弱》,载《人民日报》2017 年 6 月 2 日。

〔6〕 张文显:《法理:法理学的主题和法学的共同关注》,载《清华法学》2017 年第 4 期。

〔7〕 邱本:《理论的力量》,载《法学》1994 年第 7 期。

〔8〕 邱本:《法学应是一门最讲理的学问》,载《清华大学学报》(哲学社会科学版)2008 年第 4 期。

都是以本国的法律现实为主要对象的,并且都是为本国的法治服务的,我们对西方法哲学的研究只能作为“副业”,而不能作为“主业”。[9] 这是一种高度的自我意识和理论自觉。中国五千年文明绵延不坠,必有原因,其中就包括中国法治(制)实践。如孔子说:“听讼,吾犹人也,必也使无讼乎!”此话可不是一个法盲说的,也不是一个主张人治或德治的人说的,而是一个做过“大司寇”的人说的,是一个人“听”过无数的“讼”之后所得出的切身体会感悟、所总结的司法实践经验。还有古代选拔官吏(包括法官)的标准——“身言书判”以及“亲亲相隐”等,都是具有中国元素、中国化的法治(制)实践经验和智慧。它们能够传承创新、古为今用、中为外用。中国五千年的历史文化是中国法治实践学派的历史根基和文化底蕴,中国法治实践学派正是从中走出来的。鉴往知来,中国法治实践学派对历史文化回望得多远,决定着自己未来能够走得多远。

现代是一个科技突飞猛进的时代,科技改变了许多事情,甚至改变了世界,也改变了法学研究和法治建设。法治实践要运用现代科技,如互联网、大数据、云计算、移动终端等。可以说,现代科技才使法治实践能够真正实践起来,如科学立法、公正司法、法治评估等,才使中国法治实践学派能够真正科学化为一个学派。

这是一个伟大的时代。伟大的时代开启了伟大的实践,也将催生伟大的学派。创立中国法治实践学派是伟大的时代赋予我们的神圣使命。中国法治实践学派不是几个人、少数人封闭的学术小圈子,而是许多人、无数人组成的学术共同体。为了推进中国法治实践学派,需要全中国乃至全世界法律(学)者联合起来。

---

[9] 张文显、郑成良、徐显明:《中国法理学:从何处来?到何处去?》,载《清华法学》2017 年第 3 期。

“知行合一”理念下的法治实践推进方略

范忠信

杭州师范大学法学院教授、中国法律思想史专业委员会副会长。

刚才有幸聆听了“八零后”李步云先生的学术报告,很有收获!先生的思想闪电,引发阵阵惊雷,震荡我,激发我,使我振作,使我不敢颓废!今天这场研讨会,弘道兄叫我从法律史的角度,谈一下“知行合一”与法治实践学派追求之间的关系,我欣然从命。

弘道兄倡建法治实践学派,这是有意义的事。我理解,民族传统文化中,最能够成为我们努力的根基的,就是王阳明的“知行合一”学说以及浙东学派的“经世致用”主张。

中国传统思想文化中,有一派是主张经世致用的。我们知道,汉以后研究儒经的学术,有所谓今文经学、古文经学之分,今文经学一直占上风。今文经学,激发出了很多学派,知行合一、经世致用主张,都是今文经学激发出来的。那么,历史上的“知行合一”主张与弘道教授的“法治实践学派”之间,到底有什么样的文化联系呢?因为“知行合一”学说博大精深,我不敢随便就做判断。但若做些浅显理解,我认为,“知行合一”学说就是主张知识、理论与实践、行动紧密联系在一起,不要分离。这一学说的要害是反对玄学式的义理空谈。

最早提出“知行合一”理论的是王阳明,他上承孟子一派的心性儒学传统。立德、立功、立言三方面均堪称完人的浙东人王阳明先生,在五百多年前提出了“知行合一”这个命题。他提出“知行合一”大约是在1510年前后。这个时候,王阳明是在贵州官职被贬“劳动改造”期间。在龙场,他老人家反复参悟,得出了“知行合一”的结论。某一天半夜,他忽然顿悟,认为心是感应万事万物的根本，由此提出“心即理”的命题，认识到“圣人之道，吾性自足，向之求理于事物者误也”，史称“龙场悟道”。按照先生的本意，圣人的道理，最崇高最美好的善，都在人的本性里面；从前老是向身外之物求道是错的。这样的学说与弘道提出的法治实践学派主张有什么关系呢？我试着讲一下我的理解吧。

“知行合一”原本是什么意思呢？这个“知”，我们通常理解为知识、理论，其实不全面。这个“知”，其实不光是知识理论。从名词的意义上讲，还有比知识理论更重要的道德良知；从动词意义上讲，还有“致良知”亦即通过求知修炼达到一种“内圣外王”境界，也就是通过道德良知修炼达到一种圣人的境界的意思。仅从名词来讲的“知”，也有两方面意思：一指道德良知，二指事物知识。知行合一，主要是讲从认知客体出发来升华主体。人们要认识万物之理的目的是什么？是为了致良知。也就是说，让自己的良知得到最大限度的弘扬发挥，恢复到“道”或“理”禀赋于人的本来状态，这就是认识的目的。所以王阳明说，“万物皆备于我”“万物皆备于心”“此心就是宇宙”“良知就是心的本体”，都是强调这一点。所谓知行合一，一方面讲知中有行，行中有知；另一方面讲以知为行，知决定行。这都是把“知”（求知）和“行”（修行、践行）看作一个不可分的整体过程。

王阳明所讲的“行”，并不完全等同于我们今天所说的“实行”“实践”，其实更多是“致良知”的修行。后世号称宗奉王阳明的人，其实很多时候是向王阳明的“知”“行”两个概念中注入了新的含义。后人将“致良知”“知行合一”学说中的“道德修炼”（践行道德、修身养性）意义淡化了，将积极参与社会，深入社会实践、关注经济、关注民生、关心民众疾苦的含义增强了。反对空谈，将关注民生社会的实践行为与个人道德修炼联系在一起，这是后世将“知行合一”者的主要倾向。也就是说，“知行合一”这样一个命题本来是唯心主义命题，后来被大家往唯物主义方向发扬光大了。

“知行合一”这个命题之所以重要，因为他超越了程朱理学的局限，它与程朱理学以来那种空谈心境、空谈义理很不一样。程朱讲得很玄，后来则越讲越实，经世致用的“实学”就这么兴起了。这就与“实事求是”命题扯到一块儿了。《汉书·河间献王刘德传》说刘德这个人“修学好古，实事求是”，起初的“实事求是”不是我们今天说的这个意思。这个命题是被后来的人们注入了新含义。“实事”一般讲就是实践，“求是”就是求真理、求真知。王阳明也讲“实事求是”，主要是强调“致良知”，是要在“实事”中发现并光大自己的良知，使自己的德性本体像明珠一样灿烂光辉起来。

“知行合一”理论，人们既可以从重视社会实践的唯物主义方面来引申发挥,也可以从格外强调道德修养之作用的唯心主义方面来发挥。但大家都不忘强调社会实践,不忘强调务实际戒空谈。如民国名人陶行知先生,本来名叫陶知行,后来改名叫陶行知。为什么改?他说,别人都说“知易行难”,其实不对,应该是“知难行易”,“行”比“知”更重要。陶先生自承改名字是受了王阳明的影响。王阳明虽是唯心主义思想家,但数百年来很多人很崇拜他,蒋介石崇拜他,孙中山崇拜他,毛泽东崇拜他,到现在也有很多人崇拜他。崇拜他的人,大多强调“实践”对于“真知”的决定性意义,这就都是从唯物主义方向发展“知行合一”“实事求是”学说了。我们这样理解知行合一,大概会更全面一点。

在这种传统文化背景下,弘道教授倡导法治实践学派,强调法律人的法律版“知行合一”,当然有特别重要的意义。我想,这首先是强调深入社会、深入实践,于实践中总结和升华理论学说,建构真正针对中国社会真实问题的法律理论学说。当然,将来,还可能强调良知道德升华对于法治实践的重大作用和意义,特别是对于消除司法腐败、提高廉政水准的意义。也就是说,即使将“知行合一”往唯心主义方面发挥了一些也不要紧,唯心主义也有正面功能。

弘道教授倡导法治实践学派,很早就将理论与具体实践操作联系在一起了。弘道教授曾开过一个专题讨论会,特别讨论了余杭法治指数,我参与了讨论。我发现,余杭法治指数站在各级党委政府也就是行政主体的指标较多,从老百姓的立场或角度的评价指标很少。也就是说,从官方总结工作实践举措,从立功德碑的立场,指数是基本考虑到了。但是,老百姓是怎么看法治水平的,老百姓亲身感受如何?这些方面的测验指标就还没有体现出来。例如,不久前,某个省对外公布说自己的法治指标达到96.4%。我问该省的律师,他们说老百姓也许理解该省法治水平只有3.6%。老百姓感觉的法治和官方创建的法治,差距是很大的。我们每个人不妨试试——把自己想象成公务员,为自己评功摆好,那时的“法治指数”与假定自己是一个找官府办事的普通百姓或是一个求着官府维权的受害人感觉的“法治指数”当然是很有差距的。我相信,从“知行合一”的理念出发,弘道教授的法治指数一定会更加完善。如果能把人民大众作为法治的接受者、感知者、相对人,作为政法利病指向对象的实际感受,都用一整套指标指数测量出来,那真是天大的学术贡献。例如,能不能研究出一种指数,让我们老百姓直接参评,能不能让我们手机微信投票、在电视遥控器投票,或者在网络上投票,直接评价政府的法治建设举措的利弊,也许那是老百姓更感兴趣的指数。

按照“知行合一”理论的启示,要建设法治实践学派,将来要做的最重要的就是法治指标及指数体系的完善。也就是说,评价法治建设做得好不好,总要有一个合理的指标体系来测量。弘道教授的指标体系已经是很不错的探索,但是似乎还不够,还要更加完善。好多因素至今没有考虑进去,没有相应的考察指标,没有评价优劣的指数。有了更加合理的指标指数,才能真正实现弘道所讲的"量化法治"。量化法治,实际上目前更多仅仅是"诊断"而已,至于怎么疗伤止痛,好像还没有"疗救指数"或"改善指数"。法治指数,更重要的是促使疗救,促使纠正,促使进步。止痛和疗伤的法治指数建设,可能是法治实践学派下一步最重要的任务。不然,只有一套从形式建设方面考察统计的指标指数,地方政府可能每天看测评结果沾沾自喜,对老百姓眼下真正最疾最苦的法制弊端尽量回避,这样是没有多少实际意义的。真要讲"实践"的话,现实中碰到的问题再怎么让我们痛苦、棘手、忧虑,我们都绝对不能回避,必须致力于止痛疗伤的机制建设,这就是法治实践学派最重要使命。此外,既然称"法治实践学派",我们就得有自己比较独有的实践理念和实践路径。法治实践学派"新"在哪里必须有说法。不然,全中国的法学家都可以说自己是法治实践学派,因为我们大家都一直很关注实践,过去几十年我们很多人所做的努力都是寻找法治实践的最佳路径方法,都是在推动法治实践、完善法治实践。因此,法治实践学派要从今日中国的法学思潮大洋中"秀"出自己的特长来,是有很多理论建树需要做的。

拉拉杂杂讲了这些,这个发言如果一定要加个题目,那就是《"知行合一"理念下的法治实践推进方略》。好了,不再多讲,更想多听。谢谢各位!

中国法治实践学派需要四梁八柱

徐瑞柏

中国华融资产管理股份有限公司总监、华融国际金融控股有限公司监察总监、最高人民法院原法官。

尊敬的各位专家学者、各位老师、同学们：

大家好！

非常荣幸参加这个论坛，见到了很多久闻大名的前辈和熟悉的专家学者，站在这个讲坛上很亲切，但多年没有讲课了，也有些忐忑不安。我曾在三级法院和地方党委、政府工作25年，转行到金融机构工作7年，工作的领域一直与法有缘，所以对中国法治实践学派和这次论坛的主题感触很深。

我谈几点感想：第一，对于依法治国、法治国家这一永恒话题，并非是心血来潮，而是有其内在逻辑和必然要求。我记得2013年年初在杭州出差的时候和钱弘道教授在一起交流沟通，当时我们聊的主题是“法治余杭、法治浙江与法治国家”，并认为法治国家或法治中国应该是未来中国走向永恒的主题。现在，我们知道“全面改革开放、全面建成小康社会、全面依法治国、全面从严治党”这“四个全面”是时代的主旋律，这个十分重要。钱教授是一个有情怀、有激情、有担当的法律人。他在20世纪80年代初上大学时就是吉林大学演讲协会的主席，他主要倡导和提出的中国法治实践学派从正式亮相到现在也只有几年时间，我觉得这是一个非常好的品牌、非常重要的平台，需要在未来的实践中去充实内容并不断完善。有两个重点值得关注：第一，是基础。基础很重要，基础不牢，地动山摇。我的理解，如同盖房子，基础就是四梁八柱，四梁八柱要搭建好，才能往下继续盖房子。中国法治实践学派的研究方向、范围、方法、目标必须十分明确和有用。第二，是问题导向和结果导向。大家知道,党的十八大以来,中央加大了巡视工作力度,巡视利剑作用充分显现,巡视工作有一个重要特点就是问题导向,如果不发现问题你就是失职渎职,这倒逼巡视工作要动真格和不走过场。我们的中国法治实践学派要来实的不玩虚的,必须要有问题导向的勇气和魄力。实践出真知。社会生活的方方面面,法治进程中的点点滴滴,都需要我们去研究、去面对、去解决。回避问题、回避矛盾是没有生命力的。社会科学最忌讳文字游戏。巡视工作还有一个特点就是加强整改,取信于民。这就像看病,发现病情诊断病情是第一步,拿出药方治疗才是根本。中国法治实践学派要立足实际发现问题、研究问题,要接地气,而不是脱离实际,当然最根本的还是要提出解决问题的法律方案和"路线图"。刚才武树臣教授发言中讲到了传统的继承和改革的创新之间的关系,我认为非常重要。如果将我们的传统、我们的文化一脚踹开,那么我们的理论研究,就缺少了根基,留下的可能是不少不着边际、不切实际的东西。我们的文化、我们的传统不能丢。所以,研究方法真的很重要。

最后,衷心祝愿和期待中国法治实践学派这个平台越来越完善、越来越牢固,成果越来越多、对社会的贡献越来越大,将来成为一个具有国际影响力的法学实践学派,谢谢大家!

中国法治实践学派的当为和不为

陈欣新

中国社会科学院法学研究所研究员。

首先很高兴钱教授和浙大提供这次机会,让我第一次来到这个地方,以前没来过,但是听说过这个校区。刚才前面几位已经讲了很多关于学派的重要意义等,那么我想更多地谈谈关于中国法治实践学派未来可能要做的事,以及我个人的一些观点和看法。

首先要说的是,法治实践学派并不是按照我们常规的学派分类方式,这也就是武教授前面提的,我们在考虑学派这个词的时候不能简单地使用某一种学派的定义,要考虑到中西、古今各个方面的学派,这样肯定更好一些。那么同样,我个人认为,主要还是应更多地强调法治实践在这个学派将来的发展当中处于一个什么样的地位,要怎么来看待它。

前面已经说了,一切从实际出发,理论实际上是为实践提供反思与参考的,它不应该也不可能是高高在上地给实践发号施令、打分评奖,如果理论是这样的一个定义,它最后的结局肯定是惨败的,没有第二种可能性。从这个角度出发,实际上强调中国法治实践还是要考虑特定时空条件。所谓特定时空,“时间”就是当下,“空间”就是中国。再具体来讲,当下中国是什么状态呢?就是社会主义初级阶段,就是这个状况。法治实践就是要完成社会主义初级阶段目前这个时期的法治建设工作,具体来说就是从“温饱法治”到“小康法治”的过渡。因为我们当前所处的社会发展阶段,就是从温饱社会向小康社会过渡。这从根本上制约和决定了法治实践会发展成什么样子,无论我们高兴不高兴,接受不接受,我们都必须也只能以此为基础和出发点,这就是一个实践的问题。

相应来讲,也就存在一个反对教条的问题。教条有三种,也就是本本教条、经验教条和权力教条。以权力为教条,就是指以权力的好恶为对错的判断依据,权力往哪指,我们就得往哪走。本本教条、经验教条跟权力教条都有一个特点,都是现在完成时,是已经存在的本本、已经存在的经验和已经存在的权力,那么很显然,眼睛是向后看的,而不是向未来看的,这就是它的局限性,这种局限性是必然的。中国法治实践学派当然就是要给中国法治实践提供一个前瞻的机会,也就是说,虽然我们不能精确地知道明天的法治会向哪里走,实践会是什么样子,但是,我们也不能用已经有的本本教条和已经存在的权力教条去考虑和局限实践。我们要考虑将来的本本、将来的经验、将来的格局。

很多人都担心学派产生近亲繁殖,其实产生近亲繁殖的关键因素不是学派而是权力,是因为有些人掌握了与学术有关的权力,以权力操控学派,使之成为利益共同体而非理念共同体。相反,真正的学派没有既存的权力,而那样的小圈子学派只是披了学术外衣的权力学派,所以,我们怎么样去防范其实也是相应的道理。

同样的问题再往下说,就是在目前这种情况之下,既然中国实践是这样的,怎么样对待这样的实践?我个人觉得,应该尊重实践,但不是迁就实践;公允地肯定实践的成绩,而不是浮夸地或者偏激地、有歧视地看待实践;善意地指出实践存在的不足,而不是自视很高地给人家指出前进道路,或者恶意地进行抨击。只有秉持这样的心态,中国法治实践学派未来才可能少走弯路。不走弯路是不可能的。一切现在没有办法准确去预知的问题,才是我们研究的关键点,而不是单纯把重点放在对既往已经定型模式的总结上。这是我个人的一些总结,谢谢大家!

实践视野下的规则意识

王敏远

浙江大学光华法学院教授、中国法学会刑事诉讼法学研究会副会长。

谢谢弘道教授请我来参会,他是想让我来发表一些意见的,但是我一直跟他说,我对这个主题真的是不懂,我是来学习的。应该说从昨天晚上就开始学了,今天上午又学了一上午,不能说是学明白了,但是有点体会。我想花几分钟时间谈三点体会。

第一点体会就是,像昨天晚上武建敏教授说的,“实践”是需要重新界定的。我的理解是,如武树臣老师这样的领导在审案子办案子,他当然是一种实践,张文显老师则无论是在法院还是在法学会也是实践,钱弘道教授搞法治评估不也是实践么?李步云老师之前参与政策制定难道不是实践?还有我们志铭教授所参加的一些活动难道不是实践?法治实践是一个含义广泛的概念,这是我的第一个体会。

第二点体会是我们对学派也要有个重新的认识。自古以来,学派的开宗立派是一个很大的事情,没有独到的武功想要开宗立派是不可能的,华山派的华山剑法是全天下都肯定的。我们讲了学派的三大要素,刚才武老师说了,学派不仅仅是一个模式。三大要素是什么?一是人。二是事,像我们今天这样的就是一个事件,就是法治实践学派的一个大会、一个盛会。三是功,或者叫武功、功绩。那么从人来说,弘道教授在倡导学派时的掌门人架势已经是可以了,但是他是掌门人,那么我们李老师包括其他的都是他门内的人吗?不好这么说,只要参与我们的实践都是我们法治实践学派的人。后边我们接着再说它的含义是什么。这是我的理解,也不一定对。要说事,刚才已经说过了。再说功,功很多,你看弘道教授自己主持的法治评估就是功，我们今天看到的这个系列丛书，先出来的这五本也是功，但是这个功你不能归到掌门人名下。像我们进行部门法研究的，如果我们不关注实践，我们写的东西与实践没有关系，这东西还能出来吗，这是不可能的。不能说原来我们没听说过法治实践学派，所以就什么都不是，不是这样的。像李老师写的这个是早就有的思想，早就有的内容，由此我就想到了这个学派与我们传统讲的学派有点不太一样。我个人理解，像在今天这个场合，我把这个学派看成一个平台，弘道教授是搭台人，大家都到这个平台上来，关注实践、关注理论和实践的关系，推动中国自己的实践发展。我的理解是，掌门人是搭台人，大家共同来演出，好比今天上来的第一单元八位发言人，实际上还有开幕式上的发言，都是在这个平台来演出，来作精彩的发言。

最后我想再谈一点，对于实践和理论以及实践目的等关系的理解和认识，我们法律人还是要多思考。我想举一个例子，实践重要不重要，很重要。在围棋比赛当中，如果不贴子的话，黑棋的胜算是很大的。几十年来，通过不断地增加贴子，中国目前的贴子是七目半，说是可以抵销黑的先行效率。先行效率到底有多少，围棋界说法不一，有说六目，有说七目，最多的有说十五目，到底多少不知道。那么根据什么得出结论呢，实践，就是实践。如果执黑贴五目半胜率极高，六目半胜率还是高，直到贴七目半以后黑白胜率基本拉平。它是有道理的，是经实践检验的，但是，这个实践是在一个基础上的，就是棋手是人。如果让 Alpha Go 来下，那么，到底应该贴多少，这个问题想要靠实践来解决，可能都是一种难题，因为这种实践是无限的。第二个问题，几十年来，NBA 的篮球比赛规则经常变，它为什么变？变了才更精彩。为什么会有三分球？大家都是投进篮，有的两分，有的三分，当然罚球肯定是一分。远距离投篮大家喜欢看，然后就变成了三分球。目的是什么？目的是为了让篮球比赛更加精彩。也就是说看待实践的时候，以何种标准来看待它，这很重要。对于法律的人来说，应如何看待实践，如何让我们社会的公平正义能够更多地、更好地实现，这就是我们看待实践的标准。同样都是实践，但是你怎么来看待这个问题？这需要研究。那么在这个意义上，我希望我们这个台子搭好以后，大家共同为推动中国的法治发展、为中国社会公平正义总量的增加做出我们的努力。

谢谢大家。

法治是动态的实践

熊　智

北京北斗鼎铭律师事务所主任。

各位专家、学者和法律界同仁：

大家上午好！

首先，感谢钱弘道教授的特别邀请，很高兴能参加本次“中国法治实践学派和中国法治评估高端论坛”暨“中国法治实践学派书系”新书发布会。更让我惊喜的是在这里再次见到了法学泰斗李步云教授。在法治实践中，李步云老师是身体力行的成功践行者。在2014年期间，天津武长顺还强势掌控着个案侦查。在被告人经历了407天的无故羁押后，李老用他深厚的法学底蕴和丰富的实践经验，成功地帮助我们实现了所涉两个罪名全部无罪的辩护目标，避免了中国保险业可能遭受的信用滑铁卢。这是一位值得敬仰的法治实践学者。

马上就是国庆和中秋佳节了，借此向李老和在座的各位法学同仁表达节日的问候，祝各位身体健康，阖家欢乐！

我来杭州多次，沉迷过西湖的湖光山色和波光粼粼，今天是我第一次走进浙江大学光华法学院，虽然并未深入本校，却深深地感动于浙大“以人为本、整合培养、求是创新、追求卓越”的教育伦理。我坚信，这里将继续哺育出一批批法治实践学派的莘莘学子。

作为一名出庭律师，我一直认为，法学是法律的静态哲学形式，而司法是法律的动态应用表现，出庭是每一名执业律师崇高的执业梦想，法庭就是这个梦想美妙而高冷的殿堂。所以，我总是强调“出庭律师”这个职业是托起律师执业生态的、极具生命力的宽厚的臂膀。然而，就在此刻，我突然发现我的这种认识已陷入一种独饮自醉的状态，我惊喜地看到，有这样一群令人敬仰的法学家们，他们早已走下讲坛，挪开案牍，推门而出，开始运用法学实践的方式,并形成了一种强大的学派力量,推动着中国全面法治治理,营造新的、良好的法治生态。可以说法律没有实践就无法成就法治,没有学派就无法形成百花争鸣的完整体系,全面依法治国需要法学理论界与法学实践机构一次又一次深度交融,为此,我为今天的论坛点赞。

法学家、法学学者,作为静态法律的研究者,不再是只会勾勒蓝图的设计师,而成为走进律师事务所,走进法务机构,走进各个法律实践组织的建筑师,与广大法律实践工作者携手并进,共举法治,这是法学家们思想与行动的重大转变及创新举措。事实上,作为一名法律工作者,我们不仅这样想、这样说,我们更是这样地在积极实践,就在今年 6 月 27 日,北京市北斗鼎铭律师事务所荣幸地邀请到钱弘道教授,由其创办的“中国法治实践学派”调研基地,“中国法治研究院”工作室落户北京,当时,我们已然欢呼雀跃,没想到短短数月,我们今天又在这里隆重集会,欢欣鼓舞地迎来“中国法治研究学派书系”的公开发布。可以说,这是中国法学界的一个了不起的成就,是中国法治实践学派奉献给即将召开的“十九大”的一份沉甸甸的厚礼。无疑,中国法治实践学派将开启一个新的法治的春天,迎来一个伟大的中国法治实践新时代。

最后,衷心地祝愿大会圆满成功并取得更加丰硕的成果。作为一位法律人,我们再次感谢钱弘道教授,感谢中国法治实践学派的专家学者,感谢为中国法治实践奉献青春的所有同仁。谢谢大家!

什么影响了中国法院的司法效率

万　江

西南政法大学经济法学院副教授。

谢谢钱老师给我这样一个汇报的机会，我今天讲的是“什么影响了中国法院的司法效率”这一问题。这也是和我们法治实践紧密相关的问题。因为法院司法是法治实践不可缺少的一环，所以我想通过结案周期来考察法院司法效率的问题。

第一，让我们看一下我国法院受理的案件数量增长和法院的法官配置情况。2004～2015年法院受理案件的数量呈现非常快速的增长趋势。另外，在2003年时候，我们法官数量是19.3万人，可见10年来法官数量的增长是非常缓慢的，同比案件增长却是非常快的。从另外一个角度来看，法官每一年的案件受理量很大，审案压力自然增大。中国大概是一个法官每年处理100个案件，美国一个法官一年则可以处理580个案件，英国是360个，法国是240多个，就是这样的一组数据。显然，中国法官的案件压力并没有想象中大。但是，为什么法官普遍反映办案压力大呢？从这个数据出发，我们应考虑怎样尽快将案件结案呢？这种情况下我们有两种方法可以解决司法低效的现状：一个是增加人手，让更多的法官去处理案件；另一个是简化流程。到底是哪些因素在影响我们法院办案的效率，到底是增加法官数量还是优化流程？这是我们想解决的问题。

第二，我想谈谈我们的研究发现。我们基于中国裁判文书网整理了涉及合同效力的3000多份判决书。我们计算了这些判决的审理时间长短，同时提取了这些判决书所对应的法院信息，包括法院的法官数量、法院预算，法院所在地的经济情况等。由于数据的可得性，我们最终得到600多个样本。审判速度比较快的是辽宁、青海、重庆、四川，比较慢的是广西、贵州、江苏。浙江省是属于偏高一类。到底哪些因素在影响我们法院的司法效率？一是案件本身的复杂性会不会影响到法院的司法效率，例如当事人数量和案件的困难程度；二是司法程序，是一审还是二审，对应的法院信息，例如法院到底有多少人，又如法院的年度结案数量等；三是地方经济的发达程度是不是也会影响到司法效率。数据分析表明，影响司法效率最主要的还是人均办案数量。有些案件是调解还是判决也会影响法院的工作效率。20 年以来中国的案件增长速度非常快，但同时我们注意到法官的增长速度却非常慢，法院的法官增长速度远远低于案件的增长速度；同时，法院的人力资源内部的配置也非常的不合理，这种不合理会影响到我们的司法效率，有的地方法官占法院编制的 90%，有的地方法官占法院的 30%，所以说法院内部资源配置非常不合理。

第三，那我们到底应该怎么做才能让司法体制完善呢？从我个人角度来讲，未来司法改革的重心是增加人力资源而非单纯的物质资源，尤其是要重视法院人均办案压力。要合理配置法院的人力资源来完善司法体制。谢谢大家，请多多批评指正！

以中国法治实践学派的实践精神推动司法改革

石文龙

上海师范大学哲学与法政学院教授。

各位专家学者大家好，很高兴来参加法治实践学派2017年峰会，非常感谢弘道等一批学者对法治学派的积极探索和贡献。如何评价当代中国法学理论研究状况，我有一个不成熟的想法，我觉得可以用两个字来概括，就是“贫瘠”。理由今天暂且不表。那么该如何去培育、丰富与滋养我们的法学理论研究？其途径与方法很多，其中不可忽视的是需要学派的发展，就如同中国法治实践学派等，这样各种法学观点才可以进行自然碰撞，相互吸收，共同进步，并推进我们中国法治的整体进步。当然，该话题说来话长，今天我截取了法治实践学派的一个重要角色——法官，来和大家做一个学术交流。

一、我国司法改革的基本背景

中华人民共和国成立后，我国法院管理模式属于军事化的管理方式，所谓“转业军人进法院”“大盖帽两头翘”等说法都是描述的这一现象。改革开放后我国的法院开启了由军事化的管理模式逐步转化为行政化的模式。当前的法院管理方式已经摆脱了军事化管理方式，但是尚未走出行政化的管理模式。当前，我国司法体制改革的方向之一是走专业化和职业化的道路，就是要尽快完成从行政化的管理模式步入专业化和职业化的管理模式的转变。

二、关于“法官不是官”

我们认为我国司法体制改革长期以来徘徊不前的重要原因是对法官的

角色定位不准,故此我们提出法官的职业定位与特点应该建立在“法官不是官”的基础之上。考察一下我国的三大诉讼法可以发现我国的诉讼法中都没有提到“法官”这个词,用的名称一律是审判人员。那么什么时候在什么情况下开始用“法官”的呢?1995 年的《法官法》把审判员这个美好的名称改为法官,同时在《公务员法》中也强化了这个概念。就是从法律依据上来考察,“法官”一词源自《法官法》而不是诉讼法。它里面的内容就是讲,今天官本位思想在我国比较严重,在司法理念上我们将法官当成了官,助推了司法行政化现象,但是法官不是官。

我们之所以强调“法官不是官”,是因为法官之“官”和其他行政官员之间存在区别,表现为如下几个方面:

1. 工作手段不同。法官的职业的开展主要靠的是专业知识和生活经验,生活经验对法官职业而言非常重要。现在有一个现象值得我们思考,那就是一个大学毕业不久,或者二十几岁没结过婚甚至是没谈过恋爱的法官可以审理离婚案件吗?这是一个有价值的职业思考。其他官员在工作中更加强调的群众基础、人际关系等。而法官的工作就是断案,就事论事地把一个纠纷的是非曲直讲清楚,不需要行政官员这样大范围地发动、激励和协调工作。

2. 管理方式不同。一般官员的管理模式是下级服从上级,而法官职业需要的是独立行使审判权,而不是所谓“法官服从庭长,庭长服从院长”这样的行政管理思维。因此法官服从的主要是法律这个真理,我们一般不会说法官应当服从上级的命令,或者中央的命令。

3. 工作方式不同。其他官员要求和群众打成一片,努力做到从群众中来,到群众中去,法官则需要有审判中立、不偏不倚的理念,做到行事公正,努力追求司法公平、公正,这是司法本身的被动性、中立性、终极性等特点所要求的。

4. 法官判案强调说理。鉴于此,就要求法官应当是法律专家,不是行政官员。法官是运用法律知识解决法律纠纷的专业人员,因此,法官首先必须是拥有专门知识的专业人员,尤为重要的是,法官必须努力让自己成为专家,而不是社会活动家。

5. 对法官的素质要求。与行政官员不同,鉴于人民法院独立行使审判权,法官对法律具有更加坚定的信仰,所谓“除了法律之外没有上帝”,法官应当是德高望重有社会经验的专业人士,因此关于法官的退休年龄也是需要重新思考的问题之一。

三、法官与良知

首先需要强调的是,与行政官员相比,法官在素养方面更强调良知,这也是法官和官员不一样的地方。其次需要更新的审判理念,即法官审理案件依据的是事实和法律,但是如何认定事实和如何适用法律则离不开法官的良知。法官的良知是法官职业道德的重要内容,再次关于更新评价判决质量与效果认定的理念,即一个判决可能是正确的,但是可能是不适当的。当一个法官在法律许可范围内不合理地倾向于一方时,这个判决依然是合法的、正确的,但不一定是适当的。因此能否确保法官判决的适当性是区分判决书质量与效果的关键,同时保持判决的适当是区分一个好法官和一般法官的重要“分水岭”。

法官的良知主要由哪些要素构成?一般而言,法官的良知主要由良好的知识结构、良好的认知水平、良好的道德水准、法官对案件处理的适当性等要素构成。提出法官的良知有重要的社会意义。法官判案不是纯粹的客观活动,其主观活动也同样发挥着重要作用。我们在考察录用法官时要把法官的良知纳入考察范围。现代社会强调诚实信用,诚实信用反映在法官身上就是要求法官比一般人具有更高的良知。法官的良知是社会良知的重要组成部分,以此作为一个司法公信力和法官形象的重要方面。法官良知需要培育。

四、判决与说理

判决书是法院对审理结束的案件做出的裁决,对判决书的基本要求包括形式与实体两个方面,其中在实体方面的重要要求是判决要讲理。这就是说,法官对公正与正义的表达不只是通过行为,也不只是通过有声的法庭语言,还需要通过无声而长久性的语言:判决书。判决书是法律条文在具体生活中的具体展现。对判决书的要求是要说理,体现的是司法要讲理,判决要合理、适当等内容。判决书言辞要重规范重理性忌感性。近两年对判决书的要求相对规范了一些。几年前我们的判决书很简单,往往就是一句话,所谓“该请求于法无据,本院不予支持”,这样的结论不免显得空洞单薄,没有对案件的内容进行全部的展开说理,这是不够的。在现实生活中推进司法要讲理或者判决要讲理的关键在于强化法院组织建设专业建设,实现法官从平民型、交际型向专业型、精英型的转变。这就需要建立相应的具体制度。首先,在司法中要确立说明理由制度,说明理由制度是对司法制度的制约,这对当事人本人也是一种最生动的法治教育;其次,法官讲理是时代对法官提出的新要求,因此法官也要做好从平民型向亲民型转变的准备。在这里我强调一点,我们认为当今司法领域很多有争议判决的形成,当事人不服判决到处上访等现象,也是和法官的工作不当有关。理由是法官没有讲好理,如果把理讲清楚,做到双方心悦诚服,多少人也不会去乱上访。因此,新时期对法官的职业素养要求不仅是在工作态度上的敬业勤业,还包括对法律的忠诚,要在具体的法律制度中,如在判决书中努力捍卫法律尊严。

五、法官的审判工作与司法为民

作为专业化、职业化的法官如何处理与当事人的关系,如何在自己的职业工作中贯彻司法为民?多次,需要强调的是两个相关的项度,即法官在审判期间不单独接触原则与事后接触原则。什么叫不单独接触原则?就是在案件审判期间,不在案外单独安排时间、地点与当事人,或其代理律师、辩护律师进行接触,不在案外单独听取其陈述或接触证据。到民事审判中,不能在一方当事人或代理人不在场的情况下单独与另一方当事人接触,包括不接受其宴请、不在家接待另一方当事人或者其律师,不单独听取其意见或接受有关案件的材料。事后接触原则是在判决后进行接触,如判决后的答疑制度。具体而言是指审判人员在宣判后对裁判有异议、疑问来访的,由原主办法官对裁判有关程序、证据认定、裁判理由向当事人进行解释说明。在申诉时期,原承办法官与立案法官要共同接访。这个制度是防止司法腐败的重要举措,应当引起我们足够的重视,在法律层面、制度层面上予以落实和完善。

值得强调的是,我国传统文化强调的是知行合一,结合法律文化建设我觉得这还是不够的,要做到知、行还有信仰三个元素之间的"三合一"。我们对法律不光是知,还要行,而且还要成为法律人的信仰。让法律成为信仰,这是对法律人的新要求。当前我们缺少的是法律的信仰,因此,时代呼唤法律人成为知行信三者合一的实践者。在审判工作中要能够探究真理,努力以自己的审判行为实现正义,在审判作风上要能够做到以理服人而不是以权压人。

总之,历史证明任何一次伟大的变革都是以专业的变革为前提的。重视观念的转变是司法体制改革可以顺利进行的价值基础,也是实现司法公正、社会认同的重要内容,值得我们予以充分关注。当前社会政治经济的发展要求我们更新司法理念,并以制度创新推进司法公正和司法制度改革。

好的,以上就是我演讲的内容,有不周到的地方希望还望大家多批评指正,谢谢!

律所、律师怎样推动国家的法治进程

刘春晓

北京盈科(杭州)律师事务所执行主任。

尊敬的各位领导、各位老师、各位嘉宾:

大家好!

非常荣幸能参加今天的论坛,感谢钱教授和主办方给了我这10分钟的交流时间。刚刚我一直在认真听每一位嘉宾的发言,受益匪浅。我看到今天在场的有很多我们法学界的泰斗级人物,在各位前辈面前我不敢班门弄斧。今天我就实实在在地从我自己的实际工作出发谈一点自己的体会。

我来自盈科律师事务所,是一名律师,在盈科8年,主要在做律所管理的工作。如果对律师事务所按照规模大小来分类的话,盈科毫无疑问属于大所。目前,我们在国内有42家分所,截至8月底,有5322名执业律师。在海外42个国家的80多个地区,设有我们全球律师法律服务联盟的机构。那么在这样一个规模化的律师事务所,从律师的角度,从律所管理的角度,在法治建设进程中我们可以起到什么样的作用?我们是怎么做的,以后和中国法治实践学派相结合我们能怎么做?从这个角度我谈三点不成熟的体会,请大家批评指正。

第一,规范执业,用初心守护社会公平正义。

律师,奉法为根的专业人士,天然与法治和公平正义有最为密切的联系,担负着维护当事人合法权益、维护法律正确实施、维护社会公平正义的职责使命,可以说律师的职责就是将“纸面上的法律”通过一个个案件在实践中转化为“现实中的法律”,在这样的过程中,法治精神与公平正义都体现在律师办理的每一起具体案件中。而老百姓正是通过这一个个案件,体会着对法治的信仰。

拿我们律所来说，我们有五千多名律师，一年代理各类案件十余万件。有时候，很多案子并不是黑与白、是与非的简单冲突，其中既交织着复杂的法律关系，还包含着价值判断和利益衡量。有时候，一个看似简单的案件却在社会上掀起了轩然大波。法律、舆论、道德无时无刻不在交汇与相互作用。律师每办理一个案件的意义不仅仅是完成一项工作，做的好了还可能挽救一个企业，化解一场危机，甚至是改变一种社会现象。做不好也会产生截然相反的坏的影响，破坏民众心中的法治信仰。

在这种情况下，我们要求律师一定要规范执业，办好每一个案件，在每一个案件中践行法治。

为了促使律师做到这一点，我们事务所坚持做好各项工作的规范化管理，规范律师收案和办案流程，规定敏感案件汇报制度，重大疑难案件研讨制度，举办各类培训提升律师专业水平。以此期待我们的每一个律师在每一个案件的代理过程中，让当事人感受到公平和正义的法治精神。

加入中国法治实践学派，可以进一步加强盈科律所和律师与学术群体的合作，通过法律适用、重大案件研讨等形式加强与学术界的交流和探讨，我想这应该能进一步促使律师规范执业、高水准执业，从而更好地推动法治中国的建设。

第二，践行改革，承担社会责任，见证法治落地生根。

法治兴，律师兴。律师职业是人类社会法治演进的必然结果，也是法治的受惠者。近年来，随着法治中国进程的发展，律师制度改革也在不断推进，促进着律师行业的发展。我所在的盈科律师事务所，是从 2009 年开始快速发展的，8 年来盈科从不足一百人、只有北京一家所，发展到现在有五千多名律师，国内 42 家分所。我亲历了这一发展历程，这也使我有幸从一个基层律所工作者的视角，见证了律师行业的发展壮大，同时也深切感受到律师制度改革带来的成效和变化。在一系列律师制度改革的机遇下，整个律师行业蓬勃发展，律师队伍不断壮大，业务范围进一步拓展，律师执业权利得到有效保障。

以我们律所为例，连续几年，案件代理数量增幅超过 30%，创收增幅超过 40%。可以说，律师是法治社会推进过程中实实在在的受惠者，与此同时，我们认为律师更应当积极承担其社会责任，推动法治社会的建设。

过去的几年中，我们坚持常态化地组织各类活动，践行社会责任，如义务普法、捐资助学、法律援助、爱心行动等。通过我们遍布各地的几千名律师的力量，把法律知识和理念落地到各个社区、村庄、学校、弱势群体中，以法治实践推动法治宣传深入人心。刚才钱弘道教授介绍，中国法治实践学派书系致力于向世界集中展示中国的法治建设成果,我想这也是勇于承担社会责任的表现,我们律师也在积极推动这一点,例如我们与清华大学合作举办世界法治论坛,也是希望向世界展示中国的法治建设成果。

通过和中国法治实践法学派的深入合作,希望能够进一步共同推动深化改革,进一步将承担社会责任的举措深入化、多样化。

第三,坚定自信,用担当推动律师行业和法治进步。

在为律师制度改革带来的变化感到欣喜的同时,我们也感到,我们的律师工作还面临着一些现实困难,例如律师执业权益保障缺失、律师执业存在巨大风险、法律职业共同体尚未完全建立。由于我国传统上的官本位观念,导致法官、检察官与律师队伍之间仍然存在诸多冲突,律师在执业过程中经常会受到不合理的对待。高端法律人才稀缺,很多业务被国外律师包揽。法律服务市场竞争激烈,出现恶性竞争、诋毁同行、低价接单甚至采取贿赂法官等违法方式获得案源。

虽然有困难,有挑战,但我们有信心迎难而上,勇于担当,用改革的思路和方法解决遇到的各种问题。

中国法治实践学派把学者与政府、社会各阶层联系在了一起协同创新。通过这个学派,应该可以更好地加强法律职业共同体建设,也促使律师强化学习,加深认识,提高律师的专业素质,推动律师积极参与立法,积极参政议政,献计献策,提高律师的政治地位。通过各项积极努力,相信一定能够在推动律师行业进步的同时,推动法治实践,促进法治中国建设。

以上是我想谈的三点不成熟的看法。通过今天的论坛,我对中国法治实践法派有了更深的了解,这是个非常了不起的学派,未来盈科将积极参加万世弘道法治联盟的活动,在今后的工作中我们会将中国法治实践法派的精神进一步推广到我们国内42家分所的五千多名律师中,再通过他们把学派的影响带到我们分所所在的每一个城市和地区,并且希望能够从中选拔出一批优秀的律师参与学派的工作,从而实现律师与中国法治实践学派学术群体合作,与学术界协同创新,共同推进中国法律服务体系创新,推进法治中国建设。

法治评估与法治中国建设

李步云
中国社会科学院法学研究所荣誉学部委员。

参加了这次会议，我很有感触，两个主题都使我印象深刻。第一个主题是关于学派的问题，学派问题上我发现在座的各位在提到这个问题的时候其实有一个问题，就是我们的学派能否在国际上发挥我们的影响力，也就是像有一位教授说的，我们有中国特色的这样一个学派在国际上发挥我们怎样的作用，我们要拥有自己的话语权。这个问题我是比较乐观的。这里我给大家讲个故事。在罗庆宝同志座谈会上，我曾经有一个发言，就关于人生问题，我说我们一定要有自信，在理论上也要有自信。因为我们这个民族是一个善于理论思维的民族，我们古代的民本思想、和谐理念，可以说在世界上都是数一数二的，没有人超过我们。这就是说今天，我们最大的优势在什么地方呢，马克思主义的科学世界观，以这个来指导我们的研究工作。在那个座谈会上我还举了个例子，就是在1991年，我去美国访问，美国一些朋友说李教授来了，他是搞人权的，专门为他举行一个研讨会吧。他们就决定在哈佛大学举办一个规模比较大的、层次比较高的研讨会。题目很尖锐，"Foreign Policy and Human Rights"，外交政策与人权。当时选三个主题发言，第一个是美国当时的副国务卿，主管人权工作的最高官员。第二个是国际很有名的"Asia Watch"，亚洲观察的负责人；第三个主题发言就是我。我的外语不太好。我讲的大概有三个方面，由交通大学的沈学斌来帮我翻译。这三个翻译完了以后，美国这一点还是好的，学者猛批他们的副国务卿，说他搞双重标准。学者不客气地批评了他。最后，主持人一个是Stanley，Stanley是美国的人权之父。另外一个是中国主席安守廉。他们没有官本位。我们现在有官本位。他们当时差十分钟结束会议，那个副国务卿夹着皮包走路,说我要赶回去。没有一个与会者站起来,抬都不抬,手一举就拜拜了,没有人送他。他就夹着皮包走了,去机场了。我走的时候,安守廉亲自开车送我到机场。那个副国务卿相当于我们的副总理这样,大家根本不把他当回事。最后安守廉告诉我,说三十多个美国教授,说你们三个主题发言里,我的发言最好。就是因为我们讲道理,很客观。对中国取得的成就讲得很充分,同时对存在的问题也不回避。而且我强调有什么问题,但是现在中央很重视,正在解决这些问题。但对美国呢,要肯定它的进步,也要肯定它存在的问题。他说你讲话很客观,而且很辩证,看问题很全面。这是因为我们有唯物论辩证法啊,再加上我们民族的辩证理论思维,才使我们能够比较全面地看待问题。

我记得在哈佛那次会议上,在英国伦敦大学,在悉尼大学,在墨尔本大学,我都讲过人权,反响都不错。1993 年,社科院编过一本书,那本书的主编是刘国光和汝信,两个副院长,一个经济学家,一个哲学家。他们两个主编,叫我写社会主义人权观这一章。书的名字是《有中国特色的社会主义政治经济文化》,书名很长,其中有我的一章。我坦诚地告诉大家,不是我吹牛,在这里表扬自己,我没有说假话。不像我们少数人,在国内讲得好听,在国外就骂中国,去讨好西方。我不管这类的事,我是共产党员,我不能搞这个东西。我是讲实话。所以我深深感到,根据我的经验,我们要大胆地跟外国交朋友,大胆地开国际会议。我们一定要有理论自信,在这个法治理论上,我相信我们完全可以在国际上得到认可。所以实践学派的提出,实际上体现了马克思主义的指导的这样一个学派,应该成为我们的主力学派。但是也可以允许不同意见,也可以存在不同学派,“百花齐放、百家争鸣”嘛,是吧?但是,我理解的实践学派,就是马克思主义唯物论,辩证的马克思主义作为指导思想这么一种学派。这个学派讲道理,完全可以建立起来,成为我们的主流学派。要加强发展与倡导,用我们的哲学世界观来指导我们的法学研究和法制建设、理论创新。这是我的一个感受。这是一个理论自信、制度自信。这是我在一些高层论坛上一直强调的一点,而且是我的心里话。

第二个主题,自从党的十八大三中全会肯定了法治评估创建活动以来,中央的文件亲自肯定这个是很了不起的一件事。从今天上午的发言,我充分地感觉到,用风起云涌这四个字也不为过。现在全国都在开展这个活动,很有成效。但是,刚才也听到很多发言里,有些问题还要进一步研究。其中包括东北财大王教授的那个发言,就是说我们的指标体系,究竟什么叫法治国家。总的一级指标,就有些不足,例如人权,一般都没有纳进去,对不对?这是很重要的。我这里给大家说一下,《光明日报》的殷泓同志给我发了一篇文章《法治中国的十个指标》,这些供大家参考。前八个我是通过中央文件、中央调查组啊反映,后来又加了两个。十个指标可以作为我们法治国家省一级的一个参考。这十条中,第一条,人大民主科学立法,民主科学的手段,目的是建立良法。第二条,执政党依宪依法执政。第三条,政府依法行政。第四条,社会依法自治。社会依法自治是党的十八大以来提出的一个新概念,在党的十八大以前,没有法治社会这个概念,只有法治政府。第五条,法院独立公正司法。这里面我顺便讲一句,四中全会很重要的一个提法就是我们可以大胆讲审判独立,也就是实际上,我们文件多次强调的党中央的历次大会,要保证法院、检察院独立行使职权。四中全会有个提法,党怎么领导法治?党领导立法,党保证执法,党支持司法。用“支持”两个字,这个很有讲究。强调为了保证法院、检察院独立行使审判权和检察权,我们支持它,保证它独自行使自己的职权。支持,我们带头说话。高度概括就是这样的。第六条,完善法治监督体系。第七条,健全法治保障体系。“法治监督体系”这个词我都是用的四中全会用的词,都是用的“体系”这个词。其中包括“以权力监督权力”,包括一些专门机构的监督,包括检察、监察和审计机关,党的纪委,还有人大的两会。在领导纪律里面,领导个人和领导成员相互的监督、彼此的监督等,以权力监督权力。还有公民的社会权力、监督国家的权力这两个体系。第七条健全法治保障的律师制度、公正制度、人民票选制度、法律援助制度、司法制度等,都是法律保障体系。第八条,弘扬法治文化,但是这个法治是围绕我们重要世界观和法律价值观的,后来我学了四中全会以后,又想起两条,哪两条呢?一个是法治保障人权,关于这个是非常重要的。保证人权是制定和实施社会主义法治根本目的,为什么要法律啊?一个是公法,一个是私法,公法是国家权力机构的权力;一个是私法,是公民的权利义务,但重要的一点,公法有一个手段,在集中责任下,权威地使用,权威地守法,它的权力指的是国家权力,只能是老百姓拥有的,不是谁家的。我说没有必要,老百姓要这个权力干嘛?所以这样,这个保障人权应该纳入我们的体制中。最后一个,坚持党的领导,人民当家做主,依法治国的基础意义,这个核心问题是民主和法治的关系,要做到民主法治化、法治民主化,懂得这个民主法治理念党怎么处理,坚持党的领导,同时感谢党的领导。所以,有明确的指示,《光明日报》原原本本把这十条登出来了。另外再讲一个,法治社会我开了一个专题讨论会,《检察日报》把我的文章登出来《论法治社会法理和国理》。简单说一下,第一,要保持社会组织的独立性。第二,要形成这个社会主义的规范制度。第三,要保证社会人民的权利,保证人民民主,人民代表大会的监督,对工厂、学校的监督。另外一个制约权力,你这个厂长,你这个校长,你不能乱来。最后一个量化,保证量化这是指标体系,符合辩证法,质和量的关系,一定的质有一定的量,一定的量包含一定的质,任何事物都有一个量和质的关系,这一点它有一个哲学基础在里面。另外一个《人民日报》发表了我的一个两版的九条标准,题目就是《两访真善美》,真就是立法的客观性,第一条符合事物的本身发展规律。第二条符合时代的精神,在现在这个时代进程合理的发展,有力的发展。第三条,要符合当地的需要和可能,一要符合广大人民的根本利益和愿望,二维护社会公平正义。法律作为一个社会工具,有力促进社会主义的进步,促进经济政治文化的进步,美是指的形式上,法律体系上下左右前后里外,要统一和谐协调,不能脱节也不能相互矛盾打架,里外就是国内法和国际法的关系、前法和后法的关系,当着另一个新法需要考虑旧法该改的改,不要拖到几年以后这些内容和现实脱节了,前后左右里外作为一个体系,立体,要处理好这个关系。法律微观上三个要素不能少,否则不叫法律,一个行为主体他干了什么事,主体的行为;他干了什么事该怎么处罚、怎么奖励他,现在我们按这个三个要素缺乏什么呢?教育法规的制裁。违反了教育法规,就要打谁的屁股,追谁的责任,这是一个法律三个要素的问题。这个美的逻辑要清楚,直到现在这个美还很含糊,《宪法》第 126 条就不严谨现在还没有改,人民法院独立行使审判权,不受行政机关社会团体的各级干涉,干涉是个贬义词,党能干涉吗?人大能干涉吗?我们当时就提了,就应该改成不受任何机构干涉,或者要么回到 1954 年宪法,人民法院独立行使审判权,只负责法律。其他不负责我就负责法律。干涉是个贬义词,为了维护党的领导,但是党不是干涉,人大是监督不是干涉,这是概念上没搞清楚,所以当时我们给中央写信,觉得逻辑、原则、法律概念、法律条文这样做不美。我刚才讲的就补充我们那个指标体系,宏观上还得进一步考虑一定要搞清楚,然后再是二级指标、三级指标,广播上那个法治中国很抽象的,人家不了解究竟什么叫法治中国,这个标准定的没有点力度就不太好。最后感谢大家参加这个会议,我收获很大,也谢谢浙江大学给我一个机会与张文显能在一起讨论问题。谢谢大家!

法治评估的核心主题与发展道路

张文显

中国法学会副会长兼学术委员会主任、浙江大学文科资深教授、光华法学院名誉院长。

我用五分钟时间来讲一下这个关于评估的工作，评估也要贯穿法理，我们现在讲，中国法学进入一个法理时代，我们正在建设法理中国，所以我们处处、时时要有法理意识、法理话语、法理道理。这样的话，在评估方面，我觉得就三个问题："谁来评""评什么""怎么评"，说到底就是这三个问题，这三个问题也可以说是法治评估的最核心的问题。

第一个问题是"谁来评"，这个是最核心的问题。我的基本观点是要坚持以人民为主体，就是我们十八届四中全会确立了以人民为主体，两句话：法治建设为了人民，法治建设依靠人民。我想再加一句话：法治建设由人民来评判。习近平总书记说：法治改革的成效如何说一千道一万，要由人民来评判，归根结底要看法治的人民群众通过法治的获得感，法治惠民的感受如何，法治的公信力是不是提高了，我觉得这句话说到了本质。所以我们评估专家，不管是多么优秀的评估团队，对指标体系的设计、评估方法的设计和选择都要有人民立场、大众情怀、专家良知。

第二个问题是"评什么"，这就涉及如何理解法治。我们坚持的是形式法治与实施法治相统一，也就是坚持良法善治。上午我讲到根据钱弘道教授的法治实践主义，我们可以把法治理解为治国理政的实践活动，主要是讲我们党如何立法执政。这个人民代表大会如何科学立法、民主立法、依法立法，就是依法治国的问题。还有人民政府是不是依法行政、严格执行，这就是法治政府的问题，还有司法机关是不是公证、高效、权威地行使审判权，这是司法文明问题。还有就是法治的监督,包括民主监督、舆论监督在内,所以我们想,实际上来讲评的是什么?评的是党和政府,不是评老百姓,那么评党和政府,评什么?形式上哪样的,依法行政、依法执政、依法立法等。核心是人民的权益,特别是人民的基本权益是不是得到有效的尊重和保障,产权是不是得到了有效的维护,公共权益是不是得到了有效的制约以及在制约前提下有效运行。还有我们的法治是不是维护并发展着社会公正,是不是促进了社会和谐稳定,是不是推动了经济社会发展、引领了社会风尚,这一切是实施法治。我们如何把形式法治和实施法治融入一个评价体系当中,这是“评什么”。我的一个核心观点就是评党和核心政府的法治实践如何。

第三个问题就是“怎么评”?我的观点就是:第三方评估,他评而不是自评。我听说上海市司法机关委托华东政法大学给他们进行评估,结果司法公信力都是95%以上,司法评估应该建立在人民群众的基础上,就是人民群众的满意度,后来我一想这就是第三方评估。委托评估,而且是用金钱去委托的,当然委托肯定要给人家经费。这样的话就很难保证第三方评估,所以这个第三方评估最基本的意义:第一它是孤立的、第二它是中立的、第三它是公开的,评估者也要接受监督,也要接受评估。刚才朱新力教授讲了一段我觉得非常好,就是说怎么评,就是除了传统的社会调查的方法、法律社会学的方法以外,我觉得非常重要的是为了保证公理公正、客观真实,资料的充分、一手资料运用大数据、云计算移动终端,这样的高新信息技术通过互联网来实现,那么这样的话就是克服了传统的问卷方法、访谈方法的局限性。过去我们法律社会学把抽样调查怎么抽样设计了很多。在这样大数据云计算时代下,这些方法都过时了,再去找专家、搞抽样当然还是有用,但是和云计算一比显然就落后了。这是电脑时代和过去旧社会算账的算盘时代的区别。前不久中国人民大学成立了未来法治研究院,为什么叫未来法治,未来法治的标志是什么呢?未来法治的标志就是法治拥抱科技、科技支撑法治。那么我们浙江大学是在研究互联网、大数据、云计算、人工智能、移动终端等方面走在全国高校法学院前列,现在也面临着大家的挑战和竞争。所以,我想,中国法治实践法学派不能停留在邱本教授说的“标题党的时代”。如果想不停留在“标题党”上,除了有先进的理念之外。一定也要和科技融入一起。非常高兴的是钱弘道教授他们在北京、在很多地方已经设立了这样的专门研究机构。所以我想怎么样把高新技术融入中国法治实践学派当中,运用到法治评估中,使我们的法治评估真正做到更加科学、更加规范。所以借这个机会弘道先生让我说几句怎么评的问题、谁来评的问题、评什么的问题。就谈这几点看法,谢谢大家!

从法治评估到评估法学

滕宏庆

华南理工大学法学院教授、院长助理，广东省法学会重点法治基础“法治评价与研究中心”执行副主任。

尊敬的各位代表：

下午好！

非常荣幸能够来到杭州回到母校，参加法治评估高端论坛。既然我们是从事评估工作的，就先来评估一下什么是高端论坛，我想起码应该有三个方面的标准：第一，主办者应该比较高端。钱弘道教授是倡导中国法治实践学派的代言人，钱教授的地位非常高。第二，参会人员比较高端。我们会议集成了像李老师、张老师这样德高望重的前辈，也有很多学术中坚、许多学术新锐，也有理论界、实务界的朋友，所以融合度非常好。第三，学术成果比较高端。今天我拿到的论文集非常厚重，可以说是我参加所有会议以来最厚重的一本论文集，还有那么多精彩的发言也证明了这一点。

今天我想和大家交流的话题是《从法治评估到评估法学：以地方法治指数为例》。我想一句话来概述我论文的主旨：我们应该及时总结目前中国法治的评估实践，推出一套行之有效的理论体系，我把它称为评估法学。首先，来看下现在法治评估研究的语境。我认为主要有两大力量来推动法治评估研究：第一个是推力，第二个是拉力。从推力上我们可以看到学科之间的竞争还是很大的，而法学从来没有成为显学，我觉得大家可能都会非常赞同经济学、社会学对法学的推动性。从“二战”之后百废待兴，经济学确实是充当一个很重要的实际学科。经济学当中的量化研究方法，对其他学科大量的进入，我们现在所说的法律经济学和法律社会学都交叉着对我们法律的研究。因此，从外部角度来讲，法学成为岌岌可危的学科；从内部来讲，我们自己内部的动力一直是在讨论和争论的一个问题,即法学本身是不是一个科学的问题。我自己有时候会质疑这一点,法治不管怎么样都是讲成本的,一定是有收益的,因此对法治量化的研究也是必然的要求。最后一点,法治评估实际上是对新人权的一个表达。因为我们要了解政府或法定权力机关运行的效率和正当性。因此,通过对知情权、法律监督权和表达权的实施对国家进行监督而言,评估实际上是新人权研究的一个范畴。

首先我们关注地方法治评估。它有两个方面:一方面法治评估是一个国际化的内容。从21世纪之后,中国和世界基本上是同步进行的法治评估,但是国际上的法治评估是先行先试的,这里有几个比较典型的例子,如世界银行,但是世界银行的评估是附带性评估而不是直接性的评估、专门性的评估,特别是将财富和法治之间建立正态分布的模型关系,六成的财富是因为法治程度所决定。再如后来的世界正义工程,它是最为独立的一个专门性实践法治评估项目,从2008年到现在已经出台了9个版本。到2016年刚出了一个评估报告。又如联合国的法治评估指标体系。它是相对独立的,并不是一个完全独立进行评估的商业机构,毕竟有官方背景。总之,无论是附带性的、专门性的、独立性的还是相对独立性的国际法治评估都还是走在我们前面。

从国内来讲,无论是立法质量的评估还是对法治政府的评估或是对司法考核方面的评估,有很多争论,尤其是司法评估;做得比较好的是立法质量评价,特别是2015年之后我们扩大地方立法权,很多设区的市具有了这样的立法权,立法当中明确规定了法律草案评估以及立法后评估两种方案的评估机制,为我们目前立法质量的评估提供制度上的规范依据;还有就是法治政府方面的评估,前面很多同志都讲到这个,但它会变成一个法治GDP的体现,特别是2004~2015年由《法治政府建设纲要》来设置指标和远景规划,目前对政府的评估考核是最多最有典型性的。做得最不好的,我们认为是在司法考核方面,争论最多的就是我们司法要不要考核。司法的争议,无论是集体还是个案的争议,要不要考核出来,像行政管理那样来考核司法,这是一个有争议的问题。大家可以看到2014年和2015年之后五部门要求取消司法方面负面性的考核,这给我们造成一个非常强硬的印象,即我们以前都做错了,那么这些错的问题,起码给我们提供了一个反方面的经验。总之,无论是法定立法评估、法治政府建设纲要还是我们现在建立新的司法考核制度,通过这样的一个反思,可以发现在政治的场景以及正式的场域当中,法治评估现在可谓大行其道。

现在我想汇报另一个问题:地方法治指数怎么设立、指数如何在现实中得以实现。地方法治指数的三个概念首先需要捋清:第一是地方,第二是法治,第三是指数。实际上这三个概念都是饱受争议的,例如地方,中国的地方是国家的组成部分,这是毋庸置疑的,但在法律当中对地方的划分是模糊的。例如,我们有按照行政区划划分的,有按照不同的管辖功能区域划分的,还包括民族区域自治和特别行政区等。怎么更好地理解地方法治评估中对地方的见解,我个人看法是要根据法治的规定,根据不同地方权力赋予的不同,权力越重的地方对它的评估和考核越要严格。第二是法治。这个讨论很多,学者们有很多争论,核心是有没有对法治评估的可能性,或者说量化的法治能不能实现。有的学者认为法治既有价值性、规范性,又可以有数据性、量化性。即便存在价值性,我们认为法治仍是可以被测量的,这个是没有问题的。但是怎么测量与考察法治,这既要考核法治的实效性,同时要将一些有价值特性的法治内容一并考量。最后是指数。指数很显然不是我们研究法律的这些人最熟悉的内容,似乎我们研究指数是一个外行人来做内行的东西,因为指数是数学和统计学的概念,如果用指数的方法来测量法治,这个对我们来讲是学科或者知识方面的一个挑战。

有关地方指数、法治指数典型的实现。我考察了目前国内比较典型的几个地方法治指数:香港特别行政区显示出制度性的进步,香港最早启动了我国地方法治指数的发布;江苏省有一个专门的法治指数、指标体系,是省级的法治指标体系;还有钱老师长年以来坚持余杭区的地方法治指数研究;还有昆明市作为一个省级市,它有一套针对自己省会城市的评估指数,而它最大的特点是用环境套入所有指标体系。包含我们所理解的法治环境、执法环境、立法环境,以及环境保护类要素来套入指标体系,即用环境这个关键词来进入指标体系;河北省围绕针对河北省所有设区的市设计了指标体系。这些都是目前我们国内最有代表性的几个地方法治指数。

我这里还想进行几个类型化的分析,从指标体系、地方特色上,大家可以看到最特别的是昆明市。它是把职能部门、第三方机构和专家团队三方的结果一起来做一个测评和对比。而其他地方基本上都是由第一方主导的,而法治的需求方、享有者、我们这些亲历的在场者则都是第二方。但很多情况下所谓的第二方都是被动地接受法律评估,我们在街头或者短信接到问卷,都是以被动者角色开展第二方评估。当然还有一些是独立的,有一些是非独立的第三方评估。但评估数据基本上都是通过主客观相呼应,采取主客观相结合的评估标准。

最后一个内容,我想汇报的是我们在评估法学的背景下,对地方法治指数可以进行创新。什么是评估法学?评估法学是不是德国的评价法学?很显然不是等同评价法学,评价法学是在概念法学和利益法学之间折中出来的一种法理学内容。但是评估法学和评价法学处理的问题还是相近的,都是处理规范的客观化确定化的过程,只不过我们说评价法学主要是通过与法学论证的方式来进行确定化、客观化。而我这里所主张的评估法学是通过法学与其他学科交叉的指数,研究我们的法治得以客观化和确定化。在这样引导之下有三个内容非常重要:第一个以公信为目标的地方法治评估主体的重塑。现在有三个评估主体,第一方、第二方和第三方。但第一方就像刚才很多同志们所强调的,大家都不相信政府可以客观自评;第二方我们作为一个亲历者,在网络时代我们可以便利地做出一个满意度调查;第三方总体来讲,我们现在很多所谓独立的第三方,实际上缺乏公信力和权威性。

以真实为前提的地方法治评估数据的校正。数据是有客观数据和主观数据之分。客观数据的问题,实际上就是为法治评估提供了重要的标准因素,但我们想获得客观数据是很困难的,关键数据往往实际上都是被有关权力部门所掌握。还有就是一些主观数据,能不能变得更客观一些,这是一个很纠结的问题。很多同志讲到通过大数据的方式或者通过数据挖掘的一些科学技术的方式能不能佐证一些主观数据具备客观性,这一点应该是我们可以探讨的方向。

最后,地方法治评估的指数标准的协同问题。现在的一个关键问题就是我们这么多地方发布法治指数,包括我们今年 4 月刚刚做的一个粤港澳十一个城市的法治排名,香港澳门在前面,广州深圳在中间,后边是广东其他几个城市。但是这样一个结果能不能跟杭州比、能不能跟昆明比、能不能跟江苏比,现在还没有办法打通。所有地方的法治指数基本都是割据式的,没有办法联通,原因就是缺少一个统一的标准。所以,我想无论在理论研究层面也好,还是在国家治理层面也好,是否可以把法治当中的一些客观标准作成通行的标准,这样地方就可以相互进行测评。我们不否认钱老师所提出的余杭指数里面有很多个性化的设置和个性化的内容指标,可能是“私人订制”,不管怎么来讲,这种“私人订制”反映了地方法治发展的特色,但如果结合一些通行的客观标准,一个统分相结合的评估指标体制设计,相对来说更有建设意义。最后以莎士比亚这段话来结束我的发言,无论是我们现在正在更新的法治评估还是初生懵懂的评估法学,我们都要“历经千辛万苦,才能收获这朵鲜花”。谢谢大家!

法治评估知识的生成逻辑及实践反思

张　建

常州大学史良法学院副教授。

非常感谢主办方给我这样一个与大家交流的机会，与一般法治评估研究有区别的是，我是把法治评估知识生产及法治评估实践作为我的研究对象。具而言之，就是研究法治评估知识是如何生产出来的，哪些因素影响了法治评估知识的生产以及法治评估知识生产、实践的过程、逻辑等。

通过对近些年法治评估知识的生产及实践进行梳理和分析后，我主要是围绕以下三个问题做了一些研究：一是法治评估知识的内容构成，当前我们很多研究实际都是在这个层面上开展的，包括如法治评估本身的指导思想、法治评估的必要性、法治评估的能与不能、法治评估的指标构成及法治评估的开展方式等。但是，在对上述问题进行讨论时，我们往往忽略了一个问题，即我们今天这个时代为什么需要法治评估这么一种知识类型呢？为此，需要讨论第二个问题。

二是究竟有哪些要素影响了法治评估知识的生产和实践，我归纳了两个方面。一方面，从知识市场的角度看，法治评估知识作为一种知识形态，其实也是一种商品，所以需要市场、需要有需求的存在，这个市场的形成就是法治建设本身逻辑自然展开的一个结果。过去在法治建设中我们侧重于立法工作、侧重于法律制度的从无到有和完善，然而当下及未来我们会更重视法律实施的效果。当前从中央到地方普遍都比较重视法治的 GDP，所以这慢慢地就形成了一个非常庞大的对法治评估知识的需求市场。

另一方面，就是学者为什么愿意去生产法治评估的知识呢？我是从这样几个层面进行理解的：首先，法治评估知识的生产体现了中国学者学术能力的提升。在我的阅读范围内，20 世纪 60 年代美国学者就开展了相关研究,20 世纪 90 年代我国也有少数学者研究过立法成本与收益问题,也有学者介绍过国外法治评估经验等,但在我国一直没有成为一种普遍的学术研究问题和现象,为什么到了 21 世纪之后才成为普遍的做法呢?我的理解就是,这表明学者能够从纯理论研究走向理论与实践相交融的研究,是学术能力提升的体现。其次,我个人认为,当前法治评估知识的生产也与非常激烈的法学教育竞争有关系。今天很多学者写论文、发文章都是学校各种考核机制催生出来的结果,为了让自己的研究获得期刊报纸的青睐、承认,必须不停地创新。有了这种内在压力,越来越多的有关法治评估的知识就源源不断地投放到市场中去了。

第三个需要与大家交流的问题就是,如何理解法治评估知识在转化为实践时存在的问题。大家都知道,当我们把法治评估知识投放到市场中去的时候,它产生了很多问题,受到了很多诟病。对于这些问题,我把它们归纳为两个层面的问题:第一个层面是法治评估作为一种研究或者作为一种理论创新,当我们运用它去对中国法治的现实进行评价的时候,这对法治评估知识来说本身就是一种跨越。例如法治评估指标无论如何设计,可能注定都是不完善的;例如法治评估对象的抽样和调查,可能注定是不可能全覆盖的。第二个层面是法治评估知识转化为实践时,由于人为因素导致的走样。2013 年在东南大学召开的关于法治评估的会议上,时任江苏省高级人民法院副院长周建业就认为,如何保障法治评估不偏不倚和持续改进是法治评估最需要解决的问题,尤其是尽可能地降低其中的人为因素。我曾经在我们学校学报《常州大学学报》上组过一期关于法治评估的稿件,其中一篇文章就专门对钱弘道教授近五年来的余杭法治评估报告进行了再研究,他们发现,钱老师的评估报告最后的对策都差不多。对此,我认为有两种可能性,一种可能是钱老师没有认真对待,所以就马虎地应付了,显然这与钱老师一贯的勤奋、认真、负责是不相符合的;另一种可能是评估报告中的对策建议根本没有获得重视,没有当回事。如果说有一种反馈和接纳机制,能持续改进发现的问题的话,那么钱老师得出的结论和给出的建议一定是有变化的。实际上,上述问题的存在是与法治评估委托方的真正意图有内在因果关系。

所以,当我们发现法治评估的知识需求与法治评估知识生产之间的关联性,以及法治评估知识转化为实践时存在的问题时,我提出了三个建议:第一个建议就是一定需要摒弃有些学者提出的法治竞争及区域法治竞争的概念,因为上述概念的存在会大大加剧各个城市、各个区域对法治评估结果高分的需求。第二个建议就是必须要加强法治数据开放的广度、深度和力度，当前学者很多时候之所以需要与地方政府、司法部门搞好关系，原因就在于开展研究所必须的原始数据的缺乏，很多信息没有私人关系或合作关系根本无法获取。所以说，必须要更好、更有效地实施信息公开，如果中国的政府、司法部门都能将他们掌握的相关信息及时公开的话，那么学者能获得一手数据，这个时候他们的立场可能就会慢慢地趋向客观公正了。第三个建议就是学校需要弱化相关的考核要求和内在竞争压力，很多时候学者之所以去进行法治评估的课题也并不是出于本心或者本意，而是因为发表论文、申请课题及进校资金考核压力的结果。

以上是我关于当前法治评估知识生产逻辑、法治评估转化为实践时存在的问题及相关建议的浅显考虑，一定会有诸多的不成熟、不周全之处，还请各位批评指正，谢谢！

河北省设区市法治建设指数评估研究

王利军
河北经贸大学法学院院长、教授。

尊敬的张老师、李老师、各位专家、记者：

大家下午好！

我给大家汇报的题目是河北省设区市法治建设指数评估研究。承办这个项目的背景我简单介绍一下，我们是中国法治实践学派河北研究基地，基地设立在河北经贸大学法学院，感谢钱老师对基地给予大力指导和帮助。作为研究基地，我们承担了河北省委法治办的河北省设区市法治建设第三方评估的项目，我们整合了其他几个院校的专家参加了此次评估。中央经济工作的重点是供给侧改革，供给侧改革的重点是提高质量，提高质量的关键是完善标准。完善标准是法治供给侧改革的重要一环，我们力图打造河北的法治标准。

我介绍一下河北法治建设指数的内涵和特色，第一，法治建设，建设的意思一方面是有现行法治状态、法治水平包括一些法治举措是否出台，制度是不是建立完善及其运行的成效。另一方面是通过建设二字来反应指数动态，应该说是不断的提高和发展，所以我们用了“建设”二字。如有些工作我们刚刚落实了，刚有了政策，但是还没有落实，我们也作为一个考核的指标，该项工作可逐渐建设并完善。

第二，法治建设指数是一个理论体系。我们设了六个分指数，主要包括党委系统的依法执政、立法机关的科学立法、政府部门的依法行政、政府政法系统的公正司法、法治创建系统的宣传教育，我们统一叫作法治社会。不同的指标体系会带来不同的结果，所以对指标的选择非常慎重。我们在全国首创的 11 个地级市全面法治评估，对全省设区市进行评估，评估之后进行排名。省委、省政府出台文件，把这个作为领导干部考核的一个重要标准，也是法治建设的重要标准，这个排名就很重要。所以各地的市委书记、市长对这个事情非常关注，因为这个可能会影响到个人的升迁。法治建设考核指标的确定是非常慎重的，因为会引起很多争议。我们这个指标体系的特点是力求全面科学，有56个版块、61级指标、34个2级指标、105个3级指标，测评点有400多个。在设区市方面，11个设区市加上2个省直管县。在分值方面力求协调，我们总分是1000分，依法执政、科学立法、法治社会、队伍基本建设这四个版块分别是150分，依法行政、公众司法，这两个版块比较重要，这两个版块各200分。

第三，运行的模式。是评估的主体有三个，然后我们把这三个评估分数加在一起。一是内部评估，由省委法治办组织的内部考核。二是社会公众满意度调查，由河北省统计局信息统计中心通过手机、网络问卷调查、随机调查，调查对象有群众、干部、政协委员、人大代表、法官、特殊群体等。社会满意度调查是相对有难度的，真实性也有待提高。三是第三方专业测评，这个就是我们来承担的，和内部考核是有区别的，作为第三方更为客观，评估对象是13个市，包括各市的市委、市政府及其部门以及司法机关等各个部门。评估设立了三个标准，包括是否建立某种机构或是否开展了某类工作、“多寡”或“频率”、第三方测评方面的实际考察、抽查。评估的方法包括文本审查、网上观测、体验调查、暗访。体验调查包括政府设定的各种热线，打电话过去咨询法律相关问题，看工作人员回答问题的专业性、工作态度和方法作为考察成绩，还包括政府信息公开，我们进行申请看一看工作人员是否能及时答复等，这是体验调查。还包括一些暗访，到一些政府服务大厅、行政机关扮演群众进行咨询，考察工作人员的能力水平和态度。再下来就是问卷调查。

总体来说，特色还包括以下几个方面。用科学计分方法得出考评的分数，力求体系在横向和纵向方面都比较完善，我们的目标还是推进法治建设，发现问题并解决问题，把推进法治建设作为目标，我们把需要解决的问题作为指数体现出来。整个指标体系结构完整、内容翔实、定性定量相结合、注重指标平衡。现在法院、检察院每年的考核比较多，我们法治评估肯定要用自己的指数、自己的一些主观性问题，有独特性，这样才有评估的意义。

河北省提出的“法治建设指数”这一概念，建立“设区市法治建设指标体系”，探索“三位一体”考评模式，属于思路创新、工作创新。该指标体系具有多重作用，其作用具有“河北特色”。

地方法治建设评估的三个视角及发展方向

黄丽云

福建省司法厅副处长、兼职教授。

尊敬的李步云教授、张文显教授,各位专家学者:

大家下午好!

首先非常感谢钱弘道教授,感谢浙江大学法学院给我这个机会来参加这样一个盛会!今天早上我认真聆听李步云老师、张文显老师的演讲,引发很多思考,受益颇多,确实感到不虚此行。下面,我向各位老师汇报我的非常粗浅的想法,主要内容是:地方法治建设评估的三个视角及发展方向。敬请批评指正。

第一个视角是归结为法治建设评估。法治建设评估涉及制度体系、组织体系和技术体系。有学者将法治评估分为三类,定量评估、定性评估、法治建设评估。以类型化研究的视角,从当前的政府推动型法治现状来看,我在此篇论文中把法治评估简单地归纳为法治建设评估。法治环境评估其实在我们中国风靡一时。在河南、河北还有贵州等五个省都进行了探索。但发展到现在,也几乎可以被归入法治建设评估。所以我从实务角度把几类法治评估都归结为法治建设评估,请各位老师批评指正。

第二个视角是全国各地的基本做法。2006 年,中国内地诞生了第一个法治评估指数——浙江余杭法治指数,这是钱弘道教授亲自主持推动的。全国各地因此掀起了一场轰轰烈烈的法治指数评估运动,构成了地方法治建设评估的重要背景。地方政府非常重视法治建设评估,把它纳入政府重要的议事日程。福建省依法治省办领导曾经做过一个批示,组建法治建设评估编制小组,抽调的组员来自省委省政府各职能部门的处长。我们已经编制了福建省依法治省的考核体系、考核标准和考核办法,形成了系列文件。召开了3次征求意见会,形成了初步的文件稿。在这几年的时间里我去过8个以上的省份进行调研,形成了系列调研报告。据不完全统计,有87.5%以上的省级依法治省办都编制了法治建设评估体系,建立了考核标准。归纳起来主要呈现四个基本特征:一是法治建设评估的对象是法治建设,就是各级党政部门推动法治的建设工作情况,包括组织机构是否健全、法律法规是否完备、尊法学法守法用法的程度如何、社会治理效果怎样等。二是评估的理论依据主要是法治理论还有绩效评估的方法理论等。三是从评估的路径来看,大体形成内部、外部与内外部相结合三种路径。四是从评估的内容来看,包括主观指标和客观指标,还包括一票否决的指标等。

第三个视角是评估具体的运行。当前法治建设评估运行的七大特征是:一是从评估的目标看,主要以官方文件为主要指引。评估的目标主要涉及法治的概念化和指标化。法治的概念化是基于对法治的理想,基于社会科学概念的既定要求。目前国内外学界对法治概念没有普遍认同的共识。所以在实务中并不是一个必定的程序。但是法治概念的指标化是必不可少的。在实务中,例如司法部下发的关于法治城市、法治县(市)区创建考核标准的五个目标:依法执政、依法行政、公正司法、全民守法、社会治理法治化,成为法治建设指引性的方向。二是评估的主体上呈现出考评权、组织权、实施权并存的局面。目前是由一个部门负责。但一般是例如依法治省办领导小组办公室成员单位作为牵头部门。呈现出考评组织分散、组成部门众多的现象。在评估中,我们可以抽调相关各部门的同事组成检查组,在检查之前进行了相关的培训。但是由于评估组成员对全盘的工作并不熟悉,所以也会出现评价比较随意、不够准确的问题。三是在评估的形式上主要呈现以点带面的特点。一般是采取抽查、专项检查的方式,通过集中汇报、查阅现场资料、现场访谈、实地考察等方式进行。这种方式容易出现突击整理资料以应付检查。我们曾经到一个地区调研,准备了八十多本台账资料。到下一个地方,也许会有一百多份资料,再到另一个地方,甚至会摆出两三百份资料。以致有些人把这种专项检查视为一场轰轰烈烈的"造纸"运动。这种形式化可以通过信息化、智能化的手段加以克服。四是在评估的方法上,主要是定量分析多于定性分析。学界与实务界都重视定量,这个定量的指标设定相当重要,造成有些基层把不能量化的指标也活生生量化。过度的定量导致评估结果形式化。五是在信息的采集上综合运用多种形式。目前主要采用实地督查、现场访谈的方式收集数据。例如2016年,省委督查室、省政府督查室参照中办督查的做法,采取现场访谈的形式对依法治省工作进行督查,收集到大量的信息。信息的收集主要以客观数据和主观数据为主,主观数据体现在公众满意度调查方面。法治的价值目标是让人民群众满意,群众的法治获得感、安全感在地方非常受到重视。满意度的调查也非常受重视,甚至被称为主观绩效的重要表现形式,形成了世界独一无二的法治满意度调查。对此,我在论文中也作了专门的分析。其实,公众的满意度体现了公众某种主观的情绪,测量不出法治建设的实际问题和效果,也产生了结果运用不佳的问题。六是在指标评估方法的确立上,目前方法比较多,我们主要是直接赋值法,办法简便易行,但是解释力比较差。七是在评估结果运用上,目前各地普遍把法治建设评估纳入精神文明考评、综治考评、绩效考评中,占一定的分值,这个分值大概是从 0.5 分到 7 分不等。但是相对比较下来,法治建设评价结果运用目前还处于比较边缘的状态。

以上这些问题都不是结构性的问题,是可以在工作实践中很快加以解决的。我相信在全面依法治国的时代精神照耀下,在中国法治实践学派所倡导的实践的法治理念、法治方法的指引下,我们能够不断克服思想、方法上的不足,在法治建设评估方面取得不断的进步。

勇往直前，不负时代重托

钱弘道

浙江大学教授、中国法治研究院院长。

各位领导，各位专家学者，女士们，先生们！

今天，我们在河北正定，隆重召开2018中国法治实践学派论坛暨中国法治评估高端论坛。这是中国法治实践学派第二届全国高端论坛，也是中国法治评估第二届全国高端论坛。今天，真可以说是群贤毕至，大牌云集。正定这个地方，不是一个简单的地方。“正定”，意味着我们的目标是正确的，我们的立场和行动是坚定的！

作为主办方之一，我由衷地感谢各位嘉宾，感谢大家的鼎力支持！同时，我也非常感谢中国法学会法治评估研究方阵、中国法理学研究会、河北经贸大学、中共河北省委法治河北建设领导小组办公室、中国法治现代化研究院、浙江大学光华法学院、河北省法学会法哲学研究会等主办单位以及河北经贸大学法学院等承办单位为今天论坛成功召开所付出的无数辛劳和做出的重要贡献！大家可能注意到，玉军校长眼圈带着黑色，他这几天睡得很少。我问他：“你这个帅哥怎么变老了呢？”他有点吃惊地问我：“真的哇？”利军院长、建敏教授都告诉我，最近已经好多天没好好睡觉。大家请注意，中国法治的前途就是这样的辛劳和贡献铸就的！

中国法治实践学派从2012年被提出至今，已经跨入第七个年头。在过去的若干年时间里，越来越多的法学理论和实务工作者支持中国法治实践学派，越来越多的法学研究者走向实践，越来越多的法学研究者运用实践、实证、实验的方法生产法学知识产品，成绩斐然。

两年前，在河北政法委的支持下，河北经贸大学和河北社会科学院联手建立中国法治实践学派河北研究基地。河北、江苏、重庆、浙江是最早建立基地的地方。不久前,5 月 3 日,中国法治实践学派吉林研究基地也成立了。5 月 12 日,我们在杭州的小白菜文化园成立了中国法治实践学派个案研究基地,张文显教授为基地揭牌。不用太长时间,我们将在西北、华中、华南建立基地,实现各大区全覆盖。

法律出版社出版的《中国法治实践学派》已经进入第五卷。人民出版社出版的"中国法治实践学派书系"入选为 2017 年人民出版社十大优秀著作,今年五卷本正在编辑。我们正在推进英文出版。我们联系了 Routledge 出版社。Routledge 成立于 1836 年,是一家著名的国际出版公司。总部设在伦敦,在伦敦和纽约两地发行。

去年,我们启动了"智慧法务行动计划",组建万世弘道法治联盟,许多律师事务所已经加盟。联盟初具规模。现在"1818 智慧法务"平台中文试验版已经推出,英文版也将很快推出。"1818 智慧法务"是继法治指数、司法透明指数、电子政府发展指数之后,中国法治实践学派团队推出的又一项实验。"1818 智慧法务"的定位是三个"第一":中外法学家推出的智慧法务实验;覆盖世界主要语种;目标"一带一路"。

这些工作的推进、成绩的取得以及未来各项工作的发展,完全有赖于来自各方的支持,我们既需要法学同仁的团结奋斗,也需要政府、律师界以及其他社会各界的支持。今天,河北政法委、河北省高级法院、河北省检察院等单位的领导来了,律师界的代表也来了,我们的合力决定了法治的前途。李步云、张文显、公丕祥、武树臣、张志铭、郑永流以及今天到会的法学家们,没有你们的支持,一切的成绩都是不可能的!我在此再次感谢大家的大力支持!

我们应该感谢这个时代。这是一个什么样的时代?中国正在进行全面建设小康社会、全面深化改革、全面推进依法治国、全国从严治党的革命。中国正经历着我国历史上最为广泛而深刻的社会变革,也正在进行着人类历史上最为宏大而独特的实践创新。世界每天都在发生惊天动地的故事。这种前无古人的伟大实践,必将为理论创造、学术繁荣和学派的成长提供强大动力和广阔空间。正是这个时代,为我们展示了波澜壮阔的实践场景。正是这个时代,给了我们机会、灵感和智慧。正是这个时代,为我们提出学派、创造思想和理论创造了条件。这样一个时代,一切都是可能的。这样一个时代,一切都可能区别于以往。这样一个时代,一切都可能改写历史。我们不能抱怨这个时代,我们不能错过这个时代,我们不能辜负这个时代!错过了这个时代,就是错过了人生。错过了这个时代,就是浪费了生命!

那么现在,许许多多的问题摆在我们面前。供给侧结构性改革需要我们研究,“一带一路”需要我们跟进,雄安新区需要我们紧盯,“枫桥经验”需要我们进行理论总结和经验提升,一系列国际重大问题需要我们参与……让我们一起行动,勇往直前,不负时代重托!

中国法治实践学派:兴起、使命与未来

沈国明
上海交通大学特聘教授。

谢谢会议主办方邀请我担任这个角色。对于8位专家的演讲,金钊教授已经做了点评,那我就再谈一些我的看法。因为弘道说过:错过机会就是错过人生。

在工作当中,中国法治实践学派是我接触的第二个学派。我接触的第一个学派是教育学理论,是华东师大叶澜教授提出的生命实践教育学派。华东师大的教育学科在全国是名列前茅的,它拥有的资源,尤其是基础教育资源非常丰富,为生命实践教育学派的成长提供了很好的基础条件。这个学派对全国的基础教育发展产生了很大影响,成果惠及全国同行,学术界曾就这个学派进行过研讨,媒体也做了很多宣传。

中国法治实践学派是以学派冠名的研究组合。对这个组合,我谈三点看法。

首先,关于中国法治实践学派的出现。40 年前,法学几乎从零开始,当时的主要工作是学科恢复和重建。几年之后,史学家戴逸先生作为业外人士评论各学科状况,他说:哲学贫困、经济学混乱、法学幼稚。法学的确很幼稚,但是各位想想,哪个学科不幼稚?哲学讨论的是真理标准问题,那是很基础的东西,毛主席 1937 年发表的《实践论》里就专门论述过。经济学居然还讨论生产目的是什么,也就是说,计划经济搞了 30 多年,大家不是很明白生产是为了什么。由此看来,其他学科也很幼稚。法学是重建的学科,幼稚更不可避免。之所以各学科都讨论一些最基础的问题,是因为十一届三中全会开启了改革开放进程,党的路线方针政策发生了重大的转折,重新确立了马克思主义的思想路线、政治路线、组织路线。停止使用"以阶级斗争为纲"的口号,做出把党和国家的工作重心转移到社会主义现代化建设上来的决策,重新确立解放思想、实事求是的指导思想。这些重大的变化,势必导致各学科的相关理论需要重构,重构往往从一些最基本的问题着手,因而会显得幼稚。

与其他学科相比较,法学的起点显得较低。1979 年以前,中国作为一个人口众多的大国,连刑法都没有,在现在的年轻人眼中,这是不可思议的。但是,在当时特定的历史背景下,居然也走过来了。十一届三中全会之后,整个社会发生了深刻的变化。1979 年颁布了包括《刑法》在内的 7 部法律,法治建设进入一个新的历史阶段。从那时至今,持续的法治建设使社会主义法律体系得以形成,终结了我国"无法可依"的局面。

近 40 年以来,法治建设的成就是巨大的。就以法学人才而言,当年全国只有为数不多的法学教授,而今,法学教授是个巨大的群体。法治建设的进步,法学的繁荣和发展,为学派的出现和形成创造了条件。经济社会发展对法治建设和法学研究有了越来越多的需求,在这个过程中,法学工作者的学术研究也会形成自己的特色,最终形成学派。中国法治实践学派的出现就是这样一种学术现象,不管它现在是否称得上是一个学派,可以肯定,出现乃至形成学派是学术发展的必然趋势。弘道教授的研究组合以法治实践学派出现不是坏事,说明法学发展到了学派呼之欲出的阶段,但是,这个组合或者说学派还需要成长,通过向世人展示自己与别家的不同,让大家无可争议地感到真有这么一个学派。

其次,关于法治实践学派的建设。根据辞海的解释,学派是一门学问中由于学说师承不同而形成的派,可以分成师承性、地域性、问题性的。根据这种分类,法治实践学派应该归为问题性学派。作为问题性学派,应当在研究对象、研究方式等方面表现出与别人的明显差别,也就是既合乎学术规范,又有自己的特色。法治实践学派应当有自己的理论体系、有自己需要回答的问题。当然,作为一个学派不一定要回答所有问题,但是对于构建学派必须要回答的问题还是应当做出回答,而且必须是有自己的鲜明特色、区别于他人的。可喜的是,实践法治学派已经在考虑这些问题了。

我希望法治实践学派研究的都是学科研究当中的重要问题,犹如"钱学森之问"于教育学,"乔布斯之问"于中国的创新。法治实践学派起码应当回答:为什么我们的法律往往得不到很好的执行?每个学派都应当具有自己的性格,法治实践学派也应当具有自己的性格,这包括学派关于法治、关于法治实践、关于法学的一些有特点的基本原则和理念,并以此来支配自己的研究行为。

最后,关于法治实践学派的生存与基础。法治实践学派应当比任何学派都要注重从实践中来,到实践中去,研究内容来自实践,研究成果应用于实践。要做到这一步必须关注实践,关注经济社会的变化,进而把握这种变化,尽可能去把握其发展的规律,从法治的维度做出反应。这也许是这个学派应做的最重要的事情。

现在的社会发展惊人,稍微懈怠就会错过机会,丧失话语权。互联网才出现6000多天,但是对全人类全世界带来的变化超过以前的5000年。由此产生的许多新问题令法学界备感困扰。"互联网+"催生了很多新事物,但是对法律规范和其他规则以及既有秩序的冲击巨大;"P2P"给金融安全和社会秩序带来的问题似乎比带来的好处还多。我们过去不少引以为傲的传统管理方法被互联网替代。让全国人大常委会就电子签名立法,不要说沈家本想不到,我们的老师辈都想不到,经济社会就是这样在快速发展。因此,法治实践学派对现实社会的跟踪,不应该落后于有别你的任何一个学派。如果法治实践学派的研究只是停留在对法治实施状况进行评估上,完全可以给自己的学派另外起个名字,因为做评估及其相关研究虽然很有特色,但是冠以"法治实践学派"似乎有一种用锅盖盖茶杯的感觉,是否应该让名称与研究的特色更相符合,提请你们考虑。不过,这个学派是有希望的,因为弘道教授本身非常关注社会现实,关注法治实践,而且他非常有激情,这是一个学派得以出现和形成非常重要的因素。我相信这个学派会成长起来,并且成长得很好,拥有很好的未来!

法治传统与法治实践*

武树臣

山东大学人文社会科学一级教授。

各位同仁，大家好！

首先法治实践学派应该注意研究有关法治的重大理论问题和法治建设中出现的现实问题。关于遇到的一个重大理论问题，就是中国历史上有没有法治思想？有没有法治传统？对此，学术界长期存在一个近似于主流的意见，就是否定的意见。什么理由呢？一是认为法治为舶来品，法治和民主政体相联系，中国有吗？二是把法家的法定义为刑法和刑罚，法家只有刑法之治，只有"罚治"，有法治吗？三是中国古代是专制政体，是人治，在人治之下能有法治吗？这些问题值得我们思考。我的研究得出了不同的结论，中国历史上曾经产生并一直在中国法律实践中占据相当地位的思想就是法治，法治不是法家头脑的产物，而是社会革命的结果。在法治思潮的影响下，各诸侯国相继进行了深刻的社会革命。其结局就是在涤荡血缘社会的根基，在血缘社会的废墟上，建造了一个地缘国家。即由陌生人组成的政权，在个体自然人和个体自然人之间及个体自然人和国家之间建立起来的尽可能简洁的权利义务关系。只有在战国的时候，当这个国家产生之际，我们的国家才符合恩格斯在《家庭、私有制和国家的起源》所说的国家的标志就是按地域来划分居民。

其次是关于法家法治的本质内容，法家的法治思想是可以描述的，它充满了一种理想，充满了一种论证和一种期待。我们常常这样来论述法家的思想，"君臣上下贵贱皆从法""令尊于君"。在法家思想里面，尊君和尚法

* 本文系根据"2018 年中国法治实践学派论坛"正定会议上的主题发言整理而成。

并不矛盾，特别是在改革的初期，当没有法治就不能强化君权的时候，需要法治巩固君权，反过来当君权巩固之后，又有利于推行法治，所谓“君尊则令行”。所以在法家思想里尊君和尚法两者并不矛盾。而且在法家思想里君权和臣权是有分工的，是相辅相成的，所以君臣和法律并不是在任何情况下都处于一种紧张的对立当中。如果是那样的话，我们两千年的政治法律制度早就崩溃了。古代法律是管理民众的，但更是管理官吏的，叫作“明主治吏不治民”。

再有，法家的法是成文法，是国家制定的成文法，有别于以往的和古老的社会关系相联系的那种比较随意的“议事以制”的先例法。这种成文法律是用妇孺皆知的、老百姓容易明白的那种文字写成的，写成以后是公布的、是明确的，告诉大家哪些是违法、哪些是犯罪、哪些行为能产生什么样的结果，都是明示的。有别于过去的“刑不可知威不可测”的先例法。这种法律公布以后，它的好处一方面是民众可以约束自己的行为；另一方面按照商鞅的话就是使“吏不敢以非法遇民”，即不能以违背法律来欺负老百姓；同时“吏民不敢犯法以干法官也”。吏民不敢犯法以干涉法官的司法活动。这些思想都值得我们去挖掘。立法是统一的，司法也是统一的，统一于朝廷，统一于皇权。在司法中，法家提倡一种对法律对国家要忠诚这种“献身”精神，提倡“刑无等级”“信赏必罚”“尚贤使能”。法家清醒地意识到推行法治的艰难和危险。商鞅说“法之不行，自上犯之”，韩非说“法术之士与当途之臣不相容也”“智法术之士与当途者不可两存之仇也”。但是，仍然坚持法治。法家要求法官忠于国家和忠于法律，和那些既得利益集团破坏法治的行为进行不妥协的斗争。这种精神值得我们借鉴和研究。

法治的结果产生了相对成熟的法律体系。我们常常谈到秦法，对秦法的研究还应当从文化的角度、历史宏观的发展角度去研究。前不久我写了篇文章，对“中国法律儒家化”这个命题进行反思，我进行了一点微观的研究，《唐律疏议》里有86条在《云梦秦简》里找到原型，就是《唐律疏议》吸收了《云梦秦简》的86个规定。《唐律疏议》共有502条，其中体现了儒家伦理观念和宗法身份也就是符合“礼”的精神的法条有98条，大约占502条的1/5；《唐律疏议》里维护集权国家秩序的，也就是体现法家法治精神的有267条，大约占502条的1/2以上。曾经有一个很权威的说法，叫作“唐律一准乎礼”，其实可以改一下，叫作“唐律半准乎礼，半准乎法”。所以，我们看到法家的这些变革的成果，集权君主政体和成文法体系，在我们中国历史上，为了维护一个泱泱大国，那么多官吏，而且都不是良吏，当然也不都是贪官污吏，要使人们的行为特别是官吏的行为不能够超越法律之上，使他们的行为完全符合法律的规定,没有法家这种法治理论和成文法系统是完全不可能的。光靠儒家的修身、反省、自律恐怕是不行的。中华民族的历史文化之所以数千年未曾断绝,和统一的法律的作用是分不开的。我们常说法律儒家化只是在刑律中、刑法这个领域产生了儒家化,但是在绝大部分法律规范领域中,例如今天所说的行政法、经济法,国防、外交、文化方面的法律等,那些法律儒家化了吗?事实上,那些法律都体现着法家精神,体现着国家通过官僚机器、通过成文法对社会生活的全面管理。"中国法律儒家化"的命题,从20世纪40年代到今天一直对学术界产生极大的影响,它有没有负面的影响?我认为,其负面作用就是忽略了法家文化的存在。当我们把中国传统文化与儒家文化画等号的时候,把中国传统法律文化与儒家思想画等号,不是顺理成章的事情吗?其实不是这样的。历朝历代有选择地宣扬儒家思想而贬抑法家作用,不过是为了维护统治。如何评价儒家法家思想在中国传统法律文化中的地位,这个问题也值得研究和反思。

法家的法治思想就我们今天来看仍然属于一种古典的法治,不能够完全移植过来为我们所用,必须进行改造,怎么改造?加强我们的民主法治建设,加强法律对公权力的约束,加强法律对公民权利和人权的保护。同时我们也看到,我们的法律也在发展,当我们"治"代替"制"的时候,不经意地完成了法治思想的一次启蒙。接下来没有多久,我们又提出了德治和法治相结合。我不知道老师们和同学们是怎么理解的。我想,有了德治和法治相结合这样的一个命题,使我们的法治更贴切了亚里士多德对法治的概括,就是法律得到普遍的遵从,而让人们遵从的法律本身必须是良好的。我想,德的作用在于保证法治的方向要符合我们的道德,符合我们的价值观,这一点是非常必要的。那么接下来法治理念的发展,应该是法治和人治相结合。近来我和武建敏在探讨这个问题,仅有法律,甚至是非常漂亮的法律就可以大功告成了吗?远远不行,必须有好的"人治"去执行它,所以我们谈到了人治思想。儒家的人治思想就是贤人政治。人治和法治相结合有两个含义,第一,你不是贤君,你不是贤臣,就没有资格当君主,就没有资格当大臣,只有贤人才能管理国家。第二,法律是人制定的,也靠人来执行。法律是好法律,让恶吏执行,就变成恶法了。人治的本意就是亚里士多德所谓不受法律约束的"一人之治"。中国古代的政体是不是"专制"?这个问题可以讨论。中国历史上有没有亨利八世那样为所欲为的专制?可以肯定的是,中国古代的政体不是亚里士多德所谓不受法律约束的"一人之治"。人治的另外一层意思就是大众化的语言,就是长官意志,一把手说了算。把人治等同于专制,包括专制这个词,都值得研究。中国法律文化传统的第二个遗产,就是成文法和判例制度相结合的混合法,中国历史上的司法有一个很重要的词,不知道同学们注意了没有,就叫作比附援引,什么叫比附,就是在我们处理案件的时候,没有相适应的法条没有关系,我们就适用一个最相近似的法条。例如打架把牙打掉了,要怎么处罚,是明确的。这次是把鼻梁打断了,没有明文规定,怎么办?就比照把牙打掉了的处理。但是如果连比照类似的条文都不存在的时候,怎么办?我们古人非常聪明,就是创制和适用判例,就叫作援引,援引判例。就是根据过去的案例,从中抽象出一个法律原则,用这个原则对当前的案件做出判决。这是中国的判例。对这个问题也有不同意见,有人认为中国古代法律的主体是成文法,判例的作用很小。中国历史上有判例吗?有,但是没有英国那样的判例法。发现不同国家法律实践活动的共同点,也许比罗列它们之间的不同点更具有理论价值。当然,这个问题也值得深入研究。

1902年清廷开始修律。沈家本主持修律,沈家本是非常有学问有贡献的法律大家。当时,修律的领导层认为法官比附援引是司法权干预了立法权,所以就把它删掉了。但是紧接着1912年到1928年,民国大理院创制适用判例,中国历史上如果完全没有判例法这个传统,大理院这种操作方法能够突然之间就产生吗?当时的判例有3900件,解释例有2000余件。民国期间完成了《六法全书》的法律体系,就是成文法典和判例相结合的体系。到了改革开放以后。1979年,我国制定第一部刑法典的时候还是有类推制度的,似乎又在无意之间完全忽略了世界刑法共同的发展方向而保留了传统的元素。到了1997年刑法修改的时候,取消了类推制度,这是走世界共同发展的道路。1995年,日本刑法典修改,取消了对亲属犯罪加重刑罚的规定。日本从唐代开始吸收了中国的法律,明治维新之后一直保留着这条规定。这两个修律事件可以说是典型事件,标志着我们中华法系在本土和东亚的存在似乎成了疑问,但是传统是不能遗忘的。2010年,最高人民法院推出案例指导制度,此前各个地方高级人民法院都进行了典型案例整理编集工作。我记得公丕祥教授当江苏省高级人民法院院长时,他们编了很多案例指导的书,在全国来说属于佼佼者。案例指导制度的前途是什么?前几年时任最高人民法院副院长张军同志到山东大学做学术报告,我和他聊天时问他,将来指导案例的发展方向是什么?他不假思索地说,我们的目的就是重建中国判例制度,我听了很受鼓舞。从理论上可以说,有了指导案例制度,我们可以实现同案同判,统一司法,清洁司法环境,以实现法治的基本要求。

以上我谈到了中国历史上有法治精神,它在历史上发挥了重大作用。

这种法治精神经过我们现实的加工改造以后，可以形成一种新的法治意识，在司法中恢复我们历史上已有的混合法，实现司法统一，为法治建设提供新鲜血液，提供可以借鉴的途径和方法。谢谢大家！

法治实践与法学理论的辩证机制

刘作翔

上海师范大学特聘教授。

尊敬的各位领导，各位同仁，各位老师，各位同学：

大家上午好！

我想给大家报告的题目是《法治实践与法学理论的辩证机制》。我想讲三个问题：

第一，1978 年年底的中国改革开放，至今走过 40 个年头。今年是改革开放 40 周年，各界都在纪念 40 周年，都在回顾、总结 40 周年的经验和教训。中国的法治也是中国改革开放的重要组成部分和内容。40 年的法治实践取得了重要的成绩。我们形成了中国特色的社会主义法律体系，行政执法在广泛的领域中不断推进，司法也成为维护社会公平正义的主要保证。全民的守法意识在提高。就以遵守交通规则为例，我前些年观察过遵守交通规则的情况，写过相关的文章。我认为，交通规则是观察一个社会公民规则意识、守法意识最好的窗口。多年前我说过一句话，中国实现车让行人还得十几年二十年，但是我这个说法被破解了。深圳前几年实现了行人优先，我开始不相信，我就观察，观察的结果果然是。后来我问深圳的朋友是怎么做到的？他们说开始是重罚罚出来的，后来就养成了自觉意识。杭州也是这样，这是守法意识提高的一个小的观察点。同时，公民的权利意识也在不断地增长和提高，新权利问题的产生标志着中国公民权利意识的增长。所谓新权利就是在法律中找不到，但是诉讼过程中不断出现，这是我们必须面对的问题。还有诉讼率的大幅提高。2017 年中国法院立案登记制的改革，法院受案率突破历史最高限。所有这些，都是 40 年经过全体人民包括法律人在内的努力所取得的成绩。

当然，我们也面临着巨大的挑战，立法对现实社会生活的缺漏，改革对立法的倒逼，我们的法律体系面临着完善的艰巨任务；行政执法过程中的非规范运作，例如大家最近热议的以及还没有完全结束的鸿茅药酒的案例，这些案例是行政执法中出现的非规范运作的典型案例，还有不断出现的乌龙执法案例；司法中出现的一些冤假错案虽然是少数，但是对司法的权威和公信力造成了破坏。执行难依然是影响司法权威的重要因素。最高人民法院提出两到三年解决执行难，明年3月要交答卷。现在，解决执行难成为全国法院系统的艰巨任务。最近大家看到，最高人民法院和几十家媒体联合直播解决执行难的问题；司法改革中出现的一些新问题，例如案件的激增、部分法官的流失，都成了必须面对的问题；社会转型所带来的民众的焦虑感在增长，一部分人的戾气在增长，遇到事情不是寻求法律、法治的解决途径，而是用非法治的方式酿成一些社会悲剧。包括公职人员在内的公民，真正的法治意识、法治思维还没有确立起来。我们通过对一些案例的观察就可以发现这个问题。例如前一段时间，北京大学的学生要求校方公开当年对沈阳教授的处理决定，要求信息公开，而北京大学校方采取了一种非常原始的方式，半夜约谈学生，告诉学生家长并对其施加压力，最后学生不得不把有关信息披露出来。我看到很多评论，唯一一个让我感到理性的评论是我的一位大学同学，他拿出了一个东西，即《高等教育法》，里面明确规定三种不宜公开的信息，其中一种就是涉及个人隐私的。我们的学校领导如果稍微有一点法治意识，完全可以以《高等教育法》中的这一条规定合理合法地回复学生。但关键的时候我们忘记法律了，所以都是用的一些非法律的方式来处理问题。还有很多的案例都可以证明在关键问题的处理上，尤其是社会纠纷问题处理上，本来有法律，但是没有法律的影子了。

北京前几年出现的亲属拒绝签字造成孕妇和胎儿死亡的案例。法律规定，本人不能签字或亲属不签字时，医生可以报告给医院的负责人，负责人可以拍板，事后可以免责。但医院或者不懂法律或者推卸责任不愿意承担责任，把这个事情报告给北京市卫生局，卫生局下命令家属不签字绝对不能手术，最后导致两个人死亡。其实卫生局并没有法律上的职责，医院院长完全可以拍板，但是不拍板导致这样的结果。一些重大事件上法律没有踪影，这都是我们必须认真面对的问题。

40年是一段不寻常的岁月。我们在座的许多人伴随着中国改革开放成长起来，我们是中国改革开放和法治实践的见证者和参与者，我们也是中国法学理论发展的见证者、实践者、参与者。我们需要对40年取得的成绩进行认真的总结，对存在的问题认真面对，对经验教训认真反思。40年来中国生动的法治实践是中国法学理论的生长点和动力机制。我们的法学理论紧扣中国法治实践,吸收和借鉴人类法治文明的优秀成果,不断形成我们自己的理论。法学理论离不开法治实践,法治实践为法学理论提供营养和动力,这虽然是一句老生常谈,但也是真实的写照。

第二,法治中国建设既是一个法治实践充分展开的过程,也是法学理论对法治实践进行指导的重要场域。法学理论并不只是被动、消极、滞后地反映法治实践。先进的法学理论可以对法治实践进行指导,这是我们熟悉的辩证法。遗憾的是,40 年来,法学理论的这种反馈和指导功能发挥得并不尽如人意,法治实践常常走在法学理论的前边,急剧变化的社会实践和法治实践使法学理论应接不暇,难以招架,常常处于被动的状态。由于理论没有发挥指导实践的作用,由于缺乏理论上的深入研究和论证,一些实践措施在推行过程中陷入困境。

第三,面对未来,我们还是应该回到基本点上。一方面,法学理论研究要紧扣法治中国实践进程,关注实践,研究实践,向实践学习,从实践中来,到实践中去,使法学理论有其扎实的、可靠的基础。另一方面,我们要重视法学理论的相对超前作用和对实践的引领作用,为法治实践服务。在实践中检验和反馈法学理论的成果的有效性和有用性,在这种意义上,重申实践是检验真理的标准,法治实践是检验法学理论的标准,并没有过时,这是我的一些感想,谢谢大家!

中国法治实践学派与法治中国的内在关联

张志铭

中国人民大学教授。

各位同道，各位同行：

上午好！

首先感谢会议的主办方与承办方，感谢钱弘道教授，感谢冯玉军教授给我这样一个机会，使我能有幸到这里来，跟大家相聚，和大家交流，向大家学习。接下来我要报告的，与其说是报告不如说是我的一点心得，是我们这个阶段研讨的主题，题目为《中国法治的实践学派与法治中国的内在关联》。我讲这个弘道就点头了，那表示经过他本人允许了，那我就接着往下讲，从昨天开始我们很多朋友一起来参加这个会议，大家心中一直存有一个疑问，这个会议原本说是在石家庄召开，为什么要绕道正定召开，直到今天上午我才豁然开朗。我们到正定来，包含着会议主办方一个很大的“图谋”，这个“图谋”就是回答中国的法治实践学派与法治中国的内在关联问题。我们关于法治的研讨活动现在是非常多的，在座的各位教授、各位朋友在各种不同的场合也会谈论这样的话题，有时候我们甚至感觉活动太多以致难以取舍，但是又不能放弃。所以有时候，当别人问你在做什么的时候，经常自己也不清楚自己在做什么。尽管我们每次会议都有非常高大上的主题，涉及的领域非常重要，但还是禁不住去想，自己到底在做什么呢？我想回答这个问题，需要把这个问题放在一个很具体的时空之下。

今天我讲的主题，即中国法治实践学派和法治中国的内在关联，其中首先又涉及这样一个问题——什么是中国的法治实践学派。关于这个问题我们同行的景辉教授等朋友建议我具体问下弘道，在问清楚的情况下，讲一下中国法治实践学派与法治中国到底有什么关联。所以，弘道每次特别愿意请我,因为大家知道在他高歌猛进之后一定需要我这样缓缓而行。在他那个激情之后,需要我这一点点冷僻。所以他这次压缩时间甚至调换了博士答辩的时间来召开这个会议。我想,要回答中国法治实践学派和法治中国的内在关联这个问题,需要放到中国对法治的认知和实践的这样一个大的语境中来定位它。这要讲到我前几年写的一篇论文,在法学研究上发表的,题目为《共和国法治认知的逻辑展开》,关于这个话题到目前为止很多人都不知道我为什么要写,为什么要这么写。在这篇论文里,我讲到,从1978年到现在,甚至可以从1949年中华人民共和国成立到现在,几十年的一个时间跨度,在法治问题上,我们的认知和实践主要在三个话题上展开,即"为什么要法治""什么是法治""如何进行法治"。我用三句话12个字又做了一个概括,第一个是"正名法治",我们讲凡事需得正名,名不正言不顺;第二个为"定义法治",就是什么是法治,我们需要去定义;第三个,我讲"量化法治",就是我们讲的法治评估与法治发展报告,河北这边也有。主要就是这三句话,1978年之后,关于法治的正当性,即中国必须走法治之路,这个是完成了,法治到目前为止,我们可以想一想,看一看,周围还有谁会去反对法治吗?所以,我们已经完成了对法治的正当性的证明,我们选择了法治道路。我们已经在生活实践中、理论研究中高频率地使用"法治"和"依法治国"这样一个术语,所以,关于法治道路的选择我想是不言自明的。

我们现在处于"定义法治"的阶段,即到底什么是法治,关于这个问题,我们如果细细地分析和观察,就会发现我们在很长一段时间里甚至直到现在为止,都是在一种普世的意义上来回答什么是法治的问题,来思考中国的法治建设所遭遇的问题,来思考中国到底怎样进行法治建设。所以,在很长一段时间里关于法治问题,我们很多论文用的是法治原则、法治归宿,但是,现在情况正在发生变化,普世主义的法治之光正在不断消退,尽管目前在很多学者的眼光里,我们还是非常执着地坚持法治的一种普世主义的立场,甚至讲把法治的一种普世主义在现代性的意义上予以确定下来,但是我觉得情况正在发生变化,我们这些年一直在中国特色具体国情这个意义上来重新思考法治问题,这方面我认为可能最近表现得尤为明显,例如,我们所讲的法学理论以及民事立法中中国元素的问题,不断强调中国元素。我们最近看别人写的中国法治将为人类开辟关于法治的第二条道路的微信文章,引起社会各界各种各样的议论。再如,我们中国法治的实践学派,在我看来,也是一种在法治问题上不断宣示和强调法治中国的特色、中国之路的这样一种探讨,因此,我把它称为"国情主义法治观",那么,到底什么是国情主义法治观,它与普世主义法治观是什么关系,我觉得在这些问题的认识上,我们并没有达成一致意见,甚至可以说存在高度分歧。但是,现在我们不断强调的是在法治的认知和实践上不同的一面,在这个意义上凸显中国的一种探索、一种特殊的贡献,所以在这个意义上,中国法治的实践学派就是在这样一种时段、这样一种状态下比较有代表性地对待法治的一种立场、一种态度。

什么是中国法治实践学派呢,在我看来,首先,它是一种在什么是法治、什么是中国法治实践问题上的一种态度、一种立场,这种态度是高度策略性的,它选取了中国社会生活中、政治生活中一个最具有正当性的一个语词——实践。实践作为一个话语的正当性,我想大家有一个充分共识,法治实践学派以"实践"这样一个正当性话语标识自己,特别强调在法治问题上的一种实践和行动,这不同于我们之前在法治问题上的坐而论道。从策略的角度上讲,它也意味着我们少争论甚至不争论,我们要行动起来,所以,它是以这样一种实践和行动的态势来标识自己,它特别强调我们法学的实践品质,以这样一种法学的实践品质来凸显法治这样一个充满理论性的话题。我认为,中国法治实践学派不仅是一种高度策略化地对待法治的一种立场和态度,它同时也是有实质内涵的,为什么说它具有实质内涵呢,我认为人类到目前为止,我们对什么是法治,例如我们了解法律至上意义上的形式法治这种概念,还有实质法治这样一种概念,再如,我们从比较量化意义上讲的法治,强调发挥法律的作用,强调法律秩序。我们可以明显地观察到,我们这个地球上的人类在运用一些具有高度正当化的话语,我称为一种全球性的意识形态话语,它包括民主、人权、法治,当然还有自由、平等等,在我们的核心价值观里,我们对这些话语有充分的反映。

法治是一种具有全球性的正当性话语,但我们同时也发现,我们每天使用的法治这样一个话语,在具体认知上,与人权、民主等其他一些词汇一样,充满着分歧,甚至在我们看来是难以调和的实质性分歧,我们依然共享这样一种话语。所以,我想在这个意义上延伸出关于法治的第四种形态,法治是一种符号意义上的法治概念,这种符号意义上的法治概念意味着我们都主张在这个地球上,在每一个国家、每一个地区,实现法治化治理,法治化治理意味着我们在主张一种良法善治,但具体什么是良法善治,我们可以有不同的实践方式。所以,我想中国法治实践学派不仅是态度和策略,在内容实质上是有一种对法治的独到理解的,也就是立足于充分共享这种符号意义上的法治来开辟我们对法治认识这样一种新的空间、一种话题。

最后我要讲,中国法治的实践学派不仅意味着一群人不断地以这样一个名号甚至说旗帜来做很多事情,它意味着它是在以一种开放的心态,以正式和回应中国的治理需要的这样一种心态,来对待中国的法治、中国的法治实践。我相信,它必然会在这样一种意义上做出自己独到的贡献,所以,这就是我理解的弘道教授这些年不断宣传中国法治的实践学派与法治中国内在的关联,谢谢大家。

实践法哲学大要

郑永流
中国政法大学教授。

各位上午好！首先感谢主办方邀请我发言，尤其感谢钱教授，我们私下对法治实践做过多次探讨，很遗憾错过了几次公开的讨论机会，这次不能再错过了，因为他说“错过了时代就错过了人生”。非常感谢冯玉军教授几次邀请我参加这个会议。我发言的题目是《实践法哲学大要》，这是对我本人这几年研究的回顾和总结，说实话，也担不起为法治实践学派提供理论基础的重任，如果能有一点点贡献的话，将感到十分的荣幸。

大家知道，40 年前的 1978 年 5 月 12 日，有一场非常著名的讨论，《光明日报》发表了著名的《实践是检验真理的唯一标准》，应该说中国的改革开放是随着这一篇文章的大讨论逐步推开的。它的核心观点，今天看来其实很简单，或许有些表述甚至在逻辑上有错误，例如，实践怎么成为标准呢？实践是一种行动、活动，行动怎么是标准呢？检验一个东西肯定要设立一个标准，实践只能是一个手段、方法，一个过程，我们通过实践再去看原来的做法、理论、政策、方针正不正确，但是判断一个政策、方针正不正确，肯定是又有一个理论、方针、指导思想的，我们是根据另外一种指导思想、一种价值观，去检验原有的价值观正不正确，那么它的途径是实践。但是即使这样一个逻辑上有错误的文章，在当时对中国的影响不亚于后来几个关于农村改革的一号文件，以及 1984 年关于城市经济体制改革的中央文件，尽管文章是非常理论化的，甚至老百姓不知道它的真正含义是什么，但是给中国带来的变化是巨大的、惊人的。

尽管我今天报告的题目听起来理论化也很强，因为实践法哲学终究还是法哲学。法哲学回答的是法律背后的价值观问题,即什么是正当的法或者什么是正确的法这样的问题。这样的问题听起来很抽象,在前面几位的报告当中,以及在日常的司法实践中,我觉得都是在回答这个问题,例如武教授所说的传统的中国法是不是就一无是处?这就是在回答什么是正当法的问题。只是现代化的法律才具有唯一的正当性?还是说传统的中国法当中也有很多合理的因素?这是宏观的回答。刚才也有发言人提到最高人民法院建立案例指导这个制度,这也是宏观上回答,我们不能仅仅依靠制定法,同时也要重视判例法,或者建立中国自己的判例法制度。我们还可以从微观上回答这个问题。司法实践中几乎天天碰到这样的问题,例如对某个条文的解释,前一阵在学界和司法界引起很大讨论的天津非法持有枪支案件,就涉及怎么理解刑法第 128 条的条文,涉事老太太是不是应该入罪,牵涉到枪支、非法、持有这三个关键词的理解,如何理解决定了老太太的命运是入罪还是出罪。所以,这样似乎非常高大上的学科或者命题——实践法哲学,我们天天都在从不同的角度,从宏观或者微观的角度来回答。

今天我也试着回答这个问题。我们的实践法治学派,事实上,它可能没有明确提出来,但它暗含这个命题,试图从中国实践当中来总结出自己的一套理论体系,而不单纯描述实践。我们怎么去再现实践活动,这个意义不是很大,这只是事实的描述,对事实的描述再多,如果没有判断,是无益于行动的。我们的案件激增,重要的是面对这样的案件采取什么行动,这是和指导思想、和判断联系在一起的。回到我的主题"实践法哲学",它是怎么回答"什么是法,什么是正当的法"?让我们稍加回顾历史上的法哲学是怎么回答的,我把它放在规范与事实的关系这个维度上。其实,过去的法哲学要么是偏向规范,抽象地谈自然法或是制定法或是法律与道德的关系,尤其像中国古代以礼入法,以礼入刑;要么就偏向事实的维度,完全否定预设的法律,如关注社会的利益就是利益法学派,还有法律现实主义关注法官的预测,甚至法官的心理。基本上,以往的法律观要么就偏向抽象的规范,要么就偏向既存的事实,我把两种法律观概括成为规范法律观和事实法律观。但是它们都存在很大的问题,规范法律观的问题在于忽视了事实、实践,不能完全应对每天在变化的生活事实;事实法律观又走向了另一个极端,完全漠视了预设的规范的重要性,很可能导致裁判或者行动的任意性。实践法律观恰恰是要平衡事实和规范之间的关系,它的出发点是从事实和规范的不对称性出发,然后找到它们的平衡点、找到对称性。

对现实存在的不对称性,我们可以从两个层面来回答或者描述。一方面,从微观的角度,大量存在个案的事实与预设的规范,尤其是与制定法之间紧张的关系,我刚才说的案子,还有许多案子都证明了这一点,个案的事实与规范之间的不对称性。再如,刑法第263条规定在公共交通工具上抢劫要加重处罚,如果在高铁的卫生间中进行抢劫案属不属于加重的情形,因为它具有高铁的公共性,又具有卫生间的私密性,属不属于加重情节,就需要我们解释,这个解释就决定了犯罪嫌疑人承不承担加重处罚的后果。个案事实与预设规范的不对称性在法院、检察院几乎天天发生。这是从微观上看事实与规范之间的不对称性,什么是法律、什么是正当的法律的问题,就看个案的解释具不具有正当性。另一方面,从宏观上看,就是社会事实与预设规范之间的不对称性。在中国这几十年的法律现代化过程中,引进了许多制度,我们都感受到了有些"水土不服",与本土的社会事实不符,这就是与社会形态和社会结构、文化传统之间紧张的关系。例如破产制度,我们设立了30多年,当时是试行,后来正式颁行,但是每年进入破产程序大概只有几千件,实际上破产的企业以数十万计。有人就提出一个问题:这样的制度到底适不适合中国的社会结构?中国仍处在一种政府指导企业存在、发展的社会结构中,我们都是采取兼并,采取好的企业带差的企业的方式,这就要反思这样整体的制度适不适合中国。还有在解决纠纷中,到底是以诉讼为主的解纷机制呢?还是说我们这几年力倡的调解或者大调解这样一种解纷方式,后者与中国传统文化契合的比较多,我们古代讲求少讼、无讼,无讼是最高的境界。所以,诉讼这种来自西方的解纷方式与我们本土能不能契合起来?这也是在回答什么是正当的解纷方式这样一个法律问题。也就是说,无论是宏观上还是微观上,可能我们没有意识到,我们天天都在回答什么是法、什么是正当的法律的问题。

在这样一个事实与规范不对称性的框架下,我提出用实践的观点、实践哲学、实践社会学作为理论工具来回答这个问题。在这里,我只说实践哲学,它所讲的实践与我们通常讲的实践是不太一致的。通常所讲的实践就是应用,应用某一个法条、某一种理论、某一种思想,当然这是实践,但这只是实践的含义之一,它更重要的含义不是这个,不是去行动,不是去适用、运用什么东西,更重要的是什么呢?是反思和创新。反思就是对既有的制度进行反思,而不是机械地、无条件地去运用、去适用它,机械无条件适用会带来很多的问题,就像我刚才说的非法持有枪支案,你如果单纯地运用它,会导致结果上的不公正。因为这个老太太是以经营、营利为目的,她没有非法或犯罪的故意。所以说,实践一定是带有反思的特质。在反思的过程中,我们要提出新的东西,这就是创新,就是开新。那么,如何进行反思呢?我们需要把握三个要点:第一,要在具体当中进行反思。在具体的个案当中、在个别的实验当中进行反思,要考虑个别事物的性质以及它的变化。第二,这种反思是对话式的。它不是独白式的,不是一个人在上边讲,大家在下边听,它一定是对话式的,就像法庭辩论一样,一定有控方也一定有辩方,而且还有第三者来裁判,它体现的是主体间性,它不是主体和客体之间的关系,它是主体和主体之间的关系,我们在哲学上把它叫作主体间性。第三,这种反思重视自我调整的能力。由于时间的关系,就不能详细展开了。

最后,对我所提出来的实践法哲学做一个总结。要归纳它的特点,尤其是如何区别于其他的法哲学,如果用一句话来概括,就是在适用预设的规范中反思性的续造,即继续地创造法律的一种学说、一种理论。关于这样一种理论、一种学说,它有三个特点区别于其他的法哲学:第一,它讲求的是预设的规范与现成的事实之间的互相塑造,它不是单向的过程,不是说让事实满足于规范,也不是说让规范服从事实,它是一个互塑的过程。第二,在实践中反思,它不是单纯地用这种理论去比较另外一种理论,它一定是在实践中,像我们实践法治学派所强调的一样,一定要在中国的实践当中去发现问题,随之对这些规范和理论进行反思,然后再提出自己的新的规范、新的理论去满足变化了的事实的需要。第三,它的反思是从个案中的法律逐步上升到整体的法律,同时在个案当中也反映出整体法治的适应或不适应。

上述就是我报告的主要内容。谢谢大家!

新时代的学术要求与中国法治实践学派

冯玉军

河北经贸大学副校长。

非常感谢各位,今天十分荣幸能有机会在主题发言的阶段向各位汇报一点个人浅见。我的报告主要谈三个方面的内容:一是新时代的学理研判和中国历史哲学、实践哲学;二是中国法治与法治中国;三是中国法治实践学派。这三个方面是从历史到逻辑、从理论到实践,内在连接的。

一、"新时代"的学理研判与历史哲学的"中国重建"问题

关于新时代的学理研判和中国历史哲学实践哲学。首先涉及我们对"时代"本身的整体性研判。习近平总书记在党的十九大报告中指出:"经过长期努力,中国特色社会主义进入了新时代,这是我国发展的历史方位。"中国特色社会主义进入新时代,全面依法治国也进入了新时代。

那么,究竟什么才是"新时代"呢?有新时代,必然存在所谓旧时代,而生活在当下社会中的人如何才能就时代的"新"与"旧"彼此确信、达成共识呢?这就存在一个针对时代的学理研判问题。时代是一个重要的时间概念,它总体上是以一维的、流逝的方式存在。"子在川上曰:逝者如斯夫,不舍昼夜。"时间本身一直在走,根本就没有停歇、没有间断。但人们之所以在无始无终、绵延无际的时间线条上打上隔断,或用"观念之刀"将其分成两个不同的阶段,一方面是为了在有限的生产生活周期里计量时间的便利,另一方面则用以区隔存在整体性社会差异的前后两个阶段,这两个阶段具有在本质或特征意义上的显著不同,可以进行实践上和学理上的进一步讨论。

如何看待总书记所说的这个"新时代"?我想这个时代之"新"可以从

以下五个时间节点加以分析:第一,它是相对于四十年改革开放的历史而言的新时代。第二,它是相对于七十年新中国成立以来的历史而言的新时代。第三,它是相对于九十多年中国共产党建党强党的历史而言的新时代。第四,它是相对于一百七十多年中国近现代从积贫积弱走向伟大复兴的历史而言的新时代。第五,它是相对于五千年中华文明生生不息延绵发展的历史而言的新时代。

我所说的时代区分,与接下来的演讲主题息息相关,也就是在中国法律学术中讨论法治实践的问题,离不开我们之前秉持的时间观念和历史叙事。但至为遗憾的是,在学理上我们长期所遵奉的历史哲学或实践哲学却并非它应该是的那样。在很大程度上讲,法治进步史或现代法律发达史并非经验的、实际的东西,它从根本上乃是一种“观念”的历史塑造,是社会思想家、历史学家、法学家以及政治家们历时性“共谋”或者集体创作的结果。细致梳理西方历史哲学发展史,从基督神学历史观起,经由维柯、黑格尔、斯宾格勒直至雅斯贝斯等人的历史观,就是按照这些历史哲学家“自我”的认识前提和主观标准,对世界历史进行合乎自己意识和信念的“忠实”把握,进而形成的以西方强势文明或西方中心论为核心的文明史观。他们不约而同、十分“自觉”地构造了一幅向着特定目的前进的历史发展的“世界图景”。而问题的焦点在于,这种虚构的“世界图景”一旦形成,则不仅决定着后世人们的历史观,而且决定着他们的政治斗争和法治实践。

下面就让我简要描述一下这种西方历史哲学史如何改变世人观念,进而对我们理解的“法治实践”产生重大影响的:西方历史哲学只言片语的出现是很早的。按照古希腊的历史循环论,日复一日年复一年都应该是城邦的这个样子;到后来有了基督教文明,出现了《圣经·创世记》,提出了“上帝创造了人,人最后复归于上帝”这一带有进步色彩的历史循环论。而从学理上第一次提出具有鲜明哲学的人是意大利的哲学家——维柯,他首次明确提出:人类社会和历史是人创造的,人类对历史可以认知,可以有所作为。他把这称为“新科学”和“第一原理”。他认为,人的意图或计划只是实现“天意”的手段,即人的历史活动是上帝神圣工作的继续。而正是由于这种“天意”的规定,世界上各个民族的基本社会结构发展过程尽管在发展的细节上有所差异,但在“骨子里”却大体一致。接下来黑格尔的历史哲学很重要,他侧重研究绝对精神与世界最终实现的终极目标之间的关系,他认为绝对精神的本质即自由,它从东方到西方依次实现,东方(含中国)永远无法摆脱“蒙昧”的“孩童状态”,西方则是历史的终点。斯宾格勒是“一战”以后的历史哲学家,“一战”打破了西方原有的骄傲,即便如此,他仍然认为“西方的自由、西方的很多东西仍然是拯救世界重要的东西，只不过现在走入迷途而已，如果真正的回归，我们终将寻到正解”。再后来的雅斯贝斯抨击那种把东方文明当作“古玩”的看法，认为它反映了欧洲人“典型的傲慢”。他指出西方“再也不能忽视伟大的亚洲文化世界，世界历史的范围是全世界”。坦率地说，即便是雅斯贝斯和汤因比，也没有把真正平等的历史观念传递给世界。我们从各种书籍、教材中看到的仍旧带有明显的西方自我中心的偏见，欧洲和美国的很多偏见至今还在影响着我们。

如果只是西方人拥有这样的观念，那还没问题，关键的问题是我们中国人始终有一种真正意义上的中国历史虚无论。前面武树臣老师提到的可以用专制讨论中国。这个词很有意思，请注意，这个词在法学研究中首先来自孟德斯鸠，孟德斯鸠在《论法的精神》中把世界的法治的政治的模式划分为三种，一种叫自由，一种叫君主，一种叫专制，自由和君主都是西方的，区别仅在于自由就是人民的自由治理；君主就是君主治理国家但君主不能违逆人民的愿望。换句话说，君主依法而治，就是他所说的君主制。但他唯有对中国的描述是专制，声称几千年来中国人普遍不知道自由为何物。由此，西方法学家关于中国的学术叙事，就变成了我们中国学者不加分辨、全盘接受的历史逻辑和法治叙事。

这里，我实际上已经提到了历史哲学的反思和重建的问题：我们必须站在平等的地位，归回到原点的讨论中，找到我们真正的学理根基，而不是就在一个并不稳定的历史根基上建造我们的法治高楼大厦，这是一个新时代与中国的历史哲学。在李泽厚先生——我个人认为是中国哲学家很重要的一位——的哲学研究中，曾提出过“历史本体论”，或者叫“主体性的实践哲学”，他讲了三句话，很有意思，大家仔细地体会。他说：“经验变先验、历史建理性、心理成本体。”也就是说，中国人何以立足？我是谁？我从哪里来、要到哪里去？中国人的哲学之本体的东西从哪来？应该从历史中来，而不是从西方来。

回看过去之后，我们再展望中国未来法治，中华民族未来建设可能要回到历史本体，当然不能停留在历史本体，而是要再回到我们火热的实践。因此，我们还有一个重要的任务，即重建和冷静地讨论中国当下的实践哲学问题，马克思主义是实践的、发展的马克思主义，中国的法学也应该是实践的、发展的中国法学。

二、中国法治和法治中国

中国法治和法治中国显然是两个不同的名词，前者是中国法治当下是什么情况,后者是我们追求什么样的被我们理想化的目标化的法治中国。围绕这方面,我结合之前以不同角度发表的文章来探讨。第一还是怎么看法治?我们一般说,法治是人类的普遍共识。饶是如此,法治在实践中也并不真正完全相同。其实从古希腊、古罗马一直到近现代的西方乃至全世界的讨论中,我们在实践中并不能够发现唯一样本化的法治模式或法治坐标系。现在我们称为先进的法治国家,每一个国家的法治都是不一样的。就好像我们看一个英国人和美国人的长相是一样的,傻傻分不清楚,因为我们看不清楚他们的差异,但英国人自己是可以看清楚的;我们和日本人是很有区别的,稍微对话两句马上就不一样,但美国人看不清楚。同样的道理,我们在看欧美国家不同的法治样貌的时候,其实我们总觉得是一样的,仔细看、从历史上看,具体的实践是不一样的。

我曾分析过不同国家的法治实践模式。以英、法、德、美、日、新六个国家为例,英国的法治模式是法律至上;法国的法治模式是公选公决、人权至上,凸显不同的特色(当然有共同点,但我也稍微说一下区别点);德国的法治国模式是形式法治国、实质法治国到社会法治国等;美国是宪政分权的法治模式;日本是亚洲国家,它的法治建设很有特点,貌似是一个法治国模式,但是在"二战"以前是大陆法系,"二战"以后是英美法系为主,今天形成了一个杂天下之法治的东西汇于东亚日本这么一个独特的法治;新加坡是华人社会,曾是英国的殖民地,显然是全盘移植了英国的,但它又保留了浓厚的东方社会中国人观念中法治的东西,例如鞭刑,而且它的严刑峻法的那一套是中华法系的。

我们看这几个发达的西方国家,它们的法治模式各不相同、各具优劣,我们应该照搬美国吗?照搬英国吗?当然不是,我们甚至都没有办法照搬法治本身,因为法治并非唯一指标,每个国家要根据自己的国情去讨论。基于中国国情呈现中国法治的八大特点:第一是权力统合型的法治,政府主导,自上而下;第二是政治协商型的法治;第三是文化混合型的法治;第四是法系开放型的法治,一国两系三法系四法域,某种意义上比欧盟还开放,欧盟是多个国家博弈,我们是一个国家内部的区际博弈;第五是理性建构的法治,与美国、英国、法国不一样的理性建构,我们是五年规划,层层推进,步步贯彻落实;第六是务实渐进型的法治;第七是试错学习型的法治,不断试错,不断学习,干中学,十大特区、十几个沿海开放城市、全面开放试点、海南省自由贸易岛,这种实验全世界其他国家不易找到;第八是意识形态法治,也就是社会主义法治。

法治中国在不同学者的文章中有很多描述,一般都说法治中国应该是什么、有什么,我现在稍微反其道而行——它不能没有什么。话有两说,巧者为妙,我想有这样的五个"不能没有":第一,不能没有国家对人权的基本尊重,法治建设推进的任一阶段中,国家对人权的尊重和保障不能没有。第二,不能没有党的领导,党的领导是我们这样广土巨族的东方文明形态历史需要的大一统的东西,求同存异但不能是一盘散沙。第三,不能没有核心价值观,《唐律疏议》讲它自己的原则的时候,用四个字"一准乎礼",就是以礼为核心的律制,今天的中国也一定要有一个以核心价值观为思想指导的法治体系。第四,不能没有法以外的其他社会调整手段,我同意前边几个学者的观点,只依赖法不行,还要依靠其他的很多方面,例如道德等。第五,不能没有全方位的借鉴,我们过去很长一个阶段借鉴的是"为西方马首是瞻",向西方学习是对的,但难道只有西方吗?应该还有北方、东方、南方。拉丁美洲我们何曾学习过,澳大利亚我们何曾学习过,或者说土著人群我们何曾学习过,所以我们的借鉴和学习应该全方位,而不是只有西方,这才是一个走向世界的中国的大度。

三、中国法治实践学派

我简单地评述一下,我之前没有参加过法治实践学派的相关论坛,但是,我想引用马克思的一句话,"有人说你肯定是马克思主义者,马克思说我只知道自己不是马克思主义者",换句话说,如果只用标签去规划一个人是或不是什么,其实是荒谬的。但是我们在座的学者、领导还有其他同志们,实际上每一个人都在进行着法治的实践,只要我们认真地去研究法学,在各自的岗位上,不管是立法、司法、执法岗位,其实都在进行着法治实践,都在不同角度不断地推进,都在为法治中国的实现略尽绵薄。

谢谢各位!

中国法治实践学派的辩证意蕴

武建敏
河北经贸大学教授。

我今天主要谈三个问题：第一是我们应如何对待传统的问题；第二是学派理论的问题；第三是如何实现法治的问题。在我们的会议上，大家都是从不同角度、不同侧面分析和探讨法治问题，但到底要如何实现法治却并没有那么简单，这个问题很重要。我对这些问题的分析会贯彻一种辩证法的立场，尽管在具体解释中未必使用这个概念。

首先，我们应该如何对待传统？所谓“传统”，它一定不是僵死的，而是流动的。从字面上理解“传统”，就是“传而统之”，即从古流传至今依然在控制着我们的那些东西。历史上有很多文本，我们一般也把它们称为传统，但那是广义上的传统。真正的传统，其实它应该是流动的。我在北大哲学系读书时，看过哲学系朱德生老师写的一篇文章，名为《传统辩》，对传统给出了极为深刻的诠释。朱老师是研究西方哲学和马克思主义哲学的。他对于传统的分析，是从很高的哲学角度出发，给我的启发甚多。他没有用“传而统之”的概念，而是基于传统本身的流动性和限制性，认为传统就是现在，现在就是传统。这个观点可能很多人不会理解，但却至关重要。它包含了这样一个基本思想：我们必然会涉及传统问题，这是无法回避的。

无论是构造一种理论，还是建设法治国家，传统都非常重要。很多人讲中华法系已经绝迹，这是一个很荒唐的判断，是缺乏实践智慧判断力的表现。我认为中华法系在今天依然存在，它最起码还有一些重要的元素延续到今天，不管这些元素是好是坏，它们都是我们现代中国法系的有机组成部分。例如，传统中华法系中存在的实质主义文化。实质主义其实就是我们的一种思维方式，你想克服它是不太可能的，所以传统实际上就在我们身边。我们的存在就是传统的存在，传统就是我们的生活。因此，我们当然要认真对待传统。我为我的老师武树臣先生的《法家法律文化通论》写过一个大约1万字的书评，名字就叫《认真对待传统》。我在里面谈到了很多有关传统的问题，不仅是关于书中存在的问题，更主要的是我们应该认真对待传统的问题。建设中国法治实践学派也必须认真对待传统。纵观我国历史上的学派，如道家、儒家、墨家，我个人觉得墨家更像学派，道家不像学派。墨子有很多学生，哪里发生不正义的战争，他们就会去援助。他们有相对独特的思想，也有相应的践行，所以最适合被称为学派。从这个意义上来说，钱弘道教授倡导的中国法治实践学派与其相通，我们要有自己的思想，但也一定要有行动，不行动不行。当然，学派也应该有教育，如孔子为代表的儒家学派的教育、亚里士多德逍遥学派的教育。吉林大学的高清海教授写过一本书叫《哲学的憧憬》，表达了他对亚里士多德的"向往"。高老师的一些做法还真有点类似亚里士多德的逍遥学派。据说他给博士生上课的时候，他自己带酒，每个博士生带一个菜，这就是一个思想的探讨过程。在座的毕业于吉林大学的比较多，钱老师是，姚老师也是。可以说，现代中国实践哲学系统的阐释就是从吉林大学产生的。所以，别小看东北的经济落后，经济落后未必就是坏事。德国也曾落后，但恰恰是德国产生了"美轮美奂"的德国古典哲学。德国古典哲学也是中国实践法学派的一个重要理论基石、思想前提。我本人深受高老师思想影响，但我至今依然不能很好地理解高老师的思想。总而言之，认真对待传统是非常重要的问题，是建设、发展我们学派的一个重要方面。

其次，关于学派理论的问题。这是个理论问题，同时也是个实践问题。我有一个观点：理论和实践应该是一回事，理论就是实践，实践就是理论。这个观点需要我们去体悟，我觉得它最高的融合境界应是实践智慧。所以理论和实践，实际上就是一回事。从这个角度讲，我们过去的很多提法是有问题的，比方说我们说的"理论联系实践（实际）"。"理论联系实践（实际）"这个概念，它隐含着一个前提，即理论和实践是分开的，这是二元论。如果我们用二元对立的思维方式来把握，便不能彻底地、认真地解决实践和理论的问题。所以理论和实践是一回事。

就像魏晋玄学的"言不尽意"，有时候我们找不到合适的词汇来表达基本思想，但它是非常重要的，我们应该不断在这方面进行反思。当然，反思总是意味着批判，批判和反思均属于实践概念的内在品质。在法治实践发展过程中，也需要对"实践是检验真理唯一标准"进行反思、批判，这是很重要的,郑永流老师关于这个问题有深刻的见地。“实践是检验真理的唯一标准”这个提法当然是有问题的。这涉及我们如何理解实践概念,需要一个真正的哲学反省。今天,讨论实践概念最好的是姚老师和郑老师,他俩对实践概念的理解与别人对实践概念的理解就不太一样。另外,亚里士多德在《尼各马可伦理学》中所讲的“实践”也不同于我们所理解的“实践”。实践是相对于“人自身”的。它包含了一种善,是普遍与具体对接的融合过程。郑老师说了实践的两个特点:一个是反思,一个是开新,这非常重要。为什么说实践是反思的呢?如果你把实践单纯理解为一种活动,它怎么反思呢?所以“实践”一定是理论的,然后才可能反思,要不然我们就不太可能理解,又怎么能把握事物的本性呢?反思一定意味着批判,因为有了反思和批判,我们才能开新。另外,实践在本性上一定是强调经验的,但这个“经验”不是18 世纪近代哲学认识论所称的那种“经验”,而是生存论意义上的经验。认识意义上的“经验”是有问题的,就如同认识论意义上的实践是有问题的一样。实用主义其实讲的就是“经验”,代表性思想著作是威廉·詹姆斯的《彻底经验主义论文集》。这本书很难买,有人评价威廉·詹姆斯的《彻底经验主义论文集》是真正的原创思想,而他其他的著作并不具有真正的原创性。当然这也是一个判断问题。他的经验概念是生存意义上的经验,生存论的立场很重要,它绝不是认知论的。只有从生存的角度去理解经验,你才会发现,彻底的经验主义对于我们理解和把握法律世界中的各种问题具有重要意义。这是毫无疑问的,但我们还需要消化。真正经验的东西才是能动的,虽然这些还需要我们不断地去考虑、反思。最近我在写一本书,现在写了大约有 10 万字。我一直反复地改这本书的名字,有时叫《实践主义法学》,有时叫《实践主义法哲学》,现在又被我改为《法律实践主义原论》,名字虽不同但思想是一样的。这本书我从儒学开始谈,从儒家的实践知识起点一直到理论系统的构建。理论本身对学派来说非常重要。学派最核心、最重要的工作就是打造自己的理论体系。这个理论体系对于我们学派的生成非常关键。

最后,关于法治道路的问题。我还在写一本书,叫作《法治及其实践逻辑》,其中探讨的重点是中国法治发展道路,这个道路与中国法治实践学派内在相通。目前,这本书已写大约 20 万字,但在结构上还需调整。我理解的中国法治道路与很多人的理解不太一样,因为我是以传统的儒家法治为出发点,从当时的实践开始谈起,最后落足到我们现在真正有中国特色的法治。我们在探讨建设法治的时候有一个特点,就是都以自己的个人想法为出发点。但如果我们都以个人想法为出发点去建设法治,那么要达到一个理性程度是不太可能的。因此,我们应该考虑法治类型生成的实践合理性,在实践中自然生成的法治类型也一定是我们自己的法治类型,就是你想不属于你自己都不太可能。所以,我们应该抛弃以前所谓“理性主义构造”的一些构造。理性主义有时是很坏的。如果我们坚持错误的哲学,就会把哲学给教条化。例如我们过去讲的“以事实为依据,以法律为准绳”就是错误的,因为这是根本不可能的,它背后哲学的逻辑是什么呢? 是唯物主义哲学。但实践的逻辑并不是这样的,所以这需要我们认真反思。马克思是一个真正的实践主义者,但是在真正应该坚持实践主义的地方,我们恰恰没有坚持。在法治发展的过程中,我们应该形成具有中国特色的法治发展道路。这是中国法治实践学派的基本追求。但应注意,实践中的道路同时具有理论的属性,实践和理论是必须获得思想的统一。

实践主义法学研究范式

曾令健

西南政法大学研究员。

尊敬的各位前辈、各位同仁，还有坐在会场后面的同学们：

大家好！

我今天是把一些很初步的想法做一个简要汇报，就是关于实践主义法学研究范式的一些初步思考。我们都知道，咱们这个中国法治实践学派长期以来甚至说从兴起以来，其实是做量化研究得比较多一些，这个是大家可以看得到的，也有很多成果，是吧？这事就不细说了。但是，大家可能也留意到这样一个信息，在 7 天前，5 月 12 日，钱老师在杭州又建立了个案研究基地。就这个个案研究基地本身，至少在我看来，在中国法治实践学派的研究中，代表了在方法论上的一个新的拓展和突破。因为从事个案研究的话，相对于原来的量化分析，就意味着将质性分析视角这样一个层面纳入进来考虑。所以当时我看到这个信息时，就觉得眼前一亮，这是一个非常好的事情，后面再具体来讲。

我们都清楚，当今中国法学，近 20 年来有一个趋势，就是跨学科研究的趋势。包括钱老师也是反复提倡把统计学方法等纳入法学研究、纳入法治评估研究当中，但是，问题就在于，这样一种跨学科研究，它是一个很笼统的说法。我们说跨学科研究，但问题是怎么跨、怎么研究，它其实是有一些很具体的策略、方法和分析框架的，所以应该有一个体系性的认知。在这样一种跨学科的思考下，有一个问题就值得被提出来。通常来讲，大家也注意到了，但凡提跨学科的法学研究，或多或少地会与“实践”沾一定的边。其中，包括我们今天这个论坛，钱老师倡导的中国法治实践学派可以说是一个把“实践”两个字绣在旗帜上的学派，对于这样一个学派来讲，对“实践”的认知应该是有一些相对来说更为独到的看法,更成体系的一些认知,包括实践在法治中可能承载的意义等,都会有一些自己的看法。在这样一个情况下,我们怎么看待实践,从法学研究的角度,怎么看待实践、理论、制度建构等之间的关联。我个人觉得,从法律实践出发,在研究角度将法律实践作为一个切入点,一个重要的切入点,通过对法律实践的研究,来分析、回应或者修正既有的法学理论,或者建构新的法学理论,甚至把这种法学研究与制度实践、制度修正、制度创新等结合起来。只有这样,我们才能看到实践与理论、制度、我们所谓的法治事业本身是结合为一体的,当然,结合本身是从"实践"切入的。这些是对要讲内容的一个基本交代。

同时,也可能有一些误解,例如个别老师有讲,当强调迈向实践的、强调关注实践的时候,是不是还应该有一个迈向理论的研究或者学派。应该说,迈向实践的法学研究,不是意味着否定理论或者跟它对应起来。不是这样的,大家可以看,无论是中国实践法学派的成果,还是包括其他一些跨学科的研究成果,并没有因为研究"实践"就要跟理论对应起来。说白了,中国法治实践学派难道不是理论法学派的一个重要部分吗?至少一定意义上是有包含关系的。这个道理很直白。所以我在这里只是简单提及一下,因为理论关怀是任何一项法学研究必备的品格,如果没有理论关怀,那就成了直接写报告、出对策。事实上,即便是做对策分析,如果没有理论关怀、没有一定的理论关照,人家会认为你的对策报告写得不够深入,所以这个是一个很直白的话题。只是相对来说,当我们要突出这种法治实践的时候,会在法学研究中也就是在方法、策略方面,把这种实践性突出一点,但它不是要与理论对应着,这个要交代一下。

对于实践主义法学研究范式怎么理解?刚才提到,需要从策略、方法、框架等整体上来理解它。在研究策略上,应该是一种问题出发型的策略,至于这个问题出发型策略,至少有几个方面值得讲。首先是坚持问题中心,这意味着每一项研究、每一个报告,应该有一个问题导向,这是最起码的。不是说全世界都如此,至少对中国人来讲,应该有一个中国问题的观念在里面。其次,之所以讲中国问题,因为对中国人来讲,说得直白点,研究国外法律与制度,你拼得过那外国人吗?人家天天在那种文化下熏陶成长,对一个制度的理解和思考是我们作为外来人很难把握的,也超越不了。这中间包括语言思维、习惯,这些都是研究者必须考虑的。大家只要仔细稍微静下心来琢磨,为什么要强调中国问题,至少从深入研究的可能性这个方面来讲,倡导中国问题就是有意义。所以我记得曾经在有的作品中看到,包括钱老师写的,就是中国法治实践学派有时候被简称为"问题学派",应该说这是一个比较形象地表达,就是研究者要有这种中国问题意识,要有一种问题导向为中心的观念。再次,什么是问题呢?简单地说,这样一种问题、意识、观念至少是能够催发某些理论增长的问题,而不仅是实践中觉得哪个制度运行起来有点问题,操作有点难,这个自然也是问题,但要成为研究对象的问题就应该是能有理论增长之可能的问题,这是最起码要具备的一个品格,否则就做其他研究甚至是对策报告好了。最后,什么是中国问题?展开来讲涉及的面很多,因为已经有老师提过了,所以我就简明扼要地说,是要具备中国这一主体性、自主性。

接下来谈具体方法,我个人认为,通过个案研究尤其延伸个案方法比较靠谱。我尝试着对法社会学、法人类学的个案方法做过简单梳理,也学习过一些相关成果,总体来说,个案研究在讨论问题的时候相对容易深入下去,能把问题说得更加透彻。当然,个案研究也存在这样那样的问题,大家也经常谈这方面话题。就说延伸个案方法吧,我们除了像法律人类学研究那样从历时性角度看待它,还有就是从反思性科学模式的角度,就是这种个案研究带来的不仅是让我们更透彻地认知法律实践本身,更重要的是让我们通过这种个案研究,对既有的理论进行修正、验证甚至重构,对法律制度的改进、调整产生指导价值,这样的个案研究的意义就比较明显了,这也是延伸个案的意义所在。但是,长期以来大家都觉得延伸个案存在一个方法论上的问题。这个问题的讨论很多,不一一赘述。对个案方法的反思,大概从个案方法诞生时就开始了,也接近八九十年了吧。但是,我的观点比较简洁,那就是延伸个案方法中的从个别到一般的问题,在操作层面可能不成为一个问题。因为每一个研究者去做田野调查研究,都是有理论前见的,怎么可能无法从个案跳跃出来,甚至跳跃存在逻辑上的缺陷呢?不会的。这里面存在一个认知问题,我想你们可能也会赞成的。那就是从来没有任何一项研究是一下子把问题全部解决的。所以都需要一个接一个地研究、分析个案,慢慢地、逐步把问题解释清楚,谁又敢说他的研究是彻底的呢?从来没有过这种研究。

最后简单提一下分析框架,涉及三个方面。从微观层面,有一个说法叫"事件—关系—过程"的分析框架,这是对一种从微观层面探讨因果律关系,更重要的是可以避免受因果律的掩盖而忽略了那些偶然、突发因素对事件、制度可能产生的影响。还有中观层面的"行动者—结构"的视角。第三个是宏观的"国家—法律实践—社会"这个层面。在法学研究时,怎么把国家与社会连接起来,只有通过"法律实践"来看"国家是什么、社会在哪里",以及互动中反映出什么、彼此力量是怎么样的、怎么合作、怎么样的机制、怎么产生影响等、是不是制度需要调整、又怎么调？能不能抽象出更有解释力、更有意义的理论，这些理论又能不能接受法律实践检验等？这些都要通过这个“法律实践”来间接地连接起来。这样一些微观、中观、宏观的分析视角，本身构成了一个实践法学研究的整体性框架。

当然，这里讲的更是质性分析，如果质性分析与量化研究结合起来应该会更好。这个现象也是存在的。另外，这个整体框架本身可能也会有不协调，甚至重叠、矛盾之处。因为时间关系，这些是我个人的一些浅见，大家多批评、多指正。

中国法治实践学派的现实表征

王岩云

河北经贸大学法哲学研究中心研究员。

自钱弘道教授倡导中国法治实践学派以来,我就一直在参与学派的研究工作,是中国法治实践学派河北基地的研究者之一。对于钱老师刚刚发言提到的问题,我也有一些自己的理解。下面先谈下我对中国法治实践学派的认识。

在我看来,中国法治实践学派并不仅是某一简单的学术流派指称,而是多样性建设的任务和宏观态势。中国法治实践学派既要研究当代中国法学、当代中国法治以及当代中国法治实践的特定形态、风格、理论内涵、学术旨趣和精神文化指向等内容,也是当代中国法学发展态势的一种整体性标识。对于中国法治实践学派的理想,我认为应该是:对外彰显中国法学的独特整体面貌,提升中国法治的话语权和影响力;对内凝聚中国法学的创造力,以提升中国法学对于中国"法治实践"和中国社会发展的贡献度。

中国法治实践学派既是建构的,需要廓清和夯实它的理论根基,也是渐进的,必然需要在大量研究和思考的基础上逐步成长壮大。中国法治实践学派是一项名垂千古的学术伟业,这就注定了它绝不是几个专家学者小范围的学术情趣,尽管它的奠基和发展需要学术带头人的远见卓识和引领推进,但在本质上它更是一项众志成城的事业,需要法学研究者和法治实践者通力合作、共同推进。基于以上理解,我认为中国法治实践学派起码要有五个现实表征。

第一,"法"与"治"关系的再梳理与新定位。以往的研究总是习惯于从法与道德的关系、法与人的关系、人治与法治的关系进行探讨。现时通行的认知则是,"法"是因"治"而生、为"治"而存的。我们讲"良法善治""依法治国""法治社会""法治国家""法治中国"实际上就已将法与治紧密结合、融为一体了。在这种语境下,就是社会治理不能没有法,法的功效在于"治",离开了"治"的追求与目的指向,法的意义将大打折扣。

在我看来,如火如荼的"法治评估"研究正是追求这种"法"与"治"关系的生动写照。法的优劣和成败不在法本身,而要通过经由评估而认知的"治"的效果来评定。从整个社会的认知与氛围来看,法是社会治理和社会进步的主体力量,而不是边缘性存在;任何追求"治"之功效的设想和举措,也都必须正视"法"的作用,都不能绕开"法"。"法"与"治"关系的紧密程度和社会对这种关系的认知、认同达到了空前的水平。

第二,实践法哲学思想的深度挖掘和重新认识。基于前述对"法"与"治"关系的认知,研究者发现:"法治不仅是一项关于理念的事业,更是一项实践性事业;法治不仅是一种规则体系、制度安排,更是一种生活形态和生活样式。"[夏纪森《论法治的时空性与实践性》,载《首都师范大学学报(社会科学版)》2018 年第 1 期]法学研究中"实践转向""实践视角""实践思路""实践面向""实践法学""实践法学思维""作为实践的法学""当代中国法治实践"等成为研究的焦点问题和热点词汇。

同时,法学界展开了对于实践法哲学思想的深度挖掘,这方面我发现两个比较好的研究成果:一个是姚建宗教授发表于《中国社会科学》2014 年第 6 期的《中国语境下的法律实践概念》一文。在这篇文章中,姚老师通过对中国语境中"法律实践"概念内涵的释明,提出在法哲学层面为"法律实践"形塑一种具有中国精神的理论模型,即"法律实践是以实现公平正义为目的而建立和维护良好社会秩序的规范性活动,在内容上可分为法律的思想实践、法律的规范实践和法律的应用实践三种类型"。另一个是武建敏老师的专著《实践法哲学:理论与方法》一书(中国检察出版社 2015 年版)。该书是对实践法哲学思想深度挖掘的一次理论尝试。书中挖掘了实践法哲学的思想渊源,认为"中国儒学、马克思实践哲学、古希腊思想以及美国实用主义都是实践法哲学可以汲取的重要的思想渊源"。同时指出实践法哲学主张摒弃"任何形态的本质主义法哲学"以及"任何科学形态的法哲学","把现实的、实践的生活世界作为自身考量问题的根本出发点,谋划人类法律行动的合理性"。

第三,法治实践智慧的汲取及理论化整合表达。在法律实践中,随着法院系统裁判文书网上公开的推进,越来越多的法官、检察官、律师乃至当事人等诉讼主体对判例的观察和研究不再局限于指导性案例和《最高人民法院公报》刊登的案例,而是从裁判文书网上海量的裁判文书中汲取思路,“自发、主动运用判例来认知和评估待诉待决案件,设计诉讼或审理思路,论证诉讼或裁判主张,强化与充实诉讼或裁判理由,以及评价和衡量裁判结果”,以“追求最佳审判效果或诉讼利益最大化”。这种对判例的自发运用,日益成为我国司法活动中的常态和普遍性实践,并且深刻地影响着法学研究。对此,《法学研究》2018 年第 2 期刊登的顾培东教授《判例自发性运用现象的生成与效应》一文有深入的分析。此外,一些微信公众号经常推出,基于法院判例归纳总结的裁判规则文章,更是有学者基于对这些判例的实证研究、数据分析所写的文章。

在以往,法学研究者是法学理论和法学知识的创造者,而法律实践者多数情况下仅仅在利用和实践法学理论知识,从而只是法学理论和法律知识的消费者,并未参与法学理论的创造和法学知识的生产。随着判例自发运用现象的出现和发展,越来越多的研究者开始从实际判例中汲取实践智慧并进行理论化整合表达,裁判文书中承载法治实践者的实践智慧经由整合表达而充实到法学理论知识之中,从而在一定意义上讲法治实践者不再是单纯的消费者,而是也参与了法学理论知识的创造和生产。法律实践智慧涌入到了法学理论中,不仅带来了自生自发的法律成长,法治实践秩序的养成俨然成为一种社会现实。

第四,法学领域实证研究方法勃兴与深度推进。过去,我们觉得进行理论研究就高大上,进行实证研究就好像下里巴人一样。并且由于实证研究涉及利用社会学、经济学等其他学科工具来研究法律问题,最初让人感觉不伦不类。但是现在不同了,实证研究在中国法学界已经获得了一席之地,获得了普遍的认可,有时还受到格外推崇,以至趋之如鹜,甚至在一些人看来一篇文章如果没有数据支撑和几个图表就是空洞无物。法学研究的许多领域和诸多问题上涌现出了大量的实证研究成果,为当代中国法学提供了知识的供给,为发现和解决中国法治建设的真实问题提供了有效解决方案,形成了一定的知识市场。同时,实证研究队伍在逐步壮大,研究平台日渐成熟,法学领域各种以实证研究命名的会议或论坛大行其道。

第五,中国法治话语体系建构和话语权提升。构建当代中国法治实践学派,乃基于对新时期中国特色法治事业蓬勃发展的思考,以及法治意识形态的自主化建设、构建中国特色社会主义法治体系等这样的努力。中国法学界在参与国际交往中,“中国特色社会主义法学理论体系”“中国特色社会主义法治理论体系”等提法体现了当代中国法学的一种理论自觉。

中国法治尚在建设之中,中国法学也还在路上。“当代中国法治实践学派”已由钱老师提出，目前“构”想已有，然而如何“建”设和推进，依然任重而道远，需要你我他的共同参与和携手推进！中国法治实践学派作为一项学术伟业，不应该只是倡导者钱老师一人的孤军奋战，也不应是几个人的抱团取暖，大家应该众志成城、通力协作一起来做。作为学派河北基地的一名研究者，我愿为之鼓与呼。谢谢大家！

论建设法治政党

王公义

司法部研究室原主任、研究员。

钱弘道教授我们认识十多年了,从余杭法治指数研究开始到他创立中国法治实践学派,我都表示大力支持,并参与其中。

我认为,中国法治实践学派有四个关键词,首先是中国,其次是法治,再次是实践,最后形成一个学派。所以,中国法治实践学派必须认真研究中国现实的法治问题,特别是认真研究解决中国发展中的重大法治问题,并形成一个人数众多的学派,形成一种社会舆论、一种法治思想导向,才能成为名副其实的中国法治实践学派。

那么当前中国法治建设中的重大问题是什么呢?重大问题很多,但其中最重要的一个问题是我们党的法治建设问题。

毛泽东主席讲,领导我们事业的核心力量是中国共产党,东西南北中党是领导一切的。在当代中国,中国共产党是执政党,中国一切问题的解决都取决于党的方针政策。解决得好坏,则取决于党的整体素质。在当代建设有中国特色的社会主义法治国家,党的建设也必须法治化。与法治国家建设对应的是法治政党建设。而且在当代中国的现实情况下,没有法治政党建设的成功就没有法治国家建设的成功!

要建设法治政党,第一必须解决党的法治信仰问题,全党必须真诚信仰法律崇尚法律才能建成法治政党。到目前为止的人类实践证明,法治是治国理政、建设现代国家的最佳途径、最好方法。如果我们党不能真正做到崇尚法律信仰法律依法治国依法理政的话,法治中国的建设是不可能做到的,中国的现代化也是不可能实现的。所以,我们党必须解决法治信仰问题,建成法治政党才能建成法治中国。

第二,党需要领导人民制定良好的法律。有良法才有可能善治,无良法不可能善治。所谓的良法,必须是尊重和保障人权,推动社会健康科学和谐发展的法律。所以党必须领导人民科学立法,民主立法,依法立法,尊重和保障人权,推动社会健康科学和谐发展,切实解决中国的现实问题,制定推动中国发展、人民普遍拥护的法律。尊重和保障人权、适合中国国情、解决中国问题、人民普遍拥护的法律,才是良法。

第三,真正守法的政党才是法治政党。执行不严、普遍违法是当前中国法治建设中的主要问题。所以,要真正解决中国的法治国家建设问题,首先要解决全民守法问题。而解决全民守法问题,首先要解决全党守法问题。党是人民的先锋队,不解决先锋队的守法问题,就不可能解决全民的守法问题。全民都不守法,法治中国能建成吗？所以,我们必须按照党章的规定,严格把党的活动限制在宪法和法律的范围内,使每个党员都成为遵纪守法的模范,用铁的纪律严格约束,不是说说而已,而是扎扎实实地做到,法治中国才有可能建成。

第四,党必须严格依法执政。习近平总书记讲,依法治国首先是依宪治国,依法执政主要是依宪执政。中国共产党依宪依法执政需要一部法律来规范,建议设立一部《中国共产党执政法》,规范党执政的行为,使党的具体执政行为有法可依,有所遵循,也使全国人民监督有所遵循。

法治中国的建设希望在党,成败在党。法治政党的建设寄托着全国人民的希望!

中国法治实践研究的反思

马长山
华东政法大学教授。

非常感谢本次大会的邀请，我个人还未能完全理解法治实践学派的内涵和精髓，其实是不太敢发言的。但弘道教授说还是要发表一下自己的见解，那我就从三个维度来讲几句自己的学习感受吧。

首先，是对法治实践学派和中国法学自主性关系的探讨。众所周知，中华法系在中国历史上占据着重要的地位。直至晚清，我们才开始真正面对西方。在追赶现代化过程当中，我们仿制西方的法律制度，引进其法律思想。与此同时，也充斥着传统与现代、东方与西方、本土与移植的纠结。从历史走到现代，以致在改革开放40周年之后的今天，这个问题仍未得到解决。弘道教授倡导的中国法治实践学派，力图寻求当前社会法学的自主性。对于这个自主性，我觉得可以从两个角度理解。一方面是对外的自主性，即对西方的自主性；另一方面是中国内部的自主性。后者可以体现在对两个问题的思考上，一是保持学术中立，二是追求客观性，而不仅仅是附和政府的法治战略。同时，我认为学术群体的存在是十分必要的。中国法治实践学派的概念产生于习总书记在浙江担任书记时期"法治浙江"的实践，现在国家又提出构建新时期哲学社会科学的历史使命。这个使命必然离不开一个不断壮大的团队和群体。因此，建议弘道教授要不断招收更多志同道合的同伴，开辟根据地，厘清法治实践学派的特定范畴，形成其独特的理论体系和方法。只有这样，才能有实力与西方进行对坐论道。

其次，是要明确实践学派所针对的对象领域。实践分为体制上的实践和生活中的实践 。体制上的实践是国家的法治建设的实践，是国家构建的法治战略；生活中的实践是生活中发生的法治的萌芽和秩序，例如互联网平台的治理机制，就是一种表现形式。法治实践应囊括体制与生活的实践两方面，是总体性的实践，不应该仅仅落在体制性的、政府的法治战略上，而忽略生活中的法治实践。

最后，是对法治实践研究的反思，这里我去掉了“学派”二字。反思有以下四点：一是党的十九大之后，智库化的趋势日益明显，但其中也存在一些问题，例如智库研究的主体和内容，主要是围绕政府决策的目标方向来进行的，得到批示落实是对智库成果的最高肯定；而真正的学术研究需要依靠社会发展的客观规律来推进，理论命题是其价值所在，所以二者存在差异。二是对证成倾向的反思。现在的很多研究以正当化的论证为主，缺少反思批判性，未经过认真的反思就对新出现的决议提供合理化的认证，包括对一些并不涉及法学领域的问题的论证，这就降低了法学的独立性品格。三是对嫁接倾向的反思。实践的研究综合了社会学等多学科交叉的研究方法，嫁接方式方法的选择需要符合学科内在客观规律。四是对新兴事物的回应不足的思考。以人工智能、互联网、大数据这些新兴事物为主要表现的智能互联网，带来了整个生产关系、生活关系、生活方式和价值观念的整体变化，人类已经进入了信息革命的时代，而现行的实践对这些巨大的变革反应还比较迟缓，亟待强化。

以上是我的几点看法和建议。谢谢！

转型中国的乡村自治略述

公丕祥

南京师范大学教授、中国法治现代化研究院院长。

谢谢王利军院长！非常感谢钱弘道教授、冯玉军教授和河北经贸大学法学院的盛情邀请！衷心祝愿在河北正定举办的2018中国法治实践学派论坛暨中国法治评估高端论坛取得圆满成功！

我要发言的题目是《转型中国的乡村自治略述》。钱弘道教授倡导的中国法治实践学派的一个鲜明特色就是注重基层法治。乡村自治是基层法治的重要内容，今天就从这个角度谈一点个人认识，希望各位批评指正。

党的十九大从新时代推进国家治理现代化的战略高度，提出了“健全自治、法治、德治相结合的乡村治理体系”的重大战略任务。在新的时代条件下，建构中国特色的新型乡村治理体制，这既是中国乡村治理逻辑的理论表达，更是中国乡村治理革命的实践探索。在构建当代中国乡村治理体系的新时代，自治、法治、德治这三种治理方式相辅相成，相互促进，三者缺一不可，也不可偏废。在新型乡村治理体系中，自治是核心，法治是保障，德治是灵魂。因此，将自治、法治、德治有机结合起来，无疑是当代中国乡村治理方式的时代选择，构成了当代中国乡村治理革命的基本要求。

中国的乡村生活是一个交织着经济的、政治的、社会的、伦理的、法权的、文化的、民族的、历史的乃至地理的诸多方面因素的错综复杂的社会关系的有机体，从而展示出丰富多样的区域社会的独特性，并且不可避免地凝结为多样性统一的共同体意识或民族精神。在传统中国，国家和社会之间存在一种内在统一的关系。强大的专制国家的力量，淹没了社会自身独立存在的地位。虽然乡村社会自成一体，具有内在的封闭性，脱离国家政治生活之外,但是作为社会结构的基本单元,乡村社会却始终成为专制国家体制赖以存在的社会基础。因此,传统的帝国对乡村社会的控制,成为以皇权为中心的国家治理结构的必然要求。萧公权先生有一部名作,叫作《中国乡村:19 世纪帝国的控制》。在这部著作中,他深入分析了 19 世纪清王朝在中国乡村的控制体系。按照他的看法,自古代起,中国乡村就存在地方性的分组和分级,并且有政府的代理人。秦朝所确立的县以下基层行政层级,为后来各朝所运用。清朝皇帝接受了明朝所运用的体制,在某些细节方面作了必要的调整,并且对所有辅助的地方组织,只要看起来有助于基层社会统治的,都加以运用。负责治安的保甲,负责税收的里甲组织的头人和乡村谷仓的管理者,是协助官府对乡村进行控制的代理人。在内外因素的合力推动下,近代中国的国家和社会的关系呈现新的特点。晚清统治集团被迫推行立宪与法制改革,制订了预备立宪九年应行筹备清单,推进地方自治也成为这份清单的组成部分,强调地方自治是立宪的根本,城镇乡又是自治的基础。所以,主张官治和地方自治之间的关系是"地方自治乃辅官治之所不及,仍统于官治之内,并非离官治而独立"。因此,清廷颁布了《地方自治章程》。进入民国时代以来,地方自治又进一步活跃起来,1919 年 9 月的县自治法,1921 年的市自治法、乡自治法等地方自治法律也相继颁布。在南京国民政府时期,《中华民国训政时期约法》把地方自治摆在重要位置。其实地方自治仍然受制于"党治政府"的体制,缺乏独立存在的地位,政府始终主导着乡村控制体系的重建。因此,近代以来中国的乡村控制体系处于剧烈的变动之中。

随着 1949 年人民大革命的胜利,近代以来国家和乡村之间的关系呈现新的特点。适应新的人民共和国的国家建构和国家治理的需要,新中国成立初期的"一化三改造"运动,以及随后的人民公社运动,为创设和施行新的国家治理体系提供了重要载体,加快了国家和社会的同一化进程,国家权力大幅介入从城市到农村的社会生活的各个领域。政社合一的人民公社体制,集中地表达了"强国家,弱社会"的法权要求。人民公社体制是 20 世纪 50 年代的中国农业合作化运动的一个历史产物。按照 1958 年 8 月 29 日的中共中央《关于在农村建立人民公社问题的决议》以及随后的《农村人民公社工作条例》(修正草案,1961 年 6 月 15 日)的精神,农村人民公社是政社合一组织,是我国社会主义政权在农村中的基层单位。实行统一领导、分级管理的制度,一般实行公社、生产大队和生产队的人民公社组织体系。因此,三级所有、队为基础的政社合一的人民公社体制,在相当长的时期内构成了我国基层政权组织系统,对新中国的乡村治理进程产生了深远影响。

1978年的改革开放,催生着国家和社会关系的历史性重构。随着农村家庭联产承包责任制的逐步推行,人民公社体制日益成为农村社会生产力发展的制度性束缚,推进农村基层政权体制的历史性变革,已经不可避免地提上党和国家的重大议事日程。"八二宪法"历史性地终结了政社合一的人民公社体制,按照政社分开的原则,规定设立乡镇政权,建构了乡镇基层政权体制,而保留了人民公社的农村集体经济组织的职能形式。用政社分开的乡镇政权体制取代政社合一的人民公社体制,这是一场关系全局的深刻复杂的农村社会政治与经济制度的重大变革。1983年10月,中共中央和国务院下发《关于实行政社分开建立乡政府的通知》,有力推动了撤社建乡的工作。很显然,1978年以来逐步展开的当代中国农村改革,催生了以联产承包责任制和农户家庭经营为主导形式的农村生产责任制这一当代中国农民的伟大制度创新与创造,打破了长期以来实行的政社合一的人民公社体制,重构了中国乡镇基层政权体系,从而深刻地改造了农村社会的政治与经济环境,推动了当代中国国家和社会关系的历史性的转型。与乡镇政权重建进程相辅相成,1978年以来,中国基层乡村自治渐进兴起,基层社会政治生活面貌深刻变化,从而成为重塑国家和社会关系新格局的内生动力。随着人民公社体制的解体,广大农民获得了土地承包经营的权利。国家权力在农村基层社会中的贯彻和运用,固然要通过乡镇政权体制的重建获得延展,但是在原先构成人民公社体制赖以存在的载体的生产大队和生产队,遭遇了新的现实的挑战。拥有农村土地承包经营权的广大农户家庭,不再像以往那样受到国家权力的无限支配,而是具有相当程度的表达自由的意愿和自主经营活动的基层社会主体,从而在很大程度上决定着附着在土地承包经营责任制之上的各类经济与社会资源的具体运用。因此,村民自治与乡镇政权重建之间相互联系、相互作用,成为当代中国改革开放历史性时期的乡村治理革命的两大制度基石。

"八二宪法"在总结中华人民共和国成立以来基层民主政治建设经验教训的基础上,运用国家根本大法的形式,正式建立了中国特色的基层社会自治制度,规定城市和农村按居民居住地区设立居民委员会或者村民委员会,明确规定这是基层群众性的自治组织。所以,在农村地区,村民委员会这样一个基层自治的载体逐步地发展起来。在中国这样一个超大规模的东方大国,建立起一个稳定的有序的社会秩序,诚然需要国家公权力的强制介入,但是在基层社会治理过程中,单纯依靠国家政权力量是无法解决大量的社会矛盾纠纷的。基层社会自治组织的能动作用愈发成为推动基层发展的强大动力。在"八二宪法"的指引下,各地在加强村民委员会组织建设方面进行了广泛探索，到 20 世纪 80 年代后期，全国已经建立了 90 余万个村民委员会。1987 年 11 月 24 日，六届全国人大常委会第二十三次会议审议通过了《中华人民共和国村民委员会组织法(试行)》，用法律形式规定村民委员会与基层政权之间的关系以及村委会的具体运行机制。随后 1998 年 11 月，九届全国人大常委会第五次会议审议通过了新的村民委员会组织法；2010 年 11 月，十一届全国人大常委会第十七次会议审议通过了修订后的村民委员会组织法。这三次关于村民委员会的系统法律制度设定，使中国的乡村社会自治获得了有力的制度保障。

党的十八大以来，中国的国家发展与现代化进程进入了新时代。乡村治理体系是国家治理现代化的重要基础。党的十八届四中全会决定提出，要推进多层次、多领域的依法治理。党的十九大报告更是明确强调要健全自治、法治、德治相结合的乡村治理体系。由此，新时代的中国乡村自治正在呈现崭新的运动方向，主要有三个特点：第一，更加注重乡村自治的民主基础。第二，更加注重推动乡村自治的法治化进程。第三，更加注重德治对乡村自治的价值引领作用。因之，新时代的当代中国乡村治理革命正在深入展开。

每一个法官都是实践法学思想的践行者

高　娟

河北省高级人民法院法官。

尊敬的各位前辈、各位同学，下午好！

能来这里学习并发言，深感荣幸，诚惶诚恐。我汇报的主题是《每一个法官都是实践法学思想的践行者》。党的十八届四中全会吹响了“全面依法治国”的号角，中国法官作为法治实践的践行者，如何在新时期以自己的一言一行推动中国的法治建设，是值得思考的命题。

法官不仅要对法治虔诚，还要脚踏实地，在职业内外、点滴工作中输送公平与正义。在庭审中认真倾听当事人的陈述与辩解，维护他们的诉讼权利；在撰写裁判文书时，客观公正，充分说理，不偏不倚；在日常生活中，谨言慎行。那么在司法实践中，法官应当怎样表达公平正义？我概括为三个场域：

一是庭审场域。庭审有规则要求，体现了审判流程的制度化、规范化、标准化。法庭规则是司法程序规则的重要组成部分，其对庭前准备、开庭着装、庭审纪律、庭审记录等每一个庭审环节，都提出明确要求，其目的是尊重权利、彰显权威、追求程序正义。庭审场域折射出了纸面上的法律和行动中的法律的关系（law in characterizes and law in action）。庭审是实践法学的动态形式，法官通过庭审把纸上法律转化为行动中的法律，因此法官在“流程”中遵循的每一个操作步骤都至关重要，这关系到当事人权利的实现与义务的履行，如果诉讼权利在庭审中受到侵害，则不但侵害程序正义，也会影响实质正义的实现，因此，庭审中不仅要注重规则公平、权利保障、庭审活动公开，还要凸显保障人权、恪守无罪推定、体现控辩平等程序价值。比如，庭审中不能随意打断当事人的发言，法官在庭审中掌握着话语权，如果法官不让当事人充分说话，无论是温柔地打断或者是暴力地打断，都是对当事人诉讼权利的伤害。

二是裁判文书场域。裁判文书是司法实践记录性的结晶,是实践法学的静态表现与呈现,是整个司法活动最终的产品形式。裁判文书承载的直接功能在于通过权利救济实现个案正义,解决个案纠纷。裁判文书是司法正义的实现方式,可以使犯罪者受到惩罚、违约者受到制裁、受害者得到保护;间接功能在于引导社会行为、培育法治文化。在裁判文书的写作方面,要求事实清楚,说理充分,追求真、善、美。法官要剥开事实的迷雾,经过跋涉去认识案件的真相,既要客观真实,又要体现情理、事理、法理的结合。说理是裁判文书的生命与灵魂,只有充分的说理,才能真正让人民群众从个案中感受到司法的公平正义,才能胜败皆服,被当事人和社会大众接受,才能做到公平、公正。此外,裁判文书写作要考虑受众对象,这既是和当事人对话,也是和社会大众对话,因为裁判文书也承担着释法明理、法治宣传教育的使命。比如,一个农村的老太太来打官司,裁判文书一定要用本土语言,让她能看懂;如果打官司的是一个证券公司,则裁判文书更要注意体现用语的专业性。和当事人对话,可以提高裁判文书的接受度,有利于公平正义的实现;和社会公众对话,可以培养公众的法治意识,他们通过看裁判文书可以产生合理的预期,体现法的教育、指引、评价等功能。

三是庭审外的场域。法官在完成动、静过程之后,还需要以自己的公正形象维护这两个方面的成果,使成果获得存在的正当性。庭审场域外的表达是输出司法公正的重要阵地,德沃金认为:“法官说什么,法律也常常变成了什么。”法谚曰“法律借助于法官降临尘世”,法官是司法公正的主体,法官说了什么,法律也就成了什么,所以法官的一言一行都很重要,即使在庭审外的场域,法官的一个眼神、一个动作,都会对当事人的心理造成影响,也能影响公众对法治的理解。因有制度约束,法官在庭审中会自觉地注意言行举止;因裁判文书要公之于众,裁判文书表达中会严谨细致。然而,覆盖司法过程大部分空间的庭审之外的语言和行为却具有随意性和随机性,没有规范的制约机制,法官往往忽视它的重要性,存在不当表达的现象。法官庭审场域外不当表达,会引发诸多不良后果,影响司法公正和司法公信,因此,法官充分理解庭审场域外的慎言慎行义务和言论限制的意义实为必要。法官的职业素养要求法官要自律、内敛、性情稳定、温厚纯良。法官应培养包容、谦和的品质,具备清醒的职业认知,有超然的气度,不带有偏私地面对案件。实现正当有效的庭外表达需要从两方面入手,一是要追溯司法理念的本原。思考如何确立法官的职业本色?如何成为真正的法官?这是外部技术问题。二是要从法官自身考虑。法官诉讼指挥权的行使在于语言、行为的细节,法官要谨言慎行,内心保持谦卑、谦抑的态度,内求诸己。

协力推进中国法治实践学派发展

张　巍

中华全国女律师协会副会长。

各位专家、各位领导、各位法律界同仁：

大家好！

非常感谢承办方主办方对我的邀请，也请允许我代表中华全国女律师协会全国10万名女律师代表、北京律师协会3万名律师对2018中国法治实践学派论坛的召开表示最热烈的祝贺！同时也对中国法治实践派创立七年来所取得的突出成就表示最热烈的祝贺！

今天上午，各位专家的发言让我受益匪浅，简直就是头脑风暴。我简单谈三点感想：

第一，中国法治实践学派是中国法学的第一个学派，填补了法学流派的空白。中国法治实践学派强调实践，强调走进实践，以实践为师，观点鲜明，有中国气派。没有法治实践，法学理论将成为无缘之所、无本之木。作为律师，作为法治实践的践行者，我完全支持中国法治实践学派的思想和精神。法学研究者应当积极投身到法治实践当中，从个案中探索当中的法治规律。

第二，律师是法治的推动者和实践者，应当积极为中国法治实践学派的发展做出贡献。作为法治中国的生力军，中国37万名律师大军应当是我们中国法治实践学派的具体实践者和同盟军。只有我们律师界和法学界携手同行才能共同推进中国法治建设的进程，筑牢法治中国的大厦。我们加入了中国法治实践学派智慧法务实验，也加入了中国法治实践学派发起建立的万世弘道法治联盟。我们的加入不仅是一个法治力量的加入，而且今后在物力资金上，我们还会伸出援助之手。

第三,中国法治实践学派传播弘扬法治精神,这是弘扬大道,这是我们法律人的共同职责。因此,让我们用张载的话共勉:“为天地立心,为生民立命,为往圣继绝学,为万世开太平。”

坚持新时代法学研究的实践导向

杜宴林
吉林大学教授。

新的时代，中国法学正在兴起一种坚持实践导向的学术思潮，我们有理由相信，这绝非一时兴致使然，恰恰相反，正如越来越多的人所认识到的，极大的可能是当下中国法学发展的一个顺理成章的累积性反映。

一、中国法学研究实践导向的基本诉求

众所周知，经过多年的西学东渐的影响，当代中国法学整体呈现一种繁荣的景象，这一点从研究领域、话语体系和从业人员等各个方面都有所体现。然而，这样的繁荣并不一定意味着进步，事实上，正如学人所言，这里面不排除存在“学术消费主义”症候，它们都共同信奉一种“现代化范式”，亦即在对西方现代化理论或现代法制/法治发展的结果不加质疑、不予反思和不加批判的情形下便将西方现代法制/法治发展的各种结果视作中国法制/法治发展的当然前提。自然也就不可能是中国法学该当的表达和实践。中国法学研究的实践导向无疑就是这样背景下的自然反映：理论自觉和情势所逼。所谓理论自觉，是因为中国法学研究的实践导向代表了一种法学主体性或族群意识的觉醒，是时候觉醒了，道理很简单，多年来，中国法学一直身处西学东渐大潮中，不知不觉也深陷思想的自我殖民状态而不能自拔，主体性彻底放逐，这一方面既表现为中国法学甘当西方法律研究信息提供者，这从中国学者国际发文情况就可见一斑，细心的读者是不难找到答案的，又表现为西方学者的简单的东方想象，戴着有色眼镜不愿意也不能主动了解中国，毫无疑问，这两者显然都是不合适的，必须加以改变。即使退一步言之，如同公平的法律判决必须陈述判决理由一样，

要中立诊断中国法学，尤其是对戴着有色眼镜的西方学者而言，从公平角度来说，也应当积极研究中国法律实践问题才能给出确切的回答。所谓情势所逼，准确地说是问题所逼，一方面，渊源于西方的当代中国法学水土不服，不敷时用，使人们难言的失落，期待中的法治政府、法治社会和法治国家并没有全然到来；另一方面，处于大变局的当代中国，新的问题却层出不穷，又没有任何成规可循。这种情况下，有识之士们的自然反应就是增强法学的中国问题意识，关注中国法治实践就自然是其题中应有之义。在这个意义上，中国法学研究实践导向绝非一般人所想当然的那样是标新立异，它有坚实的学术土壤和学术自觉。

二、中国法学研究实践导向的应然要义

如同哲学正面临着哲学科学化分支和哲学文学化分支争论一样，当代中国法学也面临着法学科学分支和法学人类学分支的纠结与争论，但关键之处无疑在于如何才能确保法律本身的科学性和可操作性的本真寻求，以区别于既往简单的政治正确或意识形态意义上的法学。显然，中国法学研究实践导向思潮无疑属于这样的弄潮儿，它力图将法学研究的重点聚焦到可操作性的中国法律实践上来，至少“强调法律的政治性不应忽视它的专门性和科学性”，具有专业技术性的法律实践是其关键词，这也意味着它从既往的注重意识形态的法学转向注重科学因素的法学科学。同时鉴于多年的法学科学性讨论共识，中国法学研究实践导向显然不在于寻求普世性原则，它更在意于语境论分析和个案问题的论据权衡，也就是说，中国法学研究实践导向的实践相对而言具有更为厚重的法学人类学属性，是语境主义/地方性知识意义上的中国人日常生活的法律实践，这意味着它将更加在意族群性而非抽象的理论。这个意义上，中国法学研究实践导向与其说是一种思潮，不如说是一种态度与问题意识，它旗帜鲜明地将自己打上日常生活法学的痕迹，将一切既有的理论问题化。当然，这种实践绝非褊狭的“实践出真知”的翻版，因为这种“实践出真知”所统治的人们，固执地认为它们的任务就是说明中国特有的法律实践是真的，是中国法治的真正道路，犹如进化论主义所提倡的那样。这显然是不够的，这是一种马克斯·韦伯曾经指斥的“鼠目寸光的法律与秩序的市侩主义”，它必然侵蚀中国成长为一个成熟的“法治国家”。恰恰相反，作为一种规范性学问和思潮，中国法学研究实践导向还应当说明中国法律实践如何才能是真的。这也意味着，中国法学研究实践导向的实践还应当是一种反思性实践，理性从不缺席也不应当缺席：必须坚守现代法治作为理性事业之治的基本维度，这是它的起码底线和尺度。

简言之,“怎样的实践才能出真知”是其重要的说明义务。

三、中国法学研究实践导向的可能期待

这样看来,尽管中国法学研究实践导向看起来的确争议很多,但它的实践导向和引领无疑有效地解决了法学研究的根基问题和生命线问题。如前所述,一段时间以来,中国法学在“西学东渐”的影响下,深陷“尊西崇新”“话语平移”的学术误区中,简单以西方法学的是为是,以西方法学的非为非,直把西方做东方……使中国法学呈现出浮萍无根、心无定所的状态,表面的繁荣掩盖不了“内在中空、不接地气”的窘态。在这方面,应时而生的中国法学研究实践导向无疑注入了新的生机和活力,也带来了法学发展的新的契机和动力,谁都得承认,这应当有极大的吸引力,如果它能完成如下基本转变的话。

首先,期待中的中国法学研究实践导向思潮从概貌上讲,应当是与西方法学相对不同的法律思潮,立足于中国碎片化的法律实践,同时又融贯性地关联现代性追求,历时性问题共时性解决。这一双重任务的完成,当然需要一定的思想能力才有可能,毕竟我们不会生活在别人或其他国家人民的世界,我们生活在自己的世界,这决定了中国法学研究实践导向一个引人注目的特质就是中国性、民族性甚至东方性,当然这可能会冒“唯我论”的陷阱。由此决定了在其成长过程中,法学家的良知和不断的反思、对话是必不可少的。

其次,期待中的中国法学研究实践导向思潮不能秉持简单的实践优越论甚至实践的形而上学的立场,事实上,如果按罗素的看法,“在先进国家,实践启发理论,在落后估计,理论鼓起实践”,这表明,如果承认当代中国法律发展还是比较滞后,那么法学理论在当代中国至少具有和实践同等重要的地位,法律实践和理论是分不开的,至少要严防理论恐惧症的蔓延,如果不说具有优先眷顾的理由的话。这一点,美国著名法学家德沃金进行了权威的论述:“在法理学与判案或法律实践的任何其他方面之间,不能划出一条固定不变的界线……任何发籁那的意见本身就是法哲学的一个片段,甚至哲学被掩盖……法理学是判决的一般组成部分,亦即任何依法判决的无声开场白。”这表明,中国法学研究实践导向思潮需要一种理论和实践的融贯论,但鉴于多个内部融贯的实体仍然可能发生矛盾的融贯论本身的悖论属性,中国法学研究实践导向思潮能够希望或寻求的只能是信念的融贯性。这一点还是美国哲学家戴维森最有洞见:一切融贯论从字面上说是荒唐的,因为有许多整体性的、融贯的理论,它们相互冲突。如果融贯论有点道理的

话,那就是把它当作一个认识论的片段,它断定一个融贯的信念集合所包含的一定判断大部分是真理。而且在我看来,我们相信任何信念的唯一理由是其他信念,因此我们能够希望或寻求的至多是信念的融贯性。

再次,期待中的中国法学研究实践导向思潮必须正视的,不仅包括中国法律本土法律实践的理论诠释,而且包括学界推崇的中国传统法律智慧的复兴和建设现代中国文明的法律智慧之责任担当,这也意味着,成长中的中国法学研究实践导向思潮必须正确认识中国法律实践正反两方面经验,进而正确认识法治理想图景和法治现实的差距问题,探寻一条可行的法治实践道路和解决办法,用理性、冷静、刚性的法言法语判断和想象,按照法律知识共同体的专业技术要求逻辑地表达为法律知识共同体甚或整个社会均予以认可的意见和问题解决的办法,否则其法学的专业技术特色都可能维持不了,何谈思潮? 这一点,诚如德国法学家拉伦茨所指出的:假使法学不想转变成一种或者以自然法,或者以历史哲学,或者以社会哲学为依据的社会理论,而想维持其法学的角色,它就必须假定现行法秩序大体看来是合理的……它所关心的不仅是明确性及法的安定性,而且致意于:在具体的细节上,以逐步进行的工作来实现"更多的正义"。谁如果认为可以忽略这部分工作,事实上他就不该与法学打交道。

最后但可能也是最重要的,新的时代,作为一种志在实践性、时代性、科学性的法学研究思潮,中国法学研究实践导向思潮必须揭示新时代中国特色社会主义法治道路、制度、文化及其实践的本质及其规律,形成了具有成熟哲学方法和鲜明实践面向的新时代法治理论、具有特色研究领域和话语体系,独立的学术传统以及为推进人类法治文明提供富有理论魅力的"中国经验""中国智慧"。一句话,为全面推进依法治国的伟大实践提供理论支撑。这显然是当下中国法学研究实践导向思潮最受挑战的地方,也是其艰难任务。但这种挑战恰恰就是其发展、进步的动力,或者说,是其成长过程中不可或缺的组成部分,只有战胜一个一个的挑战,这种实践导向的思潮才能茁壮成长,繁花锦簇,并最终立足,因而"取法乎上、得其中也,取法乎中、得其下也"的思潮目标仍然值得尊重,至少相比某种故步自封的无知而言,当然这个过程的确犹如凤凰涅槃般艰难且备受争议。

我对李步云老师《迈向法治新时代》一书的一点认识

陈佑武

广州大学教授。

大家下午好，首先感谢钱弘道老师的邀请，有这么一个机会来参会学习。我来自广州大学，刚好广州也正在总结改革开放 40 年来法治建设的成就。广州的法治建设进行得非常好，但是理论总结还不够，所以我是来学习的，好回去后对广州法治建设成就多做一些理论研究。来了之后，钱老师给我一个任务，就是让我对去年出版的中国法治实践学派书系五卷本里面的李步云老师的著作做一个发言。这个任务很艰巨，因为凡是学法律的人对李老师都很熟悉。李老师很多朋友，还有学生都出席这个会议。我本来不知道该怎么发言，比较忐忑，幸好李老师几个著名的学生都走了，我压力小一些。不过钱弘道老师、姚建宗老师和各位都还在这个地方，还是并不轻松，所以不当之处请大家多多批评指正。

其实，昨天姚建宗老师也对李老师有个评价，我觉得非常到位。姚老师说，改革开放 40 年来我们的法学研究，如果说有些人的名字或许可以不被提起，或许被大浪淘沙掉，但是总有一个人的名字是必须要提到的，不会被忘记的，那就是李步云老师。我想，这也是钱弘道老师为什么去年五卷本收录李步云老师著作的一个重要原因吧。这也能够说明法治实践学派本身的一个学术追求。我不知道我这个判断对不对？我认为这五卷本集中展现了中国法治实践学派老中青三代学者的学术成就。同样，这个判断不知道钱老师是不是认同？李老师 85 岁高龄了，代表了中国法治实践学派的老一代；张文显老师应该代表中年学者这一代；我想钱老师应该属于青年学者这一辈了。所以这个五卷本收藏了目前法治实践学派三代代表性人物的学术精华,也充分展现了中国法治实践学派的理论积淀。其中,对于这五本书,我相对熟悉的应该是李步云老师的一些观点,所以根据我个人的一些理解,对该书谈一点认识。

首先,我谈一下这本书的书名,这本书名是《迈向法治新时代》,一个副标题是李步云先生的法治理念与实践。其实这本书的题名就非常有意思。大家应该注意到,这一套书是在党的十九大之前出版的,准确地说应该是十九大召开两个月之前出版的,当时还没有习近平新时代中国特色社会主义的提法。尽管当时"新时代"并非社会政治生活当中的通说,但是李老师就用了这个"新时代"来表达他的书的名称,这也表达了他的一种学术追求。然而,这还不是李老师最早提出"法治新时代"。在我的印象里面,在党的十八大之后,大概是在2013年,当时《法学研究》发表了一期关于法治的笔谈,该期笔谈第一篇文章就是李步云老师的《迈向共和国的法治新时代》。由此可知,从党的十八大开始,李老师就已经意识法治新时代的到来。这正如老师的大多学术观点一样,李老师总是走在我们的前面。

其次,我谈一下对这本书所承载的治学理念的认识。大家都知道,在党的十八大到党的十九大这个阶段,李步云老师发表了很多成果,这些成果都集中地体现在这本书里面。李老师以前也有类似的这种书的汇编,但是将改革开放以来到党的十九大富有代表性的成果汇编成册,这是头一次,非常系统。这本书很有意思的是什么呢?它打破了以往的一个惯例,李老师首次将他的治学理念置于全书之首。我认为,李老师论述到的治学理念问题,在某种意义上,也应该是中国法治实践学派的一个方法论的问题。李老师的治学理念可归纳为"四个词""八个字",即"求实""创新""严谨""宽容"。他认为治学首先要"求实",有两个意思,一是做学问是理论与实践要结合,二是理论对现实重大问题必须回应。我想"求实"这一点与中国法治实践学派的一些理念应当是很吻合的。我也在想,这是为什么法治实践学派要把李老师的这本书收进来的另一个重要原因。就是因为李老师的治学理念与中国法治实践学派的学术追求高度契合。从"求实"出发,李老师认为治学还要"创新""严谨""宽容"。治学理念这篇文章最早发表于《人民日报》。当时《人民日报》的编辑还作了一些概括,认为求实是根本,创新是追求,严谨是品格,宽容是美德。这个也基本表达了李老师治学的基本思路。李老师自己也认同编辑这一概括,而且也对这一概括颇为较真。有一次他在他家乡娄底作了一次治学理念讲座。当时有一个点评人对李老师治学理念有点看法,认为求实应该是追求,创新才是根本。李老师人又好又善,不忍心当场否定他。不过后来我看过一个会议记录,就是去年召开的中国法治实践学派第一届会议上,李老师就谈到过那个评议人观点,他说他不同意那个点评人的观点,认为求实应当是根本,创新才是追求。

最后,我谈一下对这本书内容的看法。这本书总括起来主要是三个方面。第一,关于依法治国的问题。贯穿 40 年来李老师的法治追求就是四个字,即"依法治国"。历史来看,他从 1979 年开始,就最早系统地提出了依法治国的基本理念。当时对于"法治"问题的认识主要有三种不同的主张:一种是人治观;一种是人治与法治结合观;一种是法治观。在这三种观点里面,李老师旗帜鲜明地表达了他的法治立场,而且为了实践他的法治理念,在实践中不断地推进法治进步。例如,1978 年党的十一届三中全会召开前夕在《人民日报》发表《公民在法律面前一律平等》被视为法学界突破法治理论禁区的第一篇文章;1979 年参与起草《中共中央关于坚决保证刑法、刑事诉讼法切实实施的指示》第一次提出"社会主义法治";1999 年在人民大会堂参加宪法修改座谈会,当时有五个宪法学家与会,李老师就是其中之一,力主"依法治国"入宪,意见被中央采纳。第二,关于人权问题。保障人权,在李步云老师看来,这是依法治国的核心价值追求。而且,大家知道为了人权得到充分保障,李老师对中国特色社会主义人权理论体系做出过系统的理论探索,自 21 世纪以来李老师还把大部分的精力都投入人权教育当中。为了促成国家人权教育培训基地的建立,李老师专门向中央打报告,这份报告得到两个政治局委员批示,并且中央就该问题作过专门研究。2011 年,国家在广州大学、中国政法大学、南开大学设立三个国家基地。2014 年后增加到 8 家,到 2020 年还会增加 5 家。由教育部牵头成立的这个人权基地,从无到有,李老师的创意与推动起到了不可估量的作用,极大地促进了当代中国人权教育与培训的发展。第三,关于民主问题。李老师关于民主形成较为系统的理论观点。他认为民主就是人民当家做主,包括公民的民主权利、国家权力的民主配置、民主方法以及民主原则等方面。

以上是我对李步云老师这本书的一些肤浅认识,谢谢大家!李老师的法治思想博大精深,我的这些看法难免挂一漏万,不对之处,请大家批评指正。

关于中国法治实践学派的若干解释

钱弘道

钱弘道

浙江大学教授，中国法治研究院院长。

今天论坛围绕两个问题展开：一个是中国法治实践学派的基本理论；另一个是中国法治实践的具体问题。比如，姚建宗教授提出17个问题，这17个问题围绕中国法治实践学派的基本理论，是中国法治实践学派现在和将来要努力解决的基本理论问题，实际上也是张文显教授提出的三个问题的展开：一是中国法治实践学派的方法论；二是中国法治实践学派的基本范畴；三是中国法治实践学派的本体论。对于大家今天讨论的问题，我做个回应。

一是关于"实践"。中国法治实践学派的一个关键词是"实践"(practice)。这个关键词，我们一定要把它解释清楚，无论是从哲学角度还是法学角度。中国法治实践学派的基石范畴就是"实践"。从"实践"出发，中国法治实践学派的理论大厦才能建立起来。实践哲学是中国法治实践学派的理论基础。从亚里士多德到马克思，我们要深入研究他们的实践哲学，把实践哲学科学地植入中国法治实践学派。这个工作，我们需要一批从事法哲学研究的学者来系统梳理。郑永流、邱本、武建敏等教授已经做了许多研究。

二是关于"传统"。中国法治实践学派产生于中国土壤，自然离不开中国传统。这方面，武树臣教授已经做了大量研究。从某种意义上讲，中国法治实践学派就是古代经世致用精神和王阳明"知行合一"精神的当代表达。近年出现"王阳明热"不是偶然的。王阳明是浙江人，早年和晚年在绍兴生活时间很长。我们在浙江绍兴市诸暨枫桥镇建立中国法治实践学派研究基地。我们启动了"枫桥经验"的研究。"枫桥经验"是中国基层治理的样本，是典型的中国问题。

三是关于“实事求是”。《汉书·河间献王刘德传》里说:“修学好古,实事求是。”从毛泽东《实践论》到中国共产党的群众路线,到“实践是检验真理的唯一标准”,“实事求是”是关键词。“实事求是”中国共产党全部理论和实践的基本线索。研究中国问题,就要研究中国共产党的“实事求是”。“实事求是”是中国法治实践学派的关键词。

四是关于“实践主义法治观”。中国法治实践学派的本体论应该从“实践”这个关键词出发,沿着实践主义法治观的路线去构架。也就是说,实践主义法治观就是中国法治实践学派标志性的学术概念。实践主义法治观可以用来重构法治理论系统。

五是关于“大数据法治”。根据量化法治、法治评估的经验,我提出“大数据法治”作为描述未来法治一种形态的概念。张志铭教授把法治的研究划分为三个阶段,即正名、定义、量化三个阶段。大数据法治可以作为量化法治的升级版。以前,量化概念、数据概念在法学研究里面几乎是没有的,今后法学的一个方向就是量化研究。法治是可以量化的,现在开始应该是大数据的。未来法治系统工程一定是大数据支撑的。如果法治系统工程离开了大数据,这个系统就不能成立。钱学森当时提出法治系统工程很智慧,但条件尚不成熟。现在可以了,互联网、大数据、人工智能几乎把我们这个时代颠覆了。大数据法治当然不是未来法治的全部,但它一定是未来法治的一个面向。我再提出一个“大数据法学”,大数据法学是一个亟待开辟的崭新领域。我在浙江大学已经启动“大数据法治”和“大数据法学”的跨学科研究,并且设为博士研究生的招生方向,学校专门增加博士生招生名额,支持我的研究。

六是关于“智慧法务实验”。我理解的“智慧法务”是广义的,不仅包括法律服务业的智慧法务,而且包括司法行政系统的智慧法务,还包括法院、检察院的智慧法务。比如互联网法院,从广义上来说,可以纳入智慧法务范畴。智慧法务实验是我继法治评估实验之后推出的新实验,主要是为了推进大数据法治研究,或者就是大数据法治的具体项目和进路。这个胆子确实大了点,甚至是一种冒险,因为这是用商业模式做学术研究。智慧法务实验涉及大数据,涉及技术,涉及真实的平台。这个平台要投资,要研发,要开辟市场,要观察整个运行过程。我们会把实验变成理论,变成大数据法治理论、智慧法务理论、中国法治实践学派理论。这些理论不是翻书本翻出来的,不是空想出来的,不是纸上谈兵谈出来的。

七是关于“万世弘道法治联盟”。我们已经启动在全世界范围内建立一个联盟，这个联盟叫“万世弘道法治联盟”。“万世弘道”意思是“为千秋弘大道，为万世开太平”。这个联盟把法学家和律师团结起来，形成合力，来推动线上线下相结合的法律服务变革。我去大成、盈科等许多律师事务所做了大量调研，律师们都支持我。

八是关于“实践、实证、实验”。我给出的中国法治实践学派定义，是把“实践、实证、实验”放在一起的。“实践、实证、实验”就是中国法治实践学派的研究方法。“实践”主要是从实践哲学角度考虑，“实证”主要是相对于“规范”而言，“实验”是“实证”的一种方法。我主持的法治评估、智慧法务实验就是典型的法学实验方法，也是我开展法学研究的主要方法。

九是关于“法治话语权”。中国法治实践学派一定要呈现给世界，一定要与世界对话。现在我们的大多数学者是独立的、分散的，学术成果是散乱的。我在思考如何通过团队力量和“拳头产品”与世界对话。这个团队就是“中国法治实践学派”。通过学派的力量整合，把相对孤立的、分散的学说变成一个体系，这个体系就是“中国法治理论体系”，就是中国法学的“拳头产品”。中国法治实践学派在国际上已经形成一定范围的影响力，我们会努力让这种影响力变得更大。

十是关于中国法治实践学派定义。我 2012 年提出的中国法治实践学概念到现在没变。中国法治实践学派是一个问题导向的学派。中国法治实践学派就是以中国法治为研究方向，以探寻中国法治道路为目标，以构架法治规范体系和理论体系为任务，以实践、实证、实验为方法，注重实际，注重现实，具有中国特色、中国风格、中国气派的一个学派。

十一是关于“理想主义情怀”和“实践主义精神”。中国法治实践学派是一种学术谋划，这种谋划体现的是一种理想主义。中国法治实践学派倡导知行合一，倡导走进实践，这是实践主义。中国法治实践学派是理想主义和实践主义的结合。去年有一天，我到山上挖笋，不小心脚崴了，骨折，很痛苦。脚崴后，我闭门隐居，认真思考人生，清理了一遍自己以往的所有人生哲学，并且达到一种升华。这是脚崴骨折这个痛苦的“实践”体验给我带来的人生哲学思考。我和笋有感情，从小和笋打交道。如果没见过笋，不上山挖笋，没烧过笋，没吃过笋，怎么能辨认“毛笋”“雷笋”“石笋”“水笋”“墨笋”“广笋”“枪刀笋”？怎么知道哪种笋什么时间长出来？怎么知道它们的味道差异？你的知识是书本的、想象的、不“接地气”的，甚至是错误的。不“接地气”的研究往往就是书生的一厢情愿。如果我们不走进实践，那么就难以知道法治的真实运行细节，就难以形成能真正解决问题的学问，就难以指导实践。

中国法治实践学派是一种学术理想,理想的实现需要“一批人”,需要“一大批人”。无论是公丕祥、武树臣、张志铭、郑永流、姚建宗等学者在本次论坛上提出的学术观点,还是刚才李栗燕说“追随”中国法治实践学派,白丽教授说培养学术“情怀”,都表达了我们的共同心愿,体现了我们的共同努力,体现了我们的共同贡献。我们一定要有一批人,一定是一批人围绕中国法治实践学派这个概念,成就一套理论体系,成就一个“学术王国”。一个概念变成一个“学术王国”,那是一大批人甚至几代人创造出来的。学者有两样本事最重要:第一样是学术“判断力”,你的判断力准不准确,基本上决定你的学术前途;第二样是学术“概括力”,提出概念就是概括力的体现;只有具备很好的概括力,才能提出学术概念;只有通过概括,不断概括,才能形成学术思想和理论系统。

我们必须把理想主义情怀变成具体的行动。一个人的成功决定于“行动力”,中国法治实践学派的特征就是行动。在中国法治实践学派的共识下,你的行动、我的行动——我们大家的行动组合就构成中国法治实践学派。中国法治实践学派的成功就靠两样东西——理想主义情怀和实践主义精神,这是两大制胜法宝。只要充分发挥这两大制胜法宝的作用,我们就一定能成功!

科学的法治评估推进法治中国建设*

刘永志

河北省政法委副秘书长。

尊敬的各位领导、各位专家、同志们：

大家上午好！

今天，中国法治评估高端论坛在千年古郡河北正定隆重举行，这是全国法学、法律工作者交流思想、凝聚智慧、共促发展的一次盛会。我代表中共河北省委法治河北建设领导小组办公室、中共河北省委政法委，对论坛的举办表示热烈祝贺！向出席论坛的各位领导、专家学者表示衷心的感谢和热烈的欢迎！

法治是治国理政的基本方式。党的十八大以来，以习近平同志为核心的党中央推进全面依法治国，坚持依法治国、依法执政、依法行政共同推进，坚持法治国家、法治政府、法治社会一体建设，全面推进科学立法、严格执法、公正司法、全民守法，中国特色社会主义法治体系日益完善，民主法治建设迈出重大步伐。习近平总书记在党的十九大上强调，中国特色社会主义进入新时代，全面推进依法治国的总目标是建设中国特色社会主义法治体系、建设中国特色社会主义法治国家，要坚持全面依法治国，深化依法治国实践，推进国家治理体系和治理能力现代化。到2035年，法治国家、法治政府、法治社会基本建成，国家治理体系和治理能力现代化基本实现。法治中国的蓝图已经绘就，我们要深入学习贯彻党的十九大精神，以习近平新时代中国特色社会主义思想为指导，围绕良法善治全面推进依法治国各项工作，奋力开创法治中国建设新局面。

近年来，河北省委始终高度重视法治河北建设工作，坚定不移厉行法

* 此文为刘永志教授于2018年5月19日中国法治评估高端论坛开幕式致辞。

治,围绕法治建设开展了一系列的探索实践,推出了一系列的重大举措,有力地推进了科学立法、严格执法、公正司法、全民守法。例如,我们创立了党委领导下的"1+5"的法治建设协同推进机制,把党总揽全局、协调各方同充分发挥人大、政府、政法机关职能作用有机统一起来;我们出台了《河北省党政主要负责人履行推进法治建设第一责任人职责实施办法》《河北省全面推进法治建设督察办法》,积极开展法治创建活动,有效推动了党政主要负责人积极履职;我们建立了法治智库,汇聚法治专家人才,为法治建设提供智力支持;我们每年举办"十大法治人物""十大法治事件""十大法治成果"(法治"三个十")评选,出版《河北法治发展报告》蓝皮书,宣传讲好河北法治故事;我们首创了设区市法治建设指标体系,建立了内部考核、社会公众满意度调查、第三方评估"三位一体"的法治建设考核评估机制,有力传导了压力、激发了动力。当前,法治河北建设正在稳步推进,势头良好。中国法治评估高端论坛在河北举办,为我们提供了难得的学习机会,希望各位专家学者为法治河北建设多提宝贵意见!

中国法理学研究会以法治评估为主题举办中国法治评估高端论坛,抓住了法治中国建设的薄弱环节。我相信,科学的法治评估机制必将有力地推进法治中国建设的进程。最后,预祝本届中国法治评估高端论坛取得圆满成功!

现代法治实践中的法治评估

王思锋
西北大学法学院教授。

感谢会议邀请，关于本场讨论主题，我的发言题目是《现代法治实践中的法治评估》。

第一，法治评估中国法治实践学派的形成。众所周知，对于法律效果之评价由来已久，但是真正从法治角度来展开评估却比较晚。自2000年开始，北京、上海、浙江的很多学者围绕法治评估做了很多的工作，这些学者不仅局限于法学界，还包括管理学者、社会学者等在内。2006年的余杭法治指数实验引发了国内对法治评估的广泛关注，也取得了非常好的效果，呈现百花齐放、多彩纷呈的良好局面。钱弘道教授曾经讲过，虽然法治评估源于国外，但在中国的热度已经超过世界上任何国家，从已有研究成果、参与法治评估的学者、广泛成立的专业机构等，可以明显看到法治评估、法治实践学派所取得的成效。十多年来，虽然法治评估取得了很大进展，但也存在一些争议，例如法治能不能被量化的问题。但是，中国法治评估的确对中国的法治建设起到了很大的推动作用，也催生了中国法治实践学派的诞生。换个角度来讲，中国法治实践学派的发展壮大也会促使法治评估水平和效果的不断提升，有更多学者的参与，有更多方法的探索和运用，有更多资源的持续投入。

第二，法治评估的主体。法治评估的主体包括政府部门、第三方、社会公众等，建议在法治评估中进一步增强公众的广泛参与力度，确保法治评估主体的独立性，加强法治评估的专业化队伍建设。

第三，法治评估的类型和对象。法治评估的类型分为国家层面的评估与地方层面的评估，或者全面评估与专项评估，钱弘道教授曾将法治评估分为事前评估、事中评估和事后评估，也有专家认为应该分为定量评估、定性评估和建设评估。无论类型如何,法治评价都应该贯穿于科学立法、公正司法、严格执法和全民守法的全过程。建议进一步加大对基层法治建设与基层法治评估的关注,同时,加大对法治人才培养效果的评估,这个评估不同于教育主管部门的教学效果评估,更应该侧重于从法治中国建设角度做好法治人才实践能力的评估。

第四,关于评估的方法。钱弘道老师认为,法治实践学派的方法包括了实践、实证、实验的方法。法治评估的开展确实比较难,首先是要有合理的指标体系,指标体系是否合理决定着法治评估的方向和结果。因此,法治评估应该坚持指标体系的全面性和科学性,坚持数据来源的代表性、广泛性和真实性,同时应该重视大数据、人工智能等新技术、新业态发展对法治评估的影响。

第五,法治评估结果的应用。法治评估的目的是有效地指导法治实践。钱弘道老师曾提出,法治评估是一种倒逼机制,倒逼关键少数,倒逼立法、执法、司法机关提高法治质量和效果。从实际来看,法治评估的结果通常体现为各种报告,那么这些报告的受众是谁?普通公众、学者、政府,还有哪些?真正的读者是谁?实践中有没有形成倒逼?倒逼的程度如何?所以,个人认为应该进一步密切跟踪评估结果的应用,避免法治评估流于形式,或者为了评估而评估。

最后,祝愿中国法治评估事业再上新台阶,祝愿中国法治实践学派不断发展壮大,谢谢!

量化指标规范法律权力

吴玉章

中国社会科学院研究员。

我今天主要围绕上午"法治"的题目谈谈自己的想法。当我们讨论中国的法治问题的时候,我们各位不妨假设现在的会场是有天窗的,我们把天窗打开看一看,中国法治所遇到的问题究竟有哪些?我认为,从我们中国的情况来讲,法治如果不能约束权力,不能约束power的话,你说法治进步或退步都是没有根据的。实际上在我们中国,特别是在中国的封建时代对限制权力的举措并不少见,举其大者,例如有皇室的传统。当初满清入关的时候,听说历代的皇帝特别尊重努尔哈赤为后来皇家所制定的各种规则,同时也有文官围绕着皇帝的日常行动、起居住所做一些记录,多少影响着皇帝不能去做一些无法无天、肆无忌惮的事情。廷议,在朝廷议事的时候,允许大臣讲自己的看法;还有御史;还有我们国家的律令格式等。但是所有的限制,一旦当皇帝本人无法无天、肆无忌惮的时候,所有这些限制都成了不设防的程式,任其肆意驱使。这方面给我们教训太深刻了。我们可以说中国的法律多么完善,我们唐律多么完善,宋刑统、明大诰、大清律例多么好,但是在限制权力这方面,特别在古代封建社会,我们历史所呈交出来的答卷确实是相当苍白无力的。

那么我就在思考,造成这样一些现象的原因是什么?在我看来,我们必须把权力的形态做一些改变,我们特别熟悉的权力形态实际上是政治权力形态。那么我的想法就是我们能不能通过在党的领导下不断推动法治的工作展开,使这样的政治权力逐渐地转变成法律权力。当我们把政治权力逐渐地转化为法律权力以后,我们至少能够明确这样一个道理,就是一旦权力成为法律权力,那么法律权力的有限性就是确凿无疑的。

那么我们为什么说法律权力就一定是一种有限的权力呢?我们可以从三个方面来加以证明。第一,从法律概念来说,当我们说到法律权力的时候,我们怎么来认识这个法律权力。实际上英国的学者哈特给了我们一个重大的启示,即理解法律权力的要点是从法律义务出发,他做出的一个结论就是所谓的法律权力就是义务的缺失。那么这样的一个概念说明了什么?说明我们在认识法律权力这个问题的时候,从方法论上,我们就要建立起法律概念之间的相互制约、相互联系的一套制度体系。我觉得这是我们把政治权力变成法律权力以后第一个有利的方面。第二,所谓的政治权力常常是一些没有限制,与世而来的。但是当我们通过法律规范对权力加以明确以后,我们就会看到,法律权力的授予是有一定制度的;法律权力的获得是有一定条件的;法律权力的行使是有一定规范的。所以从这些方面,我们也可以看出一旦政治权力变成了法律权力,法律权力的出现一定是规范的、明确的一种权力。第三,除了从概念上、法律规范上,我们还要从法律监督方面来考虑,当人们行使法律权力,一旦法律权力出现以后,法律监督就开始了。这种权力的行使是不是合法的,这种权力的行使有没有越权,一旦越权以后,后果会怎么样。所以在我看来,当我们把政治权力法律化以后,原来政治权力种种那些没有限制、肆无忌惮、无法无天的情况会在法律的世界里得到很大的消减。那么当在法律世界里得到消减以后,需要证明法律权力本身是一种有限的权力。因此从这一个意义上来讲,今天上午周保刚处长讲的河北在法律评估方面所作的事情我认为具有极大的意义。这是在党的领导下,我们通过一些制度性的设计、通过量化的指标对权力行使加以量化的规范。因此在这里我不能不钦佩钱弘道教授慧眼识珠,他对河北做法的评价,我认为确实是看到这个问题的重要性。

法治评估的"河北做法"

周保刚

河北省委法治办法治协调处处长。

各位老师、各位专家：

欢迎您来到美丽河北、自在正定。

"2018 中国法治实践学派论坛"在历史文化名城正定召开我非常高兴，因为正定是我的家乡也是我走上法治建设一线的地方，我 1992 年从西北政法大学毕业后在正定县公安局从事了 7 年的公安法制和一线执法办案工作，之后在省委政法委从事了 12 年的执法监督等法律实践工作，近年来直接从事法治河北建设的研究和协调工作，因此非常赞成中国法治实践学派的目标方向和研究方法。根据本次论坛的主题，今天我就我们省探索的设区的市法治建设考核评估的"河北做法"向大家作一汇报，不妥之处请批评指正。

首先对论坛主题与几位专家的发言作三点回应。

其一，论坛将法治评估作为主题非常好，因为法治评估是全面推进法治中国建设的一个薄弱环节，是一个理论上的重大弱项，也是深化法治中国建设实践的急需。河北省在研究如何推进法治的考核评估过程中，课题项目组发现这方面的资料，无论是论文也好、专著也好，都很少。工作中我们更是发现，各地探索与实践的考核评估体系不少，但经验性的机制建构和成果性理论研究仍是凤毛麟角。可喜的是，钱弘道教授在法治评估方面颇有建树，他所创造的余杭法治指数及其考评机制，成为这方面的鼻祖。在接待我们课题组赴浙江的学习考察时，他给了好几本专业书籍，我们吸收了里边的一部分观点，还有很多的内容需要慢慢消化。刚才几位专家学者的发言频频强调"要坚持理论与实践相结合"，我觉得中国法治实践学派应当把目光适当地放在如何进行法治评估这一点上，注重解决法治评估理论上的"短板"、实践中的薄弱环节,以起到以考促建的作用。

其二,河北省在法治建设的理论与实践相结合上可以说是颇有特色的。比如,河北省委政法委和河北经贸大学共同建立的河北省社会治理协同创新中心、地方法治建设研究中心,河北省高级人民法院、高级人民检察院和省内院校联合建设的法治建设研究基地,都对法学实践和法律研究的协同机制进行了不懈探索和推进;再如,河北省设区的市法治建设考核评估机制做法,更是吸收借鉴和采纳了钱弘道教授的一系列理论和做法,从"法治余杭"考核评估机制、"余杭法治指数"理论与做法中汲取了丰富的滋养。此外,我们还到江苏去学习考察,公丕祥老师所领导的中国法治研究院和江苏省委法治办建构的法治建设指标体系的等,也给了我们很多的借鉴之处。

其三,概括地说,"河北做法"体现了"三个特点""四个措施"。"三个特点",一是在全国率先推出设区的市法治建设指标体系,二是创新实践"三位一体"考评机制,三是探索应用"法治建设指数"理论。"四个措施",即把"考""核""评""估"这四个特点都吸纳进来了。这个做法,有利地传导了压力、激发了动力、推进了工作,因为考评结果要上报省委,因为考核成绩要纳入各市领导班子和领导干部的年度考核,因此各市市委、市政府、市人大和市委政法委等部门的领导对我们这个考核评估非常重视。

我的报告分六个部分,下边我简要介绍一下我们河北做法的来龙去脉与主要内容:

一、创新法治建设区域考评思路,率先贯彻落实中央重大要求

从出台历程来看,"河北做法"孕育于中央着力推进全面依法治国、建设法治中国的大工程的新时代,生发于河北省全面依法治省建设法治河北,不断取得重大成效的生动实践。最重要的一点,我觉得是成长于我们各级党委法治办和有关部门的勇于担当、敢于担当、善于担当。三种方式并用的考评做法,保定市从去年针对各县区的考核中已借鉴推行。

从时代背景来看,党的十八届三中全会、四中全会,我们河北省委、省政府、省"两办"、省委考核办、省委法治办,都对法治建设考核有相应的部署和要求。党的十八大以来,河北省法治建设的领导加强、力度加大、进程加快,努力地探索、努力地实践了多种行之有效的推进措施,其中在协调推进"四个全面"战略布局,尤其是在把党的集中统一领导贯穿于依法治国的全过程和各方面上,在着力推进法治河北建设走在全国前列上,推出了一系列重要举措,收获了一大批成果,法治河北建设做到了风生水起、有声有色,做到了成效突出、势头良好。

从形势发展看,大家都很关心法治建设的考评形式,国际组织的"法治指数"评估对国际投资的导向和区域经济发展的影响很大,国内的各种法治建设考核评估都被作为研究谋划工作的重要方式,作为导引各地法治建设工作的重要手段。

我们这个项目做到了"三个着眼于",一是着眼于贯彻落实党中央全面深化改革、全面依法治国决策部署,二是着眼于全面客观科学权威地考评各地法治建设工作,三是着眼于贯彻落实十八届三中全会制定的科学的法治建设指标体系和考核标准要求。

我们研究主要采用了"三种方式",包括研究分析法治评估理论、参考各地经验、梳理有关文件和重要工作。

河北省委法治办转化应用了我们课题项目组的两大成果,一个是研究报告,一个是指标体系。其中研究报告的内容转化为对各市有关工作的要求,指标体系直接印发试行。

二、推出设区市法治指标体系,提供区域法治建设"综合手册"

河北省在全国率先出台的设区的市法治建设指标体系(试行),有以下特点:

首先,依托法治实务。各级、各类和各个指标,全部在梳理分析中央和河北省有关文件基础上,经过概括提炼提出。

其二,衔接工作格局。所有指标可以分为三级、三类,具有较高科学性。设定的6个一级指标,其内容契合了法治河北建设的"5+1"工作格局。"5+1"工作格局就是省委法治建设领导小组下设五个专项工作小组,分别涉及党委系统、地方立法、政府系统、法治社会,"1"就是我们领导小组办公室所直接抓的机制、载体活动等各方面,这6个一级指标涵盖了法治建设的全过程和各方面。

其三,突出了重点领域、做到了分值协调。总分值设置为1000分,其中将政府系统的依法行政、建设法治政府有关工作和政法系统的公正司法工作定为200分,其他的四个板块即"依法执政""科学立法""法治社会""队伍机构"这几个板块都是150分。同时,我们所采用的三种考评方式,在近两年分值赋予上略有调整。比方说内部考核这一块,2016年的赋予分值是765分,2017年调整为755分,有10分拿出来给了第三方评估。第三方评估2016年125分,2017年就成了135分。社会公众满意度调查还是110分。这是一个具体细微的调整。

在这个文件出台的过程中,我们反复征求了各方面的意见,包括征求法治评估领域的著名专家的意见。其间,浙江大学的钱弘道老师、浙江工业大学的石东坡教授都给我们耐心的指导、思路、资料,并且给予我们调研支持;人大的朱景文老师、法大的王敬波老师、社科院的李林老师等专家也给予我们咨询意见;同时,省市各部门和各市委法治办都提出了修改建议。对这些意见建议,我们都进行了认真的研究和吸收采纳。

三、推行"三位一体"考评机制,增强考评全面科学权威性

我们在设区的市法治建设考核评估中引入的第三方考核,落实了中央关于"引入第三方考核"这一重大要求,创制了内部考核社会公众满意度调查、第三方专业测评相结合的"三位一体"考评机制。

内部考核的特点是着眼于法治建设工作成效考核,按照本年度《考核细则》确定的考核点进行。依法行政考核和公检法系统的执法办案考核成绩,均按一定权重纳入全省法治建设考核的"大盘子"。

社会公众满意度调查的特点是着眼于对法治状况的主观感受和人民群众的获得感。由省委法治办委托、专业性调查机构承办,按照本年度《社会公众满意度调查问卷》、"五类对象"分别占一定比重,有力地增强了数据覆盖面、代表性。

第三方专业测评由省委法治办委托,河北省地方法治建设研究中心组织有关院校专家,按照本年度《第三方专业评估要点》,赴各地现场考评与网站观测、材料评查等相结合。

实践证明,"三位一体"考评机制有力地增强了法治考评的权威性和科学性。

四、提出"法治建设指数"理论,量化年度考核评估结果

我们以独特视角提出的"法治建设指数"理论,有实践基础、有理论内涵,更反哺了法治建设实践。

首先,"法治建设指数"与"法治指数"两者内涵与意义有重大区别。在借鉴"法治指数"成果基础上,我们进行了多方面的提升,更加突出强调了"建设"二字,更突出地考评各地法治建设工作的谋划部署情况、机制的建立落实情况、制度的运行成效情况、举措的安排出台情况、公众满意度的变化提升情况等。

其次,"法治建设指数"是一个系统体系,应当全面研读统筹应用。相应的机制成熟后,可以分析得出一个"总指数"和18个"分指数",可横向比较和纵向分析。当然这需要大量的配合工作、付出巨大的考评精力和进行深

入的数据分析，但思路和机制均已具备。

我们强调要有强烈的进取意识、大局观念和开阔的思路，其目的只有一个，就是充分运用各种行之有效的考评方法，有力地促进各地的法治建设工作。

五、"河北做法"两次运行，正在逐步完善不断提升

去年 6 月的第一次研讨培训班上，我们既通报点评考评结果又研究部署推进工作，同时对该机制的完善思路、相关理论的应用事项等进行了研讨，达到了理论研究与实践提升相互促进的目的。

中央和我省关于党政主要负责人履行推进法治建设第一责任人职责的两部党内法规出台后，我们以习近平新时代中国特色社会主义思想为指引，按照党的十九大关于深化法治建设实践新要求，对标党政主要负责人履行推进法治建设第一责任人职责的法规规范，在 2017 年度法治建设系列考评文件中，对有关要求进行了跟进体现。其中包括，内部考核由 2016 年度的由各专项办按专项工作分工落实，调整为 2017 年度由省委法治办部分同志与第三方评估组全体专家和部分研究生参加落实；第三方评估项目组直接参加了总体报告起草、各地状况与问题分析等。

六、助力"鸟之两翼""车之两轮"，法治评估责任使命重大

全面依法治国是治国理政的基本方略，是中国特色社会主义的本质要求和重要保障，是国家治理领域一场广泛而深刻的革命。河北省的设区市"三位一体"考评机制，在多个方面在全国首开先河，做到了机制创新、理论创新和工作创新，有力地传导了压力、激发了的动力、推动了工作。

王晨副委员长不久前来河北考察调研法治建设工作时指出，改革和法治如鸟之两翼、车之两轮，法治建设与改革开放必须紧密结合、协调推进，是经济社会发展取得巨大成效的重要原因。王东峰书记指示，省委政法委要加强研究谋划、创新思路举措、完善体制机制、全面提升建设水平，推动法治建设、平安建设走在全国前列。对这一机制，我们将进一步研究完善，使之成为"河北品牌"。

两年来的实践使我们认识到，河北所推出的设区市法治建设"三位一体"考评做法，坚持了党对法治工作的绝对领导，强调了全面依法治国在国家治理体系中的战略定位，瞄准了法治国家、法治政府、法治社会"三大支柱"，涵盖了党领导立法、保证执法、支持司法、带头守法"四大重点"，符合全面依法治国的实践逻辑、工作方向和着力点，体现了河北省委法治办的勇

于担当、敢于担当和善于担当精神。

同时我们也清醒地认识到,这一做法还有很多不完善的地方,这一推进法治改革的举措与工作实际还有许多需要磨合的地方,完善提升需要各方面配合更需要我们自身深化研究、做足功课。

我们坚信,坚持党对法治的领导符合深化法治建设实践的历史逻辑、政治逻辑和法理逻辑,不断完善"三位一体"考评机制符合坚持厉行法治的精神,不断优化考评内容符合深化法治建设实践的方向。

"法治中国,有你有我"。我们感谢大家的支持和帮助,同时欢迎各地各部门和专家学者提出意见建议,帮助我们做好完善提升工作,为深入推进法治中国建设作出更大的贡献!

再次感谢并欢迎您继续关注河北法治、常来正定古城!

大数据时代下的法治政府评估创新应用

苏海雨

西南政法大学博士研究生。

尊敬的各位老师、各位同学：

大家下午好！今天非常荣幸来到了河北正定，参加如此“高大上”的学术会议，受益颇多。下面我有两点要给大家汇报，请大家多多指教。

第一，简单介绍下我们西南政法大学行政法学院在重庆开展的法治政府效果评估项目。该项目有两个特色：首先是以案件评估法为创新方式，着重以行政复议案件和行政诉讼案件为实证分析，结合其他评估法，形成年度法治政府效果评估报告；其次是我们以发展的法治政府形态为基准，梳理出一个法治政府评估的基本原理。因此，预计今年年底能够形成法治政府评估报告。

第二，提交本论坛的论文主题是《大数据时代下的法治政府评估创新应用》。法治政府建设中的大数据其实是一种技术流，而法治政府评估是一个价值性评估。如果信息数据是搁置起来的或者封闭起来的，那么数据就无法实现价值转换，所以要让机械的数据“活起来”变成富有“灵性”的大数据，这个时候就需要制度的有效创新。2016 年 5 月 9 日，国务院出台的《政务信息资源共享暂行办法》指出了政务信息要进行共享。在这样一个前提下，数据和价值两者之间如何交融起来，如何将数据主客观的表达转变为主体间性的互动，是法治政府评估面临的深层次问题。因为数据是没有主体性的，必须赋予人的价值属性，那么我们应当采取两个方面的创新措施：

一是制度上的创新。法治政府评估主导权在谁手里，决定了评估的定位与属性。法治蕴含着监督之意，评估的目的应该是对行政权力的监督。评估主体是第三方，那么这是一种社会监督；如果是政府主导的评估，这就是一种行政自我监督方式。如此一来,人大监督是否也应该利用法治评估作为监督方式呢,我们认为是可以的。第三方机构具有专业的系统理论和中立的价值,而政府主导的评估占据了丰富的评估数据,两者应当结合起来更有利于法治政府评估的效果最大化,这就需要一个制度的创新。所以,我们提出将法治政府评估作为人大监督政府的方式之一。我国的根本政治制度是人民代表大会制度,人大是行政权力的来源。人大对政府的法治监督是名正言顺的,如此一来,人大作为评估主体,委托第三方机构进行专业评估,评估就具有了法律效力,评估数据的共享和收集就有了法律上的依据。因此,法治政府评估可以作为人大监督政府的方式之一。

二是技术上的应用。既然人大可以赋予评估数据的法律属性,可以赋予第三方机构的法律地位,那么是不是应当在两者之间建构一个共享的数据平台。我们认为这个平台应该是法治政府评估信息大数据系统。我们知道的,政府大数据共享一直在往前走,因此我们有必要在这个基础上建立法治政府评估信息系统。这个信息系统是以政府为依托、人大为主导、第三方参与的多方治理体系。政府法治运行形成的数据信息,人大对法治政府建设效果的监督,人大委托第三方机构以专业的评估技术进行评估,最终形成科学民主的法治政府评估报告。因此,法治政府评估不再是一种学理理论,而可以转化为法治的一种实践,以此回应我们本次中国法治实践学派论坛的主题。

法治评估的偏好及大数据在其中的应用

孙良国
吉林大学副教授。

非常高兴能参加这么一个会议。这个会议的一个特点就是设定了很多的主题,有的发言和主题没有任何关系,也有的发言是契合主题,还有一个特点,在这个会议当中,只有极少人的发言不超时。第三个特点就是这个会议当中有赞扬的,有批评的,但是所有这些现象背后都有一个共同的主题,就是对中国法治实践学派的热爱,我对法治评估坦率地讲有一些直观的认识,这些认识并没有什么特别深刻的理论支撑。第一点我想谈的就是法治评估的这种偏好。因为我们在做法治评估的时候,有哪些具体的偏好?这些偏好我们一定要把它揭示出来,如果不能揭示这些偏好的话,就可能走向另外一种不太适当的结果。就教学评估而言,把北大清华的本科教育评估成50分,把一个一般学校评估成90分有什么意义呢?对吧?相反的评价指标和评价指标的偏好出现了很多致命的缺陷,当然这个偏好还和评估所采用的方法论有关系。

法治评估和法律评估,的确应该做一个基本的区分。事实上,我们在评估一个问题的时候,要考虑到现有的约束条件,而不能把很多约束条件抛去。举个最简单例子,例如现在对法官而言,基层法院的法官一年三四百个案子,你要求他的判决书越长越好,这怎么可能合适呢?如果他们还要看孩子,还要照顾家庭,还要有那么多的政治学习和专业学习。在这种情况下,八小时工作时间之内,你不可能把这项工作完成得很好,更何况要求把这个判决书写得很长,我认为这是不可能完成的任务。还有一个就是很多我们评估的这种偏好,例如说对很多离婚案件而言,我就搞不清为什么在离婚案件当中还说那么多理由,在我看来离婚案件准予离婚的,只需要一片纸,把准予离婚不予离婚的主要理由写上,然后打钩去解决问题,现实中却非要用一个非常长的判决书去解决。我认为这样的一个指标是摧残人性的。甚至很多法官都离婚好几次了,却劝说不要离婚,这是没有说服力的。第二个就是现在评估的时候,如何运用大数据的问题。现在大数据的很多材料为法治评估提供了法治评估之外的功能,阐释这些功能会更清楚地解决一些情况。

举两个例子,第一个例子是我们在法治评估当中通过大数据能发现很多有意思的东西。例如每年公安机关公布很多这种交通肇事的死亡人数,假设是 X 的话,实际上我们通过司法数据得出来的结论可能是 2X、3X,也就是说我们某些机关所得出的数据是有严重问题的。在这种情况下,法治评估的意义就大了。大数据直面了很多我们不敢面对的问题。另外通过评估我们也可以发现其他很有意思的现象,一个就是民间借贷当中,我用一个数据库统计的,在现在来讲,尤其这几年的数据,六个案件当中有一个是民间借贷,四个案件当中有一个是借贷。那么这样的比例关系反映了什么?反映了我们司法根本没有能力,也不适合对这样的一个纠纷做出一个最终的回应。实际上来讲所有人都是理性的。那么他如果能从银行进行借款的话,他根本不会从民间进行借贷,更不会从民间进行融资,这是我们不合理的金融体制所导致的。从大数据从法治评估找出这样的问题,我认为这才是法治评估一个非常重要的功能。如果我们总在强调向最高人民法院那样强调司法怎么维护金融稳定,那么我只能说我们的司法只能在错误的道路上越走越远,就不能致力于不忘初心的目标,为整个社会的公平结构而奋斗。

后　记

《中国法治实践学派》(2018 年卷·总第五卷)出版了。我要再借后记这个宝贵的地方,记录我们团队在 2018 年所做的若干工作。这是对自己负责,更是对团队成员的奉献精神和国内外朋友们的鼎力支持负责。当我在整理 2018 年工作的时候,我自己也不敢相信,短短的一年,我们居然完成了这么多的工作!我由此更加坚信,人的潜能原本非常巨大,只要挖掘,它会让任何人吃惊。我当然感到辛苦,但在辛苦中感受到无数的快乐。我想,我们团队每个成员都感觉到了这样的快乐。

一、"枫桥经验"理论提升和经验总结重大课题和相关活动

2018 年是毛泽东同志批示学习推广"枫桥经验"55 周年暨习近平同志指示坚持发展"枫桥经验"15 周年。2018 年中央政法工作会议对总结、提炼、推广"枫桥经验"作出了重要部署。中央政治局委员、中央书记处书记、中央政法委员会书记郭声琨指示中国法学会加强"枫桥经验"研究,做好理论总结和经验提升工作。为深入学习、研究、阐释习近平新时代中国特色社会主义政法思想和党的十九大精神,认真贯彻中央政法工作会议部署和郭声琨同志的指示要求,中国法学会专门设立了《"枫桥经验"理论总结和经验提升》重大课题。我参与了该课题研究。

(一)"枫桥经验"重大课题研究

2018 年 1 月 25 日,中国法学会在京召开"枫桥经验"理论总结和课题研究座谈会。中国法学会党组书记、常务副会长陈冀平出席并讲话,最高人民法院党组成员、副院长、中国法学会副会长姜伟,中国法学会党组成员、副会长张文显、王其江,中国法学会副会长、中国社科院学部委员李林研究员等出席。会议由张文显主持。我出席座谈会。

2018 年 4 月 3 日下午,《"枫桥经验"理论提升和经验总结》重大课题调研预备会在中国法学会机关举行。中国法学会党组成员、副会长兼秘书长鲍绍坤同志出席,党组成员、副会长、学术委员会主任张文显同志主持会议。

会议决定,《"枫桥经验"理论提升和经验总结》重大课题第一次调研活动将由鲍绍坤副会长带队。我参加调研组。

2018 年 4 月 9 日至 13 日,由中国法学会党组成员、副会长兼秘书长鲍绍坤带队,中国法学会调研组赴浙江开展新时代"枫桥经验"理论总结和经验提升重大课题专题调研,分别赴杭州市、绍兴市、嘉兴市、湖州市考察和召开座谈会,并形成调研报告报送中央政法委。本次调研活动同时也是 2018 年中国法学会第一次"法学家下基层"专题法治调研。我参加调研活动。

2018 年 6 月 5 日至 7 日,中国法学会与浙江省委政法委在杭州组织召开"枫桥经验"理论座谈会。会议由中国法学会党组成员、副会长、学术委员会主任,中国法学会"'枫桥经验'理论总结和经验提升"重大课题专家组组长张文显同志主持。会议形成了"枫桥经验"理论框架及写作提纲。部分与会专家接受任务,按照会议达成的提纲和要点,分别完成研究报告不同部分的撰写任务。中国法学会将在汇总报告的基础上形成最终的《"枫桥经验"理论纲要》,报送中央政法委。我出席座谈会,并接受写作任务。

2018 年 7 月 2 日至 4 日,中国法学会在北京香山召开《"枫桥经验"理论纲要》编写会。会议由张文显同志主持。会议对理论纲要初稿八部分内容逐一进行了细致深入的研讨,明确了修改思路。我出席会议。

2018 年 11 月 12 日,纪念毛泽东同志批示学习推广"枫桥经验"55 周年暨习近平总书记指示坚持发展"枫桥经验"15 周年大会 12 日在绍兴市召开。中共中央政治局委员、中央政法委书记郭声琨在会上强调,要以习近平新时代中国特色社会主义思想为指引,坚定不移走中国特色社会主义社会治理之路,坚持创新发展新时代"枫桥经验",加快推进基层社会治理现代化,努力建设更高水平的平安中国,不断增强人民群众获得感、幸福感、安全感。

2018 年 12 月 12 日,《"枫桥经验"的理论建构》由法律出版社正式出版。这是中国法学会"'枫桥经验'理论总结和经验提升"重大课题的研究成果。《"枫桥经验"的理论建构》以习近平新时代中国特色社会主义思想为引领,系统总结党的十八大以来"枫桥经验"的创新发展,概括"枫桥经验"的核心内涵,提炼"枫桥经验"的时代精神,挖掘"枫桥经验"的理论深意,擘划"枫桥经验"的提升路径,研究"枫桥经验"的推广方式,力争提出一些标识性表述。它凝练了"枫桥经验"的概念和基本元素,梳理了"枫桥经验"形成、发展和深化的历程,分析了新时代基层社会主要矛盾深刻变化背景下"枫桥经验"转型升级的路径,并对如何学习推广"枫桥经验"进行了探索,是对枫桥经验与新时代背景的重大理论总结和经验提升。我负责撰写

“枫桥经验”的概念和基本元素这部分。

中国法治实践学派强调以问题为导向。“枫桥经验”是中国基层治理的“样本”。新时代“枫桥经验”是在党的领导下，由枫桥等地人民创造和发展起来的化解矛盾、促进和谐、引领风尚、保障发展的一整套行之有效且具有典型意义和示范作用的基层社会治理方法，其基本元素包括党建引领、人民主体、“三治”结合、共治共享、平安和谐。“枫桥经验”就是典型的中国问题，理所当然是中国法治实践学派关注的重大问题。

（二）组织和参加“枫桥经验”研讨系列活动

2017 年 11 月 18 日至 19 日，纪念毛泽东同志批示“枫桥经验”54 周年暨“枫桥经验”与基层社会治理研讨会在诸暨召开。浙江省委政法委副书记、省综治委副主任、省综治办主任刘树枝等省内政法相关领导与 20 余名国内知名专家开展交流对话，共商新时代“枫桥经验”的新发展。我出席研讨会并发言。

2018 年 5 月 6 日，中国法治实践学派系列研讨会小白菜文化园召开，主题为“基层法治、智慧法治和新时代‘枫桥经验’”。会议由浙江大学光华法学院、中国法治实践学派个案研究基地、中国法治现代化研究院、中国法治研究院联合主办。中国法治现代化研究院院长、江苏省人大常委会原副主任、江苏省高级人民法院原院长公丕祥教授、中国人民公安大学许肇荣教授等 30 余名代表出席研讨会。我主持会议。

2018 年 5 月 12 日，继 5 月 6 日中国法治实践学派系列研讨会之后，中国法治实践学派系列研讨会在小白菜文化园再次召开，主题仍然是“基层法治、智慧法治和新时代‘枫桥经验’”。研讨会的宗旨是全面贯彻中央关于学习新时代“枫桥经验”的一系列重要指示和重大部署，总结“枫桥经验”理论，创新发展新时代“枫桥经验”。研讨会由浙江省法学会、浙江大学光华法学院联合主办，中国法治实践学派个案研究基地、中国法治研究院协办。中国法学会副会长张文显教授，国家司法文明协同创新中心联席主任、国际证据科学协会副主席、中国政法大学教授张保生，浙江省政法委综治办专职副主任谢小云，浙江省法学会专职副会长陆剑锋，北京市律师协会副会长张巍，杭州市政法委副书记江成器，杭州市余杭区委副书记、政法委书记王进，浙江大学光华法学院副院长赵骏教授，杭州师范大学法学院教授范忠信等 50 余位理论和实务界代表出席会议。我主持研讨会。

2018 年 7 月 8 日，以“新枫桥经验与社会治理创新”为主题的第十三届中国法学青年论坛在上海市举行。中国法学会会长王乐泉出席论坛并讲话。中国法学会党组书记、常务副会长陈冀平主持论坛开幕式并作总结讲话。论坛同时举行了第六届“董必武青年法学成果奖”及第十三届“中国法学青年论坛”主题征文颁奖仪式。我出席论坛并做点评。

2018年8月15日至16日,由中国法学会、法制日报社、浙江省委政法委、浙江省人民检察院共同主办的新时代“枫桥经验”理论研讨会在浙江绍兴召开。最高人民检察院党组成员王光辉、中国法学会副会长张文显、法制日报社社长邵炳芳、浙江省副省长王双全、绍兴市委书记马卫光等出席会议并致辞。浙江省人民检察院党组书记、检察长贾宇主持会议。来自全国各地的170余名专家学者、政法干部代表就“习近平关于社会治理重要思想与‘枫桥经验’的创新发展”“‘枫桥经验’的法治价值与现代基层社会治理体系构建”“新时代‘枫桥经验’与检察工作”等主题进行深入研讨。我出席研讨会并演讲。

2018年8月31日,由浙江省委政法委、浙江省高级人民法院、法制日报社、衢州市委、市政府共同主办的新时代“枫桥经验”衢州论坛在浙江省衢州市召开,200余位来自全国各地的政府官员、专家学者、媒体人士等参加论坛,围绕“推进市域社会治理现代化”深入交流探讨。中国法学会副会长张文显教授、浙江省高级人民法院院长李占国、衢州市委书记徐文光等出席论坛。我出席论坛并演讲。

2018年11月10日,浙江卫视制作“枫桥经验”55周年系列综述节目,我接受采访。

二、习近平全面依法治国新理念新思想新战略研究

2018年3月19日,“从区域治理到国家治理”丛书研讨会在浙江省社会科学院举行。我出席会议,并就负责撰写的《从“法治浙江”到“法治中国”》一书提纲和整个写作思路进行了介绍,听取各方专家的建议。这本书将围绕习近平同志从“法治浙江”到“法治中国”的整个思想和实践发展脉络进行研究,进行系统文献梳理和实地调研,力求准确反映习近平同志的新理念新思想新战略的发展逻辑。

2018年12月12日,习近平总书记关于加强和改进人民政协工作的重要思想研究基地成立大会暨浙江省人民政协理论研究会2018年年会在杭州召开。浙江省政协主席葛慧君、全国政协文化文史和学习委员会副主任刘佳义等出席会议。我出席会议并受聘为习近平总书记关于加强和改进人民政协工作的重要思想研究基地特约研究员。人民政协领域的法治思想要深化研究,也是习近平全面依法治国新理念新思想新战略的重要组成部分。

2018年12月13日,中国法学会“习近平全面依法治国新理念新思想新战略形成和发展脉络”重大课题开题会在京召开。中国法学会党组书记、常务副会长陈冀平出席会议并讲话。中国法学会党组成员、副会长、学术委员会主任张文显主持会议并作总结。我作为课题组成员出席会议。陈冀平说,习近平总书记在领导法治中国建设的伟大实践中,作出一系列重大决策、提出一系列重要思想,形成了习近平全面依法治国新理念新思想新战略,创造性发展了中国特色社会主义法治理论,是马克思主义法治思想中国化的最新成果,是新时代全面依法治国的根本遵循。张文显在总结讲话中强调,习近平总书记从地方到中央的工作足迹是法治中国建设发展的足迹,也是我们宝贵的法治建设经验。深入开展习近平全面依法治国新理念新思想新战略形成和发展脉络研究,意义深远。我们要通过扎实的文献梳理和实地调研,更好地把握中国特色社会主义法治道路的历史逻辑、实践逻辑与理论逻辑,为丰富和发展中国特色社会主义法治理论作出应有贡献。

三、中国法治实践学派个案研究基地成立,启动“法律支持行动计划”

2018年5月12日,中国法治实践学派个案研究基地揭牌仪式在世界法治文化园(筹)(小白菜文化园)举行。中国法学会副会长、学术委员会主任张文显教授与我共同为基地揭牌。浙江大学光华法学院副院长赵骏教授主持揭牌仪式。国家司法文明协同创新中心联席主任、国际证据科学协会副主席、中国政法大学教授张保生,浙江省政法委综治办专职副主任谢小云,浙江省法学会专职副会长陆剑锋,北京市律师协会副会长张巍,杭州市政法委副书记江成器,杭州市余杭区委副书记、政法委书记王进,杭州师范大学法学院教授范忠信等理论和实务界同志50余人出席揭牌仪式。

中国法治实践学派个案研究基地的成立是中国法治实践学派推进“智慧法务行动计划”与个案研究的具体行动。“人民群众在每一个司法案件中感受到公平正义”是法治的关键指标。中国法治实践学派有责任推动每一个司法案件公平正义的实现。中国法治实践学派个案研究基地将认真贯彻党的十九大精神,贯彻习近平总书记反复强调的“努力让人民群众从每个司法案件中感受到公平正义”的思想,以“杨乃武小白菜案”为镜鉴,从个案中探寻法治规律,推动“智慧法务”理论研究和实践创新,推动个案公平正义的实现,推动法治中国建设。

四、中国法治实践学派实验田——北京合弘威宇律师事务所成立

2018年8月18日,北京合弘威宇律师事务所揭牌仪式在北京举行,同

时举行 2018 中国法治实践学派第二次论坛,此次论坛主题为“新时代法律服务业的变革和发展”。中国法学会副会长张文显教授,“法治三老”——著名法学家、中国政法大学终身教授江平,著名法学家、中国社会科学院荣誉学部委员李步云教授和著名法学家、中国法学会法理学研究会顾问郭道晖教授,最高人民检察院原常务副检察长张耕,全国政协常委、民建中央原副主席、广东省原副省长宋海,民建中央原副主席、北京市政协原副主席朱相远,中华全国律师协会秘书长韩秀桃,北京吉林企业商会会长、中基控股集团董事长葛坚等出席了揭牌仪式。揭牌仪式活动由北京市律师协会副会长、合弘威宇律师事务所主任张巍博士主持。论坛环节由《民主与法制》杂志社总编刘桂明先生主持。

我代表主办单位以《为了一个共同的目标》为题致辞。

江平在致辞中指出,法学理论工作者与法律实务工作者协同创新,有利于共同推动中国法治实践改革。作为坚定支持中国法治实践学派的法学家,李步云表示,合弘威宇律师事务所的重组成功是中国法治实践学派脚踏实地地探寻中国法治道路的有力举措。郭道晖则对中国法治实践学派的发展非常关心,希望合弘威宇律师事务所为建设法治中国而努力奋斗,为中国法治实践学派走向世界法治文明舞台贡献力量。中国法学会副会长张文显充分肯定了中国法治实践学派的发展成果,对法学理论工作者俯下身来对中国法治改革多做务实的探索表示大力支持。

合弘威宇律师事务所是在法治中国伟大实践的时代背景下,以中国法治实践学派学术思想为指导,以北京威宇律师事务所为前身,与国内外律师界深度合作,组建的国内第一家以法学理论研究和法治实践紧密结合为鲜明特色的国际化律师事务所。作为中国法治实践学派的研究基础和前沿阵地,合弘威宇律师事务所践行“知行合一”精神,秉承“合力弘道,千秋伟业;法治中国,威震寰宇”理念,努力为实现法治中国梦而贡献自己的力量。

合弘威宇律师事务所是中国法治实践学派在国际范围内的践行者,是理想主义、现实主义、实践主义的科学结合。一方面,中国法治实践学派为合弘威宇律师事务所提供理论指导、学理支撑;另一方面,合弘威宇律师事务所为中国法治实践学派提供实验场域和实证材料。合弘威宇律师事务所由此成为中国法治实践学派走向世界的重要窗口,成为连接中国法治与国际法治的重要使者。

合弘威宇律师事务所将与中国法治实践学派合作,积极参与中国法治实践学派推出的“1818 智慧法务行动计划”,全力打造跨国界的智慧法务平台。“1818 智慧法务”是世界首个由中外法学家联手推出、以“一带一路”为首要任务、覆盖世界主要语种的线上法律服务平台。“1818 智慧法务平台”汇聚国内外法务资源,配置国内外学者和律师力量,提供便捷、精准、高效的法律服务,线上线下齐头并进,国内国外全球对接。合弘威宇律师事务所和万世弘道全球法治联盟为1818 智慧法务平台提供专业力量保障。

五、中国法治实践学派与国内外法律界开展交流和合作

(一)设立北京合弘威宇律师事务所海外办事处,开展国际交流与合作

2018 年 9 月 28 日,北京合弘威宇律师事务所在美国芝加哥设立办事处。北京合弘威宇律师事务所与芝加哥著名律所王志东律师事务所达成战略合作协议,双方互设办事处,强强联合,优势互补,共同开拓国际法律市场。

2018 年 10 月 6 日,北京合弘威宇律师事务所在新西兰奥克兰设立办事处。办事处设在新西兰奥克兰著名律所鸿鹄律师楼内。合弘威宇律师事务所与鸿鹄律师楼互设办事处,双方将强强联手,精诚合作,携手开拓国际法律服务市场。

2018 年 10 月 28 日,合弘威宇律师事务所与马来西亚的马中律师联合会罗章武会长签署合作协议。合弘威宇律师事务所在马来西亚吉隆坡设立办事处。

至 2019 年 1 月 24 日,北京合弘威宇律师事务所与意大利 SLM 律师联合事务所签署合作协议、设立办事处为止,北京合弘威宇律师事务所已在美国芝加哥、新西兰奥克兰、西班牙马德里、南非约翰内斯堡、日本东京、马来西亚吉隆坡、意大利佛罗伦萨设立了七个办事处。

随着海外办事处的陆续设立,合弘威宇律师事务所业务正在稳步向全球化迈进,海外影响力持续扩大。作为中国律所和中国法律人走出去的代表,合弘威宇律师事务所将致力于在国际法律服务市场上展现中国法律人的风采,为中国企业和公民走出去保驾护航作出贡献,为“一带一路”建设作出贡献,为实现伟大的法治中国梦作出贡献。

(二)与斯坦福大学等著名高校和律师事务所开展交流与合作

2018 年 10 月 19 日,我访问了美国加州旧金山著名 MT 律师事务所(MT LAW),与旧金山 MT 负责人 Jessica Ren 律师、Mark Ellis 律师及其团队成员进行了深度探讨并达成战略合作意向。MT LAW 是美国一家综合性

律师事务所,总部位于美国马塞诸塞州历史名城莱克星顿,在波士顿、纽约洛克菲勒中心、硅谷、洛杉矶均设有办公室。北京合弘威宇律师事务所与MT律师事务所将在国际商务、国际并购、知识产权等法律服务领域开展合作,携手开拓国际法律服务市场。

2018年10月22日,我访问了斯坦福大学法学院。此次访问是为了推进中国法治实践学派、浙江大学光华法学院和斯坦福大学法学院的合作;同时推进"1818智慧法务实验项目"和"合弘威宇律师事务所实验田"的国际合作。此前,我已经在电子政府发展指数项目上与斯坦福大学法学院学者开展了合作,并参与斯坦福大学法学院学者发起建立的国际善治机构的有关工作。访问期间,我分别拜访了斯坦福大学法学院副院长罗伯特·戴恩斯(Robert M. Daines)教授、Michael Klausner教授、Curtis J. Milhaup教授、Mei Gechlik博士,就未来合作进行了洽谈。

2018年12月18日,耶鲁大学法学博士、律师Tayt Dencer,法学博士、律师Edward Swyer,美国富国银行投资专员Yulia,董事会秘书Katherine,律师Ging Kuo Long等组成的美国律师团到访北京合弘威宇律师事务所,就国际业务合作进行洽谈。我代表中方主谈。

(三)继续在国内建立中国法治实践学派研究基地或调研基地,开展国内合作

2018年5月4日,我与吉林大学法学院闵春雷教授到吉林功承律师事务所调研并洽谈合作。功承独立管理人孙学致教授向我们系统介绍了功承的发展现状、合伙人文化和公司化治理的实践经验。双方就今后共同促进中国法治实践学派建设,共享在线平台法律资源,以及推动东北"一带一路"法律服务市场发展,进行了充分讨论,达成合作意向,签署战略合作协议。吉林功承律师事务所成为万世弘道法治联盟成员单位。

2018年5月3日,中国法治实践学派研究基地(吉林)揭牌仪式在吉林大学举行。我和吉林大学法学院院长、司法数据应用研究中心主任蔡立东教授共同为基地揭牌。吉林大学法学院党委书记周春国、闵春雷教授等出席揭牌仪式。蔡立东教授表示:"中国法治实践学派(吉林)研究基地的落成,体现出吉大法学院与广大校友对新时代中国特色社会主义法治理论的发展、对有代表性的中国法学流派之形成的共同关切。吉林大学法学院历来是盛产思想、盛产大师的法学院。当前,中国特色社会主义进入新时代,我们要始终坚持道路自信、理论自信、制度自信、文化自信,要向实践学习,问题要从实践中来、理论要从实践中来,并将理论服务于中国特色社会主义

伟大实践。盲目照搬西方理论,早已不再符合社会与时代的发展,我们要从司法智慧中凝练法治思想,规范中国实践框架,创造具有中国气派、中国特色的法治理论。在如此特殊的时代背景下,中国法治实践学派的形成为我们的探索提供了方向,我们将以司法数据的挖掘、研究与应用为抓手,推动法学实证研究的开展,成为中国法治实践自觉的践行者,进而在地理位置并不优越的地区,续写一流法学院建设的奇迹。”

揭牌仪式后,我以《智慧法务的源流与未来》为题发表演讲。

2018 年 6 月 11 日,我访问华南理工大学法学院,并与蒋悟真院长共同为中国法治实践学派研究基地(广东)举行了揭牌仪式。蒋悟真院长对广东基地落户华南理工大学法学院表示非常高兴和全力支持,作为中国法治实践学派的重要基地之一,广东基地将着力于中国法治实践学派的理论研究和实践活动,扎扎实实地把中国法治实践学派在华南地区发扬光大。北京律师协会副会长张巍以及其他专家学者出席揭牌仪式。

2018 年 6 月 11 日,中国法治实践学派调研基地(广州)揭牌仪式在北京市盈科(广州)律师事务所(以下简称盈科广州)举行。我与盈科广州管委会副主任邓培启律师共同为基地揭牌。北京律师协会副会长张巍、盈科广州律师事务所执行副主任廖小蓉等出席揭牌仪式。双方就如何推进智慧法务行动计划、提升律师理论水平和实务能力、开展律师培训活动等问题进行了深入探讨并达成共识:精诚合作、创新法律服务体系,及时捕捉和应对法律和市场变化,牢固树立竭诚服务、诚信共赢理念,积极倡导谦和务实、知行合一精神,锐意开拓进取,为法治实践和理论创新作出更大的贡献。

2018 年 10 月 13 日,中国法治实践学派河北研究中心揭牌仪式在河北和泽律师事务所举行,同时举办了中国法治实践学派座谈会;座谈会主题为“中国法治前途和法律人的贡献”。我主持了此次座谈会。河北省委政法委法治建设协调处处长、河北省设区市法治建设指数课题项目执行组组长周保刚,北京市律师协会副会长、法学博士、北京合弘威宇律师事务所张巍女士,河北经贸大学法学院武建敏教授,河北行政学院马一超副教授,河北和泽律师事务所封彦玲主任等出席座谈会。

2018 年 12 月 25 日,中国法治实践学派调研基地(吉林)揭牌仪式举行。吉林省人大常委会原副主任、吉林国际总裁协会荣誉会长李玉堂,吉林省工信厅副厅长宫毓刚,吉林省工商业联合会副主席、吉林省总商会副会长张书局,国家检察官学院原院长石少侠,中华女律师协会副会长、北京市律师协会副会长、中国法治研究院副院长、北京合弘威宇律师事务所主任张巍,全国首批检察业务专家、吉林省法学会副会长、吉林省犯罪预防研究会会长、吉林大学博士生导师韩起祥,北京冠衡(长春)律师事务所主任、国家一级律师、吉林大学博士导师王文生与我共同见证中国法治实践学派吉林调研基地揭牌。北京冠衡(长春)律师事务所成为中国法治实践学派合作单位,成为万世弘道法治联盟成员单位。

六、中国法治实践学派启动“法律英才培养行动计划”

2018 年 9 月 8 日,“吉林大学法学学科创建七十周年纪念大会”在吉林大学中心校区鼎新大讲堂隆重举行。最高人民检察院原常务副检察长梁国庆,吉林省委常委、政法委书记胡家福,教育部高等学校法学类专业教学指导委员会主任委员、全国人大监察和司法委员会副主任委员、中国法学会副会长徐显明,中共吉林省委原副书记林炎志,最高人民法院原副院长谢安山,吉林省法学会会长李申学,吉林省高级人民法院院长、二级大法官徐家新,吉林省人民检察院检察长,二级大检察官杨克勤,中华律师协会会长王俊峰,教育部学位与研究生教育发展中心主任黄宝印等前辈、领导、嘉宾与校友出席会议。

江苏省人大常委会原副主任、南京师范大学中国法治现代化研究院院长公丕祥教授,中南财经政法大学原校长吴汉东教授,华东政法大学校长何勤华教授等作为中国法学会法学教育研究会 2018 年年会的嘉宾出席了会议。

全国杰出资深法学家李放教授,吉林大学法律系原党总支副书记许肇荣教授,中国工程院院士、吉林大学校长李元元教授等校领导,教育部、司法部、吉林省人大、省政协、省教育厅的有关领导,海内外兄弟院校的嘉宾,校内机关和兄弟院系领导出席了会议。

我代表校友以《再上一次大学》为题致辞,发出了创办“吉林大学合弘威宇律师学院”、启动“法律英才培养行动计划”的倡议。

吉林大学法学教育和研究始自 1948 年。改革开放以来,吉林大学法学教育和研究事业进入了快速发展时期。经过 70 年的发展和奋斗,吉林大学法学院已经成为我国法学教育的重镇和法治人才培养的重要基地之一。值此吉林大学法学学科创建 70 周年之际,北京合弘威宇律师事务所向吉林大学法学院捐赠 100 万元建设基金,助力吉大法学学科建设发展;并与吉林大学法学院联合创立“吉林大学合弘威宇律师学院”。这是中国法治实践学派“法律英才培养行动计划”的具体实施,旨在培养实战型、复合型、国际型的顶尖法律人才。

七、继续举办中国法治实践学派论坛

2018 年 5 月 19 日，由中国法学会法治评估研究方阵、中国法学会法理学研究会、河北经贸大学、中共河北省委法治河北建设领导小组办公室、中国法治现代化研究院、中国法治研究院、浙江大学光华法学院、河北省法学会法哲学研究会主办，河北经贸大学法学院、河北经贸大学地方法治建设研究中心、河北经贸大学法哲学研究中心承办的 2018 中国法治实践学派论坛暨中国法治评估高端论坛在河北正定隆重召开。河北经贸大学校长纪良纲、河北省政法委副秘书长刘永志、河北省高级人民法院副院长王越飞、河北省人民检察院副检察长何秉群等出席论坛。开幕式由河北经贸大学副校长柴振国教授主持。南京师范大学教授、中国法治现代化研究院院长公丕祥，山东大学人文社会科学一级教授武树臣，上海师范大学特聘教授刘作翔，中国政法大学教授郑永流，中国人民大学教授张志铭，河北经贸大学副校长、中国人民大学教授冯玉军，河北省委法治办法治协调处处长周保刚，中华全国女律师协会副会长张巍，上海交通大学特聘教授沈国明，华东政法大学教授陈金钊等高等院校、科研机构以及实务部门百余位代表出席会议。与会专家学者围绕深入贯彻落实党中央关于全面推进依法治国的基本精神，围绕中央提出“建设科学的法治建设指标体系和考评标准”的具体目标，就“中国法治实践学派与法治中国”“漫谈中国法治实践学派”“实践法学与法治评估”“学派理论探求与中国法治评估”四大主题进行了深入讨论。

我以《勇往直前，不负时代重托》为题致辞。

2018 年 11 月 24 日，2018 中国投融资论坛、中国法治实践学派论坛暨浙江省法学会商法学研究会年会在杭隆重举行。论坛以“企业投融资、信用及权益保护”为主题，着力探讨项目选择、投资融资、企业信用、风险防范以及权益保护等难题。中国投融资论坛是中国风险投资论坛的创新版本，以跨越法律和经济两大领域为鲜明特色。来自高等院校和科研机构、政府和司法实务部门、金融机构、企业单位和律师事务所的 300 余名代表出席论坛。丝路产业与金融国际联盟理事长、国家发改委国际合作中心学术委员会主任曹文炼，中国发明协会党组书记、常务副理事长兼秘书长余华荣，浙江省高级人民法院副院长徐建新，浙江省人民检察院副检察长胡东林，浙江省法学会学术委员会主任牛太升，中国法学会学术交流中心副主任王伟出席会议并做主旨演讲。论坛开幕式由中华全国女律师协会副会长、北京市律师协会副会长、北京合弘威宇律师事务所主任张巍主持。

我代表主办单位以《为企业生存发展创造良好条件》为题致辞。

2018 年 12 月 25 日,由吉林省法学会犯罪预防研究会、吉林大学法学院企业家刑事法律风险防范研究中心、北京冠衡(长春)律师事务所会同中国法治研究院举办的 2018 中国法治实践学派第四次论坛暨吉林省第三届企业家刑事法律风险防范高端论坛、北京冠衡(长春)律师事务所七周年庆典在长春会展中心大酒店三楼瓦萨厅隆重举行。论坛主题为“法治与民营企业发展”。全国首批检察业务专家、吉林省法学会学术委员会主任、吉林省法学会犯罪预防研究会会长、吉林大学博士生导师韩起祥,原最高人民法院刑五庭庭长高贵君,原最高人民检察院刑事执行厅厅长袁其国,国家法官学院教授刘流,中华全国女律师协会副会长、中国法治研究院副院长、北京市律师协会副会长、北京市合弘威宇律师事务所主任张巍,中国法学会犯罪学研究会副会长、吉林大学法学院副院长、博士生导师徐岱,北京冠衡(长春)律师事务所主任、国家一级律师、吉林大学博士生导师王文生八位专家学者分别从不同维度就法治如何保障民营企业发展、服务民营企业发展,法治在民营企业发展中的重要地位和作用做了精彩演讲。

我代表主办单位以《法律支持行动计划 ——从杨乃武小白菜冤案出发》为题致辞。

八、“中国法治实践学派书系”和《中国法治实践学派》继续出版

从 2018 年起,北京合弘威宇律师事务所支持“中国法治实践学派书系”和《中国法治实践学派》出版。

“中国法治实践学派书系”是具有鲜明实践特征、以问题为导向、以效果为导向的中国代表性法学家的著作系列,整体展示法治的中国实践和中国道路的理论风貌。中国法治实践学派学术群体组织力量编辑出版“中国法治实践学派书系”,是为了强化中国法学研究的实践转向,展示中国法治理论风貌,传播法治精神,支持中国法治的具体实践,扩大中国在世界上的法治话语权。

书系第二辑收录了江平教授的《中国法治的困境及其突破》、郭道晖教授的《中国的法治思维与法治实践》、武树臣教授《寻找中国的判例法》、王利明教授的《人格权法探微》、张志铭教授的《中国法治实践的法理展开 》五部著作。这些著作具有鲜明的问题导向,注重中国具体实践问题的探索,注重理论的实际效果。

人民出版社倾心打造这套“书系”的目的在于“打造精品,打造经典”,冀望通过持之以恒的努力,使“书系”成为集中反映中国特色社会主义法治理论建设、深入解决中国法治实践难题、代表中国法治研究水平、具有广泛

影响力且集大成的学术精品，成为向世界集中展示中国法治研究成果的学术经典。

《中国法治实践学派》(2018 年卷·总第五卷)由法律出版社出版发行。这是中国法治实践学派学术团队推出的以“中国法治实践学派”为标志的重要出版物之一。《中国法治实践学派》是 2012 年中国法治实践学派概念被提出后最先推出的出版物。《中国法治实践学派》每年出版一卷，设随笔短文、学术论文、座谈讨论、学术演讲等栏目，集中体现具有“实践”特色的中国法学发展的思想动态，展示中国法治理论的成就，展示中国法学家的时代风采。

九、中国法治实践学派理论探讨专栏继续推出

从 2013 年开始，《浙江大学学报》(人文社会科学版)每年不定期推出“中国法治实践学派理论”专栏。《浙江大学学报》专门开辟讨论中国法治实践学派的栏目，这是学术刊物从学派角度对中国法治实践和理论动态的重要回应，旨在组织国内外学者展开系列讨论，推动具有中国特色、中国风格、中国气派，又具国际影响力的法治理论和法学流派的形成，并服务于法治中国的伟大实践。

《浙江大学学报》(人文社会科学版)2018 年第 3 期“中国法治实践学派及其理论”专栏中，我的主持人语以《强化问题导向，开创中国法学新局面》为题。我提出：坚持以问题为导向是全面深化改革、全面推进依法治国对法学研究者提出的必然要求，开展实验性研究首先要求法学研究者主动走进实践，通过实验性研究可以总结提炼学术概念，提出学术命题，通过实验性研究可以构筑学术理想，实验性研究要正视各种外部因素的制约；中国法治实践学派倡导实验性研究，实验性研究是中国法治实践学派学术团队的一个特色。

十、中国法治实践学派继续推进“智慧法务行动计划”

2018 年 1 月 8 日，“1818 智慧法务”中文版平台上线。这是中国法治实践学派学术团队推出的“智慧法务行动计划”的第一步。这是世界首个由中国法学家和国外法学家联手推出的“智慧法务实验平台”。这是世界首个覆盖世界主要语种，并把“一带一路”法律服务作为首要任务的智慧法务平台。

此前，2017 年 11 月 18 日至 19 日，在由浙江大学、阿里巴巴集团、蚂蚁金服集团主办，国家“2011 计划”司法文明协同创新中心、浙江省高级人民法院、浙江省人民检察院、浙江省公安厅支持，浙江大学光华法学院互联网

法律研究中心承办的互联网法律大会上,我在以《智慧法务行动计划》的演讲中就“1818 智慧法务”做了介绍。我主持启动“智慧法务实验”基于三点考虑。第一,一种转向。中国法学研究面临一个重大转向,即“实践”转向。第二,一种形态。大数据是未来法治系统工程的重要支撑,“大数据法治”是未来法治的一种新形态。我用“大数据法治”来概括未来法治的一种新形态,也是基于创新法治理论范式的一种考虑。第三,一种方向。智慧法务是法律服务创新的一种方向。我们启动“智慧法务行动计划”的具体进路是:“‘1818 智慧法务’多语种平台 + 中国法治实践学派研究基地 + 合弘威宇律师事务所全球体系 + 万世弘道法治联盟”。

2018 年 11 月 24 日,“1818 智慧法务”多语种平台启动仪式在 2018 中国投融资论坛、中国法治实践学派论坛上举行。丝路产业与金融国际联盟理事长、国家发改委国际合作中心学术委员会主任曹文炼,中国发明协会党组书记余华荣,中铁投资集团副总裁廖斌,中华全国女律师协会副会长、北京市律师协会副会长、北京合弘威宇律师事务所主任张巍,北控城投控股集团副总裁李春平,杭州国际仲裁院副院长李炫乐等以及“1818 智慧法务”国际团队成员 Hamid(巴基斯坦)、Hafiz(巴基斯坦)、Sughra(巴基斯坦)、Hashmi(巴基斯坦)和 Vasilli(俄罗斯)和我共同启动多语种平台。民建中央委员、成思危基金理事长、电子科技大学艺术系教授成卓女士主持启动仪式。

十一、继续推进法治评估实践和理论研究工作

2018 年 5 月 19 日,中国法治评估高端论坛在河北举行。

2018 年完成《2017 年度余杭法治指数报告》。这是中国内地第一个法治指数的第十个年度的测评。从 2006 年接受余杭区委区政府委托开展法治评估指标体系研究开始,我们的工作已经跨入第十三个年头——2019 年。一项实验性课题坚持 13 年已非易事,更何况我们面临的是各种实践和理论新难题。值得欣慰的是,从余杭法治指数开始到今天,法治评估在中国长足发展,法治评估不仅成为法学热门领域,而且被广泛应用,并进入中央顶层设计。余杭法治指数入选“法治浙江”十周年十大事件、“浙江省改革开放三十年百件大事”,这说明余杭法治指数是“法治浙江”也是“法治中国”的一个符号。

2018 年,我主持完成中国法学会法治评估方阵第一个重点项目《法治评估方法和指标研究》。

2018 年,我主持的教育部重大课题《中国法治政府建设指标体系研究》

接近完成,进入最后攻坚阶段。

2018 年,我主持的国家社科基金重点课题《司法透明指数研究》基本完成,已进入最后修改阶段。

十二、结语

2018 年 4 月 16 日,《人民日报》发表我的一篇短文《点亮中国法学的实践精神》。新时代需要什么样的法学研究?这是每个法学研究者必须认真思考的问题。当下,特别需要在以下三个方面作出回答:法学研究要产出何种知识?法学研究如何生产知识?法学研究要追求什么样的效果?

我们将继续心怀梦想,我们将继续奔着预设的目标前进,我们将继续不辞辛劳地工作。这些工作代表我们的理想主义情怀,代表我们的实践主义精神,代表我们的快乐源泉,代表我们为中国法治实践学派付出的努力,代表我们对法治中国伟大实践的微薄贡献。

钱弘道

2019 年 2 月 10 日于得一书庐

图书在版编目(CIP)数据

中国法治实践学派. 2018 年卷 : 总第五卷 / 钱弘道主编. -- 北京 : 法律出版社, 2019

ISBN 978 -7 -5197 -3288 -2

Ⅰ. ①中… Ⅱ. ①钱… Ⅲ. ①法治－中国－文集 Ⅳ. ①D920.4 -53

中国版本图书馆 CIP 数据核字(2019)第 050612 号

中国法治实践学派(2018 年卷 · 总第五卷)

ZHONGGUO FAZHI SHIJIAN XUEPAI(2018 NIAN JUAN · ZONG DI - WU JUAN)

主　　编　钱弘道
责任编辑　陈　慧
编辑统筹　法律教育出版分社
装帧设计　凌点工作室
责任印制　沙　磊
责任校对　胡湲卿　周合芝
出　　版　法律出版社/北京市丰台区莲花池西里 7 号(100073)
网　　址　www.lawpress.com.cn
总 发 行　中国法律图书有限公司/北京市丰台区莲花池西里 7 号(100073)
经　　销　新华书店
印　　刷　北京虎彩文化传播有限公司
版　　本　2019 年 5 月第 1 版
印　　次　2019 年 5 月第 1 次印刷
字　　数　440 千
开　　本　710 毫米 ×1000 毫米　1/16
印　　张　25.25
定　　价　75.00 元
书　　号　ISBN 978 -7 -5197 -3288 -2
投稿邮箱　info@lawpress.com.cn
维权邮箱　jbwq@lawpress.com.cn
销售热线　010 -83938336
销售客服　400 -660 -6393
销售电话　010 -83938334/8335(北京)　021 -62071639 /1636(上海)
029 -85330678(西安)　023 -67453036(重庆)　0755 -83072995(深圳)

(如有缺页或倒装,中国法律图书有限公司负责退换)